U0113648

**全球史** —人 类 文 明 新 视 野—

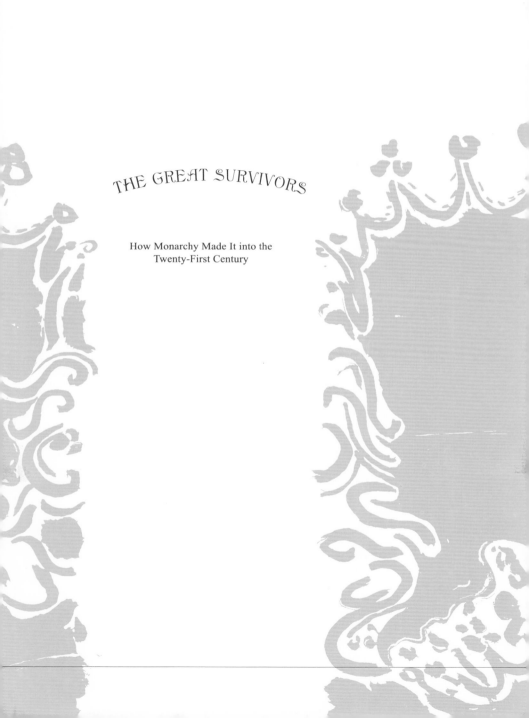

# THE GREAT SURVIVORS

How Monarchy Made It into the
Twenty-First Century

PETER CONRADI

# 幸存者们

## 进入**21**世纪的
## 欧洲王室

［英］皮特·康拉狄 著

石靖 袁婕 译/校

中国社会科学出版社

图字：01-2021-5503 号

图书在版编目（CIP）数据

幸存者们：进入 21 世纪的欧洲王室/（英）皮特·康拉狄著；石靖，袁婕译 . —北京：中国社会科学出版社，2023.9
（鼓楼新悦）
书名原文：The Great Survivors：How Monarchy Made It into the Twenty-First Century
ISBN 978-7-5227-2031-9

Ⅰ.①幸… Ⅱ.①皮… ②石… ③袁… Ⅲ.①皇室—史料—欧洲 Ⅳ.①K500.6

中国国家版本馆 CIP 数据核字（2023）第 106599 号

The Great Survivors：How Monarchy Made It into the Twenty-First Century by Peter Conradi
First published in Great Britain by Alma Books Limited in 2012. This updated edition published by Alma Books Limited in 2013. Copyright © Peter Conradi，2013.
Simplified Chinese edition copyright：2023 CHINA SOCIAL SCIENCES PRESS. All rights reserved.

| | | |
|---|---|---|
| 出 版 人 | 赵剑英 | |
| 项目统筹 | 侯苗苗 | |
| 责任编辑 | 侯苗苗　杨　颖　王万里 | |
| 责任校对 | 季　静 | |
| 责任印制 | 王　超 | |

| | | |
|---|---|---|
| 出　　　版 | 中国社会科学出版社 |
| 社　　　址 | 北京鼓楼西大街甲 158 号 |
| 邮　　　编 | 100720 |
| 网　　　址 | http://www.csspw.cn |
| 发 行 部 | 010-84083685 |
| 门 市 部 | 010-84029450 |
| 经　　　销 | 新华书店及其他书店 |

| | |
|---|---|
| 印刷装订 | 北京君升印刷有限公司 |
| 版　　次 | 2023 年 9 月第 1 版 |
| 印　　次 | 2023 年 9 月第 1 次印刷 |

| | |
|---|---|
| 开　　本 | 880×1230　1/32 |
| 印　　张 | 15.75 |
| 字　　数 | 310 千字 |
| 定　　价 | 92.00 元 |

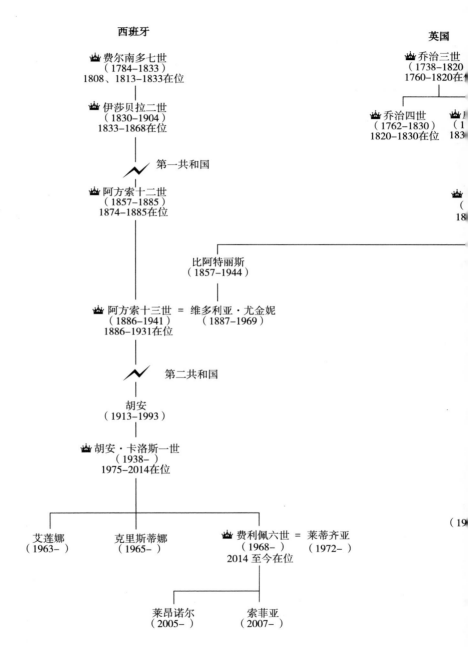

西班牙

英国

👑费尔南多七世
（1784–1833）
1808、1813–1833在位

👑乔治三世
（1738–1820）
1760–1820在位

👑伊莎贝拉二世
（1830–1904）
1833–1868在位

👑乔治四世　　👑
（1762–1830）　（1
1820–1830在位　　183

第一共和国

👑阿方索十二世
（1857–1885）
1874–1885在位

👑
（
18

比阿特丽斯
（1857–1944）

👑阿方索十三世　=　维多利亚·尤金妮
（1886–1941）　　　（1887–1969）
1886–1931在位

第二共和国

胡安
（1913–1993）

👑胡安·卡洛斯一世
（1938– ）
1975–2014在位

（19

艾莲娜　　　　克里斯蒂娜　　　👑费利佩六世　=　莱蒂齐亚
（1963– ）　　（1965– ）　　　（1968– ）　　（1972– ）
　　　　　　　　　　　　　　　2014 至今在位

莱昂诺尔　　　　索菲亚
（2005– ）　　（2007– ）

👑 在位国王/女王

献给莉莎，亚历克斯和马修

# 目　录

# 译者序

　　我们是于 2020 年平安夜接到这项翻译工作的，在翻译该书的过程中，一些特殊因素和突发情况，加大了整个翻译工作推进的难度。首先，本书的英文版在国外出版发行已经十年有余，整个欧洲王室内部已然发生了翻天覆地的变化，因此在翻译初期，作者康拉狄先生通过与我们沟通，决定对整本书的内容进行修订。等待了一个多月之后，我们拿到了原著的最新修订版，修订版较之前增加了诸多内容，全面生动地再现了当今欧洲君主立宪制国家的全貌。然而，就在翻译初稿即将完成之际，2021 年 4 月 9 日，白金汉宫宣布菲利普亲王去世，享年 99 岁。菲利普亲王与伊丽莎白二世女王结婚 70 多年，是英国历史上在位时间最长的君主配偶，对于这本讲述欧洲王室的书来说，有着不可替代的重要意义。因此，经过再次沟通，作者决定对书中有关菲利普亲王的章节进行进一步的修改。

　　当书稿开始进行到三审环节，也就是译者撰写该序言之时，令人意想不到的事情又再次发生。英国女王伊丽莎白二世去世，新任国王查尔斯三世即位。已故的伊丽莎白二世女王于 1952 年 2 月 6 日即位，1953 年 6 月 2 日加冕，是英国在位时间最长的君主。作为全球最具影响力的 100 名女性之一，伊丽莎白二世女王对英国和英联邦自 20 世纪后半叶至今的发展都意义重大。在位 70 年，英国女王的形象及其所代表的时代意义在英国以及更大范围内被传颂，也引起了同时代社会对有关君主责任以及君主制度的热议。但由于本书的翻译、审校工作已经进行到收尾阶段，对于这个突发状况无法再做进一步的调整和修改，因此成为本书中译本的遗憾。

虽然本书原作于十多年前，其中关于欧洲王室的故事以及人物的称呼已经发生了一定的变化，但作为王室问题专家的作者康拉狄先生，选择将多个欧洲王室与不同议题角度相结合，全面且具体地为读者着重呈现了欧洲王室自近代以来的发展历程。从本书最新修订版中所罗列的内容来看，康拉狄先生充分利用他多年来作为王室近距离观察者的积淀，以及许多独家的一手资料，揭开了欧洲君主制的神秘面纱，也为关注欧洲王室议题的读者提供了了解王室日常工作与生活的机会。

无论是考虑到英国王室在整个欧洲的分量，还是作者的国籍和生活经历，有关英国王室的内容都是本书讲述的重点。英国在近代历史中扮演着举足轻重的角色，而伴随过去一个世纪去殖民化的浪潮，英国王室在新的时代中调试与革新，在坚守传统与适应现代中探索当代英国和王室的发展之路。在本书中，作者使用了大量笔墨对英国王室自近代以来的历史进行描述，也披露了诸多不曾为世人知晓的王室故事细节。2022 年 6 月，英国举行了伊丽莎白二世女王的白金禧年庆典仪式；然而仅仅 3 个月后，女王去世，为纪念其为国家服务终生的国葬仪式在威斯敏斯特教堂举行。短短数月，事关英国王室的重大事件成为这个国家、英联邦乃至更大范围内的社会焦点，其逐渐释放的影响也必定会持续作用于与君主制相连的当代英国。从这个视角来看，本书中译本的出版时机显得特别且必要。

在本书的内容安排方面，康拉狄先生对欧洲王室议题的探讨还涉及了比利时、丹麦、列支敦士登、摩纳哥、挪威、瑞典、西班牙等国仍然存续的王室，以及俄国、德国、法国、葡萄牙、希腊等国已退出历史舞台的王室案例。在介绍王室历史梗概、运转机制以及特点的同时，作者恰当选择了诸如王室财政、王权继承、配偶选择等叙述角度，将真实生动的王室故事呈现在读者眼前。在翻译的过程中，作为译者的我们清晰地感受到了原作者的意图，经过推敲和翻译后呈现出的故事细节也尽可能地与原文贴近，展现出一幅具有历史韵味但更加体现时代风格的欧洲王室全景画卷。

康拉狄先生在本书的结尾提出了对王室议题的思考，即诞生于历史长河中的欧洲王室家族的命运不尽相同，其中一些刻骨铭心地留在了历史的卷轴中，也有一些历经不同时代的洗礼，发展并存续到了 21 世纪。时至今日，王室在一些欧洲国家仍然扮演着特殊的角色，其在国家和人民生活中的分量仍然不可替代。也正因此，王室仍是当代社会图景中的一种特别存在，探讨和研究王室议题也将是我们所处时代的工作之一。

需要说明的是，由于书中涉及大量人名以及生僻史料，虽借助资料进行翻译对照、互校检查并得到了专家、编辑和审校老师的帮助，但由于译者智识有限，舛误在所难免，还请各位专家读者谅解并指正。

最后，对于在本书翻译出版过程中给予了我们无私帮助的老师们、编辑们表示真诚的感谢，过程虽一波三折，但最终能将这本在介绍欧洲王室相关内容方面极具参考价值的书呈现给广大读者，实为译者之幸。

石靖、袁婕

2022 年 10 月

# 引　言

　　1793 年 1 月一个阴冷潮湿的清晨，9 点刚过，法兰西和纳瓦拉国王路易-奥古斯特（Louis-Auguste）便被带走了。在这之前，他吩咐仆人让-巴蒂斯特·克莱瑞（Jean Baptiste Cléry）提前 4 个小时叫早，在圣殿塔（Tour du Temple）里举行了最后一次弥撒圣祭。这座中世纪城堡现位于巴黎第三区，从前一年的 8 月起，这个仪式就一直在这里举行。圣祭的装饰是从附近的教堂借来的，橱柜临时被用来充当祭坛。祷告结束后，国王让仆人将一些物品转交给妻子和孩子们。

　　同时，他嘱咐仆人："克莱瑞，告诉皇后、我亲爱的孩子们和我的妹妹，我虽答应过今早会见他们最后一面，但我不想让他们承受这样的生死离别。没能和他们最后拥抱一次就离开的痛苦，就让我独自承受吧。"

　　随后，路易十六被带走了，外面有 1200 名骑士，准备将他押赴刑场。与他一同乘坐马车的是神父亨利·埃塞克斯·埃奇沃思（Henry Essex Edgeworth）。埃奇沃思出生在爱尔兰，由图卢兹的耶稣会抚养长大，曾是国王妹妹伊丽莎白的告解神父。城堡中的仪式正是由他主持的。

时年 39 岁的路易十六，由于父亲的离世，年仅 11 岁就被立为皇太子，并于 1774 年，20 岁时正式即位。由于他懦弱无能、优柔寡断，无法应对严重的政治、经济危机，最终陷入四面楚歌的境地。1792 年 9 月 21 日，法兰西第一共和国成立，同年 12 月，路易十六因叛国罪和其他反国家罪名遭到国民公会的审判。判决有罪已成定局，但路易十六却未被立即判处死刑。国民公会中少数人提出将国王监禁或流放，但多数人还是坚持：国王必须被处死。

当马车最终停在革命广场（今协和广场）时，路易十六明白自己死期将至。他小声说道：“我们到了，对吗？”埃奇沃思的沉默不语，算是对他的回答。宪兵把路易十六带上了断头台，期间他们多次试图捆覆国王的双手都以失败告终。

通向断头台的这条路，路易十六走得艰难且缓慢，甚至一度需要倚靠在埃奇沃思身上才不至于倒下。当到达最后一级台阶时，他突然放开了神父的胳膊，加快了步伐，一个眼神便让对面的鼓手安静了下来。他一字一顿、铿锵有力地说道：“法兰西人民，我无罪而亡。我将长眠，去向上帝证明我的清白。我原谅那些将我置于死地之人，并会向上帝祈祷，我的鲜血不会沾染法兰西土地分毫。”

路易十六的头，被一刀斩下。年龄最小的宪兵只有 18 岁，他打着被埃奇沃思称为"最粗鄙下流的手势"，绕着断头台向在场的人们展示着头颅。人们一开始被震惊得鸦雀无声，但随即便迸发出"共和国万岁"的呼声。神父回忆称："呼喊声在 10 分钟内增大了好几倍，重复了上千遍，成了一群人震耳欲聋的集体欢呼，帽子也都被抛上了天。"

9 个月之后，路易十六的妻子，出生于奥地利的玛丽·安托瓦内特（Marie Antoinette）也被推上了断头台。此前，玛丽遭到多项罪名的指控，其中包括与儿子存在不伦关系。与丈夫相比，玛丽的临终遗言则显得无比平淡。行刑前，她不小心踩到了刽子手的脚，她抱歉地说道："先生，请宽恕我，我不是有意为之。"

1789 年的法国大革命把路易十六和玛丽·安托瓦内特送上了断头台，也揭开了新时代的篇章。随着拿破仑的军队将革命思想传遍欧洲，国家边界被重新划定，新的国家出现后，国王被迫流放。然而，君主制不仅没有因此走到尽头，法国大革命爆发后的几十年反而见证了该制度的复兴。从某种程度上讲，这是法国大革命种种血腥暴行造成的结果。比如，路易十六的弟弟路易·斯坦尼斯瓦夫·塞维尔（Louis-Stanislas-Xavier）于 1814 年复辟了波旁王朝，被称为路易十八。他统治了 10 年之后，另外一位兄弟查理（Charles）继位。

维也纳会议之后形成的新国家应当由一个国王来领导，似乎是一件不言自明的事情。比如荷兰，一个由总督管理了几个世纪的共和国，在 1815 年成为君主国。19 世纪 30 年代独立后的比利时和希腊也是如此。1861 年，意大利实现统一，也将皮埃蒙特、萨伏依和撒丁尼亚的统治者维克托·伊曼纽尔二世（Vittorio Emanuele II）推上了意大利国王的宝座。10 年之后，普鲁士威廉国王（King Wilhelm）战胜法国，在凡尔赛宫举行了华丽的加冕仪式，成为德意志帝国皇帝。1878 年，保加利亚建国并实行君主制。同样，1905 年挪威宣布挪威瑞典联合关系解体后，投票决定建立本国的王朝。

　　欧洲其他伟大的君主国也经历了拿破仑战争，以及 1830 年和 1848 年革命的动荡，并最终存续下来，但他们对于民主的呼声反应并不相同。1762 年即位的凯瑟琳大帝（Catherine the Great），使俄国在其统治的 30 年间，迈入了欧洲强国的行列。尽管女皇本人深受启蒙思想的影响，却也不愿将这些新思想付诸实践，这一点在法国大革命之后表现得尤为明显。她的继任者们在同样的问题面前，做出了不同的选择：俄国沙皇尼古拉一世（Nicholas I，1825—1855 年在位），是最保守的俄国君主之一，由于他大力镇压国外革命活动，得了个"欧洲宪兵"的绰号。相反，尼古拉一世的儿子亚历山大二世（Alexander II）则是一位改革者，他解放农奴、改革军队和海军，并推行有限的地方自治政策，如果没有在 1881 年遭遇暗杀，他会在更多领域实施改革。

　　奥地利皇帝弗朗茨·约瑟夫一世（Franz Joseph I）1848 年即位，统治国家 68 年，在位时间在欧洲君主中位列第三。起初，他承诺国民制定宪法，但在尼古拉一世的协助下镇压了匈牙利起义之后，弗朗茨·约瑟夫一世开始转向绝对中央集权。同样地，西班牙的统治者也在改革和专制之间摇摆不定：最初，费尔南多七世（Fernando Ⅶ）执政是依照 1812 年颁布的自由主义宪法，但该法之后被废止；他的女儿伊莎贝拉二世（Isabel Ⅱ）同样经常肆无忌惮地干预政治，因此很不得人心，最终在 1868 年被流放。

　　之后是维多利亚女王（Queen Victoria），她于 1837 年登上英国王位，当时的她刚满 18 岁。维多利亚女王共在位 63 年 7 个月，在位时间比她之前的任何英国君主都长。然而，她创造的纪录被伊丽莎白二世女王在 2015 年 7 月打破。在她统治时期，国家在工业、文化、政治、科学和军事领域都取得了巨大的进步，并且在这一时期，大英帝国的疆域也扩大了 1 倍，在 1901 年女王去世时，英国的国土面积已占全世界陆地面积的 1/5，人口占世界人口的 1/4。

　　维多利亚女王对于欧洲君主制的重要意义还在于她生育的 9 个孩子，以及与阿尔伯特亲王模范式的婚姻。的确，大部分在位的欧洲君主，以及挪威和罗马尼亚的前任欧洲君主中，很多都是这对皇家夫妇的血脉。

　　20 世纪初，欧洲君主制的发展到达了顶点。虽然拿破仑三世在 1870 年被普鲁士击败后，法国再次转变为共和制，与瑞士一道成为众多君主国中的例外，但除这两个国家之外，欧洲几乎所有国家都由君主领导，因此，1910 年 5 月，在爱德华七世（Edward Ⅶ）国王的葬礼上，就有 9 位君主和 30 多位贵族王子参加了悼念仪式。

1910 年 10 月，从葡萄牙开始，君主国开始一个个逐渐走向没落。在父亲和兄长遭遇暗杀后，曼努埃尔（Manuel）继位，两年后，年轻的曼努埃尔二世（Manuel Ⅱ）便因一次政变而被驱逐。革命不仅摧毁了王权，还要了这些王室的性命。俄国沙皇尼古拉二世（Nicholas Ⅱ）及其家仆于 1918 年在叶卡捷琳堡的一间地下室被处决。第一次世界大战的失利导致德国皇帝威廉以及奥地利的卡尔一世国王（Charles I）被废黜，不过这二人幸运地保住了性命。

第二次世界大战及其后果同样对君主制造成了影响。1946 年 6 月，在意大利公投结果显示支持共和制后，即位仅 34 天的翁贝托二世（Umberto Ⅱ）被迫下台。他的父亲维托里奥·埃马努埃莱三世（Vittorio Emanuele Ⅲ）由于与墨索里尼关系密切而名誉受损，因此主动让位给自己的儿子以期挽救萨伏依王朝，但已无济于事。在中东欧，君主们的结局并没能好到哪里去，阿尔巴尼亚的国王索古一世（King Zog Ⅰ）、作为摄政王统治匈牙利的霍尔蒂·米克洛什（Horthy Miklós）、南斯拉夫的彼得二世（Petar Ⅱ）、罗马尼亚国王米哈伊一世（King Mihai）等各色人物都退出了历史舞台。

　　自 1832 年来自巴伐利亚的奥托（Otto of Bavaria）即位开始，希腊的君主制就一直时断时续。1946 年 9 月的公投，希腊人民选择了君主制，允许遭流放的乔治二世（Georgios Ⅱ）回归。1967年，他的侄子康斯坦丁二世（Konstantinos Ⅱ）被迫逃离，随后发动了针对军政府的反政变活动，但也以失败告终。在 1974 年 12月举行全民公投之后，希腊永久地成为共和制国家。西班牙则抵挡住了共和的潮流：1975 年 11 月 22 日，弗朗西斯科·佛朗哥（Francisco Franco）去世两天后，根据已故独裁者曾宣布的继承法令，从 1969 年开始担任王储的胡安·卡洛斯（Juan Calos）被确立为国王。

　　在胡安·卡洛斯宣誓就任之后的 30 多年里，欧洲的王室地图再未发生过变化：除西班牙王室之外，英国、比利时、荷兰、丹麦、瑞典和挪威 6 个欧洲国家也由国王或女王统治；此外，皇家统治者还包括卢森堡大公、列支敦士登大公和摩纳哥亲王。

　　以上全部 10 个国家，是大约 1.5 亿人生活的家园，这些国家元首的地位完全由其出身决定。国家就是王室的经济保障，他们的生活是绝大多数臣民永远无法企及的梦。此外，这些王室受到的尊重与引发民众追捧的程度，也与这些王室的个人能力或成就毫无关联。就好比在其他的社会领域中，一个人仅凭血统就能让其终身从事一份赚钱的工作，特别是具有某种政治特权的工作，这听起来是多么荒唐可笑。

本书的目的，即审视如此明显的时代逆流是如何存续到 21 世纪的，并解答这 10 个王室家族为何没有被时代抛弃、被民选首脑替代。这些国家并不是欧洲那些较为穷困或是落后的国家，特别是斯堪的纳维亚。另外，这些国家在政治方面也并不保守，其民主程度堪称典范。

如今，若是从零开始起草宪法，应该没有人会建议实行这样一种制度。然而，这种陈旧的制度不仅被这些国家所接纳，而且常常得到议会中多数席位以及人民的支持。现在，若在这 10 个国家中就君主制的未来举行全民公投，结果无疑还是赞成保留君主制。因此，这就是"伟大的幸存者们"。

要想解释清楚这个矛盾的现象，需要对这些王室的历史和现状进行深入的研究：包括他们被削弱的和保留下来的政治影响力；他们所受的教育以及成员们为胜任位高权重的工作所做的那些准备；当然，还有他们的财务状况，以及他们与媒体之间的关系。因此，本书将聚焦欧洲王室成员——这些享有特权的普通人的生活。也许你会发现，他们华丽外表下光鲜亮丽的生活，有时，也是一地鸡毛。

第一章

他们是谁？

任何有关欧洲君主制的讨论，都得从女王伊丽莎白二世说起，这不仅仅因为她自 1952 年即位至今，成为欧洲在位时间最长的君主；她还是集历史性、影响力和魅力于一身的全世界无与伦比的温莎王室的领导者，伊丽莎白二世女王统治的疆域跨度之广，无人能及。与维多利亚女王不同的是，伊丽莎白二世女王的众多头衔中没有印度女王，但除英国之外，她还是加拿大、澳大利亚、新西兰等 15 个国家的女王，即英联邦成员国的首脑，大英帝国当代的继承者。

女王伊丽莎白二世即位时年仅 25 岁，在位 70 年的风风雨雨将她从青涩少女逐渐历练为一国之君。对于英国自身而言，这些年间也发生了翻天覆地的变化。伊丽莎白当年即位时，英国正遭受着第二次世界大战的摧残以及去殖民化的阵痛。而如今，英国既是世界金融中心，也是富裕的后工业化国家。虽然，2020 年英国脱离了曾作为成员国 47 年的欧盟，但这正是英国试图重新定义自身在世界中位置的标志。

英国的王权历经了数个朝代：金雀花王朝从 12 世纪中叶至 15 世纪末统治英格兰，而后被都铎王朝取代，随后依次出现的是斯图亚特王朝、汉诺威王朝，以及如今的温莎王朝。女王伊丽莎白二世的许多先辈都声名显赫，莎士比亚的戏剧，更是令这些人至今仍被熟知，如：理查二世（Richard Ⅱ）、理查三世（Richard Ⅲ），亨利四世（Henry Ⅳ）、亨利五世（Henry Ⅴ）、亨利六世

（Henry Ⅵ）。同样令人耳熟能详的，还有亨利八世（Henry Ⅷ）和他的 6 位妻子，以及女儿伊丽莎白一世（Elizabeth Ⅰ）的故事。在这些王室的统治下，英格兰成为海上强国。

1649 年查理一世（Charles Ⅰ）被处决，加之内战，英国在克伦威尔的领导下走向了共和制。当时，除瑞士外的其他欧洲国家均实行的是君主制。克伦威尔死后，这种新型的政府难以存续，于是在 1660 年，查理一世之子查理二世（Charles Ⅱ）恢复了君主制。之后，詹姆斯二世（James Ⅱ）继承了哥哥查理二世的王位，但 1688 年光荣革命之后他被迫流亡。随后，王位由詹姆斯二世的女儿玛丽（Mary Ⅱ），以及她的荷兰丈夫奥兰治亲王威廉（William of Orange）共同继承。18 世纪，这些国家依次由数位名为乔治的国王主宰，而 19 世纪则是维多利亚女王统治的时代。20 世纪时，这些王朝的名称发生了一些变化：1917 年，第一次世界大战处于僵持阶段之时，萨克森-科堡-哥达王朝更名温莎王朝。1936 年，王室发生了退位危机：乔治五世（George Ⅴ）之子，仅在位 11 个月的爱德华八世（Edward Ⅷ）宣布退位，并迎娶离过两次婚的美国人华里丝·辛普森。之后爱德华的弟弟伯蒂继位，称乔治六世（George Ⅵ）。

女王伊丽莎白二世的统治同样充满了戏剧性，大多与她的个性有关。伊丽莎白在少女时期就心许菲利普（Prince Philip），她们的婚姻稳固且幸福。尽管亲王大大咧咧的习惯常被一些爱看热闹的英国媒体大肆评论，但他于女王而言，是一位忠实的丈夫，也是坚实的后盾。2021 年 4 月，距百岁生日仅 2 周时，菲利普亲王去世。这使得整个英国沉浸在悲痛之中。女王与菲利普亲王的幸福婚姻，走过了 73 个春秋。而女王妹妹玛格丽特（Princess Margaret）的感情生活则为 20 世纪 50—70 年代的新闻头条提供了不少的素材。90 年代，女王的 3 个孩子婚姻相继破裂，1997 年戴安娜王妃又因意外去世，这一系列的事件使得英国王室陷入了自 1936 年以来最严峻的危机。

然而，英国王室还是渡过了重重难关，而且，已年过九旬却依然在位的女王伊丽莎白二世似乎也没有任何退位的打算。① 在英国，君主没有退位这一说，至少不会主动退位，女王的叔叔爱德华八世是一个特例，且给英国王室及其君主制带来了长达数十年的负面影响。女王伊丽莎白二世的长子，威尔士王子查尔斯（Prince Charles），如今已年过七旬，很可能在垂暮之年才会即位，毕竟他们家族有着优秀的长寿基因。他的祖母伊丽莎白王太后也度过了百岁年华，享寿 101 岁。查尔斯作为王储的时间很长，但也不是一直一帆风顺。他因为新颖的观点和看法而颇受部分人的欢迎，与戴安娜王妃（Princess Diana）的婚姻破裂后，他的声望急剧下降。不过，近年来查尔斯的声誉正在逐渐恢复，他与自己

---

① 在本书写作和翻译期间，伊丽莎白二世女王仍然在位。现在，女王虽已去世，但为忠实于原作，中译本对叙述中的时间点予以保留，后文不再赘述。——编者注

的挚爱卡米拉·帕克·鲍尔斯（Camilla Parker Bowles）完婚；并且，在气候变化威胁日趋严重的情况下，他就环境问题发表的一系列观点已成为当今世界的主流声音。

查尔斯的长子威廉王子（Prince William），继承了母亲戴安娜无与伦比的魅力与亲和力十足的性格，也深受民众的喜爱。有人猜测查尔斯也许会主动放弃王位，以便让威廉在女王伊丽莎白二世去世后直接继承王位，这样就不用像他一样在王储的位置上等待太久。但这似乎并不太可能，因为和母亲一样，查尔斯也具有强烈的使命感，等了这么久，他应该不会轻易放弃。

虽然英国的君主制是欧洲最具影响力的，但历史最悠久的则是丹麦。1972 年 1 月，国王弗雷德里克九世（Frederik Ⅸ）去世之后，玛格丽特二世（Margrethe Ⅱ）继位成为女王。他们的家族可以追溯到 1000 多年前的维京国王戈姆（Gorm the Old）和哈拉尔蓝牙王（Harald Bluetooth）。在其英雄国王克努特大帝（Canute the Great）和数位名为瓦尔德马（Valdemars）的国王的带领下，丹麦在 11—12 世纪不仅征服了英格兰，还征服了当今波罗的海国家的大部分地区。瓦尔德玛四世之女玛格丽特一世（Margaret Ⅰ）在 10 岁时嫁给挪威国王哈康六世（King Haakon Ⅶ），从 14 世纪末到 16 世纪初，她不仅统治了丹麦和挪威，还统治了瑞典，实现了 3 个斯堪的纳维亚王国的联合。

自 15 世纪中叶开始，丹麦由奥尔登堡家族的分支统治。1863

年，格吕克斯堡王朝的首位国王克里斯蒂安九世（Christian IX）开始统治丹麦。1847 年，得益于欧洲其他实力雄厚家族的支持，时年 29 岁的克里斯蒂安被任命为假定继承人。在被维多利亚女王拒绝之后，克里斯蒂安与黑森-卡塞尔的路易丝公主（Princess Louise of Hesse-Kassel）成婚，这桩婚姻使他离王位更近了一步。从王室标准来讲，丹麦王室既不算富裕也不怎么显赫；然而与欧洲其他一些存在诸多问题的王室相比，他们更像一个正常的家庭。

19 世纪下半叶，克里斯蒂安九世统治下的丹麦，其经济或政治影响力与英国相比相差甚远。但是，国王克里斯蒂安九世和他的德国妻子，黑森-卡塞尔的路易丝，在为 6 个子女寻求一个门当户对的王室婚姻伴侣方面，可比维多利亚和阿尔伯特要厉害得多。

克里斯蒂安九世将自己的长女亚历山德拉（Alexandra）嫁给了维多利亚女王和阿尔伯特亲王的继承人爱德华七世，从而使丹麦和英国的王室家族走到了一起。他还安排自己的长子和继承人，也就是未来的弗雷德里克八世，与瑞典和挪威国王的女儿路易丝成婚。丹麦国王克里斯蒂安九世的其他子女中，一个成为俄国皇后，一个成为希腊国王，还有一个则嫁给了汉诺威的前王储。克里斯蒂安的一个孙子卡尔王子（Prince Carl）后来登上挪威的王位，成为哈康七世（Haakon VII）国王。比利时和卢森堡的王室也与克里斯蒂安有血统联系，因此克里斯蒂安九世被称为"欧洲王室的岳父"。

每年夏天，克里斯蒂安九世都会邀请孩子们及他们的家人从异乡回到位于西兰岛（Zealand）上的巴洛克式皇家乡间别墅——弗雷登斯堡宫殿（Fredensborg Palace）。他们在这里不谈国事，只享受美食、品尝美酒，放松身心。此外，他们还常常一起玩些小游戏，比如在场的人会在玻璃窗上划上自己的名字和其他信息，这样的王室涂鸦传统一直延续到今天。

希腊前国王康斯坦丁二世曾讲述过这样一个故事（也许是虚构的）：有一天，他的曾曾祖父克里斯蒂安和家人在皇宫附近的公园里散步时，遇到一位迷路的老人向他问路，克里斯蒂安便让老人跟着他们走。康斯坦丁二世回忆道："这位老人发现眼前的这一家人非常融洽，一路上有说有笑。当他们走出公园时，老人向他们表示感谢，并询问他们的身份。"克里斯蒂安告诉老人，自己是丹麦国王，并且身边的家人中不仅有丹麦王室的成员，还有英国、希腊和俄国王室成员。康斯坦丁继续说道："那个人听后非常高兴，他摘下自己的帽子说：'我的名字叫耶稣基督'，然后便转身离开了。"

国王克里斯蒂安九世的曾曾孙女玛格丽特出生于1940年4月16日，也就是纳粹入侵丹麦一周之后。这对选择留在哥本哈根直面侵略的王室，以及整个国家都是一针强心剂。战争爆发时，玛格丽特的祖父克里斯蒂安十世（Christian X）已近 69 岁。他独自骑着马在城市的街道上穿行，成为"精神抵抗"的重要象征。当被纳粹高级军官问道为何不带保镖时，他回答说："丹麦人民就是我的保镖。"

玛格丽特二世是老国王 3 个女儿中的长女，家人叫她黛西。在她小时候，王室继承规则取消了对丹麦王位继承者性别的限制，这一规则的改变和实施成就了她后来的地位。作为女王，她是一位坚定且受欢迎的君主，同时也是一位颇受欢迎的艺术家。但玛格丽特二世的丈夫亨里克亲王（Prince Henrik）的身份则存在一些争议，因为他是法国的前外交官，出生时的封号为亨利·德·拉博德·德·蒙佩扎特伯爵（Count Henri de Laborde de Monpezat）。玛格丽特二世女王与亨里克亲王的婚姻长达半个多世纪，直到 2018 年 2 月亨里克亲王去世。正如英国的菲利普亲王因公共场合失态而声名狼藉一样，亨里克在公开场合似乎也很难扮演好一个配偶的角色。2002 年，亨里克显然对自己被排在儿子之后的第三顺位感到愤愤不平，因而怒气冲冲地去了法国南部卡奥尔的卡伊城堡①。

王位的第一顺位继承人是弗雷德里克王储（Crown Prince Frederick），他在年轻时曾多次成为小报素材。2004 年 5 月，王

---

① 卡伊城堡位于法国卡奥尔地区，亨里克亲王于 1974 年买下该城堡送给女王。之后卡伊城堡成为丹麦王室的度假胜地。

子于 35 岁时与来自塔斯马尼亚的前房地产经纪人玛丽·伊丽莎白·唐纳森（Mary Elizabeh Donaldson）结婚，二人相识于悉尼奥运会期间的一家酒吧。他们的结合普遍被认为是登对的，但这对夫妇奢侈的生活方式却遭到了媒体的诟病。2006 年，一份王室的年度财政报告显示，这对王储夫妇每天在服装、鞋子和家具方面的花费约高达 2000 英镑，因而丹麦王储妃也被称为"北欧的伊梅尔达·马科斯"①。

弗雷德里克王储婚礼数月后，他的弟弟约阿希姆（Joachim）宣布与出生于中国香港的妻子文雅丽离婚。这是一个半世纪以来丹麦王室的第一桩离婚事件。王室在处理这件事时的开放态度令人称赞，此后两人也都各自再婚。

在过去的几个世纪里，欧洲乃至世界上的大多数国家都完成了从君主制到共和制的过渡。而荷兰的与众不同之处就在于，他们似乎朝着相反的方向前进。荷兰直到 19 世纪，才在国王威廉一世（Willem I）的领导下成为君主制国家。但奥兰治-拿骚王朝（其现任领导人是国王威廉-亚历山大〔Willem-Alexander〕）自 1400 年从德国迁到荷兰以来，一直影响着荷兰的边界划分和统治权的归属。

直到 16 世纪，该地区一直由西班牙统治，另外还包括现在的

---

① 伊梅尔达·马科斯，1929 年 7 月 2 日生于马尼拉，1953 年参加菲律宾全国选美比赛，以生活奢侈和收藏大量鞋子而闻名。

比利时、卢森堡的大部分地区以及法国和德国的部分地区。然而，以信仰新教为主的荷兰人正努力将自己从西班牙的天主教统治者手中解放出来。1581 年，荷兰各省的总督通过了一项《誓绝法案》（*Act of Abjuration*），宣布不再承认西班牙国王菲利普二世（Felipe Ⅱ）为其国王，并由奥兰治亲王威廉一世亲自领导起义。虽然他本人在 1584 年被暗杀，但他的同胞们在这场被称为"八十年战争"的荷兰独立战争中一直继续战斗，并最终在 1648 年击败了西班牙人。

在荷兰人设计的独特的自治制度下，他们的国家被划分为数个省份，每个省都由执政长官（stadtholder）领导，其中许多人是从奥兰治家族中选出来的。从形式上看，荷兰仍然是一个邦联共和国，而不是君主制国家。即便在 1747 年，任命已经是弗里斯兰和格罗宁根两个省执政长官的威廉四世（Willem Ⅳ）为联省共和国执政长官，也没能改变这个本质。威廉四世后来成为首任荷兰世袭执政（Stadhouder-Generaal），一个有实无名的统治者。

对威廉四世的儿子及继承人威廉五世（Willem Ⅴ）而言，1795 年法国革命军的到来以及巴达维亚共和国的建立都不是什么好消息。威廉五世逃往英国，并于 1806 年 4 月在普鲁士流亡时去世。2 个月后，拿破仑立自己的弟弟路易为路德维克一世国王（King Lodewijk Ⅰ）。路德维克一世仅在位 4 年，直到拿破仑决定将荷兰王国并入法国。之后，法国人在 1813 年被赶走，威廉五世的儿子，也称威廉一世，重新回到了荷兰，宣布自己为荷兰联合王国君主。1815 年 3 月 16 日，威廉一世成为首任荷兰国王和卢森堡大公。

现任君主威廉-亚历山大是国王威廉一世的第七代继承者，于 2013 年起在位。在他之前的几位君主都是女性。最初，荷兰只有男性才有继承权，但自从 19 世纪末出现了潜在的继承危机之后，这一规则发生了改变。威廉-亚历山大的曾祖母威廉明娜（Wilhelmina）10 岁即位，在位时间长达 58 年，比其他任何一位荷兰君主都要久。威廉明娜女王在第二次世界大战期间名声大振：在她流亡伦敦期间，定期向臣民发送无线电广播，因此成了抵抗纳粹统治其故土的精神象征。温斯顿·丘吉尔将她描述为"荷兰流亡政府中唯一真正的大丈夫"。然而，威廉明娜之女朱丽安娜的统治则颇具争议性：20 世纪 50 年代，她与格雷特·霍夫曼斯（Greet Hofmans）的关系饱受争议。据说霍夫曼斯是一个信仰治疗师，对她施加了类似拉斯普京①式的影响。20 年之后，她的德国丈夫伯恩哈德亲王（Prince Bernhard）又被披露接受了洛克希德公司（一家美国航空航天公司）100 多万美元的贿赂。相比之下，在位 30 多年的贝娅特丽克丝（Beatrix）女王则很少出现什么差错。

---

① 俄罗斯帝国神父，尼古拉二世时期的神秘主义者、沙皇及皇后的宠臣。

瑞典作为君主制国家的历史几乎与丹麦一样长，但人们很难将一个当今以中立、高福利以及平价包装家具而闻名于世的瑞典与它好战的过往对上号。在中世纪，瑞典战士曾令俄国闻风丧胆。1630 年，瑞典最伟大的国王，被称为"北方之狮"的古斯塔夫二世·阿道夫（Gustaf Ⅱ Adolf）也曾入侵德国。

现在的王室贝尔纳多特家族，其血统可以追溯到 19 世纪初，一位名为让-巴蒂斯特·贝尔纳多特（Jean-Baptiste Bernadotte）的法国冒险家。贝尔纳多特是法国西南部波城一个小资产阶级的儿子，后来成为拿破仑的元帅之一，又因娶了约瑟夫·波拿巴的小姨子德茜蕾（Désirée），地位得到进一步的提升。

德国城市汉诺威被占领期间，贝尔纳多特担任总督一职。他与一些在拿破仑北方战役中被俘的、有影响力的瑞典军官交好，那段岁月见证了一段改变人生的友谊：当时瑞典和欧洲动荡不安，瑞典人需要一位强大的统治者。1809 年政变之后，被立为国王的卡尔十三世（Karl ⅩⅢ）年老体衰，没有存续的子嗣，这意味着必须寻找一位继承人。首位人选是奥古斯滕堡的卡尔·奥古斯特（Carl August of Augustenburg），一位丹麦的小皇子。但他在抵达斯德哥尔摩数月后，就从马上摔落引发脑卒中去世了。于是，拥有军事方面特长的贝尔纳多特，似乎就成了不可多得的人选。

在加冕前的王位候选人提案中，拿破仑起初并不看好贝尔纳多特。但几个月后，国王同意让他成为王位继承人，贝尔纳多特被立为王子。虽然一开始只是继承人而非国王，但他迅速巩固了自己的地位：1813 年，在莱比锡战役中他率领了一支主要由德国人、奥地利人和俄国人组成的军队击败了拿破仑的军队，随后又攻打丹麦，迫使其将挪威割让给瑞典。1818 年 2 月，老国王去世，贝尔纳多特顺利继位并统治了 24 年，称卡尔十四世·约翰（Carl XIV Johan）。

这位曾经的革命者，很快就变成了一位典型的专制统治者。而他的妻子德茜蕾王后，除了很不喜欢丈夫所身居的异乡，尤其是那里阴冷的天气，也不怎么喜欢她的丈夫。因此，1823 年返回欧洲北部之前，她在巴黎生活了十多年。直到 1829 年，德茜蕾才被加冕为瑞典王后（她从未被加冕为挪威王后）。瑞典菜很不合这对王室夫妇的胃口，因此，每当厨师们准备的食物不能令他们满意时，侍者就会给国王送上一个轻微煮过的鸡蛋。从那时起，宫中就有了在国王的位置上放一个金蛋杯的传统。

贝尔纳多特曾向沙皇自称是"北方人"，但这种说法偶尔也面临一些质疑。因此他曾在一个场合宣称："我虽曾是法国元帅，但现在，我是瑞典唯一的国王。"不过，他的臣民们似乎没有过这样的疑虑，尽管他们的国王从未费心学习过瑞典语或是挪威语，但贝尔纳多特王朝还是稳固地建立了起来。

现任君主，卡尔十六世·古斯塔夫（Carl XVI Gustaf）是贝尔纳多特王朝的第七位国王。1973 年 9 月，他的祖父古斯塔夫六世·阿道夫（Gustaf VI Adolf）去世，享年 90 岁，印证了贝尔纳多特家族的长寿之名。随后，27 岁的卡尔十六世·古斯塔夫即位。他对父亲古斯塔夫·阿道夫亲王没有什么印象，因为在他未满 1 岁的时候，父亲就因飞机失事丧生。尽管对王室和国家而言，古斯塔夫·阿道夫的去世是一个悲剧，但也让在第二次世界大战期间保持中立的瑞典，避免拥有一位在 20 世纪 30 年代，就公开对希特勒的德意志帝国表达同情的人作为其国王的尴尬。

卡尔十六世·古斯塔夫的指定继承人是维多利亚王储（Crown Princess Victoria），她将成为现代瑞典首位当朝女王。陪伴她继承王位的是王储的前健身教练丹尼尔·韦斯特林（Daniel Westling）。在经历了长达 8 年的恋爱之后，他们于 2010 年 6 月成婚，之后丹尼尔获得了亲王和西约特兰公爵（Duke of Västergötland）的称号。然而，维多利亚女王储未来的角色将是受限的：经过了至少 20 年的讨论，于 1975 年生效的宪法改革剥夺了瑞典君主制除礼仪和代表职责之外的所有权力。一些保皇党人对此感到震惊；对其他人来说，这是一个完美的妥协，也是其他欧洲国家应该采用的模式。因为这样的改革既保留了该制度所有受欢迎的标志，又从现代民主制度的运作中移除了世袭原则的最后残余。

比利时王室也是由外来者建立的，萨克森-科堡-哥达家族的利奥波德和贝尔纳多特一样，利用 19 世纪上半叶欧洲地图频繁重绘的时机，为自己争取了一个王位。现任比利时国王菲利普，于 2013 年继承了父亲阿尔贝二世（Albert Ⅱ）的王位，成为比利时第七任国王。

萨克森-科堡家族的领地原本是一些互不接壤的领土，地处当今巴伐利亚和图林根之间，面积仅 400 多平方英里①，人口约 5 万人。这个家族不仅是政治上的小人物，经济上也濒临破产，能挽救他们王朝的只有政治联姻。

利奥波德出生于 1790 年，在 9 个孩子中排行老八，他是一个爱冒险的年轻人，也令他的家族倍感荣耀。他在俄罗斯帝国军队中晋升为中将，并赢得了欧洲宝藏公主夏洛特（Princess Charlotte），未来英国国王乔治四世（George Ⅳ）女儿的芳心。夏洛特年轻貌美，具备一切优秀的特质，其中最耀眼的当属统领欧洲最伟大君主国之一的前景。1816 年 5 月结婚时，这对夫妇看起来非常恩爱，这种情况在 19 世纪的王室婚姻中是较为少见的。

然而，18 个月后夏洛特因难产去世，利奥波德成为亲王的希望破灭了。与两个世纪后戴安娜王妃去世引发的悲痛类似，整个国家都笼罩在阴霾之中。大法官布鲁厄姆勋爵（Lord Brougham）在自己的回忆录中这样形容道："仿佛整个大不列颠的每户人家都失去了一个最为疼爱的孩子。"

①　1 英里 ≈ 1.609 千米。英里，英制长度单位，本书予以保留，下文不再赘述。

利奥波德注定不仅仅是历史上的一个配角，他等到了属于自己的"天时地利人和"。虽说已是鳏夫，但他还不到 30 岁，并拥有英国议会投票通过的 5 万英镑的津贴。他拒绝了希腊王位，并于 1831 年成为比利时的首任国王。当时，这个荷兰南部的地区脱离了荷兰，形成了一个独立但脆弱的国家。随着新王国的建立，他的名字在被念出来的时候，也在"e"上面多了一个重音。

利奥波德还热衷于牵线搭桥。在他的撮合下，年轻的萨克森–科堡–哥达的阿尔伯特王子和维多利亚公主走到了一起，成就了有史以来最伟大的王室爱情故事之一。利奥波德还成功地撮合了不少自己家族中的成员与其他王室的姻缘。沿着欧洲大多数王室（包括那些仍存在的和已不复存在的家族）家谱的复杂分支向上追溯，会发现他们几乎都来自萨克森–科堡–哥达家族。19 世纪德国首相奥托·冯·俾斯麦将其描述为"欧洲的种马场"，这一说法着实令人印象深刻。

许多同时期的观察家，包括利奥波德本人，都不怎么看好比利时的未来。法国外交官塔列朗（Talleyrand）将这个新国家描述为"一个人造建筑"。在这个国家，北部讲荷兰语的弗拉芒人与南部讲法语的瓦隆人艰难地共存着。19 世纪中期外交界的领军人物梅特涅（Metternich）、拿破仑三世以及俾斯麦等人，并不指望它能存续超过约一代人的时间。

事实证明他们错了，比利时的存续和发展很大程度上要归功于其首任国王。在位的 34 年中，利奥波德一世（Léopold Ⅰ）致力于将比利时发展成为一个工业强国。因此，近两个世纪之后，这个国家还依然屹立在世界版图之上，尽管近年来两大语言区之间的危机此起彼伏，并就此引发了老生常谈的问题："比利时还能存续下去吗？"虽然自 1920 年以来，这个新国家一直被称作"比利时"（法语：de Belgique；荷兰语：van België；德语：von Belgien），而非"萨克森-科堡-哥达"王朝，但利奥波德所建立的这个王朝仍然由其统领。

迄今为止，比利时的统治者都是男性。利奥波德二世（Léopold Ⅱ）在 1865 年父亲去世后继承王位。他是一位以殖民刚果而出名的魔鬼君主，1909 年去世前，他将刚果作为私人领地以极其残暴的方式经营，并从中获得了巨额财富。利奥波德二世统治时期，在比利时也并不受欢迎。而他的侄子，也就是继任者阿尔贝一世（Albert I），因在第一次世界大战期间带领国家抵抗德国，在世界范围内声名大振。但他在阿登高地的一次登山事故中丧生，年仅 58 岁，王位由他的儿子利奥波德三世（Léopold Ⅲ）继任。

和爱德华八世一样，利奥波德三世也是个长相英俊的年轻人，但不同的是，利奥波德三世拥有一位完美的配偶：瑞典国王古斯塔夫五世（Gustof Ⅴ）的侄女阿斯特里德。他们于 1926 年 11 月开始的婚姻本是包办性质，但很快就擦出了爱的火花，并有了爱的结晶。先是大女儿约瑟芬·夏洛特，之后生下了两个儿子博杜安和阿尔贝。但是，利奥波德三世的统治没能以喜剧收场。1935 年 8 月 29 日发生了一场惨剧，阿斯特里德王后（Queen A-strid）在瑞士卢塞恩湖边的一场车祸中丧生。这辆车当时是由国王驾驶的，他仅仅受了些轻伤。这位年轻美丽王后的离世引得世人唏嘘不已。几十年后，摩纳哥王妃格蕾丝·凯丽和戴安娜王妃的离世也同样令民众深感悲怆。

比利时在第二次世界大战期间被占领时，利奥波德三世选择与他的人民在一起。尽管他在幕后为他的同胞进行游说，却依旧被视为一个失败者，原因在于他认为德国人会赢得战争，一切的抵抗都是徒劳的。1941 年 12 月 6 日，他与玛丽·莉莉安·贝尔斯（Mary Lilian Baels）的秘密婚姻，令其声誉进一步受到损害。这位年轻的莉莉安出生在英国，是一个富裕的比利时鱼商之女。在怀孕之后，她的父亲也顺理成章地成为政府官员。

战争后期的几个月间，利奥波德三世被纳粹囚禁在奥地利，最终释放他的是美国人，但利奥波德三世却迟迟没有回国。他选择在瑞士继续流亡，由他的弟弟查理（Charles）担任摄政王。1950 年 3 月，是决定利奥波德三世命运的时刻，当时比利时人通过公投决定是否接受他回国。从总体投票结果来看，他赢得了57% 的支持率，但整个国家内部呈现出严重的分歧：以基督教民主党为主的弗拉芒人有 72% 支持他，而以社会党为主的瓦隆人有

58%不希望他继续执政。当罢工和抗议活动演变成暴力事件，并引起人们对内战的担忧时，利奥波德三世于 1951 年 7 月选择退位，接任他的是 27 岁的儿子博杜安（Baudouin）。

在之后的几十年里，比利时君主制的声誉逐渐得以挽回。然而，博杜安和出生于西班牙的王后法比奥拉（Fabiola）虽说都是虔诚的天主教徒，却没有尽到诞下继承者的首要责任。因此当 62 岁的博杜安于 1993 年意外去世时，王位的继承者是比他小 4 岁的弟弟阿尔贝。鉴于多年来博杜安一直将阿尔贝的儿子菲利普作为继承人来培养，许多人也就希望王位能直接传给菲利普。但当时，大家都感觉这位年轻的王子还没有对继承王位、履行一国之君的职责做好准备。又过了 20 年，菲利普才最终成为比利时的国王。

挪威君主制的起源可以追溯到 1000 多年前，金发王哈拉尔（Harald Fairhair）在公元 885 年前后，将挪威的各个小国王联合成为统一王国。但挪威当前王朝却只能追溯到 1905 年，因为挪威最早先是被丹麦人占领，然后从 1814 年开始，在贝尔纳多特的逼迫下，成为与瑞典结盟的次要伙伴。经历了几个世纪的殖民统治之后，挪威才最终成为一个完全独立的国家。

独立后的挪威保留了君主制，令人颇感意外，因为挪威议会中，绝大多数议员都是共和党人。但当时多数欧洲国家都是君主制，因此挪威人认为拥有一位自己的国王将增加他们获得国际认可和长期生存的概率。他们为自己的国家选择了丹麦王储弗雷德里克的次子卡尔王子。卡尔符合继承王位所必备的所有条件：他是斯堪的纳维亚人，年龄 30 岁出头，儿子尚小并可以作为挪威人抚养长大。更重要的是，他的妻子毛德（Maud）是欧洲最具影响力的君主之一爱德华七世国王之女。英国国王同样希望自己的女婿能登上王位，于是写信给卡尔，敦促他接受这个提议。

然而，卡尔比利奥波德一世和贝尔纳多特都要谨慎，因为瑞典人对失去挪威而感到不满，自己的家族也不愿意破坏与瑞典方面的关系。为了在新的臣民心目中树立威信，卡尔坚持采取举行全民公决的方式。结果显示，绝大多数挪威人都支持挪威采取君主制。因此，1905 年 11 月 18 日，33 岁的卡尔在征得祖父克里斯蒂安九世国王的同意后，正式成为挪威国王，并通过选择历代挪威国王使用过的北欧名字哈康七世，试图拉近与新臣民之间的距离。

新国王的朝臣不仅仅来自斯堪的纳维亚，同样也有英国。毛德带来了自己的审计官和私人秘书，亨利·诺利斯（Henry Knollys）。亨利·诺利斯的哥哥弗朗西斯·诺利斯（后来成为子爵）也曾是毛德父亲的审计官和私人秘书。其实，哈康七世很清楚自己登上王位很大程度上是出于外交的考量，因为俄国革命的余波，给君主制造成了一定程度的威胁。据哈康七世之子奥拉夫王子中学时代的女同学多年后回忆，1920 年奥拉夫曾和她赌 10 克朗（当时约合 2 美元），自己永远不会成为国王。

　　事实证明奥拉夫太悲观了，虽然直到 1957 年父亲去世之后，54 岁的他才最终继承了王位，但王朝自建立起，越发受到民众的欢迎和支持。第二次世界大战期间，哈康拒绝向纳粹投降，和儿子逃亡至英国后，他在那里领导了挪威的抵抗运动。

　　1991 年，现任国王哈拉尔五世（Harald V）继任，国民对他的评价也很高。然而在 20 世纪末，王室却因在亟待修缮的奥斯陆王宫上花费巨额资金而遭受诟病。另外，王储哈康与梅特玛丽特·特赛姆·霍伊比（Mette-Marit Tjessem Høiby）的关系也引发了一些争议，不仅因为梅特玛丽特是一位单亲母亲，还因为她的前夫有贩毒前科。通过巧妙的媒体公关化解危机之后，这对结识于一场音乐节的恋人最终于 2001 年 8 月结婚，并有了两个孩子。梅特玛丽特作为王妃，表现还是很出彩的。

　　西班牙国王费利佩六世（Felipe VI），在父亲胡安·卡洛斯一世退位后于 2014 年 6 月继位。波旁王朝自 1700 年安茹公爵波旁费利佩（Felipe de Borbón）继承叔父卡洛斯二世（Carlos II）的王位以来，就一直统治着这个国家，而卡洛斯二世则是西班牙哈布斯堡王朝的最后一位国王。西班牙的君主制有过一段不稳定的历史。自 19 世纪 30 年代以来，王室成员之间一直存在着激烈的分歧。当年，体弱的西班牙国王费迪南七世不顾国家的《萨利克继承法》，指定自己的女儿伊莎贝拉而非自己年幼的弟弟卡洛斯，作为王国的继承人。次年，伊莎贝拉二世继承王位，但她的统治一直遭到卡洛斯支持者发动的一系列战争的破坏。在接下来的一个世纪中，卡洛斯将天主教权力逐渐汇聚在自己手中。

伊莎贝拉混乱的私生活成了整个欧洲的谈资，她用变得更加专制作为回应，也疏远了自己的自由派支持者。最终，她于 1868 年逃往法国，两年后她的王位被奥斯塔公爵阿玛迪奥（Amadeo）取代。因为阿玛迪奥讲西班牙语时带有意大利口音，所以人送绰号"通心粉国王"。1873 年 2 月，这个国家被短暂的第一共和国取代。

翌年，西班牙军方发动政变，将伊莎贝拉 17 岁的儿子推上王位，成为国王阿方索十二世（Alfonso XII）。他不到 28 周岁便死于肺结核，王位由他的遗腹子阿方索十三世（Alfonso XIII）继承。阿方索十三世在位近半个世纪（最初由他的母亲摄政），于 1931 年被夺权。当时大多数共和派重回上议院，并提出了废除君主制的方案。西班牙第二共和国宣告成立，国王流亡但并未退位。

佛朗哥将军在随后的内战中取得胜利，这对波旁家族来说应该是个好消息。但是，佛朗哥的支持者大多来自长枪党人和卡洛斯派，前者是公开的共和主义者，后者虽无法就内部的候选人达成一致，但他们却一致地反对伊莎贝拉所有的后裔上台。并且，佛朗哥在有生之年一直坚定地认为，只有自己才是这个国家独一无二的领导者。

波旁家族拥有流亡王室特有的顽强意志，并没有放弃有朝一日重夺王位的梦想。阿方索十三世于 1941 年去世，但在去世前几个月为了自己的次子胡安亲王（Don Juan）宣布退位。1947 年通过的《国家元首继承法》宣布西班牙为王国，但授予了佛朗哥指定最终继承人的权力。这位独裁者明确反对胡安继位，然而，亲王之子胡安·卡洛斯似乎更得这位独裁者的赏识。因此，当这个孩子只有 10 岁时，仍然处于流亡中的父亲做出了一个艰难的决定：将儿子送回西班牙接受教育。这一策略似乎奏效了，1969 年，胡安·卡洛斯被佛朗哥任命为自己的继任者。1975 年 11 月 22 日，独裁者佛朗哥去世后两天，胡安·卡洛斯登上了王位。

对西班牙和欧洲来说，值得庆幸的是，佛朗哥相信胡安·卡洛斯是自己去世后延续其独裁统治的最佳人选。但事实上，这位国王登上王位之后采取了一系列令佛朗哥支持者震惊的举措：实施自由化改革，任命温和的民族主义者阿道弗·苏亚雷斯（Adolfo Suárez）监督民主过渡，并接受《1978 年西班牙宪法》，使自己成为立宪君主。1981 年 2 月，在胡安·卡洛斯一世击退了一场未遂的军事政变后，有关他民主承诺的最后疑虑也被打消了。在执政初期，他被视为一代模范君主，妻子索菲亚（Sofía）是希腊倒数第二位国王帕夫洛斯（Pavlos）的女儿，也是丹麦国王克里斯蒂安九世的曾曾孙女。但晚年的胡安·卡洛斯一世丑闻缠身，于 76 岁时宣布退位。接替他的是小儿子，也是 3 个子女中唯一的男性，是西班牙王位继承法规定的第一顺位继承人。他与拥有短暂婚史的前电视记者莱蒂齐亚（Letizia）结婚，育有 2 个女儿莱昂诺尔（Leonor）和索菲亚（Sofía）。

几个世纪以来，卢森堡位于日耳曼和拉丁欧洲的边界，曾被波旁王朝、哈布斯堡王朝、霍亨索伦王朝和法国人多次占领。根据 1815 年维也纳会议的规定，卢森堡成为大公国，并与荷兰结成共主邦联。但在 1839 年，又被新独立的比利时夺去了一半以上的领土。

1890 年，国王威廉三世（Willem Ⅲ）去世，卢森堡与荷兰的联合关系被打破。荷兰王位传给了威廉三世的女儿威廉明娜，而卢森堡则根据可追溯到 1783 年的拿骚家族协议，实行了《半萨利克继承法》，即无男性继承人的情况下，允许女性继承人或女性继承人的血脉继承王位。这意味着王位将由阿道夫·拿骚-魏尔堡（Adolphe of Nassau-Weilburg）继任，他曾是拿骚公爵，但在 1866 年普鲁士吞并其公国后失去了爵位。

卢森堡的人口约 55 万人，面积超过 2500 平方千米。现任大公亨利（Henri）生于 1955 年，其父让（Jean）于 2000 年 10 月退位，亨利随之继位。

南部的列支敦士登，是一个只有约 160 平方千米的袖珍国家，夹在瑞士和奥地利之间。1719 年，神圣罗马皇帝卡尔六世（Karl Ⅵ）合并了属于列支敦士登家族的瓦杜兹（未来的首都）和施伦贝格，成立了一个独立的小型大公国。此举是一个权宜之计，因为这样该领土就被赋予了新的意义，列支敦士登大公安东·弗洛里安（Anton Florian）就有资格在国会中占有一席之地。

然而，大公觉得没有必要非得居住在自己的公国里。并且事实上，直到 1818 年，列支敦士登家族的一员，未来的大公阿洛伊斯二世（Aloys Ⅱ）才踏上了这片以家族名字命名的国土。在随后的一个世纪里，王室成员们更愿意住在大都市维也纳，而不是小小的瓦杜兹。不过，1938 年纳粹吞并奥地利后，这一状况有所改变。

现任大公汉斯·亚当二世（Hans-Adam Ⅱ）于 1945 年出生于苏黎世，自 1989 年 11 月继任以来，他与该国政客的关系一直很紧张。毫无疑问，他的底气来自估值 50 亿美元的个人财富。这些财富大部分来自他在 LGT 银行的股份。这家银行一度引起了巨大的争议，因为德国情报部门 2008 年购买了一张 CD，里面存有其国民利用该银行账户在国内避税的详细资料。2003 年，大公和州议会之间长期以来的实力较量达到顶峰，最终大公获胜，成了欧洲唯一的绝对君主。2004 年 8 月，他将日常决策权交给了儿子阿洛伊斯王子（Prince Alois），但名义上，自己仍然是国家元首。

摩纳哥公国是迄今为止欧洲最小的君主国，占地仅约 2 平方千米，人口约 3.9 万人①。1956 年 4 月雷尼尔三世（Rainier Ⅲ）与格蕾丝·凯利的婚姻，给摩纳哥王室增添了一抹烂漫的色彩。

① 人口数量为 2020 年数据。

然而，格蕾丝·凯利在 1982 年 9 月因车祸丧生，从此王室的魅力黯淡了许多。

格里马尔迪王室与其公国的关系可以追溯到 1297 年，当时，弗朗西斯科·格里马尔迪（Francesco Grimaldi）身着方济会僧侣的服装，率领一支部队夺取了"摩纳哥岩"。法国和撒丁王国同时对摩纳哥公国实施统治。1861 年，《法国－摩纳哥条约》承认了摩纳哥的主权，这也迫使摩纳哥以 400 万法郎的价格将占领土 95% 的芒通和罗克布吕纳镇出让给法国。

1949 年，当雷尼尔在祖父路易二世（Louis Ⅱ）去世后继位时，博彩业仅占摩纳哥年收入比重的 5%。正如作家威廉·萨默塞特·毛姆（William Somerset Maugham）对这个公国令人难忘的描述所说："这是一个阴暗之人的阳光之地"。雷尼尔三世努力使摩纳哥成为一个避税天堂、商业中心、房地产开发之地和国际旅游胜地。雷尼尔三世还推动通过了 1962 年《宪法》，将他的王国由绝对君主制转变为由 18 名民选成员组成的全国委员会共享权力。

雷尼尔三世之子阿尔贝二世（Albert Ⅱ），在 2005 年 4 月父亲去世后继位。他利用自己的影响力为保护海洋环境奔走呼吁。与此同时，他还努力推动一项雄心勃勃的计划，即在地中海建造一个面积约为 5 万平方米的区域，以迪拜的模式对公国进行扩展。阿尔贝二世坚持认为，全部工程应建在巨型立柱之上，以避免惊扰海洋生物，并称这将是"可持续发展的典范"。

第二章

统治的开始与结束

担任一国之君，是一份独一无二的工作。君主不仅仅是国家元首，在许多情况下，也是教会和军队的领袖。国王或女王，不仅会被视为一个国家的大家长，还是整个国家的象征。在一个民选政治家不断更换的世界里，君主是一个常数，并且其地位会随着时间的推移不断提升。对我，以及大多数现今的英国人而言，女王伊丽莎白二世就是一个令国民内心感到安稳的延续性的象征。在战争或是自然灾害肆虐的年月，君主是国民们的依靠。通过巧妙的媒体公关，女王伊丽莎白二世以及欧洲的其他王室，甚至已经成功地将自己融入为圣诞或新年庆祝活动的一部分。

君主们结婚或生子，仿佛百姓家中的一件喜事，令人雀跃；当他们离世，臣民们也如失去亲朋挚友一般，情凄意切。他们也早已深深扎根于政治体系中：每年大多数君主都会亲自出席议会开幕式，正式任命首相或接受他们的辞呈。即便已经进入了 21 世纪的第三个 10 年，似乎也没什么强大的外力试图去改变欧洲民主制度中这个极不民主的因素。原因或许很简单，对于这些国家来说，君主制度的存在是合情合理的。在欧洲，如果就有关君主的问题展开讨论，讨论的焦点通常会集中在批评君主们或其王室家族履行职责的方式上，只有极少一部分人会思考他们到底是否需要一个君主。

君主制对于国家和民众的影响是无处不在的，无论过去还是现在，它都与民族文化紧密地交织在一起。过去的那些时代都带着其君主的深深烙印。比如在英国，建筑物大多是乔治亚风格或爱德华风格的，而"维多利亚时代的价值观"则让人联想到保守的观念。

在搜索引擎中输入"王室（royal）"一词，会看到从皇家邮政、皇家协会到皇家艺术学院等一系列带有这个头衔的组织。英国的超市里，随处可见看似随意、却标着"女王陛下指定产品"的商品。这一皇家授权证被授予约 850 个商家，他们为女王、菲利普亲王及威尔士亲王提供了 5 年以上的产品或服务。

这一特许荣誉虽说能追溯到 800 多年前，但商家与王室的这种特殊关系至今仍需维系。1854 年于维多利亚女王处获得授权的巧克力制造商吉百利公司近来透露，每年圣诞节该公司都会送一些精致盒装特制黑巧克力至白金汉宫，供王室成员享用。这些巧克力是由一个 3 人团队使用特别设备制作而成的，这些专供比其他黑巧可可含量更高，并且不对外销售。想要感受王室专供的人可以选择奢侈食品品牌"维特罗斯有机公爵"（Waitrose Duchy Organic）。该品牌由查尔斯王子于 1990 年创立，体现了他对有机和可持续农业的兴趣。该公司与英国高端连锁超市维特罗斯（Waitrose）合作，目前的经营品类涵盖休闲零食、馈赠礼品及园艺种子等 200 多种产品。

更为显眼的是印有女王头像的邮票和硬币，以及代表女王伊丽莎白二世的字母"ER"，为信箱以及街道上的其他设施增添了几分优雅，正如女王伊丽莎白二世的父亲乔治六世统治期间，代表国王的"GR"也同样装点着大街小巷。当英国在 20 世纪 90 年代中期讨论是否采用欧元时，反对者所持的观点之一就是，这意味着女王的形象将从硬币和纸币上消失。为回应这些关切，设计者们修改了货币的版面以便为这些国家符号提供空间。不过最终，英国选择了保留英镑。

跨越英吉利海峡，你同样会发现君主制存在的痕迹。布鲁塞尔、斯德哥尔摩或海牙的许多街道上都包含有"王室"一词或前任君主的名字。奥斯陆也是如此，当时在与瑞典的结盟关系中，挪威还只是一个小角色。如今，它还保持着对 1905 年以前统治这个国家的贝尔纳多特王朝成员的礼遇，王朝的创始人卡尔三世·约翰①的雕像，至今仍然矗立在王宫之外，卡尔·约翰斯大道的尽头。

大多数欧洲王室都会颁发自己的皇家授权。例如，摩纳哥巧克力公司就十分自豪地宣称自己是"王室指定供应商"，并推出王室重要事件的纪念系列，包括雷尼尔三世亲王和格蕾丝·凯利的婚礼以及阿尔贝二世登基等。

数个世纪之前，君主不单是他们所统治国家的代名词，还被

---

① Carl Ⅲ Johan 在瑞典被称为卡尔三世·约翰，在本书中其他地方称为卡尔十四世·约翰。

认为是神的化身。古埃及人甚至坚信，他们的法老是神的后裔。还有那些认为君主是神选中的凡人的荒谬想法，在当时却经久不衰。17世纪，英格兰国王詹姆斯一世（James I）［或被称为苏格兰国王詹姆斯六世（James VI）］，以及法国路易十四统治时期，君权神授的概念崭露头角。这一概念指出，君主的头衔取决于全能神的意志，而不是臣民、贵族或任何其他竞争性权力机构的意志。因而，任何试图废黜或限制其权力的行为都违背了上帝的意志。这个说法，对于劝阻那些有叛变之心的人，是容易奏效的。

但不论怎样，君主还是被民众赋予了超自然的能力。在中世纪的英格兰和法国，人们相信通过君主的触摸，便可以治愈被称为"瘰疬症"的淋巴结核。据估计，17世纪末查理二世在位的24年间，触摸过的病人多达9万人。他的继任者威廉三世（William III），则完全拒绝效仿。只有一次例外：一个病患苦苦哀求国王，于是国王把手放在那人的头上说道："愿上帝将赐予你更健康的体魄和更理智的情感。"后来，1714年即位的乔治一世（George I）以"过于天主教化"为由禁止了该旧俗，法国的路易十五也紧随其后废除了这个旧俗。

然而，旧习难改。1952年女王伊丽莎白二世登基时，1/4的英国人仍然相信，她的王权是承蒙上帝的恩惠。换句话说，女王是上帝在人间的代表。并且，在英国君主加冕仪式中，最重要的部分便是由坎特伯雷大主教为君主的头上、手上和胸前涂抹圣油，只有完成了这一环节才意味着国王肩负起了神的使命，因此，也使得这一传统的信仰得以延续。

但事实上，君主究竟是由谁选择的呢？环顾欧洲的君主国，答案似乎不言而喻了：王位是世袭制的。通常会传给长子，不过在这个男女日趋平等的时代，王位一般是传给最年长的孩子。

事实上，王位世袭制是一个相对较新的现象。传统上决定继承权的形式是军事征服，之后通过口头表决或某种形式的选举。8 世纪时，查理大帝（Charlemagne）的父亲矮子丕平（Pepin the Short）由法兰克的领袖们推选为法兰克人的国王。这样的选举制度一直延续至中世纪。当日耳曼人还继续坚守君主选举制的方式时，神圣罗马的皇帝则是由选帝侯选举产生，不过这通常只是个形式而已，其本质还是世袭制。

直到 1795 年波兰立陶宛联邦灭亡，其国王都是在沃拉（现华沙的一个区）由贵族集会选举产生的。鉴于 50 万贵族中人人都有选举资格，这成为当时欧洲国家中最广泛的公民权利。但是，这并不是我们今天所理解的民主概念。比如，最后一位国王斯坦尼斯瓦夫·奥古斯特·波尼亚托夫斯基（Stanisław August Poniatowski），在 1764 年的选举中取得的胜利在很大程度上要归功于沙皇凯瑟琳大帝（Tsarina Catherine the Great）的军事支持，因为她是国王的靠山和情人。

随着王国规模的扩大和社会不平等现象的加剧，这种选举方式的弊端慢慢显露了出来。投票权逐渐掌握在地方首领、贵族或其他一些特定的群体身上。君主选举制还有一个缺点，就是选举期间会产生一个空位期，让敌对的候选人有机可乘，伺机践踏规则并通过武力夺取王权。

于是，由长子继承的明确继承规则诞生了。对于那些希望王位及其财富能代代相传的君主，这个规则也是适合的。因此，当选的君主便逐渐建立了自己的王朝。例如瑞典，古斯塔夫·瓦萨（Gustaf Vasa）从丹麦人手中夺回了自己的国家，并在 1523 年由议会（Riksdag）推选为国王，随后他的儿子继承了王位，建立了标志着其统治的瓦萨王朝，其统治跨越了 16 世纪和 17 世纪。

不过，这个继承人是否能够胜任这个角色则很难说。而且无法胜任的情况也并不少见，当这个国王进行的是控制而不是统治，就会带来严重的后果。在婴儿死亡率高的时代，还有一种情况经常发生，即没有合法的继承人，特别是在许多实行《萨利克继承法》的欧洲国家，因为该法规定君主继承人必须是男性。

不过，情况不同，应对之策也不同。19 世纪中叶的丹麦，在没有子嗣的弗雷德里克七世（Frederik Ⅶ）统治时期，克里斯蒂安九世（Christian Ⅸ）之所以能成为假定继承人，是因为他的妻子黑森-卡塞尔公主路易丝是前国王克里斯蒂安八世（Christian Ⅷ）的侄女。然而，1810 年瑞典国王卡尔十三世被迫接受让-巴蒂斯特·贝尔纳多特为其继承人时，却没人试图证明他们之间是否存在丝毫的血缘关系。

英国是较早采取王位世袭制的国家之一，也是在没有男性继承人的情况下，较早有女王在位统治的国家之一。理论上讲，英国的王位继承规则应当是正规有序的，然而事实却并非如此，规则之外出现了许多意外，如没有继承人，或者对继承者不满意。亨利八世及伊丽莎白一世的都铎王朝，其开创者亨利七世（Henry Ⅶ）的王权并不源自继承，而是在 1485 年博斯沃思·菲尔德（Bosworth Field）战胜了金雀花王朝的最后一位国王理查三世（Richard Ⅲ）得来的。一个多世纪后，苏格兰的詹姆斯六世（James Ⅵ）被召至伦敦，继承生前并无子嗣的伊丽莎白，主要是受到英国议会的邀请，而不是因为他自称亨利七世的后裔。

17 世纪末和 18 世纪初，英国的继承规则出现了更多的插曲：1688 年的光荣革命中，被指过于倾向天主教的国王詹姆斯二世（James Ⅱ）被废黜，取而代之的是他的女儿玛丽及丈夫奥兰治的威廉（William of Orange）的联合君主制。但后来证明这只是个短暂的补救方式：玛丽和丈夫没有子嗣，于是玛丽的妹妹安妮（Anne）在 1702 年继承王位。但不幸的是，安妮虽说多次怀孕生产，但这些孩子都未能躲过短命的厄运，这意味着他们需要一个假定继承人作为备选。1701 年通过的《王位继承法》（*Act of Settlement*）要求，继承人的主要条件之一就是非天主教教徒。因此，汉诺威选帝侯，新教徒乔治，虽已 54 岁且不会讲英语，却击败其他 57 个更有资历问鼎王位的候选者，最终被称为国王乔治一世。

世袭制对于一个新建立的王朝来说并不适用，如 19 世纪和 20 世纪上半叶发生在欧洲的几次情况一样。新王朝需在其他王室中寻找适合的继承人，因此对于那些好比"备胎"的次子或三子来说，是一个黄金机遇。

正如我们看到的，萨克森-科堡的利奥波德和丹麦卡尔王子都是机遇的受益者，他们建立的王朝至今仍分别统治着比利时和挪威。其他"引进"君主的国家，结果却不尽如人意。例如 1832 年，在大国势力的保护下，希腊成为一个独立的国家，巴伐利亚国王路德维希一世（Ludwig I of Bavaria）年仅 16 岁的儿子奥托被推上了王位，成为这个国家首任国王。奥托国王 30 年统治风雨飘摇，最终于 1862 年被废黜。翌年，希腊再度邀请丹麦储君克里斯蒂安九世（Christian IX）的儿子威廉王子（Prince Vilhelm）继承王位，称乔治一世（Georgios I）。1913 年，距离登基 50 周年纪念日仅 2 周时，乔治一世被一个疯子暗杀。尽管结局充满悲剧性，但他还是成功地建立了一个王朝，并在希腊进行了长达半个世纪的统治。

马克西米利安是奥地利皇帝弗朗茨·约瑟夫的弟弟，1864 年被法国拿破仑三世推举为墨西哥皇帝，他的一生可以说是和"成功"二字毫无关系。其政权完全依赖于法国的军事支持，当内战打响时，拿破仑决定撤军并建议马克西米利安也选择逃亡。但他却未能脱身，并于 1867 年 6 月被执行枪决，终年 34 岁。他的遗孀，比利时国王利奥波德一世之女夏洛特曾试图营救丈夫，并在巴黎、维也纳四处求助，之后还去了罗马，向教皇庇护九世处求援，但最终都没有成功。丈夫的惨死令夏洛特悲痛欲绝，她孑然一身度过了余生。

1912 年，阿尔巴尼亚宣布独立，其寻求君主之路同样不同寻常。他们展开了一系列寻找王位继承人的行动，最终确定了最适合的人选：艾哈迈德·索古（Ahmed Bey Zogu）。索古年轻时曾是阿尔巴尼亚的地区首领，1928 年成为国王索古一世之前，曾担任总理和总统的职位。1939 年，索古被意大利人驱逐，在位于法国里维埃拉一栋装修简陋的别墅里，与他匈牙利和美国混血的皇后杰拉尔丁（Géraldine）一道度过了最后的流亡岁月。在此期间，杰拉尔丁一直通过写怪诞小说来接济索古。尽管遭遇过 4 次未遂的暗杀，并且烟瘾大到一天能抽 150 根烟，但最终夺走他性命的却是胃溃疡和肝病。正如他自己所说："我的人生就是一部冒险小说。"

除梵蒂冈和安道尔之外，欧洲所有的君主国早已采取了世袭制。世界上其他许多国家的君主制也是如此，不过也存在例外：沙特阿拉伯的王位继承虽然是世袭的，但并不是由继承法决定的，而是由沙特王室就下一任王储人选达成共识决定的。因此，王位可以由兄长传给兄弟，也可以由父亲传给儿子。

历年来，修改继承规则的情况屡有发生。俄国沙皇保罗对女性统治者，特别是自己的母亲凯瑟琳大帝感到恐惧，于是他在18世纪末改变了这一制度，以确保只有在一种可能性极小的情况下，即王朝中没有符合继任资格的男性成员时，女性才能继承王位。

近代，这种权宜之计有时较遵守传统规则更能给人带来惊喜。19世纪末，荷兰人就因威廉三世比他首任妻子的3个儿子都长寿，只剩下他与小40岁的第二任妻子艾玛的独生女威廉明娜而不得不打破常规。于是，威廉明娜成为荷兰三任女王中的第一位，且她的统治比之前的男性君主要出色得多。

十年后，阿尔贝一世亲王的儿子路易未能生下合法的继承人，意味着王位可能会落入家族中的日耳曼分支，这是任何人都不愿看到的。这时，摩纳哥人展现了同样的灵活性，他们修改了继承规则，使得路易在阿尔及利亚为法国外籍军团服役时与歌女的私生女夏洛特成为合法继承人。被封为瓦伦蒂诺公爵夫人（Duchess of Valentinois）的夏洛特在恰当之时嫁给了一位法国贵族，她从未以自己的名义登基，但是她的儿子雷尼尔，却在20世纪下半叶的摩纳哥公国历史上留下了自己的印记。

第二次世界大战之后，继承规则的更改在丹麦引起了很大争议。1849年颁布的《宪法》规定"唯男性继承"，排除了女王执政的可能性。不巧的是，1947年登基的弗雷德里克九世国王

（Frederick Ⅸ）有 3 个女儿，没有儿子，且他的妻子英格丽德王后（Queen Ingrid）已经很难再生育。因此，根据法律规定，王位的下一顺位继承人是弗雷德里克的弟弟克努德（Knud）王子。克努德王子育有两子：比玛格丽特早 2 个月出生的英格尔夫王子（Prince Ingolf）和 1942 年出生的克里斯蒂安王子（Prince Christian）。然而，人们担心这对父子是否为王位的合适人选，特别是和聪慧漂亮的小公主比较的话。于是，1953 年举行的全民公决通过了一项宪法修正案，确立了有关男性优先的长子继承权，这意味着当没有符合条件的儿子时，女儿可以继任王位。

克努德和妻子（也是他的表妹）卡罗琳·玛蒂尔德公主（Caroline Mathilde）对于第一顺位继承降至第四并不怎么满意，由此导致丹麦王室内出现了长达数十年的裂痕。从此，两兄弟几乎只在正式场合碰面。克努德于 1976 年弗雷德里克九世去世 4 年后离世，英格尔夫在 2010 年接受杂志采访时透露："父亲克努德直至生命结束前都心有不甘，因为他原本可以在弗雷德里克九世去世后继承王位。"

当时英格尔夫还是个 13 岁的学生，尽管随着时间的推移，他开始接受自己永远不会成为国王的事实，但对于所发生的一切仍深感失望。1953 年的修宪事件，仿佛乌云一样笼罩了丹麦王室很长一段时间。直到父亲去世后，英格尔夫才违背母亲的意愿，与表妹玛格丽特（现在的女王）和解。

继承规则在 2009 年再次被修改，给予了男女平等的继承权，不过这一次毫无争议。因为玛格丽特有 2 个儿子，其中长子弗雷德里克王储于 2005 年 10 月生下了男性继承人克里斯蒂安王子（Prince Christian）。

丹麦人紧跟邻国斯堪的纳维亚的步伐，赋予了男女平等的继承权。1980 年，瑞典成为世界上首个实行平等的长子继承权的君主制国家，这使得卡尔十六世·古斯塔夫国王的第一个孩子，王储维多利亚的继承顺位先于自己的弟弟卡尔·菲利普（Carl Philip）。国王毫不掩饰自己对平等继承权的反对，但却无力阻止。10 年后，挪威也进行了效仿，但这次改变并没有溯及既往，这意味着哈拉尔国王的儿子哈康仍然是王位的第一顺位继承人，而不用让位于他的姐姐玛莎·路易丝（Märtha Louise）。

性别平等在欧洲是大势所趋，荷兰、比利时和卢森堡分别于 1983 年、1991 年和 2011 年接纳了平等的长子继承权。获胜的西班牙社会党在其 2004 年的选举宣言中发誓效仿，但在费利佩王储的妻子莱蒂齐亚于 2007 年诞下第二位公主之后，至今还未付诸任何行动。不过，如果年近 50 岁的莱蒂齐亚不再诞下第三胎，采取相同的继承规则是迟早之事。

英国（以及摩纳哥和列支敦士登）仍继续采取男性继承人优先的规则。但是，2010 年 11 月威廉王子与凯特·米德尔顿订婚，并于次年 4 月成婚，使得事态发生了些许变化。这对夫妇组建的新家庭将产生一个潜在的、但却迫在眉睫的问题：如果他们的头胎是个女孩，那么日后她的地位如果被弟弟所取代的话，必将引发人们对公平性的争议。但是，考虑到伊丽莎白二世不仅是英国，还是其他 15 个国家的女王，修改继承规则将比欧洲其他国家更为复杂，因为必须所有这些国家都投赞成票才能通过。

2010 年 5 月戴维·卡梅伦（David Cameron）上台后，便开始着手解决这一问题。2011 年 10 月，在澳大利亚珀斯举行的英联邦政府首脑会议上，15 国领导人全票通过该提案。这意味着，未来任何君主的女儿都享有与儿子相同的继承权。此外，会议还决定取消对未来国王或女王与罗马天主教教徒结婚的限制。卡梅伦在会议上表示："就因为性别的原因，排行靠后的儿子可以成为君主、而长女却不行，或者，未来的君主可以与任何宗教信仰的人结婚，但天主教教徒除外。这种思维方式在我们这样的现代国家实在显得格格不入。"不过该举措需要修改大量的历史性法案，包括 1701 年颁布的《王位继承法》、1689 年颁布的《权利法案》（*Bill of Rights*）和 1772 年颁布的《王室婚姻法》。这些法律最初只在英国实行，后来扩展至英联邦的其他 15 个国家。2013 年 7 月，威廉王子与凯特的第一个孩子出生了，虽说是个男孩，但是规则已经更改。与此同时，卢森堡对继承规则也做出了同样的修改。

几个世纪以来，国王的地位从神逐渐降为凡人已在礼制上有所反映：拜占庭皇帝登基时自己将王冠戴在头上，以此表明他们的权力直接来自神。沙皇以及 1861 年加冕普鲁士国王的德皇威廉一世（Wilhelm I）亦是如此。不过，这对其他大多数欧洲君主国而言太过了，他们将加冕的任务交给了教皇或者大主教。例如1804 年，拿破仑一世在巴黎圣母院举行的富丽堂皇的加冕典礼，就是由教皇庇护七世为其加冕的。

英国是欧洲唯一延续加冕仪式的君主国，因此，查尔斯在继承其母亲伊丽莎白二世的王位时应该也不会例外。这个起源可追溯至 1000 年前的仪式上，君主首先要与人民见面并接受人民的欢呼拥戴。之后，加冕者宣誓维护法律和教会，然后由英格兰教会的大主教，即坎特伯雷大主教用圣油为加冕者受膏，并为其戴上王冠。

尽管英国王位的下一任继承人在前任去世后会立即自动继承王位，但加冕仪式通常要在一年多以后举行，因为需要花费大量的时间和精力去准备。例如，爱德华八世在位近一年，但未曾加冕。1937 年 5 月 12 日本是选定的加冕日期，但他选择在这之前退位。作为一个务实的民族，英国人并没有将所有的准备工作付之东流：鉴于威斯敏斯特教堂已经为当日的活动做好了准备，英国人便在这天为爱德华的弟弟乔治六世加冕。因为乔治六世在前一年的 12 月，心不甘情不愿地接替兄长成为国王。

1953 年 6 月 2 日，乔治六世的女儿、伊丽莎白二世女王的加冕典礼是一场壮观的盛会，为战后灰暗的英国增添了一抹色彩，并吸引了数十万来自全国各地的民众走上伦敦街头。与此同时，媒体被允许进入威斯敏斯特教堂内部拍摄整个过程，也成为君主体制与媒体之间关系的新里程碑。虽然大雨滂沱，但仪式安排周密并得以顺利举行。这与之前一些颇具闹剧色彩的加冕仪式大不相同，如 1761 年乔治三世（George Ⅲ）的加冕仪式由于国剑丢失被耽搁了 3 个小时；而他的儿子，乔治四世的加冕仪式，则因与感情不睦的妻子布伦瑞克的卡罗琳（Caroline of Brunswick）争吵而黯然失色。

尽管荷兰与英国的加冕仪式存在诸多区别，但论排场，二者最为接近。需要说明的是，虽然新君主的加冕仪式在阿姆斯特丹的新教堂（Nieuwe Kerk）① 举行，但程序参照的却是宪法，而非宗教。与英国不同的是，所有象征着王权和尊严的物品，比如王冠、权杖、王权宝球、王国宝剑、羊皮纸装订的宪法文本，都被展示在祭器台上，而不是由君主佩戴或携带。

其他国家的这个仪式则显得较为朴实。比如比利时，国王会在议会前宣誓就职，并坐在基本算是为这一场合特制的宝座上，没有王冠，也没有权杖。同样，当费利佩六世即位时，与前任胡安·卡洛斯一世一样，只是在议会（Cortes）宣誓后就成为国王。

---

① Nieuwe Kerk 建于 15 世纪，是荷兰阿姆斯特丹的一座教堂，位于市中心的水坝广场。

奥斯卡二世（Oscar Ⅱ）于 1872 年登基，他是最后一位加冕的瑞典国王。他的儿子古斯塔夫五世对于该仪式的反感程度，和英国的爱德华七世的热衷程度一样，因而他在 1907 年成为国王时，决定不举行加冕礼。之后的瑞典君主也纷纷效仿古斯塔夫五世的做法。现任君主卡尔十六世·古斯塔夫也只是在斯德哥尔摩王宫的宝座殿举行了一个简单的就职仪式。荷兰也是一样，王冠上的珠宝被陈列在王座左右的垫子上，但从未授予过国王。

1972 年，当丹麦的玛格丽特二世接替父亲的位置时，由于客观原因的限制，她的登基仪式是在议会所在地克里斯蒂安堡宫的阳台上完成的，当时首相延斯·奥托·克拉格（Jens Otto Krag）朝着下面的人群大喊了三声："弗雷德里克九世国王去世了。玛格丽特二世女王陛下万岁。"之后便是人民潮水般的欢呼声。其他象征王权的物品也早已不复使用。克里斯蒂安堡宫有一个王座厅（Trongemak），女王会在那里接见外国使节，虽然那里有两把特制的椅子，但并不用于正式场合。此外，王冠上的珠宝也已被保存在罗森博格城堡的博物馆里。

然而，正如欧洲最年轻的挪威王朝，有时人们并不愿意完全放弃精神层面的东西。尽管不少挪威政客认为这样的仪式"不民主且陈旧"，但完全获得独立之后的挪威，其首任国王哈康五世于 1906 年，在位于特隆赫姆的尼德罗斯大教堂举行了加冕仪式。自 15 世纪以来，这个教堂就被用于举行加冕仪式。而王冠和用于仪式的特别物品是哈康五世从贝尔纳多特家族继承的。

然而两年之后，挪威议会投票决定删除《宪法》中有关加冕礼的条款。从那时起，君主只需在国务委员会和议会（Storting）进行正式即位宣誓即可。然而传统也是难以割舍的，当奥拉夫于1957 年继任父亲的王位时，他坚持举行"神圣化"的仪式，以纪念自己统治的开始。在尼德罗斯举行的仪式与以往一样，保留了可追溯到公元 10 世纪的有关"国王登基"或"昭告天下"（古挪威语：konungstekja）的古老传统元素。

值得注意的是，即使在仪式上也展示了王冠上的珠宝，但并没有授予君主，这反映了当代对中世纪基督教概念的否定，即加冕和受膏的君主是上帝在该国的最高代表。尽管执政党工党中的一些人还是参加了仪式，但对他们中的许多成员来讲，这一切都太过了。当现任挪威国王哈拉尔五世 1991 年登基并再次举行这一仪式时，它已成为挪威传统不可割舍的一部分。加冕仪式与君主的遗体告别仪式，是唯一使用王冠和其他特别物品的场合。其余时间，这些物件都陈列在大教堂旁边的大主教宫中。王室的马车和马匹也早已不复存在，国王是乘车前往参加议会开幕大典的。

君王的统治什么情况下会突然中止呢？遭到暗杀，是一种情况。比如查理一世、路易十六和沙皇尼古拉二世，以及不幸的马克西米利安一世，都是以新政权的名义被果断处决。而其他一些国王则是出于政治原因被暗杀抑或是被某个疯子谋杀，其中影响最大的，要数 1914 年 6 月在萨拉热窝街头对奥匈帝国王储弗朗茨·斐迪南大公及其妻子索菲亚的暗杀。射杀他们的波斯尼亚塞族人加夫里洛·普林西普（Gavrilo Princip），在有生之年目睹了自己所作所为导致的后果。但直到 1918 年 4 月，即将在狱中离世的他依然声称："就算我没有做这件事，德国人也会另找借口。"或许，他的说法也并非毫无根据。

弗朗茨·费迪南被刺杀，暴露了王室在外出时安保的漏洞。俄国沙皇亚历山大二世躲过了数次有预谋的暗杀，在 1881 年他被民意党刺杀之前，他位于圣彼得堡冬宫的餐厅也曾被放置了炸弹。拿破仑三世赠予他的防弹车厢使他免于炸弹袭击，但下车时却被另外一枚炸弹炸成重伤。1908 年，葡萄牙的卡洛斯一世（Carlos Ⅰ）和长子路易斯·菲利佩（Luís Filipe）在路过里斯本时被枪杀。5 年后，希腊的乔治一世在塞萨洛尼基被暗杀。

纯粹从戏剧性的角度来看，1792 年瑞典国王古斯塔夫三世（Gustav Ⅲ）被刺杀事件可谓最惊人的王室谋杀，以至于成为威尔第"假面舞会"（Un ballo in maschera）的灵感来源（尽管审查人员要求他将故事发生地由斯德哥尔摩改为殖民时代的波士顿）。古斯塔夫三世是一位专制君主，不能与时俱进的他曾多次遭到性命威胁，最后一次收到死亡威胁匿名信是在皇家歌剧院，化装舞会前的晚餐时刻。晚餐过后，古斯塔夫进入化装舞会时，被戴着黑色面具的贵族围住，并用法语问候道："你好，英俊的面具客。"接着，曾是一名军官的主谋雅各布·约翰·安卡斯特伦（Jacob Johan Anckarström）朝着国王的背部开枪。约两周后，古斯塔夫三世去世，这是近 160 年来第三位死于枪伤的瑞典君主。

每次成功的弑君事件，背后都有数次失败的尝试。维多利亚女王在位时期，经历过 8 次不同程度的袭击：第一次发生在 1840 年，她与阿尔伯特亲王乘坐马车经过伦敦街头时，最后一次发生在 1882 年她离开温莎火车站之时。针对女王的大多数袭击者都是由于精神状况不稳定，而非出于政治动机。最后一个袭击者，罗德里克·麦克林（Roderick McLean）是位诗人，他给女王写了一首诗却只得到了白金汉宫的一般性回复，遂萌生了报复的心理。而维多利亚女王之子、未来的爱德华七世，在 1900 年差点成为政治杀戮的受害者。当时爱德华七世在前往丹麦的途中，遭到了一个比利时无政府主义者的枪击，因为此人对英国在布尔战争中所扮演的角色感到不满。

所幸随着权力的减弱，君主遭到暗杀的概率也在减少。虽然伊丽莎白二世女王时不时还得与闯入宫廷的怪人打交道，但都是不危及生命的举动。然而，菲利普亲王的叔叔路易斯·蒙巴顿（Louis Mountbatten），伊丽莎白与菲利普的介绍人，于 1979 年在北爱尔兰度假时，被爱尔兰共和军炸毁游艇导致身亡。5 年前，女王之女安妮公主（Princess Anne）和她当时的丈夫马克·菲利普斯（Mark Phillips）驾车在白金汉宫附近行驶时，也险些遭遇绑架。

2009 年 4 月 30 日女王节庆祝活动期间，发生了更为严重的王室袭击事件。卡斯特·泰茨（Karst Tates），一名 38 岁的失业者，试图刺杀荷兰女王贝娅特丽克丝。当载有女王和其他王室成员的敞篷巴士开到距威廉明娜女王居所罗宫（Het Loo Palace）数百米的阿培尔顿街道上时，泰茨驾车高速撞向巴士。不过他没有撞到巴士，却以 113 千米的时速冲进了围观人群，造成 7 名观众死亡，自己也身受重伤。躺在血泊之中的泰茨当场对自己的罪行供认不讳，并称王储威廉-亚历山大为"法西斯"和"种族主义者"。泰茨很快陷入了昏迷，次日因伤势过重死亡。两百多名侦探开展了为期 4 个月的调查，调查结果显示，他是一个离群索居的无业游民，曾一度无家可归，但却找不到其作案动机。

第二个会导致君主统治终结的情况是事故。比利时国王阿尔贝一世在一次登山中意外而亡，时年 58 岁。瑞典王储古斯塔夫·阿道夫，当时的王位继承人以及现任国王的父亲，1947 年 1 月在空难中丧生，年仅 40 岁。比利时国王利奥波德三世瑞典出生的妻子阿斯特里德王后，及与查尔斯王储分居的妻子戴安娜王妃都命丧车祸。女王伊丽莎白二世的父亲乔治六世死于冠状动脉血栓，享年 56 岁；比利时国王博杜安死于心力衰竭，享年 62 岁。

不过，国王或女王能够或者应当自愿放弃王位吗？对于英国王室而言，这种想法本身就是十恶不赦的。因为对他们来说，君主的职责是终身服务国家，就好比伊丽莎白二世，为国家服务至生命的最后一刻。英国王室对待退位的态度和过去痛苦的回忆有着千丝万缕的联系。1936 年 12 月，爱德华八世在担任国王仅 327 天后就选择退位，以便与离过两次婚的美国人华里丝·辛普森结婚。爱德华八世是自 380 多年前的简·格雷（Jane Grey）以来，英国在位时间最短的一位君主。在他短暂的统治期间，爱德华对自己所描述的"国王日常生活的无情磨炼"没有丝毫兴趣。令大臣们气愤的是，他经常在会见时迟到，或是在最后一刻取消。装着君主应当仔细批阅的国家文件的红色盒子，总是迟迟不予返回，文件也常常明显未读或被威士忌酒杯的杯底弄脏。乔治五世曾警告说，他作为君主的长子将"在一年内毁掉自己"，之后看来，这话是如此有先见之明。

很明显，这位国王的心思就不在治理国家上面。在还是威尔士亲王的时候，大卫（家人对他的称呼）就整日沉沦于伦敦的夜生活，对观念传统的父母操心寻找合适的结婚对象这件事，他一点兴趣都没有。他有许多风流情史，其中不少是已婚女性。

1930 年，大卫遇到了华里丝，他众多情人中最具争议的一位。30 来岁，时尚有魅力的华里丝，于 1896 年出生在一个没落的巴尔的摩家庭，生活的窘境使得她表现出明显的拜金性格。1916 年，20 岁的她嫁给了美国飞行员温菲尔德·斯宾塞伯爵（Earl Winfield Spencer），但对方是个酒鬼，最终他们于 1927 年离婚。一年后，她又嫁给了欧内斯特·辛普森（Ernest Simpson），一位常驻伦敦并且经常出入上流社会的美国商人。

事实上，威尔士亲王有一位情妇，哪怕是位已婚的美国人，本不是什么大不了的事。即便在 1936 年 1 月 20 日，父亲乔治五世去世，他登上王位后也是如此。但前提是，她的身份依然是情妇。可是，这位威尔士亲王似乎不愿遵照王室传统，承认情妇和那些门当户对、能够成为王后的女人之间的区别。数月后，当华里丝准备与辛普森离婚时，事情似乎出现了转机，至少理论上讲，她可以嫁给国王了。

为了打圆场，有人提议封华里丝为爱丁堡公爵夫人，或实行贵庶通婚，即丈夫的任何头衔和特权都不会传给妻子或子女。不过，在英国还没有这种结合的先例。甚至，有人直接附议爱德华娶华里丝为妻，令所有政党为之震惊。

保守党的首相斯坦利·鲍德温（Stanley Baldwin）和其他政界人士都认为，华里丝完全不适合成为王后。作为英格兰教会的首领，爱德华不能与一个离过两次婚，且前夫仍在世的女人结婚。甚至有传言说，她对国王施加了某种控制，她在国王身边还安插了另外两个情人。也有人声称她是纳粹特工，但明显，这些猜测缺乏有力的证据。

10 月 27 日，这一事件进行到了关键时刻，华里丝收到萨福克郡伊普斯维奇一家法院批准了的附带条件的离婚判决，这是她离婚的第一步。地点选择在距离伦敦 130 英里的地方，是希望避开记者的围堵，讽刺的是，她离婚的理由竟然是丈夫涉嫌不忠，而非她自己。不过，爱德华和华里丝还是无法结婚，因为根据当时的离婚法，华里丝在 6 个月之后才能彻底办完整个离婚手续。但时间紧迫，政府陷入了两难局面。

在美国报纸对该事件进行极为详细、露骨的报道时，英国媒体则继续保持着特殊的自我克制。《泰晤士报》以及其他各大报纸虽然报道了这桩离婚案，但只是在内页的省级新闻项目栏的底部轻描淡写地提及了一下。真相也许可以被掩盖一段时间，但不可能永远被埋葬。那些到国外旅行的英国人，很快就从外国的媒体了解到国内发生的事情。

11 月 16 日，爱德华八世邀请鲍德温到白金汉宫，并告诉他自己打算迎娶辛普森夫人。他说，如果江山和美人能两全，那就"再好不过"了；但如果不列颠及其领地的政府反对，那他就"准备走人"。

不过他也有一些有力的支持者，其中就包括英国未来的战时首相温斯顿·丘吉尔。当他在下议院发表支持爱德华的言论时，遭到了下议院的反对。丘吉尔后来反问道："国王究竟犯了什么罪？我们既然已经向他宣誓效忠，难道我们不应遵守那个誓言吗？"

但一切为时已晚。12 月 7 日晚，爱德华的弟弟伯蒂，约克公爵（Duke of York）到访爱德华在温莎的乡间别墅贝尔维德堡，爱德华把退位的打算告诉了他。3 天后的上午 10 点，在其住所的八角形客厅里，爱德华签署了一份简短的退位文书，他在文书中承诺自己及其子孙放弃王位，随后，伯蒂成为乔治六世国王。

第二天晚上，前国王在皇家别墅与家人共进告别晚餐后，在温莎城堡进行了一次全国广播。他以"爱德华王子殿下"的身份，讲出了那句著名的话："我发现，如果没有我所爱的女人的帮助和支持，我无法承担起这沉重的责任并履行国王的职责。"

从某种角度上来讲，爱德华的退位对英国王室来讲不失为一件好事。因为勉强被推上王位的伯蒂与哥哥有着截然不同的性格，虽然容易紧张并略微口吃，但他天资聪颖且十分勤奋。特别是在第二次世界大战中表现出的坚毅与果敢，使他成为一个备受尊敬和爱戴的国王。在荣获多项奥斯卡奖的电影《国王的演讲》中，科林·费斯演绎的光辉形象将乔治六世带到了新一代观众的眼前。1952 年 2 月，年仅 56 岁的乔治英年早逝，而后女王伊丽莎白二世登基。无论怎样，1936 年爱德华八世的退位，是英国君主制历史上面临的最大危机之一，这一事件也在随后几十年中为英国的君主制蒙上了一层阴影。

在其他欧洲国家，君主们也秉持着终身服务国家的信念。例如出生于 1937 年的挪威国王哈拉尔五世，1940 年出生的丹麦女王玛格丽特二世，以及出生于 1946 年的瑞典国王卡尔十六世·古斯塔夫，似乎都将在王位上坚守至生命的最后一刻。然而其他王室，特别是荷兰王室，有着不一样的选择。2013 年 4 月，75 岁的贝娅特丽克丝女王，为了自己的儿子威廉-亚历山大，宣布退位。贝娅特丽克丝女王此举效仿了自己的母亲和祖母：1948 年 9 月，她的祖母威廉明娜退位，其母即位；1980 年 4 月，母亲朱丽安娜退位，贝娅特丽克丝即位。贝娅特丽克丝女王退位 3 个月之后，时年 79 岁的比利时国王阿尔贝二世宣布退位，让位菲利普。自 1890 年卢森堡从荷兰独立之后，拿骚-魏尔堡家族就一直占据着卢森堡的王位，期间也曾出现过态度坚决的退位者。例如 1912 年，玛丽-阿德莱德（Marie-Adélaïde）成为首位在位的女大公，但在第一次世界大战期间，她因与德国占领军过于友好的关系而遭到批评，于是 1919 年她让位给妹妹夏洛特（Charlotte）。在统治 40 年后，夏洛特于 1964 年让位给自己的儿子让（Jean），随后，让在 2000 年 10 月为自己的儿子亨利（Henri）选择退位。

2014 年 6 月，时年 67 岁的西班牙国王胡安·卡洛斯一世鉴于年龄和健康问题宣布退位。他声称，是时候让新一代王储"移步台前"，直面挑战。不过，他的退位还与一桩腐败丑闻有关，其女克里斯蒂娜（Cristina）和女婿伊纳基·乌丹加林（Iñaki Urdangarin）牵扯进去的这桩丑闻给西班牙的君主制带来了极大的负面影响。胡安·卡洛斯一世的一些行为也招致了广泛的批评，如 2012 年 4 月西班牙经济危机之时，他却前往非洲打猎。因为摔伤并接受髋关节置换手术，他此次饱受争议的度假才得以曝光，之后他罕见地被迫向公众致歉。在媒体爆出国王将继承的财产藏在瑞士银行的账户中后，国王的感情生活以及财务状况都受到了审查。在这样的公关危机之下，甚至有人呼吁就西班牙是否应继续实行君主制进行公投。

之后，众望所归，毫无绯闻且大受欢迎的费利佩上台，使得君主制的地位得以恢复。然而，胡安·卡洛斯一世退位后，对于其财务状况的调查又重新启动，关注点主要集中在 2 个离岸基金会所持有的瑞士银行账户上，所涉及的这 2 个基金会是由胡安·卡洛斯一世的亲信建立和管理的。其中，总部设在巴拿马的卢库姆（Lucum）基金会，于 2008 年收到了一笔来自沙特阿拉伯的 1 亿美元的汇款。检察官怀疑这笔钱可能与西班牙公司的一份合同有关，该合同内容涉及麦加和麦地那之间高速铁路的建设。2020 年 8 月，官司缠身之时，时年 82 岁的胡安·卡洛斯一世突然离开了西班牙。在给儿子的信中，这位前君主写道，由于"我过去私生活中的某些事情激起了公众的强烈反应，深思熟虑之后，我决定离开"。

他补充说道："为了更好地服务西班牙人民、国家机构以及作为国王的您，我的……决定就是，在此刻，离开西班牙，我曾经历的一切和尊严都引导着我这样做。"他解释说，这一切的决定都是为了不想让儿子为难。但后来人们发现，他实际上去了阿布扎比，那里的统治者为他安排了相当豪华的酒店。

第三章

盛典与王权

每年 10 月末或 11 月初，英国女王伊丽莎白二世都会乘坐爱尔兰皇家马车，从白金汉宫出发，沿宫前的林荫路（the Mall）向东穿过市中心朝特拉法加广场的方向行进。这一路沿途熙熙攘攘，其中不乏游客，在人群的注视下，女王的金色马车会右行经过皇家骑兵卫队，之后向左穿过阅兵场并通过骑兵卫队拱门，沿着白厅来到威斯敏斯特宫。这里是英国的议会大厦，国会的上、下议院就设在这里。当女王抵达时，威斯敏斯特宫的御用入口维多利亚塔的上方，将会升起皇家旗帜。

伊丽莎白女王二世进入宫殿之后，等待她的是一套熟练的仪式流程。该仪式自 1952 年女王登基以来，几乎没有什么变化。女王将在专人的帮助下更换好朝服、佩戴好皇冠，而这些物品在女王抵达之前就已由皇家专车送至威斯敏斯特宫。之后，女王会在菲利普亲王的陪伴下穿过皇家画廊，来到议会上议院。

女王坐上宝座后，便会宣布上院议员就座，并由掌礼大臣示意黑杖礼仪官传召下院议员，当黑杖礼仪官到达下议院议事厅前时，大门将紧闭，以象征下议院辩论不容王室干预。此时，他用黑杖敲 3 下议事厅的大门，随即里面会传来一声"开门"，大门将为他敞开。进入议事厅后，黑杖礼仪官先向下院议长鞠躬而后宣诏："议长先生（女士），女王现谕示本院众位议员阁下立即前往贵族院（也就是大家熟知的上议院）觐见。"

警卫官（Serjeant-at-Arms）也就是下议院的警卫负责人，此时将拿起仪式权杖开道，议长带头，首相和反对党领袖紧随其后，一同前往上议院。按照传统，他们不是一群人严肃的快步疾行，甚至都不能说是散步，而是谈笑风生地漫步。到达之后，他们首先向女王鞠躬，并在"栏栅"①处等候。之后，女王将宣读一份讲稿，概述政府今年的施政大纲。"演讲稿"历来都是在羊皮纸上书写的，虽没有一个字是女王亲自书写的，但她不掺杂任何感情色彩的演讲中，不断地提到"我的政府"。

这隆重的仪式，源于近半个世纪前君主与下议院之间的斗争。仪式在上议院而非下议院举行，因为自 17 世纪以来，传统上是禁止君主进入下议院的。给女王代表吃闭门羹的传统，以及议员们回应女王传唤的随意态度，进一步象征性地提醒人们他们的前辈为争取独立于王权而付出的努力。

在此期间，还有一些奇怪的小传统，比如在女王抵达威斯敏斯特宫前，卫队成员将象征性地搜查地窖，以防止 1605 年的火药阴谋重演。当时，一群英国天主教徒企图炸毁议会大厦并杀害信奉新教的国王詹姆斯一世。

更离谱的是，在女王出发前，下议院的副宫务大臣将以人质的形式（Vice-Chamberlain of the Household）被带至白金汉宫，以防止历史的悲剧重演。这个做法得追溯到查理二世统治时期，当

① 凡上院议事厅正举行会议，非上院成员不可逾越厅内栏栅。

时人们担心国王会在进入议会时被逮捕，遭受与他 1649 年被处决的父亲查理一世同样的命运。据以往的"人质"透露，这几个小时的豪华版囚禁实际上是次较为愉快的经历。诺丁汉北区的议员格雷厄姆·艾伦（Graham Allen）回忆道，菲利普亲王回到白金汉宫后，总会这样打招呼："希望我们不在的时候你能照顾好这家店。"这位议员是煤矿工人的儿子，于 1998 年上任。

奇特的礼制、花哨的服装和古老的角色，英国议会的开幕大典把人带回了那个——用 19 世纪英国著名宪法专家沃尔特·白芝浩（Walter Bagehot）的话说——君主制"以其名义获得广大群众的信任并对其忠诚，继而为宪法注入了巨大的力量"的时代。

然而英国以及欧洲其他王室的这些传统，并不像人们认为的那样，是一直存续的。即便在大家常常提及的 17 世纪，也是直到 1901 年爱德华七世国王登基时才确立了现在的庆典形式。爱德华七世很喜欢这样的仪式，母亲维多利亚女王去世后仅 3 周，他就身着深红色滚金边的貂皮长袍来到上议院，在开幕大典上亲自宣读施政纲领。相比之下，1861 年阿尔伯特亲王去世后，维多利亚女王一直拒绝出席国会开幕大典。即便她后来同意出席，女王和孩子们以及他们的配偶，也只是坐在前排聆听大法官宣读讲稿。而女王伊丽莎白二世自登基以来，除 1959 年和 1963 年怀孕的原因，几乎主持了议会所有的开幕大典。

1998 年，也就是决心使英国"现代化"的托尼·布莱尔就任首相一年后，该仪式变得简短了一些。但实际上总体的变化不是很大，如参加女王游行的队伍人数从当年的 57 人减少到了 31 人，其中少了诸如"国剑传令官"（Gentleman usher of the Sword of State）和"候补银杖侍卫"这样奇特的角色，而新任大法官欧文勋爵也不再身着传统紧身衣和马裤。并且，当他从礼仪皮包里取出演讲稿，亲手递给女王后，可以转身，背对着女王走下铺着红毯的台阶，而不需要像以前那样恭敬地弯着腰倒退着退下。

女王那年宣读的演讲稿中有一项激进的建议，即结束英国宪法中最不民主、最陈旧的条款之一：世袭贵族在上议院的席位和投票权。不过，在多年后的今天，这个国家仍没有一个完全由选举产生的上议院。因此也就可以理解仪式的变化为何如此有限，因为有些传统看起来似乎无比重要，不容篡改。

英国议会开幕典礼虽说规模宏大、场面壮观，但并不是独一无二的，其他的欧洲君主国也会以庆典表演来纪念其君主参政。

事实上，与伦敦议会开幕典礼形式上最接近的是荷兰，荷兰的议会开幕典礼于每年 9 月第 3 个周二的王子日（Prinsjesdag）在海牙举行。仪式开始时间是正午之前，首先，身着华丽军礼服的各军团成员会在街上游行。午后 1 点，威廉-亚历山大国王和妻子马克西玛（Máxima）王后乘坐的皇家马车将从努尔登堡宫出发，穿过市中心，经过一小段路程前往位于国会议事堂的骑士厅（Ridderzaal）。另有一辆载有其他王室成员的装饰较为朴素的马车走在国王的前面。马车夫们穿着金光闪闪的制服，看起来就像是从童话故事中走出来一般。

之后，国王将在宝座上就座，当着议会两院议员，宣读政府内阁为他撰写好的演讲稿（Troonrede，字面意思是"宝座演讲"），概述未来一年的立法计划。与英国君主不同的是，荷兰国王并不佩戴王冠，威廉-亚历山大的母亲贝娅特丽克丝则通常会佩戴一顶相当华丽的帽子。当天下午，国王及其家人将在努尔登堡宫的阳台上短暂露面，下面是早早就等待在那里的人群，他们的出现令现场所有围观者欢呼雀跃。

前往议会的途中，威廉-亚历山大国王的马车将由身着礼服的武装部队成员护送，沿途群众可以坐在专门搭建的看台上观礼。与英国议会的开幕式不同，荷兰议会的开幕典礼不仅吸引眼球，还是荷兰人对君主制，尤其是对奥兰治-拿骚家族支持的表现形式。这是所谓的奥兰治派（Orangists）的节日，他们是君主制的草根支持者，或者说是统治王朝的支持者。这些身着橙色大衣或足球衫、脖子上挂着橙色花环的人们，早上 7 点多就在沿路聚集，只为了能在海牙狭窄的街道占据一个最佳观礼位置。

国王在开幕式上的演讲不仅将通过电视转播，也会在街道的巨大屏幕上滚动播放，但似乎很少有人会关注国王描绘了怎样的政治蓝图，他们更多是来凑热闹的。在贝娅特丽克丝统治时期，王子日这一天也是女议员们和妇女们展示华丽帽子的绝佳时机：

帽子越奢华越好，以此表达对女王头饰的致敬。同时，这也为荷兰媒体提供了一个有趣的话题，媒体甚至会展开评选活动，邀请读者和观众选出最喜欢的那一顶帽子。

下午2点仪式结束后，国王会回到车内并沿原路返回。几分钟后，他和其他王室成员会出现在努尔登堡宫的阳台上，向下面街道上水泄不通的人群挥手致意。

其他欧洲王室在议会工作中的参与度略有不同。每年10月的第2个工作日，挪威国王都会在镶金木头和红色天鹅绒的宝座上发表演讲，宣布议会开幕，王后和王储分别位于国王的左右两侧。瑞典国王也会在议会发表讲话，但只是一个简短的演讲而不是政府政策的声明，并且他也不会坐在宝座上。丹麦女王及家人只是观礼者。尽管他们十分引人注目，从乘坐复古黑色豪华轿车抵达的那一刻起，他们的一举一动都会被摄影师记录下来，媒体尤其喜欢捕捉他们打瞌睡的镜头。西班牙国王只在大选后的首次议会会议结束之后才会出现，坐在普通的桌椅上发表讲话。而在比利时，君主唯一一次踏入议会就是就职宣誓。

无论形式如何简化，这些仪式都在彰显王室曾在国家政治和公共生活中发挥的核心作用，国王在那个年代并不只是一个文化符号，而是王国真正的统治者。国王通常是通过军事征服获得领地，并依靠暴力、任免权和向氏族效忠相结合的方式来统治领地。相对来讲，议会纯粹是咨询架构。

　　过去千年中的大多时候，社会其他力量都在尝试抑制这种权力。在英国，最早的尝试之一是在 1215 年，约翰国王（King John）被男爵们强迫签署文件《大宪章》（*Magna Carta*），确立了君主应该依法统治，而不能随意践踏臣民权利的原则。

　　但君主强大的权力并不是轻易就能被削弱的。虽然查理一世在 1649 年被处死，以及出现了克伦威尔（Oliver Cromwell）领导下的英国短暂的共和制插曲，这意味着查理一世的父亲，詹姆斯一世所宣扬的君权神授学说的终结，但在《大宪章》签署之后的几个世纪里，君主制在英格兰的力量不减反增。

　　君主制在查理二世统治时期得以恢复，但当他的弟弟詹姆斯二世即位后试图重塑王权时，却被赶下了王位，取而代之的是詹姆士二世的女婿（和侄子）奥兰治的威廉。在 1689 年 2 月举行的登基仪式上，威廉和玛丽共同加冕，并收到了标志着限制他们权力的《权利宣言》（*Declaration of Rights*）。这份宣言（当年晚些时候由议会通过，称为《权利法案》），连同随后几年的其他一系列法律，被统称为"革命协定"（Revolutionary Settlement），标志着英国君主专制统治的结束，并确立了议会至上的原则。

　　君主虽然还拥有相当的权力，但从那时起，这些权力都必须在宪政规则的框架内行使。正如英国最著名的宪政学者之一韦农·波格丹诺（Vernon Bogdanor）所言，"君主们仍然试图控制政府执行其政策，但必须通过施政的方式来实现这一目标。他们不能再干预选举，但可以设法影响选举……同样，君主不能再蔑视议会，但他们可以试图对议会施加影响"。

因此，18 世纪和 19 世纪初的英国，国王们与他们身边的大臣们斗争不断，但结果却不尽相同。权力逐渐从君主手中流失，主要归因于现代政党制度的出现，这意味着政府的存续将不再依靠国王的支持，而是靠下议院中多数党的支持。这一进程通过扩展特权得到加强：1832 年，先是扩大到中产阶级，之后在 1867 年扩大到部分工人阶级。因此，英国的君主制已经成为立宪政体。立宪政体是法国人杜普雷（W. Dupré）最先提出的一个术语，他在 1801 年提出了"君主立宪制"（*La monarchie constitutionnelle*）和"立宪君主"（*un roi constitutionnel*）。

白芝浩颇具影响力的《英国宪法》（*The English Constitution*）出版于 1867 年，并广为流传，似乎连君主们也读过这本书。他在书中对君主的角色作了这样的总结："简而言之，在我们现有的宪政体制下，君主有 3 项权利：被咨询权、鼓励权、警告权。一个贤明睿智的君王会对此感到满足。"然而，尽管白芝浩这么说，他的书出版时维多利亚女王已经稳坐王位 30 多年，但女王可不是什么公正的旁观者。维多利亚女王采取了一种高度党派化的方式，支持她钟爱的辉格党人墨尔本勋爵。女王的丈夫阿尔伯特亲王，也将君主视为一个独立于党派之外的人，可以利用其影响力为国家谋福利。1861 年 12 月，阿尔伯特亲王去世，从英国宪法的角度来看，也不失为一件好事。痛失配偶后，维多利亚女王淡出了公众的视野，但她在位的最后 20 年，又重拾党派的旧习，给予与她一样热爱帝国的保守党领袖本杰明·迪斯雷利（Benjamin Disraeli）额外的厚爱。

维多利亚女王在世时，从不让儿子爱德华七世参与一切国家事务。女王去世后，爱德华七世在其短暂的统治期间，却积极地介入到公共生活的方方面面，在外交政策方面表现得尤其积极。他致力于和法国建交，并在 1904 年促成《友好协定》（*Entente Cordiale*）的签署。爱德华七世之子，乔治五世同样深陷政局。1910 年刚登基不久，他就被卷入了上议院试图阻止财政预算通过的危机之中。1924 年，他对第一届工党政府的公正对待，使得该党继续忠于君主制而不是共和制。1931 年，当国家再次陷入危机时，乔治五世直接进行干预，怂恿工党领袖拉姆齐·麦克唐纳（Ramsay MacDonald）组建"国民政府"，尽管这意味着分裂他自己的政党。1945 年，乔治五世之子乔治六世未能阻止工党的回归。这一次工党在议会中获得了多数席位，并制定了激进的改革方案。

同一时期，类似进程也在欧洲大陆上进行着。太阳王路易十四，自 1643 年开始，统治其王国 72 年，是欧洲在位时间最长的君主，他与詹姆斯一世一样信奉君权神授。他的话"我就是国家"（*L'état, c'est moi*），是对绝对君主制的精辟概括，即最高权威属于国王个人。同时期，这种专制主义也在欧洲其他地方盛行。1660 年，丹麦国王弗雷德里克三世（其王国包括挪威、石勒苏益格和荷尔斯泰因公国）成功抗击瑞典军队，保卫了哥本哈根，趁热打铁地将选举君主制变为绝对的世袭制。1665 年 11 月 14 日签署的《国王法》（*Kongeloven* 或 *Lex Regia*）宣布丹麦为君主的个人财产，君主只对上帝负责。一切国家事务都需国王签字，且命令一旦签署就立即具备法律效力。丹麦议会是一个咨询机构，国王可以任其意志随时解散议会。理论上来讲，这可以算是基督教国家中最广泛和最明确的专制主义了，即便实际上，丹麦国王的权力和资源与其他君主制国家一样有限，并且他的统治也同样依赖于臣民的支持。

放眼整个欧洲，在法国大革命和拿破仑战争之后，君主们不得不接受一个多世纪前英国光荣革命后对权力的制约。在瑞典，反对古斯塔夫四世·阿道夫（Gustaf Ⅳ Adolf）的政变发生后，王位由其年长的叔父卡尔十三世继承。之后，1809 年《宪法》废除了君主专制，取而代之的是君主立宪制。国王从此只能在国会和政府的制约下行使权力。事实上，年届六旬的卡尔十三世年事已高，其权力实际上都掌握在贝尔纳多特手上。贝尔纳多特是法国的革命家，后来成为元帅，又被选定为王储。1814 年 11 月，挪威与瑞典合并为单一王室，这在很大程度要归功于贝尔纳多特的努力。挪威被允许保留击败丹麦统治者后通过的《自由主义宪法》，该文件至今仍然有效。

1830 年脱离荷兰后，比利时宣布成为君主立宪制国家；1837 年，西班牙也成为君主立宪制国家。1848 年，荷兰国王威廉二世（Willem Ⅱ）虽是保守派，但意识到削减王权是维持君主制的唯一途径，于是责成约翰·鲁道夫·托尔贝克（Johan Rudolf Thorbecke）（该国的首位首相），起草了一部至今仍然生效的新宪法。威廉二世宣称，"一夜之间，我从保守派变成了自由派。"该文件于 1849 年 6 月通过，结束了王权的绝对统治，建立了两院制议会，限制了君主的权力，并保障了基本的公民权利。1866 年，瑞典传统的四院制议会被更现代的两院制取代后，贝尔纳多特的孙子，国王卡尔十五世（Carl ⅩⅤ）的权力越来越受到立法机构的限制。

从理论上来讲，那时的王权受到了种种限制。但实际上，欧洲大陆的君主和英国君主一样，往往不愿意屈服于类似的限制。尽管贝尔纳多特是革命背景出身，但在 1818 年以卡尔十四世·约翰的身份正式登上瑞典（和挪威）王位之前，他就已经显露出了旧式王室独裁者的本质。后来，他越来越倾向于选择那些表露忠诚的官僚担任议员，这些人会完全按照他的意愿行事。他 26 年在位时间中的最后 15 年里，很少在下午 2 点之前起过床，因此他的统治也被称为"寝宫制度"（bedchamber regime），私人顾问和宠臣马格努斯·布拉赫伯爵（Count Magnus Brahe）扮演了类似守门人的角色。

比利时的利奥波德一世和儿子利奥波德二世，也对这种限制王权的企图感到愤怒。1843—1868 年在位的西班牙女王伊莎贝拉二世经常干预政治。而荷兰 1849 年登基的威廉三世则对其父在前一年发起的宪政改革极为不满。威廉三世的女儿威廉明娜几乎在整个 20 世纪上半叶都一直统治着荷兰，她也对自己的政府感到不满。

20 世纪的头几十年出现了一些由于限制王权而引发的冲突，但胜利并不是每一次都属于议会。1914 年，主张重整军备的瑞典国王古斯塔夫五世，在与卡尔·斯塔夫（Karl Staaff）为首的政府的斗争中，赢得了民众的支持。3 年前，卡尔·斯塔夫因承诺解除武装而当选荷兰首相。当年 2 月，3 万多名农民游行至王宫表达对国王的支持，国王发表讲话，谴责政府的国防政策。该事件迅速升级为一场宪政危机，促使一些人呼吁建立共和国。但国王还是占了上风，最终成功组建了一个保守政府。数月后，战争爆发，证实了国王的先见之明。

古斯塔夫五世和其他君主的统治并不符合历史发展的潮流，特别是当投票权的范围扩大到工人阶级和妇女后，英国工党和欧洲其他社会民主党便逐渐崛起。就其本质而言，这些党派比他们的保守派对手更不支持君主制。可即便如此，许多"左倾"政治家一旦尝到了君主制的甜头，就会很快迷失在这种诱惑中，由最坚定的阶级战士变成保皇派。1917 年瑞典大选中，左翼政党获胜，迫使古斯塔夫五世再次接受了自由主义政府，而这次是与致力于建立共和国的社会民主党联合执政。3 年后，亚尔马·布兰廷（Hjalmar Branting），这名曾领导社会民主党对抗国王的政治家，都短暂出任过首相。

与古斯塔夫五世类似，丹麦的克里斯蒂安十世于 1912 年登基后，也曾与政客们发生过冲突。保守派的他在 1901 年默许了丹麦首个自由主义政府的成立，不过他从不承认君主的影响力正在逐渐丧失。1920 年，他试图在"复活节危机"中重获影响力，当时他与民族主义者一道，就石勒苏益格（60 年前割让给普鲁士的丹麦领地）回归争议问题向自己的政府发难。起初，似乎国王占了上风，首相被迫辞职，任命了一个保守内阁来处理政务。然而，由此引发的政治危机对君主制产生了极大的威胁，最终克里斯蒂安十世被迫妥协。他和他的继任者们因此事吸取了教训，尽管宪法仍然赋予国王合法的权力，但他们再未试图直接干预政治。

克里斯蒂安十世的弟弟，于 1905 年挪威脱离瑞典后，成为挪威国王哈康七世。也许是因为意识到自己的王位岌岌可危，他表现得更加小心翼翼。在 1928 年的一次政府危机中，他走了一步险棋，邀请政纲中含有废除君主制条款的工党加入政府。新政府虽只存活了 28 天，但却达到了预期的效果，提醒了所有人，国王的权力是凌驾于政治之上的。自此，挪威左派不再像瑞典左派一样反对君主制，不过这个丹麦出生的君主最终还是在战争的硝烟中得到了国民的认可。

比利时，利奥波德一世的继任者不愿意接受宪法的约束。事实上，利奥波德三世的统治之所以过早终结，某种程度上是由于他在 19 世纪 30 年代与大臣之间的斗争。当国王本人因其在战争问题上犯的过错而受到抨击时，很少有政治家会声援他。最终，除了退位，他别无选择。

虽然削减王权是大势所趋，但俄国却是一个显著的例外。1905 年革命之后，君主立宪制很快宣告失败。沙皇拥有了绝对的权力，只在他认为合适的情况下适当将权力下放给个人和机构。用一个通俗的比喻来说，他是俄国之父，而帝国的臣民就是他的孩子。然而，这一切都在 1917 年结束了。

那么，当今的王室还保留了些什么权力？欧洲的国王和女王们仅仅是有名无实的君主，还是在政治发展进程中依然发挥着作用？当组建政府时，特别是在一些组建联合政府的国家中，王室的影响力表现得尤为明显。例如比利时和荷兰，君主有权在选举之后指定一位"采风使"（*informateur*）对政治环境进行评估，然后任命一位合格的"组阁使"（*formateur*）成为首相。从理论上来讲，君主理应保持中立，但是政党数量越多，能够产生多数派的组合越多，因而君主的影响力就越大。并且，该影响力也会随在位时间而不断增长。

比利时政体的分裂，体现在左、右党派的分裂以及弗拉芒人和瓦隆人之间严重的分歧，因此为王室拉拢潜在的同盟，进一步增强影响力提供了空间。通常，当政府分崩离析时，国王有权接受或拒绝首相的辞呈，也有权解散政府。

在博杜安国王 42 年的统治期间，一些批评家认为其滥用权力。1991 年 10 月，也就是博杜安去世的前两年，比利时经常陷入政治危机，其中一次他拒绝接受首相维尔弗里德·马尔滕斯（Wilfried Martens）的辞呈，结果导致大选提前。据说，他还经常否定自己不认可的内阁部长提名。1993 年 8 月，博杜安的弟弟阿尔贝成为比利时国王。阿尔贝二世虽不热衷于干预政治，但是也不得不履行其职责，尤其是当比利时语言区日益分化，使得组建政府更加困难之时。

英国的"简单多数制"政治制度，工党或是保守党通常都会获得绝对多数席位，因而王室干预的空间相当小。不过，包括伊丽莎白二世女王在位的 20 世纪，出现了数次君主任命首相的情况，原因是没有明确且毫无争议的候选人。特别是保守党，该党没有选举领导人的传统，他们采用的是一种奇怪的制度，等待这个合适的领导人"脱颖而出"，这恰恰为王室留下了参与的空间。然而在过去的几十年间，这种情况有所改变：保守党同工党一样，也通过正式选举产生领导人。这意味着鲍里斯·约翰逊和他的前任特蕾莎·梅的任命是民主意愿，而非女王独行。

2010 年 5 月的大选结果显示，工党和保守党都未能获得绝对多数的投票。这看起来似乎给了女王发挥作用的机会，就像比利时或者荷兰那样。但这不是英国的方式，白金汉宫十分避嫌，以免给人留下任何女王干涉内政的印象。因此，女王在温莎城堡停留了 5 天，直到身处伦敦的党派领袖达成了解决方案，即保守党和自由民主党组建联合政府。

王室的影响同样能延伸至政府的日常运作之中。在大多数国家，首相每周都会与君主举行会议。在奈飞公司（Netflix）的热播剧《王冠》中，呈现了诸多有关英国伊丽莎白二世女王与历届政府领袖会面的戏剧性瞬间。在现实中，这种会议不做记录，会议内容只有与会者知晓，正如玛格丽特·撒切尔在其回忆录中所写的那样："如果有人认为这些会议只是个形式或就是礼节性的流程而已，那就大错特错了。会议安静且正式，女王陛下对时事有着令人惊叹的把握和丰富的经验。"正如波格丹诺所言："拥有政治权力的首相每周向没有实权的女王报告，这是一件好事。"伊丽莎白二世女王在位期间，以及她一路走来所经历的戏剧和危机人生，毫无疑问都在为她的影响力加码。

在丹麦，女王每周会见首相一次，除非其中一方有紧急任务，时间通常在周三。她大约每月主持一次所有内阁成员的国务委员会，王储年满 18 岁时就会成为委员会成员，还会与外交大臣单独会见。与除瑞典之外的其他国家一样，女王也会签署法案、法律和其他文件。

挪威王室参与政府政务的形式则更为简化。每周五上午 11 点，政府成员都会在奥斯陆王宫的内阁会议厅集合，参加国务委员会会议。一般来讲，哈康王储（Crown Prince Haakon）也会参会。国王坐在制于 1848 年的镶金红丝绒宝座上主持会议。内阁成员挨个宣读他们的议案，之后由国王签署。尽管需要国王签署，但通常只需花费半小时的会议时间，更多的是一种象征意义。因为前一天的例行内阁会议已经做出全部决定，只是国王并不参加而已。

如今，王权的本质意味着它只能在幕后发挥作用，君主和大众同样意识到，纯粹凭借出身来行使政治权力是不合时宜的。国王或女王对此不应该有意见，或者至少不应该表现出来。1990 年在比利时发生了一件臭名昭著的事件，即比利时国王博杜安在堕胎问题上没有恪守本分。当其他欧洲国家陆续放宽相关法律政策时，比利时却一直在采取抑制措施，据称是由于国王的操控。或许，博杜安坚定的天主教信仰是其主要动机，但他的个人经历可能也占一部分原因，毕竟他和法比奥拉王后 5 次生育都遭遇意外流产。

20 世纪 80 年代末，唯独比利时和爱尔兰坚持禁止堕胎，民众对此意见很大。1989 年 11 月，参议院通过了一项在特定情况下允许终止妊娠的法案后，国王便在他的新年演讲中阐述了人类生命的神圣，作为他愤怒的出口。尽管他施加了压力，但那年春天，该法案在众议院还是以压倒性多数通过了，这让君主陷入了不得不签署法案并使其合法化的尴尬境地。虽然博杜安利用了一项法律条款，允许他因疾病或"其他原因"暂时停止履行职责，但48小时后，《宪法》便会恢复他的所有权力，该面对的他终究还是要面对。

虽然博杜安没能成功，但共和游说团（republican lobby）对这种非常规的宪法操纵行为感到十分愤怒。尽管民意调查显示，国王感性的干预行为实际上提高了他的声望，但他将个人宗教信仰凌驾于政治立场之上的做法，显然违反了规则。

这种过度干涉却未失民心的行为开创了一个特殊的先例，并可能引发一系列问题。不过几年后，当议会通过与博杜安信仰相悖的同性恋婚姻和安乐死法案时，在位的已经是他的弟弟阿尔贝二世。阿尔贝二世是一个观念更为自由的人，因此在签署法案时并未提出异议。

2008年12月，卢森堡也出现了类似的危机。当时，虔诚的天主教教徒亨利大公表示拒绝签署众议院（Chamber of Deputies）当年早些时候投票通过的安乐死法案。因此，《宪法》被迅速修改，取消了自1848年以来规定的法案需得到王室同意的条款。但有人呼吁对《宪法》进行更大力度的改革，削减大公的权力，使他的权力范围与欧洲其他君主一样受限。

君主们在每年的圣诞或新年都会发表致辞，与议会发表的演讲不同，致辞是君主本人的观点，而非政府的。以女王伊丽莎白二世为例，她所表达的观点通常不具争议性，一般是对基督教和家庭本质的思考。不过，她的言语之间也会传递一些政治信息，例如 2004 年，女王讲述了一位海外游客的故事：从希思罗机场乘坐地铁的途中，他遇到不同种族和文化的孩子，孩子们融洽的相处令这位游客有感而发。女王借此表示了对多元文化社会的支持，以及对极右翼英国国家党（British National Party）的反对态度。值得注意的是，多族裔混居的莱斯特，是 2012 年 3 月女王 5 个月钻石庆典之旅的第一站。女王在致辞中频繁提到英联邦，实际上也是对该组织重要性的一种政治声明。

与欧洲其他王室相比，瑞典君主几乎没有法定的政治权力，这是由于 1975 年新宪法的生效，也就是现任君主卡尔十六世·古斯塔夫国王继承了 90 多岁的祖父古斯塔夫六世·阿道夫王位两年之后。多年来，瑞典政治家们一直在争论如何实现君主制的现代化，实际上就是关于是否保留君主的讨论。自 20 世纪 30 年代开始主导瑞典政坛的社会民主党人，一直致力于将国家转变为共和体制。由于担心惹恼包括狂热保皇主义者在内的核心选民，他们并不愿朝着共和方向采取任何具体措施。相对而言，右翼则对保留国王持坚定态度。

1950 年，古斯塔夫六世·阿道夫刚刚即位，新宪法的起草工作就已展开，其中关于"君主制的保留"被提请讨论。的确，1966 年，由约 30 名社会民主党议员提出的要求废除君主制的法案在议会两院获得了多数票，因此贝尔纳多特王朝的时日看上去所剩不多了。他们断言，"君主制是一种不合理的制度，注定是不会有未来的。""人民对于君主制的支持在不断减弱。"然而，出于对公众反应的担忧，多数人还是拒绝了将该提案付诸公投的呼吁，人们决定将这一棘手的问题交由宪法委员会定夺。

经过反复商讨，委员会于 1971 年 8 月在瑞典西南海岸的专属避暑胜地图勒科夫举行会议，敲定了一个折中方案：国王将继续担任国家元首，但仅保留礼仪和代表职能。1809 年的宪法中，将"只有国王才有权力管理王国"作为定义君主权力的开篇。在最初的几十年里，这项权力只受到一项义务的约束，即征求由国王亲自任命的议会的意见。而现行宪法的开篇则是"瑞典的一切公共权力都来自人民"，人民是议会和政府权力的来源。然而，为了表达对老国王的尊重（他将于次年 11 月庆祝 90 岁生日），这一修改在他去世后方可生效。

通过限制王权，瑞典人得出了一个合乎逻辑的结论：在过去的两个世纪里，王室的影响力在整个欧洲都在逐渐减弱。在很大程度上，这份新文件只是为适应现实情况对宪法文本进行了调整，实际的政治权力早已从王室流失。但同时，它也意味着制度运作方式的具体变化。自 1975 年以来，在组建联合政府以及任命首相时，充当中间人的是议会议长而不是国王。君主不再主持内阁会议，不再为法案盖橡皮图章，也不再担任武装部队总司令，但他依然主持外交政策委员会。用时任首相奥洛夫·帕尔梅（Olof Palme）的话来说，改革使君主制沦为帽子上的羽毛，瑞典可以"轻而易举"地变成共和国。

对于那些希望保留王室传统礼仪，但又对仅凭血统就能拥有无上政治权力而感到愤愤不平的人而言，瑞典的模式极具吸引力。同时，它也避免了国家对总统的需求，因为总统可能会成为一个分裂的党派政治人物。然而，一些批评者却并不满意，表示当就问题发表意见时，君主的出身仍自动赋予他一种其他公民所没有的特权。近年来，卡尔十六世·古斯塔夫在不同的场合就演绎了如此做法，并引起了争议：无论是批评邻国挪威捕杀海豹，还是呼吁猎杀本国的一些狼群，都令国内的环保主义者感到不满。他在一次圣诞致辞中敦促臣民们更加努力工作，也令批评家们不满，他们质疑一个世袭的君主是否有资格表达这种观点。

尽管瑞典模式很有吸引力，但迄今为止没有其他欧洲国家效仿。并且实际上，荷兰首相马克·吕特（Mark Rutte）于 2011 年5 月致信议会，明确反对对君主权力进行任何官方的限制。他说："君主无疑是权力的象征，但本身并不拥有任何权力。"不过，议会中的许多人并不买账。贝娅特丽克丝女王统治后期，作为荷兰君主制传统批评者的左派和中间派加入了由基尔特·维尔德斯（Geert Wilders）领导的自由党，该党因贝娅特丽克丝女王积极呼吁社会凝聚力，以及对穆斯林宗教感情的过度尊重感到愤怒。2011 年 9 月，维尔德斯在议会提出了一项提案，要求废除君主制，但这一举措因需要 2/3 多数票才能推动宪法修订而失败。

欧洲的君主国当中，唯独面积狭小的列支敦士登与削减王室权力的潮流相悖。在 2003 年 3 月的全民公决中，近 2/3 的选民支持汉斯·亚当二世大公提议的新宪法，因此大大增加了他的影响力。这次投票，正是国王和他的议会之间长期混乱斗争的结果。自年迈的父亲在 1984 年将行政权力移交给汉斯·亚当后，他一直对公国实施行之有效的治理。他曾威胁说，如果公投失败，他和家人将搬到奥地利去，甚至还曾开玩笑说要出售列支敦士登。

2000 年，汉斯·亚当二世大公在接受采访时说："我们可能真的会离开这个国家，但这不会是公国的终结，因为我的祖辈们 1938 年前也一直生活在奥地利，他们大概一年就来这里一次。在列支敦士登破产之时，我的祖先施以援助，从而获得了主权。如果有一天，人民决定这个家族的统治期限到了，那么他们就必须另找一个足够富有的人来取代我们的位置。但我相信不会到那个地步。"这从另一方面反映了统治家族和这个小国之间的独特关系。

尽管存在前首相马里奥·弗里克（Mario Frick）这样的反对

党领袖，但人民还是支持他们的大公。他不仅能否决任何他不喜欢的法律，还能随意解散政府或免去任何部长。这使得他成为名副其实的欧洲唯一的绝对君主。

第四章

王室的职责

1　2 月 10 日对瑞典及其王室来说有着特殊的意义。1896 年的这一天，一位非常成功且富有的瑞典化学家，63 岁的阿尔弗雷德·诺贝尔（Alfred Nobel），在他定居了 5 年的地中海度假胜地意大利圣雷莫，因中风去世。古怪的诺贝尔是一位和平主义者和诗人，他原本打算让自己最著名的发明——炸药，只用于和平的目的。令他失望的是，炸药似乎在战场上更能发挥作用。因此，为了良心的安宁和家族的名誉，1895 年诺贝尔立下了遗嘱。根据遗嘱所述，诺贝尔将用约相当于现在 2.5 亿美元的财富，建立一系列卓越奖项，表彰在科学、文学及和平领域对人类做出卓越贡献的人士。1901 年，在与财产继承基金会和法国税务当局进行了一番交涉之后，举行了首届诺贝尔奖颁奖典礼。并且为了增加分量，该奖项由当时的瑞典王储古斯塔夫①颁发。

　　一个多世纪后，这个原本相对低调的斯堪的纳维亚式活动发展成了世界上最负盛名的颁奖典礼，也成为瑞典皇家年度日程中的高光时刻。当文学奖、医学奖、物理学奖、化学奖和经济学奖（最后一个奖项是 1969 年增加的）的获奖者齐聚在斯德哥尔摩音乐厅的颁奖典礼时，古斯塔夫五世的曾孙卡尔十六世·古斯塔夫为每位获奖者颁发证书和奖章。当天晚些时候，国王和他的家人会在斯德哥尔摩市政厅举行了一场 1300 人的豪华宴会，其中还

---

①　古斯塔夫王储于 1907 年继承瑞典王位，称谓为古斯塔夫五世。

包括250名学生。两个场馆都使用从圣雷莫空运来的鲜花装饰，使得宴会更显奢华。

那段时间的瑞典媒体，会陷入一个怪圈：报纸不断报道人们享用了多少鸡肉和龙虾，消耗了多少瓶香槟和葡萄酒，与此同时记者在博客和社交网站上也不断对此发表评论。那些因学术成就而受到表彰的学者，他们的成就虽说常人难以理解但却价值无限，可人们的注意力却总是集中在光鲜亮丽的嘉宾身上。其中，最引人注目的便是国王的女儿，王储维多利亚公主和她美丽的妹妹玛德琳（Madeleine）。公主们身着什么礼服，她们从贝尔纳多特家族的宝库中挑选了哪些珠宝装饰自己，以及（至少在2010年6月维多利亚公主的婚礼之前）她们身边挽着的男伴是谁？

同一天，在斯德哥尔摩以西250英里的地方，进行着同样的颁奖盛典。最具影响力的诺贝尔和平奖是在挪威首都奥斯陆颁发，而非瑞典的斯德哥尔摩。这里是哈拉尔五世国王的主场。诺贝尔和平奖是由挪威诺贝尔委员会主席颁发，国王监礼，这与其他诺贝尔奖不同。颁奖仪式在市政厅富丽堂皇的接待大厅里举行，包括国王和其他王室成员在内的千名宾客将会出席。当晚在大饭店也有盛大的宴会。

对于瑞典和挪威的国王来说，被称为"诺贝尔周"的活动是他们一年中所有活动里最引人注目的。从华丽到平淡，年复一年，周而复始。曾经，君主的角色是统治者，像颁发奖项或勋章这样的仪式活动只不过是权力的展示。然而，正如前文所述，这种政治权力几乎已经完全消失，如今的君主不得不重新定位自己，于是他们在诺贝尔颁奖典礼等代表性活动中找到了适合自己的角色。正是这些职能，使得无论是参观不起眼的地方工厂，还是对重要贸易伙伴进行国事访问，都成为他们的主要工作。

王室成员参加的各种活动在官方报告和网站上都有记载。就参加公共活动而言，英国王室最为活跃，例如在 2018 年，伊丽莎白二世女王和其他 14 位英国"在职王室成员"完成了包括出访在内的共计 3793 次公务活动。尽管女王当时已经年逾九十，但她还是亲自参与了其中的 283 次公务活动。所有这些活动都会在白金汉宫每日发布的《宫廷公报》（*Court Circular*）中进行报道。19 世纪初，乔治三世因对自己行踪的失实报道感到失望而建立该公报。如今《泰晤士报》《每日电讯报》（*Daily Telegraph*）和《苏格兰人报》（*Scotsman*）都会刊登《宫廷公报》。为了体现白金汉宫对新技术的热情，该报也可以通过网络阅读。

疫情前，英国女王伊丽莎白二世每年的日程表上都包括与政界人士的常规会晤、与外交官的会见，以及更常规的晚宴和开幕式。她还必须在 20 个左右的授勋仪式上颁发大约 2500 个荣誉勋章。此外，还会定期举行一些引人注目的活动，充分展示英国王室的华丽与壮观排场。除了议会的开幕典礼还有军旗敬礼分列式，通常在 6 月的一个周六，女王"官方生日"的庆典活动时举行，也相当于英国国庆日。6 月的第 3 周，女王会出席在伦敦西部举行的皇家阿斯科特赛马会。该传统可以追溯到 19 世纪 20 年代国王乔治四世统治的时期。活动期间，女王一行每天会乘坐马车，在赛马观众面前沿跑道游行。不仅因为这是女王的职责，她本就是一位热衷骑术的骑手，曾在皇家赛马会（Royal Ascot）上获得 20 多项殊荣。

与此同时，王室的其他成员也承担着类似的职责，而他们的选择往往可以反映他们的兴趣。菲利普亲王一直活跃在科学、环境保护和青年福利领域，他专为 25 岁以下年轻人设立的爱丁堡公爵国际奖（The Duke of Edinburgh's International Award），自 20 世纪 50 年代创立以来，一直在世界范围内被效仿。查尔斯对农业和建筑环境特别感兴趣。成年后，威廉王子和哈里王子（Prince Harry）虽然都在军队服役，却抽出时间投身于各种慈善事业。威廉长期与英国一个致力于保护非洲野生动物的慈善机构图斯克（Tusk）合作，同时也接管了自己母亲、已故的戴安娜王妃的一些慈善工作，并且还赞助了一个帮助无家可归年轻人的慈善机构。哈里帮助创建了救助莱索托贫困儿童的慈善机构"勿忘我"（Sentebale）。离开学校后，他在莱索托待了数月，还策划了"不可征服运动会"（Invictus Games）。这是一项为生病或受伤的军人举办的体育赛事，首次赛事始于 2014 年。不过，公务活动数量名列榜首的却是王子们的姑姑安妮公主。通常，她每年都会参与 400 多次公务活动，其中还包括至少 3 次的出访。

按照我们大多数人对"工作"这个词的理解，参与诸如此类的活动，或观看芭蕾舞表演、艺术展及电影节等，是否可以称之为"工作"，是个值得讨论的问题。然而，每当英国媒体讨论王室成员的津贴数额，以及他们是否"值得"的问题时，很大程度上取决于他们参与了多少次这样的公众活动。虽然只是出现一下，且这种接触是多么蜻蜓点水，君主及王室家族都可以说，自己为那些无比珍惜与他们有任何接触机会的臣民，提供了公共服务。

能够与王室近距离接触是英国皇家花园派对存在的理由，派对的邀请已经变成了公共服务的一种奖励。这一活动的历史最早可以追溯到 19 世纪 60 年代，当时维多利亚女王设立了所谓的"早餐宴"（尽管是在下午举行的）。如今，每年都会举办 4 次这样的活动，其中 3 场在白金汉宫，一场在爱丁堡的荷里路德宫（Holyroodhouse）。出席花园派对的宾客数量超过 3 万人，他们是由政府、军队或其他机构推荐而来的。英国王室有理由为自己在此类大型活动中所做的精心安排感到自豪，因为 70 年来，在数万次公众活动中，女王从未有过任何失误。

这些公众活动中有一些属于非官方性质，如结婚、出生和死亡。但它们已从新闻短片和电视广播转变成了大型公共媒体事件。1893 年，当未来的国王乔治五世和泰克公主玛丽（Mary of

Teck，后来的玛丽皇后）在圣詹姆斯宫的皇家礼拜堂举行婚礼时，那里只能容纳 100 人。而当他的玄孙查尔斯王子与戴安娜王妃 1981 年在圣保罗大教堂举行婚礼时，有 3500 人在现场观礼，60 万人在伦敦的街头参与庆祝，全球约 7.5 亿人观看了直播。2010 年 6 月，瑞典女王储维多利亚公主和丹尼尔的婚礼庆典持续了两周，首都斯德哥尔摩变成了溢满鲜花和庆祝表演的"爱之都"，这在持反对意见的共和主义者眼里，则是一个绝佳的反击时刻。2011 年 4 月威廉王子和凯特王妃婚礼吸引了全世界的目光。2018 年 5 月，他的弟弟哈里王子和美国演员梅根·马克尔的婚礼也同样引人注目。

最受媒体瞩目的婚礼无疑是 1956 年 4 月摩纳哥亲王雷尼尔三世和格蕾丝·凯利的婚礼。他们提前体验到了如今社会名流与《你好!》（Hello!）等明星娱乐杂志之间司空见惯的交易。米高梅电影公司谈下了婚礼仪式纪录片的拍摄权，这场世纪婚礼将摩纳哥大教堂变成了电影拍摄地。作为回报，这对夫妇不仅获得了由米高梅顶级服装设计师海伦·罗斯（Helen Rose）设计的价值 7226 美元的婚纱、米高梅高级发型师和宣传总监的服务及实质性的收益份额，还有这部全球约 3000 万观众看到的纪录片。对于一个希望扩大旅游业市场的公国来说，这也意味着高回报的宣传。

王室宝宝也有扩大王室影响力的作用。王室官员不再像之前那样挤在产房或是待产室里，但肯定有大批的摄影师守候在产房外，渴望拍到一张王室新成员的照片。葬礼，也能在巩固君主制方面发挥重要的作用：受人爱戴的国王或王后的灵柩随着庞大的送葬队伍穿过街道，使得举国都沉浸在悲痛之中；早逝的英国夏洛特公主、比利时的阿斯特里德王后和摩纳哥的格蕾丝王妃，体现出的影响力更为强烈。不过，历史上也曾出现过一个特例：1997 年戴安娜王妃去世后，王室遭到了英国媒体的强烈抨击，因为与公众的悲痛欲绝相比，王室表现得过于冷漠。并且，戴安娜的弟弟斯宾塞伯爵（Earl Spencer）在葬礼上的一番言论，也被解读为对君主制赤裸裸的抨击。

无论欢乐的还是悲伤的，这样的活动基本都在各个国家的首都举行，但王室必须避免成为"大都市偏见"的受害者。因此多年来，君主及其他王室成员巡视整个王国，接见他们的子民，已形成了传统。这样的传统要求英国君主不仅要对苏格兰、威尔士和北爱尔兰给予应有的关注，君主或者至少是其家庭成员，还必须访问所统治的其他 15 个国家。与此同时，君主还须照顾到英联邦其他成员国。

1877 年，德里杜尔巴①宣告维多利亚女王成为印度女皇时，

① Delhi Durbar，字面译为"德里的宫廷"，是英国人在印度德里组织的印度帝国式的大规模集会，标志着印度皇帝或皇后的继承和登基。德里杜尔巴共举行了 3 次，分别是在 1877 年、1903 年和 1911 年。其中，只有 1911 年乔治五世作为英国元首出席。"杜尔巴"源于莫卧儿帝国时期波斯语借词，原指"波斯统治者的宫廷"。（https：//en.wikipedia.org/wiki/Delhi_ Durbar）——译者注

就象征着女王及其继任者统治下的君主制，与大英帝国的命运紧密相连。尽管维多利亚女王从未真正到过印度（或者阿尔卑斯山以东更远的地方），但她继任者们的足迹遍布全球，也算是弥补了这一遗憾。因此，伊丽莎白公主是在肯尼亚进行公务访问时听闻父亲离世的消息，也就不足为奇了。

欧洲现有的君主制国家中，荷兰、西班牙和比利时在海外也拥有大量"资产"。不过，他们获得的方式不尽相同，在后殖民时代，原宗主国和曾经的殖民地间的关系也不同。比利时最初获得刚果时，刚果被称为刚果自由州（然后名称改为比属刚果、扎伊尔和现在的刚果民主共和国）。这实际上是国王利奥波德二世为谋求经济利益而进行的私人风险投资，因此刚果沦为他的私人财产。直到 1908 年，那里发生了骇人听闻的暴行之后，国王才被迫将刚果交给比利时政府。刚果在 1960 年赢得独立时，博杜安国王亲自参加了庆祝活动，但人民普遍认为他当时的演讲显示了他对于过去发生在那里的暴行漠然的态度。自那以后，比利时与刚果民主共和国的关系一直有些不稳定，王室在这中间也没能发挥什么积极的作用。

然而，2020 年 6 月，刚果民主共和国纪念独立 60 周年时，两国关系出现了重要的进展。当时，"黑人的命也是命"运动使得比利时的殖民历史重新得到审视。在致刚果总统费利克斯·齐塞凯迪（Felix Tshisekedi）的一封信中，菲利普国王对刚果在比利时统治的 75 年里所遭受的"痛苦和屈辱"深表遗憾。这是比利时在位君主首次做出这样的表示。尽管他的言论算不上正式道歉，但齐塞凯迪对此举仍表示赞赏。

此前，荷兰国王威廉-亚历山大也曾对印度尼西亚展现过类似姿态。印度尼西亚是荷兰前殖民地中领土最大的国家，两国关系长期以来也一直相当紧张。在一次访问印度尼西亚期间，威廉-亚历山大国王正式为在 1945 年印度尼西亚宣布独立后至 1949 年荷兰最终承认印度尼西亚为独立国家期间，使用的"过度暴力"道歉。相比之下，西班牙在更早的时候就失去了其在拉丁美洲的大量殖民地，到 20 世纪初，只剩下少量非洲殖民地。但西班牙仍与前殖民地保持着一种特殊的联系。

尽管王室的旅行，尤其是海外旅行，为电视新闻简报提供了一些拍摄异国情调的机会，但他们的旅途其实是相当疲惫的。一些君主的内务活动，充斥着没完没了、枯燥乏味的会议。有王室成员甚至不小心说漏了嘴，道出了他们一点也不愿意参加这些乏味活动的心声。

在 2003 年的一次报纸采访中，丹麦女王玛格丽特二世以一个新奇的视角审视她的职责。她告诉采访者盖尔斯·布兰德瑞斯（Gyles Brandreth）："作为女王，其实我每年都在重复做着同样的事情：参加同样的仪式，履行同样的职能，例行同样的公事。有时你会想，'又来一遍！'但我父母教会了我很多，我也想把这些告诉我的两个儿子，无论你在做什么，都要有意识地参与其中。比如，我不得不听很多无聊的演讲，但是我发现没有什么比不听无聊的演讲更无聊的了。如果你认真去听，演讲就不会像你想象的那样无聊。你可以在脑中反驳他的观点，或者在心里想，'他讲得可真不怎么样'，只要不停止这种参与感，就会感觉好很多。"

君主制与两个机构有着特殊的关系：教会（至少在那些传统上不是罗马天主教的国家）和军队。英格兰国王亨利八世于1530年与罗马教廷决裂，因为他执意与阿拉贡的凯瑟琳（Catherine of Aragon）离婚并因此被教皇开除教籍。后来，他自命为新成立的英格兰教会的最高领袖。1559年，亨利八世的女儿伊丽莎白一世统治时期，国王的头衔从"最高领袖"改为"最高统治者"，以平息那些认为这是在篡夺《圣经》中耶稣基督教会领袖地位的批评。500年后，女王伊丽莎白二世仍然是教会的领袖，有任命其高级成员的权力。然而，这种权力在很大程度上只是一种象征。因为她需要听取首相的建议，而首相则要参考教会高层的想法。君主还保留着"护教者"的头衔，该头衔最初是教皇利奥十世（Pope Leo X）于1521年授予亨利八世的，以感谢他早期对罗马天主教的支持。在与罗马教廷决裂后，该头衔被收回，但后来在爱德华六世（Edward VI）统治期间又由议会重新授予君主。

尽管女王伊丽莎白二世的基督教信仰毋庸置疑，但在当今文化多元的英国，她却成了一个例外。英国国教只是众多争夺灵魂的宗教信仰之一，只是出于历史原因，它仍然享有特权地位。现如今，活跃的教徒估计比罗马天主教教徒还要少。不过与此同时，穆斯林、印度教教徒和锡克教教徒的人数却在不断增加。

查尔斯清醒地意识到了这个问题的敏感性，他主张在自己继承王位后进行变革，但这是个危险的话题：最初，他希望登基后被称为"多信仰捍卫者"的想法震惊了英格兰教会的一些人。作为一种妥协，后来有人提议他改为"信仰捍卫者"。这种称呼听起来就比较抽象，避免了"多"这个字带来的不必要的麻烦。即便如此，这也并非易事：宪法专家警告说，去掉这个字也仍然需要议会同意修改 1953 年的《皇家头衔法案》（*Royal Titles Act*），该法案是同年对女王加冕礼做出修改后生效的。

英国君主与教会的关系，其实还存在其他更为复杂的问题。1701 年通过的《定居法》（1707 年该法的适用范围延伸至苏格兰）至今仍具有法律效力，其中的一项条款规定，君主"应加入英国国教"。这意味着天主教教徒被明确禁止成为君主或与王室联姻，且规定的范围远远不止那些有机会继承王位的人。比如1978 年，当伊丽莎白二世女王的堂弟，肯特的迈克尔王子（Prince Michael）与离异的德国天主教男爵夫人玛丽-克里斯汀·冯·莱布尼茨（Baroness Marie-Christine von Reibnitz）结婚时，他不得不放弃王位继承权，即使他在继承顺序上处于非常靠后的位置，而且该继承权也只是理论层面的。正如之前提到的，2011 年 10 月在珀斯举行的英联邦政府首脑会议上，政府同意取消与天主教教徒结婚的限制，但天主教教徒仍然不能成为君主。

在其他新教国家，如挪威、丹麦和瑞典，君主是国教路德教的领袖。1815 年荷兰王国成立时，荷兰归正会（Dutch Reformed Church）就处于国家的直接控制之下，但 1853 年，教会和政府就正式分离了。然而，荷兰新教徒在信仰天主教的西班牙统治时期受到迫害，这使得宗教仍然是一个敏感的话题。

尽管荷兰长期以来一直存在大量的天主教少数派，但君主信仰归正教（2004 年与其他三个机构合并形成荷兰新教教会）已成为一种传统。因而 1963 年，贝娅特丽克丝女王的妹妹艾琳公主（Princess Irene）决定秘密皈依天主教，与一名西班牙天主教教徒订婚，并于次年完婚，使得君主制陷入了前所未有的危机。贝娅特丽克丝最小的妹妹玛丽亚·克里斯蒂娜（Marijke Christi-na）也爱上了一个天主教教徒，一个她在纽约遇到的古巴流亡者，为了避免重蹈覆辙，她主动宣布自己和未来的孩子放弃王位继承权，之后她皈依了天主教，并在 1975 年正式宣布订婚。

然而，时代在改变。威廉-亚历山大国王的阿根廷妻子马克西玛是一名天主教教徒。她在丈夫继承王位后并没有改变自己的宗教信仰，这使她成为首位嫁给荷兰君主的天主教教徒。即便如此，她还是研习了新教，并同意他们的大女儿，未来的女王凯瑟琳娜－阿马利娅（Catharina－Amalia）公主和她的两个妹妹都皈依新教。

军队作为君主制国家的捍卫者，也一直与君主政体保持着特殊的关系。在现代欧洲社会，军队与各行各业一样，都追求尊重、服务、等级和纪律这些传统上与王室相关的价值观。

英国的历史，充满了皇家战场上的英勇事迹：1415 年，亨利五世在阿金库尔战胜法国人的战绩，被莎士比亚赞颂；1485 年，亨利七世在博斯沃思菲尔德战役中击败理查三世，成为最后一位通过战争登上王位的英国国王；两个世纪后的 1690 年，威廉三世在博因河战役中战胜了詹姆斯二世，这个信奉新教的荷兰人亲自带领士兵赢得胜仗的事迹，至今仍被北爱尔兰的新教教徒传唱——但这也是天主教社区经常发生暴力冲突的根源。

数个世纪以来，欧洲许多国家的国王都是通过军事征服来统治国家的，或者说他们的军队成功地击退了想要推翻他们的敌人，才得以继续掌权。绝大多数君主制国家之所以在 20 世纪走向没落，都是在两次世界大战中战败导致的结果。

如今没有哪个欧洲君主会亲自带兵上阵。首先，他们中大多数都不具备这方面的技能。其次，这意味着他们有可能被杀，或者更糟的是，被敌军俘虏。乔治二世是最后一位参战的英国君主，但战绩也不怎么理想。1743 年 6 月 27 日，在奥地利王位继承战争中，时年 60 岁的乔治二世亲自率领军队在巴伐利亚的德廷根战役中对抗由诺瓦耶公爵（Duc de Noailles）指挥的法国军队。尽管国王的战马意外跑掉，战事也因此险些以失败告终，但最终英国还是赢得了胜利。幸好战马被塞勒斯·特拉波（Cyrus Trapaud）少尉拦住，后来，后者因此获得了晋升作为奖励。

19 世纪，君主们逐渐把军事事务留给专业的人去处理。但这并没能阻止他们在这个领域发挥作用。根据比利时《宪法》，国王应"维护国家独立和领土完整"，并担任领陆和领海部队的指挥官。1831—1832 年，比利时国王利奥波德一世亲自指挥军队对抗前荷兰统治者。1914 年德国人入侵时，他的孙子阿尔贝一世则领导比利时军队进行抵抗，由于寡不敌众，他们被毫无悬念地击败了。但是，当比利时政府越过法国边境迁往勒阿弗尔时，阿尔贝一世和他为数不多的军队坚守在佛兰德海岸（Flemish coast）的德帕内，为比利时保留了一个立足点。

虽然后来修正主义历史学家的一些发现，令阿尔贝一世的形象受到了一定的影响，但就在那个圣诞节，骑士国王的传说诞生了，他被全世界奉为英雄。1918 年秋天，国王率领军队发动了库尔特雷战役并取得了胜利。同年 11 月 22 日，在王后、子女和约克公爵（未来的英国国王乔治六世）的陪同下，阿尔贝一世骑马胜利进驻布鲁塞尔。

但不是所有的君主都适合征战沙场。德皇威廉二世（Wilhelm Ⅱ）十分热衷军国主义文化及与其相关的一切，第一次世界大战期间他陶醉于战争最高领袖的头衔，但随着战事的不断深入，手握决定权的却是他的将领们。与此同时，当 1915 年战争开始对俄国不利时，德国的劲敌沙皇尼古拉二世坚持任命自己为总司令，错误地认为这能鼓舞士气，却带来了灾难性的后果。俄国在战场上的表现每况愈下，沙皇驻扎在距离圣彼得堡 370 英里的莫吉廖夫（Mogilev），丝毫没有嗅到首都面临的危险气息。

第二次世界大战期间，利奥波德三世试图效仿他父亲，以总司令的身份指挥战争，因此注定了后来的失败。其他君主很少有直接参战的，他们只是作为流亡民族进行抵抗的象征，比如荷兰的威廉明娜女王和挪威的哈康七世国王，或是直接被迫宣布投降的丹麦和瑞典的君主。在英国，军事谋略也是政府和将军们的事。第一次世界大战期间，曾在皇家海军服役的乔治六世和妻子伊丽莎白对英国的主要贡献就是：视察军工厂、轰炸现场和海外军事力量，以鼓舞士气。与此同时，他的女儿、未来的女王伊丽莎白二世，虽然在战争爆发时年仅 13 岁，但却在 1945 年加入了妇女辅助领土服务队，成为第 230873 号二等兵伊丽莎白·温莎（Elizabeth Windsor）。她接受过司机和机械师的训练，后来驾驶军用卡车，并晋升为初级指挥官。

当伊丽莎白在 7 年之后成为女王时，她也成为名义上的武装部队领袖，直到现在她仍然担任着这个职位。然而，长期以来的制宪会议将事实上的行政权授予了首相和内阁办公室。无论如何，女王仍然是军队的"终极权威"，并保留着阻止违宪使用军队的权力。

欧洲其他国家的君主也依然是军队的最高统帅，就算不是实际上的，至少也是名义上的。但瑞典是一个例外：1975 年修宪后，国王的政治权力被剥夺，他不再是国家名义上的军队首脑。尽管如此，国王仍然拥有瑞典海、陆、空三军的最高级军衔，是瑞典武装部队最重要的代表。

在英国，王室和军队之间的联系尤为紧密，士兵们是为"女王（或国王）和国家"而战，而不是为"首相""政府"和国家而战。他们宣誓效忠的是君主，而不是宪法。就英国而言，宪法是一套法律，而不是一份单一文件。并且，挂在军队餐厅墙上的也是君主的肖像。英国许多兵团的名字中都有"皇家"一词，如皇家海军和皇家空军，但奇怪的是，却没有皇家陆军。与此同时，荷兰的防务则掌握在荷兰皇家陆军手中。欧洲的宫殿里有许多退役的陆军和海军军官，也许是因为他们恰好具备了为王室服务所必需的服从、自我克制和谨慎的品质。

事实上，整个欧洲，王室和军队之间的联系一直存在，这种联系甚至体现在军装上。各国君主及其家人都有满满一衣橱的各式各类的军装，无论是陆军、海军还是空军的，他们会根据场合的需要选择不同的穿着。据最新统计，伊丽莎白二世女王曾担任过 35 个英国军团和其他编队的上校及其他正式军事职务，这还不包括她在加拿大、澳大利亚和新西兰的其他 20 多个军事头衔。菲利普亲王和他们的孩子也担任了类似的职位。威尔士王妃皇家兵团成立于 1992 年，当时戴安娜王妃是兵团的总司令。5 年后，戴安娜王妃去世，这一位置被丹麦女王玛格丽特二世取代。

年轻的王室成员必须服兵役的传统并不足为奇，如今所有欧洲王室都是如此。在瑞典，这一规定也适用于女性。2003 年 3 月，国王卡尔十六世·古斯塔夫 25 岁的长女维多利亚王储公主加入了一个 42 人的队伍。作为他们基本军事训练的一部分，维多利亚学习了战斗技能、射击、急救和化学武器安全知识。在斯德哥尔摩南部的瑞典武装部队维和训练基地上完一门课程后，这位王储公主穿着军装，面涂迷彩，抽出时间与媒体见面，熟练地拿着 AK-5 突击步枪拍照。这个队伍中其他的成员会在瑞典维和部队中执行一些国际任务，但维多利亚公主很显然不会被派往外国战区。

当时服兵役是男性的义务，但在作为中立国的瑞典，女性是自愿参军的，所以报名参军的女性人数相对较少。然而，对维多利亚公主来说，在军营的那段时光是她为未来女王角色做准备的一部分，意义非凡。此外，她还曾在纽约的联合国总部及柏林和巴黎的瑞典外贸办事处实习过。她的这些照片被刊登在世界各地的报纸和杂志上。

生于澳大利亚的王妃玛丽（Crown Princess Mary），是丹麦王储弗雷德里克的妻子。2008 年她加入了丹麦国家警卫队负责国内安全的志愿部队，为保卫丹麦尽自己的绵薄之力。在接受了包括武器使用在内的基本训练后，她于次年 2 月被授予中尉军衔。

　　尽管这种参与在很大程度上只是象征性的，但这些活动在现任男性王位继承人的生活中继续发挥着重要的作用。从学校毕业之后，弗雷德里克王储曾在皇家警卫团服役，1988 年，他以中尉的身份加入皇家轻骑兵队。1995 年，他回到了丹麦军队，并从 300 名候选者中脱颖而出，成为丹麦蛙人部队（Frmandskopast Frogman Corps）的一员。"蛙人部队"是模仿美国海豹突击队和英国皇家海军陆战队的特别舟艇中队。

　　为期三年的训练课程以该部队的基地为中心，该基地位于距离哥本哈根 1 小时车程的一个村庄，训练非常严苛。在各种水陆体能训练之中，蛙人们必须能够在 11 分钟内穿着全套制服、靴子，配枪在丘陵地带跑 1.5 英里——弗雷德里克王储的用时约为 10 分 53 秒；还要在公海游 6 英里，然后手脚被绑住游 45 米。王储的秘密保护官耶斯佩尔·伦多夫（Jesper Lundorf）一起参加了这个训练，他认为，"整个训练就是在想方设法折磨人"。新兵在训练中面临的最大挑战之一就是"地狱周"：他们被分成小组放在充气船中扔进水里，在到达指定地点之后，他们首先需要把船压瘪并藏匿好，然后在模拟敌后生活的演习中生存下来。这一周的训练内容还包括一次长达 75 英里的行军。

　　尽管欧洲的其他王位继承人并没有接受过如此折磨人的军事训练，但他们也在军队中赢得了荣誉。追随父亲、祖父和两位曾祖父的脚步，查尔斯王子从剑桥大学毕业后加入了英国海军，并获得了直升机飞行员的资格。后来又成为 845 海军空军中队的一员，该中队主要在皇家海军竞技神号航空母舰（HMS Hermes）上作战。两年后，在他海军生涯的最后 9 个月里，他接管了沿海扫雷艇布雷宁顿号（HMS Bronington）。查尔斯的弟弟安德鲁（Prince Andrew）和爱德华（Prince Edward），以及两个儿子威廉和哈里都曾在军队服役。比利时国王菲利普在获得战斗机飞行员和伞兵资格之前，曾在皇家军事学院（Royal Military Academy）学习。荷兰国王威廉-亚历山大也获得了军事飞行员执照。西班牙国王费利佩六世是一名合格的直升机飞行员，而挪威王储哈康也曾在挪威皇家海军的导弹鱼雷艇和其他舰船上服役一年。

　　大多数情况下，王室不会参加任何比军事训练更危险的活动。但英国女王伊丽莎白二世的次子安德鲁王子是个例外。他曾在皇家海军服役 22 年。1982 年爆发马岛战争，安德鲁王子是英国特遣部队的一员。20 年后，当安德鲁的侄子哈里王子面临危险时，王室成员的安全问题被再次提起。2007 年 2 月，哈里王子在皇家骑兵部队服役时，军方宣布他将加入被部署到伊拉克的部队。3 个月后，英国陆军总司令理查德·丹纳特（Richard Dannatt）爵士将军宣布，由于这会让王子和他的战友们成为叛乱分子的目标，此举实则太过危险。哈里深感失望一度想要离开，但最终还是同意留下来，接受成为一名战地空中管制员的培训。几个月后，军方策划了另一项行动：哈里王子将被派往英国的另一战场——阿富汗，该行动是绝对保密的。但在一次特别的安排中，英国主要报纸和广播机构得知了这项计划，但他们签署了一项保密协议。最终，是女王告诉了哈里所需要执行的任务。

2007 年 12 月，刚满 23 岁的哈里王子被派往阿富汗赫尔曼德省，在该省最南部塔利班渗透地区的基地里服役一段时间。尽管他的工作意味着可与几个国家的飞行员保持定期的无线电联系，但对方也只是知道他的呼号而已。然而，仅仅两个月后，哈里王子的秘密行动就被泄露给了媒体，为了安全起见，他被召回英国。尽管如此，他此次执行的任务似乎也可以说是成功的，尤其是能与其他军官在一起服役。王子在一次电视采访中说："能当一次普通百姓很好，这是我经历过的最接近普通人生活的一次。"这次采访录制于阿富汗，该视频在王子的秘密任务曝光后播出。2012 年 9 月，哈里王子被提升为上尉，作为阿帕奇攻击直升机的副驾驶员返回阿富汗，执行了为期 4 个月的任务，期间多次参与打击塔利班的行动。2015 年 6 月，哈里王子从军队退伍。

第五章

王室的财富

午一看上去，伊丽莎白二世女王就像是个普通的伦敦老妇人，准备在圣诞节外出度假。她身着一件长款灰色大衣，头上系着一条爱马仕丝巾，手里拿着一捧花走上国王十字车站的 11B 站台。女王登上 10 点 45 分从首都直达诺福克金斯林（King's Lynn in Norfolk）的列车后，在头等车厢落座，邻座是一位西装革履，留着平头的中年男子。

这些照片于 2009 年 12 月刊登在新闻媒体上。然而，背后的故事远不止照片上看到的这些。在女王到达车站的数分钟前，这个英国最繁忙的火车站已被安保人员封锁管制。为了避免和其他乘客接触，女王被安排在最后一节列车的 8 人座包厢，而坐在她身边的那位留着平头的中年男子，是一名便衣皇家安保人员。此外，他的 4 名同事正堵在包厢门口，阻止所有想要进入这个包厢的乘客。中午 12 点 20 分，火车抵达距伦敦以北 100 英里外的目的地后，女王被一辆早已等待多时的路虎迅速带离，前往她和家人的圣诞团聚地——桑德林汉姆（Sandringham）庄园。王室此番举动的好处不言而喻，新闻报出了令白金汉宫及其幕僚满意的头条，如一家报纸报道的：女王本可以选择皇家列车出行，但每次将花费纳税人 57142 英镑，因此，女王及其随从宁愿选择每张售价仅为 44.4 英镑的普通列车头等舱。

尽管这景象看起来似乎有些不同寻常，但这已经不是女王第一次乘坐公共交通工具了。白金汉宫的一位发言人称，在安保允许的情况下，王室成员其实经常乘坐普通列车出行，只不过这次媒体事先捕捉到了风声而已。

在欧洲国家，维系君主制的成本是一个复杂且有争议的问题。在中世纪，王权和国家并无二致：国王从税收中获得收入，但这笔收入除了要维持政府的运转和用于战争外，还要修建自己的皇家宫殿。国家就像一个家族企业，这个企业的小金库顾名思义就是：装着国王个人财富的宝箱。

中世纪的君主会通过把宫廷打造得金碧辉煌来彰显权力。穿着更为奢侈的服饰或坐拥更多华丽宫殿的君主们，参加的不仅是炫耀组的个人赛，还有国家队的比赛。1520 年，英国国王亨利八世和法国国王弗朗西斯一世在法国北部加来附近会晤，两位君主都试图让对方的帐篷、衣服、宴会、音乐和游戏黯然失色。这盛况实为壮观，以至于他们的会面地点被后人称为"金帛盛会"（*Le Camp du Drap d'Or*）之地。

这种炫耀性消费传统，如今仍被海湾国家的统治家族保留着。2020 年去世的阿曼苏丹卡布斯（Sultan Qaboos），拥有一艘155 米长的华丽游艇。这艘大到足够容纳 50 人管弦乐队的游艇，现停泊在首都马斯喀特（Muscat）的滨海大道边上。然而，君主立宪制的国家限制了君主权力。因此，几个世纪以来，君主们的经济实力及政治影响力在不断减弱。

现代欧洲的君主实际上与公务员有很多相似之处：作为履行

前几章中所罗列职责的回报，他们每年会得到由纳税人支付的年薪。但显然，这是一群与众不同的公务员，首先就是工资有不同的名号，如"王室年俸"或封地。虽然可能比不过那些商界精英的庞大资产，但也比首相或任何其他公众人物的收入要多得多。

他们的福利还远不止于此：大多数情况下，君主的配偶、子女也享受王室的津贴。在英国，甚至连表亲也享有这样的待遇。王室一般都有好几个王宫和官邸，除此之外还有皇家游艇、火车和飞机，这些固定资产的日常维护还有与此相关的人工成本都是一笔不小的开支。

数个世纪以来，君主们通过四处征战和掠夺积累了巨大的个人财富，这些财富近些年来通过投资，滚雪球一般越滚越大。当然，优厚的税收政策，尤其是遗产继承方面的政策优待，也为他们的财富积累开了方便之门。

19 世纪中期，白芝浩曾提到一类观点："是否取消君主制引起过人们的一番讨论，宫廷不该过度奢华也激起过相当程度的争论，但一个寒酸的王室，没有任何的新闻价值。既然选择保留君主制就得舍得投入，想要花小钱办大事的思想，在这件事上怕是行不通。"然而，将维多利亚女王相对低调的王宫与拿破仑三世富丽堂皇的宫殿进行对比后，白芝浩承认这个观点或许并不适用于英国。他表示，如果英国王室像法国王室那样铺张浪费，"就等于默许了这种王室间的开销竞争，因此将会助长那些攀比炫富的不正之风"。

在如今这个倡导平等主义、精英至上的时代，公众舆论也站在白芝浩的一方：人们可以接受电影明星或足球运动员高调炫富，但无法忍受王室成员挥霍无度。原因在于，人们认为王室成员的财富不是辛苦赚来的，而是不费吹灰之力得到的。当然，这种期望值也是有底线的，尽管有些人可能会抱怨王室的奢侈行为，但至少在君主派支持者中，很少有人会希望看到他们的国王或王后住简陋的房子，穿大众品牌服饰以及乘坐公共交通工具出行。

但欧洲的王室到底有多富有呢？他们的收入到底有多少？或者说拿多少工资合适？王室生活是否应当如此挥霍？答案因不同国家而存在差异。

12 月的那天，伊丽莎白二世女王前往的桑德林汉姆庄园，是英国君主在一年不同时间居住的一系列居所之一。庄园靠近北诺福克海岸，自 1862 年至今，这里是四代君王的家。每年从圣诞假期到来年 2 月，女王和家人都会在这里度过。8—9 月，他们会住在巴尔莫勒尔堡，那里是维多利亚女王和阿尔伯特亲王钟爱的庄园，地处苏格兰高地，占地 70 平方千米。这两处都是王室的私人财产。

然后说说他们的宫寝。位于伦敦西的温莎城堡，是世界上规模最大且仍在使用的城堡，它是温莎家族的家族城堡，也是有着

900 多年历史的防御堡垒。这里是女王周末和复活节期间的宫寝，每年 6 月，当女王参加一年一度的嘉德勋章授勋仪式以及皇家阿斯科特赛马会时，也会在温莎城堡住上一周。

其实，所有皇家宫殿中最著名的并且享誉世界的，是白金汉宫。这座巨型建筑宽 100 米，有 775 个房间，建筑面积约 7.7 万平方米，是乔治三世于 1761 年以 2.1 万英镑购得的私人宫寝。1837 年维多利亚女王登基后，白金汉宫成为英国王室正式宫寝。这座宏伟的建筑自此牢固地确立了其作为英国君主立宪制精髓的地位。当然，还有一些其他的宫殿，比如克拉伦斯宫是已故女王伊丽莎白一世和其母亲在伦敦的故居。

尽管宫殿规模宏大，但里面的生活却不总是绚丽多彩的。1937 年，在父亲加冕成为国王后，未来的女王伊丽莎白二世和妹妹玛格丽特搬进了古老又奢华的白金汉宫。女孩们的家庭教师玛丽昂·克劳福德（Marion Crawford）发现，自维多利亚时代以来，白金汉宫上面楼层的装潢几乎没有什么变化。他们入住后不久，据克劳福德［或公众熟知的"克劳菲"（Crawfie）］回忆：自己坐在奢华的比利时套房里的粉色金边椅子上喝茶时，椅子下面却传来一阵诡异的东西开裂的声音。克劳福德多次提及的椅子，似乎至今还摆在那个房间里。另外在第一天晚上，女佣来她卧室拉窗帘的时候，哗啦一声，窗帘、窗帘盒和沉重的黄铜杆等都掉了下来，差点砸到了头。多亏现代科技，如今白金汉宫也装上了电灯，但卧室灯的开关却在遥远的走廊那头。

白金汉宫里还有老鼠。克劳福德说，一个专门负责消灭害虫的人给她的卧室里放了一个秘密武器——粘鼠板，实际上就是一块纸板，中间放着用很多糖浆裹着的大茴香，但克劳福德拒绝了。她后来回忆道："在人们的想象中，皇家宫殿是现代、奢华的顶级象征。它满足了人们关于梦想的全部奢求，住在那里的人一定如生活在天堂一般享受。而事实上，生活在宫殿里就像是在博物馆里露营。这些历史悠久的地方是如此的古老，与传统是如此的紧密相连，以至于它们大多已经陈旧破败，所有的设备都落后于时代好几十年。

第二次世界大战期间，白金汉宫里的日子就显得更不好过了，而王室成员与此同时充分展示了愿与臣民们同甘共苦的精神。每天，王宫里的热水是定量供应的，所有浴缸侧面 12 厘米处都用黑线做了标注，标明洗澡水不能超过这个用量。1943 年，富兰克林·罗斯福总统的妻子埃莉诺（Eleanor）曾在白金汉宫住了两天，王宫里艰苦的生活给她留下了深刻的印象。当时她被安排在女王的卧室，房间阴冷，寒风呼呼地从漏风的窗边吹过，晚餐也令人难以下咽。可能是为了达到很好的媒体效果，英国王室有些夸大他们在这场战争中做出的牺牲。但事实上，王室那时候的补给主要来源于皇家庄园散养的鹿、野鸡、松鸡和兔子。巴尔莫勒尔堡的一名员工回忆说，自己在配给制期间吃了不少鹿肉：

"我们没有长出鹿角可真是个奇迹。"

在过去几十年间，白金汉宫进行了大规模的升级改造，这在很大程度上要归功于菲利普亲王。在妻子 1952 年成为女王时，菲利普希望继续住在克拉伦斯宫。菲利普的私人秘书迈克·帕克（Mike Parker）回忆说，菲利普亲王似乎觉得"白金汉宫有些阴冷和缺乏人情味，并不适合一个小家庭的成长，对此，女王表示非常赞同"。当时的英国首相丘吉尔却持反对意见，坚称白金汉宫是大英帝国的中心，王室理所应当住在那里。菲利普被迫让步，但在后来的日子里，他花了大把的时间和精力让白金汉宫变得更加现代和舒适。

自从"克劳菲们"（Crawfies）开了先河，各种各样的仆人或是皇家随从都试图利用工作之便。加上小报偶尔的噱头，许多王室的日常生活都被曝光出来。比如 2003 年，《每日镜报》（*Daily Mirror*）的记者在白金汉宫伪装了两个月的男仆，拍摄了包括皇家卧室在内的很多私人区域的照片。从这些照片中可以看出，王室在室内装修设计方面难以描述的品位，还有一些其他稀奇古怪的内幕，比如吃早餐时，玉米片和燕麦粥是放在特百惠保鲜盒里摆放在桌子上的。更搞笑的是，几年后媒体刊登了一张照片：一个古老的白色塑料托盘，上面放着白吐司、黄油、果酱和茶。配文称每天早上 8 点这些早餐会被准时送去女王的卧室。

结论十分明显：尽管女王拥有巨额财富，但她的生活方式和俄罗斯大亨或好莱坞明星截然不同。她和菲利普亲王展现了英国上流社会节俭的传统，在他们看来穿着旧夹克坐在破椅子上没什么大不了的。菲利普亲王似乎很喜欢在公共场合穿着那套 1947 年大婚时穿的英国皇家海军上尉军服，或者仿佛经历了半个世纪的裤子——尽管他的裁缝设计的时候确实是符合当时时尚潮流的。但话说回来，这些物品能用到老旧，说明质量非凡。一位评论员指出，"虽然这么说可能听起来有点违背常理，但'不幸'出生在王宫里的女王及王室其他成员，却选择了非常低调的生活方式"。如果明白这一点，其他一切关于女王的事情就很好理解了。

然而，王室员工的规模却和节俭不怎么沾边，这是过去廉价劳动力的遗留问题。一般来讲，王室宫殿中约有 1200 位工作人员。为戴安娜王妃服务了 10 年的男管家保罗·伯勒尔（Paul Burrell），于 2002 年被指控盗窃戴安娜王妃私人物品，虽然最后被无罪释放，但他在受审时曾透露过查尔斯的随从规模。据悉，查尔斯在即位前有 4 位贴身男仆，1 位负责整理衣物，1 位负责挤牙膏，其他 2 位负责全方位的照顾王子，在王室试图重塑自己现代、节俭的形象之时，这样的披露着实令人尴尬。据说伊丽莎白二世女王也对查尔斯的挥霍无度感到震惊，并指出"他所拥有的配套设施和仆人的数量多到令人感到荒唐"。但女王自己出一趟门的阵仗也差不到哪里去，之前每次圣诞节去桑德林汉姆庄园，查尔斯都会带 3 位管家和 4 位厨师，而母亲则带了 11 位管家和 12 位厨师。

关于查尔斯更尴尬的一件事，出自英国广播公司王牌节目主持人杰瑞米·帕克斯曼（Jeremy Paxman）2006 年出版的关于王室的书籍。他说这位王位继承人对于煮鸡蛋非常之挑剔。每次打猎之后，他的仆人都会煮 7 个鸡蛋，并将它们按照从软到硬的程度编号，挨个摆在他的面前，这样的话，如果他觉得 3 号鸡蛋太软，那么就可以试试 4 号鸡蛋。克拉伦斯宫通常拒绝就"私人问题"发表评论，但像这种浪费行为按常理应受到指责。然而，报纸刊登了该书连载中的"煮鸡蛋事件"数小时后，查尔斯的女发言人就称这一报道"纯属谣言"。

以这样的生活水平来看，即使每次只吃 1 个煮鸡蛋，都需要花费很多钱。因为牵扯到了政治，君主政体的财务状况，不论在英国或欧洲其他地方，都是复杂且有争议的问题。英国君主制的成本是欧洲国家里最昂贵的，每年 6 月出版的英国王室资产年报，都会附上王室官方对其代表的正确价值观的声明。2020 年也不例外，他们宣称：截至当年 4 月，女王和其他王室成员的开销总额仅需全国人民人均分摊 1.23 英镑。

直到不久前，英国王室的资金来源都主要是内务津贴，此款项基本涵盖了女王作为国家元首的所有活动开支。它起源于乔治三世 1760 年即位时达成的一项协议：国王同意放弃皇家财产局的可观收入，这些皇家土地的所属权可以追溯到 1066 年，资产包括摄政街和伦敦市中心的圣詹姆斯公园的大部分地区，以及森林、农田和一半的海滩。作为放弃该部分收入的补偿，国王每年可以得到 20 万欧元的专项拨款。（财产局超过这一数额的收入将归议会所有。）内务开支并不仅仅用来支付国王自己的开销，还须用来举办国家的一些内务活动，而非军事活动，故因此得名。

但该政策在 18 世纪末和 19 世纪初变得越来越不可行，因为随着英国综合国力的增强，国家的规模和参与活动的范围也在扩大。考虑到君主制的经济影响力，议会不再只是简单地增加内务开支，而是开始直接筹措这部分不断增长的支出需求。当 1830 年威廉四世（William Ⅳ）即位时，这一政策终于变得更为合理化了：为了"王室的尊严和地位，以及陛下的舒适和安逸"，所有政府的内务开支和军费开支一样，今后将由议会提供。

在那之后的几年里，内务开支经费很好地为英国的君主们提供了经济支持——然而他们却总是哭穷。1850 年年初，维多利亚女王的德裔丈夫阿尔伯特亲王总觉得自己被亏待了，率先呼吁将他的年度财政拨款增至 8 万英镑，这比之前的 3 万英镑多出了 2 倍多。他需要用这笔钱去"支付一些日常花销以及满足一个英国绅士的简单爱好"，并将这些花销和爱好列举如下："狩猎场，猎犬，种马，打猎装备，苏格兰高地的荒野或森林，农场等。"

与此同时，1845 年阿尔伯特亲王和维多利亚女王计划购置英国怀特岛上的皇家住所奥斯本楼。最初的花费是 4.5 万英镑，但是后来他们按照意大利文艺复兴风格重新进行了装修，总花费达到了 20 万英镑。1852 年，这对王室夫妇以 3.15 万英镑的价格购买了巴尔莫勒尔庄园。1861 年阿尔伯特亲王去世后，女王为他们的儿子，未来的爱德华七世买下了桑德林汉姆庄园，一厢情愿地希望他能和那些不入流的朋友保持距离。

日复一日，当爱德华 1901 年即位时，多年的奢侈生活让他负债累累。9 年后，他去世了，遗嘱中留下了 200 万英镑，相当于现在的 1.5 亿英镑，这则要归功于他在过去几年里从内务开支中攒下的钱。爱德华七世的儿子乔治五世在位的 25 年里，净存了 48.7 万英镑。但这并没有阻止王室年俸负责人弗雷德里克·庞森比（Frederick Ponsonby）在 1920 年，英国经济从繁荣转向萧条的时期，开口要求内务开支在 10 年前定下的 47 万英镑的基础上增加至少 10.3 万英镑。为了显示王室经济条件的艰苦，庞森比臆想出了"国王坐着出租车去召开议会"这样一个相当奇特的画面。但是，加薪的请求被拒绝了。相反，财政部发起了一项王室支出研究，推荐了一系列经济措施，每年可节省 4 万英镑。

王室之所以能积累如此巨大的财富，得益于英国君主及其王室家族成员多年来享有的特别优待的税收政策。1842 年，英国首次在和平时期开始征收个人所得税的时候，首相罗伯特·皮尔爵士（Sir Robert Peel）就大肆吹嘘维多利亚女王"自愿"用自己的收入（包括 38.5 万英镑的内务开支）来支付这笔钱。然而，自 1910 年起，民众的所得税负担日益增加，王室的税收却被逐渐免除了。

结果到 1992 年时，伊丽莎白二世女王遭遇了自己的"多灾之年"（*annus horribilis*）。4 个孩子中的 3 个都遭遇婚姻失败且被公之于众。紧随其后的是一场争议：到底应该由谁来为大火损毁的温莎城堡那 3700 万英镑的维修费来埋单，是政府还是王室？由于英国王室的支持率直线下降，英国首相约翰·梅杰（John Major）于 1993 年 2 月宣布，女王已"自愿"决定，从次年 4 月开始的下一纳税年度起，为她的个人收入、资本利得、遗产继承和巨额财富纳税。

然而女王并未将自己或家人与普通老百姓一视同仁。首先，就像维多利亚时代一样，内务开支是用以支付公务活动的，因此不需要纳税。此外，还有一些"特殊政策"用来确保皇家宫殿和某些其他资产传给继承人查尔斯王子时，免于征收遗产税。

女王需要缴纳多少税取决于拥有的资产数量，但皇宫官员自然不太愿意透露这一数据。在一次新闻发布会上，宫务大臣艾利勋爵（Lord Airlie）试图在有关女王财富的问题上采取轻描淡写的态度，说女王表示用 1 亿英镑来形容她的资产未免有些"过分夸大"。一些专家估计女王的私人投资价值约为 7500 万英镑，所以她的投资收益应当是相当可观的，如果纳税的话，预估每年需缴纳 150 万—300 万英镑。

作为系列改革的一部分，今后只有女王、菲利普亲王和皇太后才能享受王室年俸。这带来了一个问题，女王每年除了需要支付 100 多万英镑津贴给 3 个孩子——安妮、安德鲁和爱德华，还要资助她的堂兄弟格洛斯特公爵夫妇、肯特公爵夫妇和亚历山德拉公主。如果这些王室成员想要继续享受该津贴，女王需要从兰开斯特公爵领地①获得的收入中拿出等额的钱交给财政部。

屋漏偏逢连阴雨，伊丽莎白二世女王遭受了对其王室声望最沉重的打击，就是失去了她心爱的皇家游艇。回顾历史，英国拥有悠久的航海传统。1953 年 4 月，年轻的女王宣布了这艘建造于苏格兰克莱德班克的不列颠尼亚号首航。这是自 1660 年国王查理二世复辟以来，建造的第 83 艘游艇。到 20 世纪 90 年代末，这艘游艇需要进行更新换代。保守党的约翰·梅杰经过一番犹豫后，同意进行更换。但工党的托尼·布莱尔则对此表示反对，称这将花费 6000 万英镑，这些钱应该用在其他地方。1997 年 5 月，布莱尔赢得了大选，不列颠尼亚号的命运就此注定。不列颠尼亚号在当年 12 月宣布退役，停泊在爱丁堡利斯港，现已成为旅游景点和公司举办活动的豪华场所。这位前首相后来对此表示惋惜，承认当时的决定"是个巨大的错误"。

---

① 拥有农田、城市和一些古建筑的兰开斯特公爵领地占地 187 平方千米，横跨英格兰和威尔士。

在接下来的数年里，不断有人提议再打造一艘新的皇家游艇，不论是通过贷款还是动用女王的私人资金，但是最后都不了了之。女王虽然失去了游艇，但仍可使用诺索尔特空军基地（位于伦敦西北部）的皇家空军 32 号中队，汉普郡布莱克布斯机场专为王室服务的西科斯基 S−76 C+直升机，以及由 2 个特殊内燃机车和 8 节车厢组成的皇家专列。该专列里包括卧室、餐车和支援车在内的所有车厢，都漆成了独特的栗色底，并装饰以红黑线条搭配灰色顶的设计。

根据传统，王室年俸每 10 年会调整一次，这意味着 2000 年王室年俸会相应增加。但出乎意料的是，英国首相布莱尔宣布女王的年俸在未来 10 年将继续维持上次设定的每年 790 万英镑的标准。由于英国的年通货膨胀率低于财政部预估的 7.5%，因此王室在新千年之初积攒下了 3500 万英镑的储备，这笔钱在随后开支逐渐增加的情况下才被慢慢消化。

随着 2010 年的临近，白金汉宫官员又开始在幕后游说，要求增加王室年俸，理由是 790 万英镑在经历通货膨胀后的价值只有 20 年前的 1/4。并且，白金汉宫和其他皇家住宅都处于年久失修的状态。2009 年，王宫财务预估这些维修费用将高达 4000 万英镑。

在 2008—2009 年金融危机之后的严峻经济形势下，任何人的加薪愿望都难以实现，女王也不例外。戴维·卡梅伦 2010 年担任首相后，承诺削减赤字。因此，他的政府在次月公布预算时宣布，女王和英国其他国民一样，将接受工资冻结。女王需要继续动用自己的储备金，这笔钱超过 2000 万英镑，足够她撑过 2012 年登基 60 周年的钻石庆典。

与此同时，卡梅伦政府还尝试了一项更为激进的解决方案：从 2013 年 4 月开始，王室年俸将与其他各种补助合并，包括王宫的修缮和旅行费用等，也被称作《君主拨款法案》（Sovereign Grant）。其数额相当于英国皇家财产局利润的 15%。财产局是通过王室代际传递的土地资产获得营收的，2010 年，其资产总收益为 2.107 亿英镑。政府的推动恢复了 250 多年前被破坏掉的君主的私人土地收入和税收之间的联系。根据新规定，伊丽莎白二世女王也将首次被迫向议会公开账务，以促进"明确问责制"并"增强公众信心"。

在那之后的几年里，君主拨款急剧增加。皇家公务支出中员工工资和王室旅行费用在 2013 年达到 3330 万英镑，并在 2019—2020 年达到了 8240 万英镑，相比增加了 1 倍多。不过，这一增长很大程度上是由于为期 10 年的白金汉宫修缮项目得到了 3300 万英镑的捐款。此外，英国王室的账目中有一个重大缺失项，那就是警察和军队的安保以及武装部队履行礼仪职责的费用，尽管未被正式披露，但据估计，这些费用每年超过 1 亿英镑。对君主制持反对意见的共和派曾表示，如果计算安保各方面的成本，再加上被王室私有化的兰开斯特公爵和康沃尔公爵领地，以及其他各种地产企业所造成的公共财政收入的损失，每年维持女王及其王室家族的成本高达 2 亿英镑。

丹麦王子卡尔在 1905 年同意成为挪威国王哈康七世时，提出的条件之一便是一艘皇家游艇。对他而言，作为现代君主，皇家宫殿和乡间别墅缺一不可。于是这位新国王得到了一座位于市中心的相对低调的 19 世纪风格宫殿。他和他的继任者也会去位于奥斯陆比格迪半岛的奥斯卡霍尔（Oscarshall）夏宫、附近的比格迪皇家庄园（BygdøRoyal Manor），以及位于首都西南 15 英里处的斯考古姆（Skaugum）庄园，自哈康七世的儿子，也就是之后的国王奥拉夫五世（Olav V）在 1929 年婚后搬入后，这座庄园就代代相传了下去。

然而，哈康七世并没有极力争取游艇，直到 40 多年后，国民呼吁为他筹集资金购买游艇，以表达对他在第二次世界大战期间英勇抵抗纳粹的感激之情。1937 年，航空先驱托马斯·索普斯爵士（Sir Thomas Sopwith）在汉普郡的戈斯波特建造了“菲兰特”（Philante）号游艇，长度超过 260 英尺，是同类中最大的一艘。尽管 1985 年它在霍顿海军造船厂起火，需要进行大规模的维修，但经过大量改装并被重新命名为“挪威号”（KS Norge）后，该游艇一直为挪威王室服务。1947 年购船当年，挪威颁布皇家法

令，规定由国防军来操作、运行和维护游艇。并且，国王及家人
每年 5—9 月使用该船的时候，还需要一个 50 人组成的团队为其
服务，因此这也是一项固定的开支。

　　挪威王室在许多方面都与英国王室截然相反。哈康七世虽渴望
得到游艇但却没有为此大费周章，是典型的挪威君主谦逊品质的表
现。英国的君主制已发展了数个世纪，而挪威最初是由丹麦人统治
的，后来与瑞典成立了联合王国，直到 1905 年才终于可以从头开
始，创建自己的现代君主制国家，于是形成了一种简约的"轻君主
制"（monarchy-lite）。即使巨大的石油和天然气储备使挪威一跃成
为欧洲最富有的国家之一，这个国家却依然保持着初心。

　　皇家马厩和马车是英国皇家仪式中非常重要的一部分，但自
第二次世界大战以来，挪威王室就没有使用过这些物件。特殊场
合，他们会乘坐 1939 年的黑色凯迪拉克（但因其安全性能问题，
王室司机尤为谨慎），以及另外一辆 20 世纪 60 年代的敞篷林肯
大陆（Lincoln Continental）。大多数时候，哈拉尔五世国王会凑合
着使用一辆雷克萨斯，出国的话，则会使用机场快线。不过要是
长途旅行，他们有由挪威国家铁路公司维护的皇家车厢。国王有
一个宝座，但它每年只在议会开幕时被拿出来使用，其余时间都
放在副议长办公室旁边的壁橱里。

　　挪威现任国王哈拉尔五世似乎很喜欢这种低调的风格。卡
尔-埃里克·格里姆斯塔德（Carl-Erik Grimstad）曾是宫廷官员，

后来成为作家和评论家，他曾说："国王就像是位中产阶级哥们儿。他有个不错的乡村别墅，有中产阶级的朋友，热爱音乐剧，喜欢观看体育比赛，任何项目都喜欢。"他还热衷于驾驶帆船。相比之下，英国女王则对现代艺术更感兴趣。

瑞典和丹麦的君主与挪威君主一样，比较朴素。瑞典国王卡尔十六世·古斯塔夫每天早上像普通老百姓一样开车去上班，瑞典人对此大加赞赏。与普通老百姓唯一不同的是，他的办公室位于一座宏伟的 18 世纪巴洛克式皇家宫殿中。丹麦人也欣赏这样不拘礼节的王室。除了官方职责外，丹麦玛格丽特二世女王还是一位天才艺术家，她的爱好十分广泛，其中还包括为戏剧和电影设计布景。除此之外，她对剪纸装饰艺术（一种从杂志上剪下照片制作图像的技术）也格外感兴趣。

安徒生童话作品《野天鹅》同名电影于 2009 年上映，女王玛格丽特二世经常与 JJ 电影公司的老板雅各布·约尔根森及其团队，在位于哥本哈根郊区的工作室参与该电影项目的相关工作。她的烟瘾比较大，所以经常有人看到她在外面抽烟。然而不论她多么平易近人，却没人忘记她的女王身份。当女王的同事提到她的时候，会称呼她"陛下"，而不是"玛格丽特"。女王的长子王储弗雷德里克和他澳大利亚出生的妻子玛丽王妃一直试图塑造一个现代家庭的形象，他们过着平常的生活，养育自己的孩子，如此情况，在一定程度上是从玛丽王妃在塔斯马尼亚接受过的中产阶级教育中得到的启发。然而据报道，他们拥有 25 名侍从，其中包括女佣、3 个孩子的保姆、私人秘书、男仆和玛丽的侍女卡罗琳·希林（Caroline Heering）。

在住所方面，丹麦和瑞典王室的条件都很优渥。玛格丽特二世拥有一系列的宫殿，她和家人像英国王室一样，按照历来的惯例选择去不同的宫殿居住。例如，他们冬天会在阿美琳堡宫（Amalienborg）度过，春天和秋天在弗雷登斯堡宫殿（Fredensborg），夏天在马瑟里斯堡宫（Marselisborg）或格拉斯汀（Graasten）。从历史的角度看，这些宫殿是王室财产，但是在 1849 年《宪法》引入之后，这些财产都被收为国有。玛格丽特二世女王和已故的亨里克亲王于 1974 年在法国购置了一处房产——卡伊城堡，那里靠近亨里克的家族地产凯鲁（Cayrou）。城堡可以俯瞰蜿蜒的洛特河，他们几乎每年夏天都会到这里度假。对亨里克来说，这里不仅可以放松身心，还能充分满足他酿酒的热情。有着艺术细胞的亨里克王子甚至还写了首诗，放在城堡网站的首页。

这种酒并不是王室专供。正如查尔斯王子将他对有机作物的热情转变为食品生意一样，亨里克把他的葡萄酒也推向了市场。并且每一瓶葡萄酒都清晰地标有丹麦皇冠和大大的字母"H"，以免人们对其是否为王室出品产生怀疑。城堡里最著名的红酒之一被称为"皇家"，另一个被称为"丹麦亲王的玫瑰"。游客在这里不仅能买到红酒，甚至还有机会参观整个葡萄酒庄园。

　　瑞典王室至少拥有 11 座皇家宫殿，国王和王后只使用了其中两座：位于斯德哥尔摩西部，建于 17 世纪的卓宁霍姆宫（Drottningholm），他们住在其中南翼的房间里；以及有 600 个房间的位于斯德哥尔摩老城斯塔登岛（Stadsholmen）的瑞典皇宫，那里仍然是他们的宫寝以及官方招待会举行的地方。这两座城堡都对公众开放。自 2010 年 6 月大婚以来，维多利亚公主和丹尼尔王子已经搬到了斯德哥尔摩郊外的哈加宫（Haga Palace）。这里曾是维多利亚公主祖父母的家，也是她父亲出生的地方。20 世纪 60 年代中期起，这里曾被用于招待外国政要，后来王室花费了 4000 多万克朗（370 万英镑）为她和丹尼尔进行了整修。

　　按照官方的说法，荷兰国王威廉－亚历山大有 3 座宫殿：位于海牙的努尔登堡宫、豪斯登堡宫以及位于阿姆斯特丹的皇家宫殿。然而，这 3 座宫殿都不属于国王，而归国家所有。用官方的话来讲，皇宫是"由议会法案决定交给国王处置的"。比利时国王菲利普在布鲁塞尔市中心的皇宫工作，但住在首都郊区 18 世纪的皇家宫殿，拉肯城堡（Chateau de Laeken）。他还拥有位于比利时南部的希尔农堡（Chateau de Ciergnon），这是 19 世纪晚期利奥波德二世建造的一处宏伟建筑。

　　尽管西班牙王室的风格属于斯堪的纳维亚①式的，但西班牙

---

① 一种现代风格。它的特点是专注于简洁、简单的线条、极简主义和功能性，同时不失美观。

拥有整个欧洲最大的皇宫，其历史可以追溯到波旁王朝的辉煌时代。马德里皇宫建于 1738 年，位于马德里市中心的西部，有 2800 多个房间，总建筑面积 150 万平方英尺。尽管卡洛斯三世（Carlos Ⅲ）于 1764 年入住该城堡后，这里被视为西班牙王室的宫寝，但该城堡其实只是用于一些国家的仪式庆典活动。

自 1962 年开始，西班牙王室就一直居住在更简朴的扎尔祖拉宫（Palacio de la Zarzuela），这座宫殿建于 17 世纪，起初是一个狩猎场。1975 年佛朗哥去世后，他们忌讳搬进这位独裁者曾居住过的埃尔巴尔多王宫（El Pardo Palace），就仅用它来接待外国贵宾。与此同时，另一处前皇家资产蒙克洛亚宫（Moncloa Palace）成为首相官邸。

虽然英国君主制的开支迄今为止仍然是欧洲最大的，但复杂和争议是欧洲大陆所有君主制国家资产和财务状况的主旋律。2008—2009 年金融危机之后，许多英国人被迫减少开支或失业，但君主及其家人不仅继续享受绝对的工作保障，还享受慷慨的薪酬和福利，不出意外的话，这些薪酬和福利每年都在稳步增长。

比利时国内，有关君主开支问题的争论也尤为激烈，一部分原因是弗拉芒人中大部分人都是王室的反对派。而王室自身也不怎么在意公众影响，前国王阿贝二世的小儿子劳伦特王子（Prince Laurent），开着价值 8.7 万欧元的全新保时捷卡雷拉；阿尔贝二世，在 2009 年比利时还处于经济危机的恢复期时，豪掷

460 万欧元购买了一艘 9 英尺长的游艇，关键是他在两年前刚花了 150 万欧元购入了一艘游艇。

长久以来，比利时的财务制度在欧洲范围内较为不透明。王室的各项补贴政策最早可追溯到 1853 年，当时拨给国王的专款被称为王室年俸，时间从每位君主登基开始生效。并且像比利时其他领域一样，随着生活成本的增长，金额会逐年增加。国王可以使用这笔钱来满足他个人的生活所需和管理其余的宫殿。至于这笔钱如何分配，完全取决于国王自己，不受政府或议会的控制。但自 2013 年 11 月菲利普国王（Philippe）登基后，这种情况发生了改变。政府采取了一种更为透明的新制度，将这笔钱分成两部分：其中一部分发给菲利普国王和他的父亲前国王阿尔贝二世、他的妹妹阿斯特里德（Astrid）和弟弟劳伦特王子，另一部分则用于支付员工工资和维护皇家资产。2013 年，这些费用的总额为 1155.4 万欧元，之后这笔费用一直逐年增长，再加上通货膨胀，截至 2019 年，该数额达到了 1409 万欧元。另外，还有 1560 万欧元为联邦警察的安保费用。

尽管宫殿奢华，荷兰王室的财政长期以来却更为公开透明。据官方数据，2021 年维护王室的总成本为 4750 万英镑，在欧洲排名第二，仅次于英国。其中，包括威廉-亚历山大国王 99.8 万欧元的年俸，及 510 万欧元的人员工资和项目开支的官方津贴。他的妻子马克西玛的年俸为 110 万欧元，前女王贝娅特丽克丝的年俸为 170 万欧元。王室还决定，在王位继承人凯瑟琳娜-阿马利娅公主 2021 年 4 月满 18 岁后发给她 30 万欧元的王室年俸，这一举动引发了一些争议。

斯堪的纳维亚的君主制也相对透明，对纳税人来说成本也更低。哈康七世国王是挪威当前王朝的首任国王，他在 1905 年开了个好头，规定王室年俸为 70 万挪威克朗，相当于现在的 3700 万—4000 万欧元。为了避免每年就这笔钱产生争议，国王决定在他统治期间不对该数额进行调整。然而，没有人预见到 20 世纪 20 年代的通货膨胀，这对王室夫妇的实际收入已经减少到他刚登基时的 1/3。

幸运的是，哈康七世的妻子毛德得到了父亲爱德华七世的慷慨资助。他们 1896 年结婚时，英国国王给了女儿每年 5000 英镑的丰厚津贴，并且可以终身享受。这倒是可以理解的，因为毛德的丈夫当时是丹麦的卡尔王子，作为次子，继承王位和享受随之而来的财富几乎没有希望。后来该津贴增加到了每年 7000 英镑，这些钱今天的价值超过了 50 万英镑。

战后，哈康七世和他的继承者一直享受着逐年增加的通货膨胀补贴，然而就如同其他国家一样，这些数据具有一定的欺骗性，日复一日，人们越来越担心所谓的"灰色支出"，即王室支出隐匿在政府支出里面。1991 年，挪威现任君主哈拉尔五世在继承王位后对宫殿进行了翻修，尽管这是多年来的头一回重大翻修，但由于翻修费用过高也遭到了批评。因年久失修，到 2000 年完工时，最终的花费是 4 亿挪威克朗（约 4300 万英镑），远远超过了最初的 1.5 亿挪威克朗的预算。

挪威皇家历史学家特里格斯兰·霍尔赛斯（Trygsland Hoelseth）发布的一项报告显示，2002 年挪威颁布了一项新的法案：国王将会获得一份"工资"，用以支付他的个人开销和官方活动服饰所需的费用；此外还有王室日常开销和宫殿翻新费用。王储哈康和他的妻子也有单独的津贴，用来支付他们的所有开销。在 2019 年的国家预算中，这些津贴的总额为 4.339 亿挪威克朗（合 4142 万欧元）。

自 2001 年以来，丹麦王室的财务制度变得更加公开透明且成效显著。2019 年，王室费用支出总额为 1.06 亿丹麦克朗（合 1425 万欧元）。其中，8250 万丹麦克朗拨款属于女王，另有 2030 万丹麦克朗给王储，360 万丹麦克朗给王储的弟弟约阿希姆王子。维护王室的费用就更低了，2019 年，瑞典政府支付了 7100 万瑞典克朗（合 701 万欧元）用于国王的公务支出，包括差旅费、人员工资和皇家马厩等其他支出。

在 7 个主要君主制国家中，王室维护费用最低的是西班牙。根据该国《宪法》第 65 条第 1 款，国王有权每年从国家预算中获得一笔钱，并可自由支配。与欧洲其他君主制国家相比，在过去 10 年中，西班牙王室费用支出实际上下降了约 6%，2019 年此项支出约为 790 万欧元。其中，费利佩六世的拨款约为 24.8 万欧元，而他的妻子莱蒂齐亚约 13.7 万欧元。费利佩六世父母的拨款总额约 31 万欧元。2011 年，为配合议会等其他国家机构的经费削减政策，王室开支预算固定在 843 万欧元，比前一年减少了 5.2%。这笔钱是君主作为国家元首履行职责的工资，不用于正式访问、接待外国代表团或支付安保费用。国王也不需要支付扎尔祖拉宫或任何其他皇家领地的维护费用，因为这些领地被称为国家遗产（Patrimonio Nacional）。

　　过度关注王室年俸和他们的属地容易让大众忽略另外一个重要因素，就是各王室的私人财富累积。国家给予的那些补贴在这些财富面前不值一提。但想要精确地估计那些财富难度是显而易见的，可这依然无法阻止人们的大胆猜想。

　　例如，20 世纪 70 年代，许多人认为荷兰女王朱丽安娜是世界上最富有的女性。这和她的公众形象形成了强烈的反差，公众视野里的女王是偏爱自行车胜过豪华轿车的。1979 年，威廉·霍夫曼（William Hoffman）出版了一本名为《朱丽安娜女王：世界上最富有女人的故事》（*Queen Juliana：The Story of the Most Rich Woman in the World*）的传记，进一步加深了这种印象。虽有些夸大其词，但书中这样描述道："2004 年 12 月女王的丈夫伯恩哈德去世后，荷兰王室的财产约为 2 亿欧元。以大多数人的标准来看，这是一笔巨款，但肯定不足以让朱丽安娜跻身欧洲王室前

10 名。"

　　2009 年美国商业杂志《福布斯》公布，世界上最富有的王室成员名单，名列榜首的为泰国国王普密蓬·阿杜德（Bhumibol Adulyadej），据估计其净资产为 350 亿美元。该名单大多是靠石油致富的阿拉伯人，只有两位欧洲君主跻身其中：列支敦士登大公汉斯·亚当位列第六，《福布斯》估计他的财富为 60 亿美元；摩纳哥亲王阿尔贝二世 14 亿美元位列第九。与此同时，英国女王伊丽莎白二世以约 6.5 亿美元的财富下滑至第 12 位，荷兰女王朱丽安娜的女儿贝娅特丽克丝的财富约为 3 亿美元，不到泰国国王财富的 1/100，排在第 14 位。

　　汉斯·亚当大公财富的来源不难解释：列支敦士登王室家族拥有 LGT 集团①，该集团旗下有利润丰厚的私人银行、财富和资产管理企业，总部设在首都瓦杜兹，旗下 24 家分支机构遍布整个欧洲。拥有如此财富，自然不需要也不会接受纳税人的任何支持。而摩纳哥王室成员的大部分收入，都来自其在这个小公国持有的不动产。

　　欧洲那些强大的君主国，其王室的财富来源就更一言难尽了。如上所述，伊丽莎白二世女王拥有可观的土地、财产和其他金融资产。荷兰王室拥有大量皇家石油公司。尽管《福布斯》没

---

①　LGT 集团是全球最大的私人银行及资产管理集团，列支敦士登王室家族的财富帝国中最具核心价值的部分。

有详细说明，但据估计，比利时王室多年来也积累了相当可观的财富。据 20 世纪 90 年代末发表的一份报告称，比利时王室的财富超过了 10 亿欧元。当时，王室发言人弗朗索瓦丝·古斯丁（Francoise Gustin）称这些数字被严重夸大了，但他却无法提供证据证实自己的说法。

比利时王室财富的基础是利奥波德一世奠定的，至少在最初，这要归功于他与英国王位继承人夏洛特公主的短暂婚姻。夏洛特公主去世后，英国政府每年会支付 5 万英镑给他，相当于现在的 300 多万英镑。这一数字是弗雷德里克王子——约克公爵，未来的王位继承人的 2 倍；也是他的嫂子，肯特公爵遗孀每年 6000 英镑的 8 倍还不止。肯特公爵去世后，是她独自抚养未来的维多利亚女王。并且，由于妻子的身份，利奥波德一世也有很大概率继承英国王位。同时，他还被允许保留他们曾经居住过的克莱蒙特公馆（Claremont House）。

即使在成为比利时国王之后，拿着 270 万法郎（约 10.8 万英镑）的年俸，利奥波德一世仍固执地不愿放弃英国给他的津贴，原因可能是他对于比利时的未来没有足够的信心。经过一番讨价还价之后，双方达成了协议：他仍将得到那部分津贴，但支付了克莱蒙特公馆的维护费和付清在英国期间积累的债务后，剩下的钱将还给英国财政部。

不足为奇的是，利奥波德一世并没有交还给英国一分钱，直到 1834 年 4 月，英国议会警告他，将对他成为比利时国王之后一笔 15 万英镑的收入进行官方调查。保罗·贝林（Paul Belien）在他的著作《布鲁塞尔的王位》（*A Throne In Brussels*）中估计，利奥波德一世从 1818 年到 1865 年 12 月去世，总共从英国得到了 140 万英镑，相当于现在的 8000 万英镑。贝林总结道："夏洛特与他的婚姻是英国王室历史上迄今为止代价最为昂贵的。"

　　为了确保王朝未来的经济基础，利奥波德也算是一位敏锐的投资者。他在欧洲购买了大量的房地产和股票，其中最著名的就是富通银行。该银行是 1822 年荷兰国王威廉一世成立的控股公司，以吸引投资者在当时王国南部省份的投资。利奥波德一世并没有购买自己公司的股份，而是用公司借给他的钱，与贪腐的总督费迪南德·德·米厄斯（Ferdinand de Meeus）达成了一项互惠协议。后来，这位总督获得了世袭头衔——德·米厄斯·阿根泰尔伯爵（Count de Meeus d'argenteil）。利奥波德一世的儿子利奥波德二世，为扩充家族财富也做了不少努力。19 世纪末，他试图将刚果变成个人殖民地，其背后的动机不仅是国家荣誉，还有个人财富。在去世前不久，利奥波德二世在布鲁塞尔买下了大量土地和建筑，并将其纳入了一个名为"皇家慈善基金"的非透明组织。因为他唯一的儿子在很小的时候就去世了，他不愿自己的财富落入 3 个远嫁他国的女儿手中。据估计，这些房产价值 8.5 亿欧元，比利时王室的后代一直享受着这些不动产带来的利润。

人们普遍认为斯堪的纳维亚的君主们要逊色得多。例如，挪威国王哈拉尔五世曾声称，他的遗产是数千万挪威克朗，如果换算成欧元，也就最多 1000 万的样子。前西班牙国王胡安·卡洛斯一世给人的印象是没有很可观的个人财富，但也不能称得上简朴。2009 年出版的一本书中称，胡安·卡洛斯国王喜欢跑车、豪华游艇和高级滑雪场地。目前他拥有 70 辆豪车，其中包括一辆曾属于佛朗哥将军的超限量劳斯莱斯幻影四代，还有亿万富翁出版商马尔科姆·福布斯（Malcolm Forbes）送给他的一辆哈雷戴维森摩托车。他还有一个 65 人的团队专门照顾这些爱车。胡安·卡洛斯一世年轻时不太需要司机，只要有机会，他更享受驾驶的感觉。这本书还披露，1990 年，他驾驶一辆保时捷 959 行驶在比利牛斯山脉结冰的山路上时，车辆忽然打滑失控，他差点儿当场丧命。

第六章

王室恋情

2020 年 10 月，比利时前国王阿尔贝二世和妻子保拉（Paola）在他们位于布鲁塞尔郊区的宅邸——贝尔维德尔城堡（Belvedere Castle），接待了一位颇具争议的客人。因擅长不雅画像而出名的 52 岁的艺术家德尔菲娜·博埃尔（Delphine Boel）。20 多年来，德尔菲娜一直在打官司，迫使阿尔贝二世承认自己是其私生女。一个月前，法院最终做出了令德尔菲娜满意的裁决。王室公布了一张照片，他们三人尴尬地坐在一个大房间的壁炉前，面前的咖啡桌上放着一盘没有动过的饼干。他们的姿势看起来非常僵硬，微笑也很勉强，但这对比利时王室来说是个转折点。

阿尔贝二世和保拉在王室发表的一份联合声明中说道："经历了混乱、痛苦和伤害之后，是时候宽恕、治愈、和解了，我们决定共同翻开崭新的一页。虽然这需要付出耐心和努力，但对此我们有信心。"德尔菲娜现在正式的名字是德尔菲娜·德·萨克森-科布-哥达，她于当天晚些时候，在王宫第一次见到了自己同父异母的弟弟，现任国王菲利普。据报道，菲利普热情地欢迎了她。

当天的见面似乎终于为这桩丑闻画上了句号。早在 2013 年阿尔贝二世退位前，比利时王室因为此事被蒙上了一层阴影。有关这位老国王与一位富有实业家的贵族妻子西比耶·德谢利斯·隆尚（Sybille de Selys Longchamps）之间关系的谣言已流传多年，但在 1999 年保拉王后未经授权的传记出版后，事件极度发酵。《保拉：从甜美生活到深宫王后》（*Paola：van la dolce vita tot koningin*）一书称，早在 20 世纪 60 年代，也就是阿尔贝二世成为国王之前就有一个私生女，现在在伦敦从事"艺术事业"。"在那段混乱时期，他（国王）就已经有一段婚外情了。保拉为此非常痛苦，拒绝这个异母所生的孩子进入王室。"后来，这件事情不了了之。

但奇怪的是，这本书的作者马里奥·丹尼尔斯（Mario Danneels）并不是位经验丰富的王室评论员。他只是个 18 岁的无名小卒，该书也是他的处女作。丹尼尔斯没有透露这位王室私生子的名字，也没有透露任何细节，但在这本书出版几天后，小报《最后一小时》（*La Derniere Heure*）披露了这一信息，称这个私生女就是艺术家德尔菲娜。这篇文章配的插图，是德尔菲娜的一件颇具争议性的艺术作品。

这一丑闻必然引发了人们对阿尔贝二世与保拉婚姻的质疑。1958 年 10 月，阿尔贝王子和意大利贵族保拉相识于教皇若望二十三世（Pope John XXIII）在罗马的加冕礼。典礼结束后，比利时大使馆举行了舞会，主宾是当时的列日王子（Prince of Liège）阿尔贝。保拉也位列受邀者之中，但是她称自己并不知道阿尔贝王子是谁。她说："我大概知道博杜安国王是谁，但我对比利时和阿尔贝王子一无所知，我只知道《丁丁历险记》。"他们显然给对方留下了深刻的印象，以至于阿尔贝王子想出各种各样的理由继

续待在罗马，以便可以再次见到保拉。正如一位评论家所说，
"整个欧洲和激情最不沾边的地方诞生了一段童话般的爱情。在
20 世纪最受敬重的教皇的加冕典礼上，所有王室中最具中产阶级
特点的王子结识了最美艳的公主"。

回到比利时之前，阿尔贝王子就已经下决心要娶保拉为妻。
相识两个月之后，阿尔贝便把未婚妻介绍给了家人。4 个月后，
他向媒体公开了这段恋情。1959 年 7 月 2 日，距初次见面仅仅 8
个月，这对情侣在布鲁塞尔举行了婚礼。成千上万的民众涌上街
头，就为一睹新娘的容貌。美丽的新娘戴着祖母的蕾丝面纱，身
着出自那不勒斯设计师康塞蒂娜·布南诺（Concettina Buonanno）
之手的白色绸缎婚纱，50 英尺长的婚纱裙摆衬托着新娘高贵的
身份。

这对夫妇闪电般的恋情和婚姻与王室的传统婚配有些背道而
驰。保拉婚后两周就怀上了菲利普，并于次年 4 月顺利生产。女
儿阿斯特里德于 1962 年 6 月出生，次子劳伦特于 1963 年 10 月出
生。比利时人爱上了这位"甜蜜保拉"，与此同时，她和阿尔贝
王子成了狗仔的主要目标，他们在马略卡岛订婚和蜜月期间遭到
跟拍。如同 20 年后的戴安娜王妃，她经常不得不从后门离开商
店，以避开狗仔队的视线。

作为国王利奥波德三世的次子，阿尔贝王子从未料想过会继
承王位。20 世纪 60 年代中期，他负责比利时工业领域的相关经

济任务，这些工作经常需要到国外出访。起初保拉会和阿尔贝王子一起，但孩子们慢慢长大了，需要妈妈更多的陪伴。对于一个在罗马自由生活中成长的年轻女性来说，比利时的首都无疑是个无趣的地方。保拉常常感到孤独、思乡并且对王室的繁文缛节和约束感到恼火。

保拉与法比奥拉王后的关系也比较紧张。法比奥拉于1960年12月与博杜安结婚，是位比较严肃的西班牙贵族小姐。她几乎不怎么花时间在化妆或名牌服装上，这点和来自意大利的姻娌截然相反。据说，保拉在对卢森堡进行正式访问期间，4天换了不下12套衣服。并且，法比奥拉和博杜安很少喝酒，也很少组织聚会。和国王一样，法比奥拉也非常虔诚，事实上，还有一种说法，这对夫妇是在比利时最高神职人员红衣主教雷奥·苏恩斯（Leo Suenens）和爱尔兰修女维罗妮卡·奥布莱恩（Veronica O' Brien）的撮合下相识的。法比奥拉曾经历过5次流产，所以估计也有点嫉妒拥有3个健康孩子的保拉。

逐渐地，社交媒体上出现了一些关于阿尔贝婚外情的流言八卦。1966年，阿尔贝王子遇到了比利时男爵夫人西比耶·德谢利斯·隆尚。当时，她的丈夫是实业家雅克·博埃尔（Jacques Boël），但二人已经分居。阿尔贝似乎很快就坠入了爱河，就像当初爱上保拉一样。1968年2月，他们有了一个女儿，取名德尔菲娜。

　　阿尔贝和保拉的婚姻自此名存实亡，孩子们和母亲生活在一起，但他们依旧需要在公众面前呈现一个完整的家庭。甚至在 1969 年，还允许媒体报道他们的结婚 10 周年纪念日。然而，这和谐婚姻的假象很快就被戳破。第二年，保拉被拍到与《巴黎竞赛画报》（Paris Match）的记者阿尔贝·德蒙（Albert de Mun）手挽手在撒丁岛度假。

　　早年，阿尔贝王子就经常出入位于克勒区的一幢房子，那里是布鲁塞尔的富人区，西比耶和他们的女儿德尔菲娜在那居住。小德尔菲娜并不知道这个男人是谁，但很喜欢他，并给他起了个外号叫"蝴蝶"。2008 年，德尔菲娜准备出版一本关于自己生活的书，她在一次采访中说："他是个很有幽默感的人，我喜欢他。但我清楚知道我只能生活在阴影里，因为他还有一个家，家里有妻子和 3 个孩子。"

　　据德尔菲娜回忆，早在 1969 年 10 月，阿尔贝王子就和她的母亲讨论过离婚的可能性，他很清楚，如果他想离婚，就必须放弃王位继承权。在接下来的几年里，这对情侣仍然偷偷会面，但在 1976 年，西比耶告诉阿尔贝王子自己不愿再这样继续下去了。于是，离婚的问题再次被拿出来讨论，但同样不了了之。这一次西比耶心灰意冷，带着 6 岁的德尔菲娜搬去了伦敦。

　　悲伤的阿尔贝无奈地接受了这一事实，但还是不愿给这段感情画上句号。据德尔菲娜说，父亲几乎每天都会通过专线与母亲通话。德尔菲娜辗转去了不少学校之后，最终进入切尔西艺术学校，逐渐得知了"蝴蝶"的真实身份，但依然认为他和母亲只是朋友，而不是情人。直到1986年18岁生日当晚，和妈妈在餐厅吃晚餐时，母亲才告诉了她真相。德尔菲娜得知后十分开心。

与此同时，阿尔贝王子和保拉的婚姻出现了转机。这在一定程度上要感谢红衣主教苏南（Suenens）的干预，他建议这对夫妻参加一个周末夫妻恳谈会课程。他们二人深受触动，甚至还邀请了西班牙国王胡安·卡洛斯和妻子索菲亚到其位于西尔农城堡也参加了一次课程。阿尔贝和保拉还对宗教产生了兴趣——成为了灵恩运动（Charismatic Movement）的信徒。1984年9月，女儿阿斯特里德公主与奥地利大公的婚礼，似乎也对阿尔贝王子和保拉的婚姻起到了一定程度的缓和作用。

15年后，丹尼尔斯在一本关于比利时王室的书中揭露了阿尔贝王子的私生子，而那时比利时王室正处于艰难时期。1993年7月，博杜安因心力衰竭意外去世后，阿尔贝王子继承了王位。当时，新国王的长子菲利普，正准备和未婚妻玛蒂尔德（Mathilde）踏上婚前旅行的旅途，开启快乐的人生。这对情侣的婚期定在了当年的12月。

整个欧洲心照不宣的秘密就是，没有什么比皇家婚礼更能稳固王室的地位，更别说这桩婚姻看起来还很门当户对。因此，当菲利普和玛蒂尔德9月宣布订婚的时候，有猜测说这是一场包办婚姻，对此菲利普愤怒地予以否认。这位新娘因其惊人的美貌、优雅的仪态和得体的社交，不可避免地被拿来与已故的威尔士王妃戴安娜相提并论，同时她也将成为该国历史上首位比利时出生的王后。更重要的是，她还拥有一种特殊的能力，即凝聚该国两个存在对抗的语言群体——讲法语的瓦隆区和讲荷兰语的弗拉芒区。玛蒂尔德的家族来自西弗兰德省的波佩林赫（Poperinge），她的叔叔是弗拉芒基督教民主党的政治家，但她从小到大居住的家族城堡位于瓦隆，靠近巴斯托涅（Bastogne）。在嫁入王室前，玛蒂尔德是布鲁塞尔的一名语言治疗师。

菲利普的婚礼相当隆重，花费达到了 100 万欧元。他们先在布鲁塞尔的市政厅举行了婚礼登记仪式，之后在附近教堂举行了约 2 小时的宗教婚礼仪式，然后在市中心的皇宫举行了一场有 1200 人参加的午宴，最后还在王室位于布鲁塞尔北部郊区的拉肯城堡举办了王室晚宴，约有 2500 人出席。装饰王宫和大教堂周围道路的工作进行了 2 个月，婚礼共计有 1500 名安保人员，其中包括 132 名骑警和 25 名摩托车护卫队。甚至，还有 F-16 战斗机在皇宫上空进行飞行表演。

然而，国王所谓私生女的丑闻并未因此消失。王室最初是想把这件事当作"八卦"不予理会。但几个月后，当阿尔贝二世向全国发表传统圣诞演讲时，事态发生了一些变化。与平常的寒暄不同，他提到季节的更替给了人们机会去回顾所有快乐和不快乐的时光，特别是 30 年前他和保拉婚姻中所经历的危机。国王宣称："最近我们时常想起那段困难的时光，我们一起携手度过了那段艰难岁月，重新定义了理解和爱。"

阿尔贝二世的话含糊其词，但围坐在电视机前的观众几乎没人质疑他，或是质疑他解决问题的诚意，哪怕他只是做做样子而已。但德尔菲娜即使在阿尔贝二世成为国王之后，仍与他保持着联系，同时也接受了他坚持不能公开承认她存在的事实。不过，阿尔贝二世经常会给德尔菲娜打电话，或在生日时送她"小礼物"。但这一切看似的平静，最终被丹尼尔斯的披露打破。德尔菲娜的第一反应是解脱，因为她不再需要保守这个秘密，但当狗仔队追踪到她在伦敦西部时尚住宅区诺丁山的家时，这种解脱很快就变成了烦恼。德尔菲娜和母亲被请求采访的记者们团团包围，但她们拒绝对此事发表任何看法。她们向王室求助，却遭到了冷漠的对待。她在自己《割断亲情》（*Couper le cordon*）一书中写道："王室觉得这个问题的解决方法很简单，就是我最好消失，离开英格兰，走得越远越好，这样媒体就不会一直追着我不放了。在他们看来，理想的流放之地，是桑给巴尔或是北极。"

对于一位把自己比作英国的翠西·艾敏（Tracey Emin）的当代艺术家来说，一夜成名为德尔菲娜带来了显而易见的好处。她的作品得以在威尼斯双年展、伦敦和比利时的画廊展出。另外，她的作品似乎有意引起人们的注意，因为其中有一件雕塑作品是戴着王冠的猪和牛。这一切来得突然，连她自己都时常怀疑，这些名利是源于她的出身，还是她的才华。

两年后，德尔菲娜母亲的心脏病出现恶化，神经性抑郁更是加重了病情。因此德尔菲娜写信给阿尔贝二世，但后者没有回复。她找到了阿尔贝二世的号码并打电话给他，让他联系母亲。虽说阿尔贝二世照做了，但西比耶似乎并不开心。于是德尔菲娜又打电话给他。但这一次，阿尔贝二世被彻底激怒了："你不要再给我打电话了……我不想再听到关于这件事的任何消息。顺便告诉你，我不是你的父亲！"德尔菲娜被吓坏了，说那怎么可能，她长着和阿尔贝二世的母亲，也就是悲剧的阿斯特里德王后一样的蓝眼睛。但这只会让阿尔贝二世更加愤怒："住口！不许你说像我母亲。永远也不许这么说！你好大的胆子！"

2003 年，当德尔菲娜将要诞下她的第一个孩子约瑟芬（Joséphine）时，决定回比利时生活，希望让女儿在自己的家乡长大。几个月后，她的伴侣，美籍爱尔兰商人吉姆·奥黑尔（Jim O'hare）也跟随她回到了比利时。德尔菲娜花了将近 20 年的时间打了无数场官司，才使父亲最终承认了她。至于阿尔贝二世和保拉两人，似乎也已经彻底和解了。2006 年，保拉在比利时电视台播出的一部电视纪录片中说："我们之间出现过一些问题，但如今都已释怀，我们现在生活得很幸福。"

然而，这位比利时前国王并不是唯一被人们用放大镜观察私生活的欧洲君主。瑞典国王卡尔十六世·古斯塔夫一直以两种爱好闻名：跑车和狩猎麋鹿。但在 2010 年 11 月，他的臣民们发现了他另外一种更为不雅的兴趣。

关于国王古斯塔夫喜欢和一小群亲密的男性朋友，在斯德哥尔摩市中心斯兑乐广场（Stureplan）附近的高级俱乐部及餐厅，举办私人派对的传闻已经流传很久了。这些人像国王一样 60 岁出头，身家不菲，且大多是故交，所以国王的小秘密在这些人之间十分安全。有一年夏天我去瑞典，有议员向我讲述了自己朋友 20 多岁女儿的经历：有一天走在斯德哥尔摩的大街上，两个年轻人走过来告诉她"国王想要邀请她参加聚会"。

几个月后，这些传闻铺天盖地出现在世界各地的报纸上。在《卡尔十六世·古斯塔夫：不情愿的国王》（Carl XVI Gustaf：Den motvillige monarken）一书中，托马斯·斯伯格（Thomas Sjöberg）和两位记者生动地描绘了国王和他的朋友们经常开派对的场景。这些作者们主要依靠小道消息来充实其对于君主许多所谓不检点行为的猜想。

卡尔十六世·古斯塔夫与许多所谓的私情似乎都是短暂的邂逅。但书中称，他在 20 世纪 90 年代末与卡米拉·赫尼马克（Camilla Henemark）有过长达一年的恋情。赫尼马克是位尼日利亚和瑞典的混血歌手，后来转型做了演员。与卡尔十六世·古斯塔夫结婚 34 年的妻子希尔维娅知道这段婚外情，但却束手无策，因为丈夫就像"热恋中的少年"一般迷恋赫尼马克，两人甚至计划逃到遥远的小岛上"靠椰子为生"。

更糟的是，书里还提到国王常常喜欢在危险的边缘试探，因为他时不时会去一些来路不明的娱乐场所开派对，其中包括斯德哥尔摩有名的地头蛇米莱·马科维奇（Mille Markovic）的场子。据说国王和他的朋友经常在周一包下整个夜场，然而马科维奇对这样的顾客很是欢迎，因为这大大减少了警察骚扰他场子的可能。书中还提到，来自瑞典安全情报署和国家安全局的特工会在各种房间里四处检查，并向那些参加国王派对的女性施压，命令她们交出胶卷、底片和照片，否则后果自负。

人们对这本书的发行已经翘首期盼了数周之久，关于其中的内容提前有一些小道消息流传开来，但少有实际细节泄露。出版时间安排在了瑞典西部凡恩海岸的哈勒-奥克亨尼伯格保护区一年一度的麋鹿狩猎活动期间，按照惯例，猎鹿活动的闭幕式上国王将会发表讲话。

那一年参加闭幕活动的新闻媒体数量比往年都要多。国王在发表讲话时说："我看到了一些不太友善的头条新闻，当然我也和家人及王后谈过此事。"但国王拒绝就自己未曾读过的一本书发表评论。他补充说道："据我所知，这些报道都是很久以前的事情了，生活需要向前看。"这本书在发售日当天，两万册初版就全部售罄。

国王最初似乎并没有因为这些花边新闻而受到影响。公共广播公司瑞典电视台（SVT）的一项民意调查显示，只有 1/4 的瑞典人认可记者调查国王私生活的行为。但丑闻并未就此消失。国王的朋友安德斯·莱特斯特伦（Anders Lettstrom）承认为了追查这些照片曾主动联系过黑社会，尽管他坚称这是他的个人行为，但这一举动显然是火上浇油。

危机事态愈演愈烈，卡尔十六世·古斯塔夫史无前例地于当年的 5 月 30 日接受了瑞典国家通讯社的专访——一位君主首次屈尊公开谈论自己的私生活。国王断然否认他访问俱乐部或间接参与有组织犯罪，并表示这种所谓能证明他罪证的照片根本不存在。然而，他在镜头前看起来有点不太自在，表达得也不是很清楚，而且好像记不起来自己去年 11 月承认过什么又否认了什么。

瑞典媒体对此并不买账：如果那些说法是假的，为什么过了这么久国王才发表声明否认？瑞典报纸《每日新闻》（*Dagens Nyheter*）的一篇评论文章中，彼得·沃达尔斯基（Peter Wolodarski）将此事与比尔·克林顿（Bill Clinton）在 20 世纪 90 年代中期试图掩盖自己与莫妮卡·莱温斯基（Monica Lewinsky）关系的灾难性尝试相提并论。众所周知，莱温斯基事件差点让克林顿失去总统职位。不过和克林顿一样，卡尔十六世·古斯塔夫挺过了这场危机。

　　长期以来，西班牙前国王胡安·卡洛斯一世的私生活一直是西班牙记者们私下谈论的话题，他比卡尔十六世·古斯塔夫年长8 岁。但当法国和意大利的杂志在 20 世纪 90 年代初发表了有关西班牙国王与加泰罗尼亚室内设计师玛尔塔·盖亚（Marta Gaya）的故事时，被西班牙首相费利佩·冈萨雷斯（Felipe Gonzalez）痛批是企图破坏西班牙和平的国际阴谋。对此，除了倡导共和制的《世界报》（*El Mundo*）以外，西班牙的大部分新闻报纸和杂志都表示赞同。

　　然而，这样的统一战线在 2008 年破裂了，当时权威王室专家，也是《你好！》（*Hola!*）杂志前编辑海梅·佩尼亚费尔（Jaime Peñafiel），出版了《胡安·卡洛斯与索菲亚：婚姻的写照》（*Juan Carlos and Sofía：Portrait of a Marriage*）一书。他在书中称，国王有很多段婚外情，其中包括与盖亚一段长达 18 年的关系。书中还披露，盖亚的前夫是一名工程师，他曾经向一位朋友抱怨过他妻子的婚外情，而朋友劝他"去揍那家伙一顿"。戴绿帽子的丈夫说："我不能，因为那人是国王。"书中还称这对王室夫妇大吵了一架，最后以索菲亚王后痛哭流涕而告终。还有一次国王对着索菲亚大喊："我恨你，我恨你。"但索菲亚淡淡地回了句："恨我吧，除了恨我你还能做什么，你只能永远深陷在这无法离婚的痛苦之中。"

　　2012 年 1 月，在西班牙王室事务资深评论员皮拉尔·艾尔（Pilar Eyre）撰写的女王传记中，披露了更多令人尴尬的细节。据《王后的孤独》（La soledad de La Reina）一书披露，胡安·卡洛斯一世和索菲亚的婚姻早在 1976 年就破裂了，当时王后在托莱多附近一位朋友的乡间别墅里发现了丈夫和情妇。皮拉尔·艾尔声称索菲亚曾想过离开胡安·卡洛斯一世，但被她母亲——流亡希腊的弗雷德里卡王后（Queen Frederika）劝服了。自此，这对夫妻的婚姻名存实亡，王后全心投入抚养他们的孩子，国王则沉浸在婚外情事之中。尽管其中的一位情人站出来否认了自己和国王之间的超友谊关系，但王室对这些指控一直保持缄默。《王后的孤独》出版后不久，皮拉尔·艾尔就被电视台解雇，她本人称遭到了来自王室的压力。然而，这些指控并未因此消失，2014 年胡安·卡洛斯一世退位后，这件事再次浮出水面。

　　尽管这些所谓的不忠行为被揭露了出来，但 3 位国王的婚姻都得以维系了下去。对这 3 位君主和他们的王后，以及欧洲的另外一位君主——挪威国王哈拉尔五世来讲，婚姻是终身制的。不论他们在婚姻生活中经历了多少起起落落，离婚似乎从来都不是一个现实的选择。比利时的阿尔贝二世和保拉于 2019 年庆祝他们结婚 60 周年，胡安·卡洛斯一世和索菲亚也在 2022 年迎来他们的钻石婚纪念，挪威的哈拉尔五世已经结婚 50 多年了，卡尔十六世·古斯塔夫的婚姻也持续了 40 多年。到 2021 年 4 月菲利普亲王去世，他与伊丽莎白二世女王的婚姻已经走过了 70 多个年头。

谈及私生活的内容，那一代的君主在很大程度上是他们所处时代的产物。在 20 世纪五六十年代，当他们成年的时候，欧洲社会正在发生变化，包办婚姻似乎不合时宜。就像他们的臣民一样，他们想和自己喜欢的，而不是父母喜欢的人结婚。然而，对他们来讲，有一系列成文和不成文的规定，在限制着他们对于另外一半的选择。这种情况不仅发生在那些将会继承王位的人身上，也发生在他们的兄弟姐妹甚至堂兄弟姐妹身上。如果他们坚持"以卵击石"，就有可能失去王位继承权。

大多数情况下，王室婚姻倾向于选择另一个统治家族的成员，但这比半个世纪前困难得多，因为只有少数君主制国家在两次世界大战的动荡中幸存了下来。所以，被驱逐的王室成员，或无数德国王子或公主中的一个，都是很好的替代品，实在不行，贵族也可以。

就男性王室成员而言，挑选妻子的规则很简单：越年轻越好。不仅是出于生育方面因素的考虑，虽然这对于王室延续其血脉至关重要，但更重要的是年轻的女性背后的故事会少一些，因此忽然冒出一堆前任，爆出一些令王室尴尬的猛料的概率也会少一点。其他因素，如教育背景等，则显得没有那么重要了，在英国尤其如此。这也很好地解释了为什么 20 岁的戴安娜，这个众所周知一张白纸般的女孩，当时对查尔斯来讲是位完美的结婚对象。尽管查尔斯比她大 13 岁，且丑闻缠身。

大多数情况下，君主的婚姻需要王室和议会的同时认可。虽然这些年来的实践证明，这完全就是个形式。除此之外，还存在一些其他的成文和不成文的规则。例如英国，直到 2011 年 10 月在澳大利亚珀斯召开的英联邦峰会上，各方才同意废除 1701 年《定居法案》（*Act of Settlement*）中禁止王位继承人与天主教教徒结婚的条款。此外，在乔治三世的两位兄弟娶了不门当户对的女人之后，通过了《王室婚姻法》。法律规定，25 岁以下的王室成员未经君主允许不得结婚。荷兰王室成员也通常被禁止与天主教教徒结婚，虽然这不是《宪法》规定的，而是西班牙天主教统治时期的一个沿袭。但尽管如此，也未能阻碍 2002 年王储威廉索雷吉耶塔的婚姻。且直到最近，斯堪的纳维亚的王室才注意到本国王室成员只能与外国人通婚的习俗。

女王伊丽莎白二世的丈夫菲利普亲王，是希腊王室分支的一员、维多利亚女王的曾曾孙女婿。菲利普亲王幼年在希腊的悲惨生活与伊丽莎白在伦敦舒适安逸的成长环境截然不同。

1921 年 6 月 10 日，菲利普亲王出生在科孚岛（Corfu）一间叫作蒙利普斯的租用别墅的餐桌上，希腊人称他菲利普波斯（Philippos）。他排行第五，但却是家中的第一个儿子。他的父亲是希腊和丹麦王子安德烈亚斯（Prince Andrew of Greece and Denmark），母亲是出生在英国的巴腾堡公主爱丽丝。菲利普幼年的岁月是动荡不安的：1922 年 9 月，叔叔康斯坦丁诺斯（Konstantinos）国王被迫退位，父亲安德烈亚斯被军方政府逮捕，且被指控为希腊战败的罪魁祸首。安德烈亚斯被带到雅典，在下议院接受由军官组成的陪审团的审判。

因违抗军令和擅离职守，安德烈亚斯被判死刑。爱丽丝决心要救丈夫，就给自己的弟弟，当时在英国皇家海军服役的路易斯·蒙巴顿发了电报。虽然只有 21 岁，但他不仅争取到了觐见国王乔治五世的机会，还设法说服国王出面救他的远亲。希腊独裁者塞奥佐罗斯·潘卡洛斯（Theodoros Pangalos）拒绝英国对其国家内政进行干涉，于是英国军舰"卡利普索号"（HMS Calypso）抵达了希腊海湾，并且用枪炮对准了政府办公室。①

于是第二天，安德烈亚斯再次出庭，他被剥夺了军衔和皇家头衔，并被终身驱逐出境。当天晚上，潘卡洛斯亲自开车把安德烈亚斯送到了战舰上，妻子正在那里等着他。随后，这艘船驶往科孚岛接走了安德烈亚斯的其他家人，并把他们送到了意大利的

---

① 由于希土战争中希腊惨败，希腊的安德烈亚斯王子被希腊革命军政府收押，等待枪决，1922 年 12 月，英国派出"卡利普索号"轻巡洋舰前往雅典进行交涉，最后希腊慑于英国的武力威胁，被迫同意释放安德烈亚斯王子一家。英国舰长用装橘子的木头箱子把一岁大的菲利普及其父母和 4 个姐姐从希腊带了出来，送到法国。

布林迪西港，从那里他们转乘火车前往法国。当时还是婴儿的菲利普被装在用水果盒做的临时小床里，带上了船。

菲利普是在迪基（Dickie）舅舅的庇护下成长的。正如路易斯·蒙巴顿在家族中为人所知的那样，他的人脉极其广泛，后来继承了父亲的衣钵，成为一名海军上将，同时也是英属印度的最后一任总督。虽然菲利普幼年是在法国接受教育的，但在舅舅的坚持下，菲利普 7 岁时被送进了英国契姆预备小学（Cheam School）。有时和外祖母维多利亚（Victoria）住在肯辛顿宫，有的时候和另一位舅舅乔治·蒙巴顿，也就是米尔福德黑文侯爵（Marquess of Milford Haven），住在伯克郡林登庄园。1933 年，他被送到德国的萨勒姆王宫中学（Schule Schloss Salem），学校是他的一个姐夫，巴登的侯爵——贝特霍尔德（Berthold）开办的。然而，随着纳粹主义的兴起，学校的犹太创始人库尔特·哈恩（Kurt Hahn）逃离了德国，在苏格兰创办了一所名为戈登斯顿（Gordonstoun）的新学校。两个学期后，菲利普转学去了这所学校。

1939 年菲利普离开了戈登斯顿，加入了英国皇家海军。次年，他以优异的成绩从达特茅斯皇家海军学院毕业。1939 年 6 月 22 日，也就是他 18 岁生日后的第 12 天，成为菲利普一生的转折点，这样说一点也不夸张。当然，这也要归功于他的"迪基舅舅"。

英国国王乔治六世和妻子伊丽莎白乘坐皇家游艇访问海军学院时，需要有人陪同国王的两个女儿，时年 13 岁的伊丽莎白和 9 岁的玛格丽特。路易斯·蒙巴顿作为国王的副官出席了活动，并且设法让他高大英俊的侄子菲利普，成为在场所有的年轻人中唯一获此殊荣的人。伊丽莎白对菲利普一见钟情。虽然菲利普似乎并没有特别留意到伊丽莎白公主，但公主的家庭教师克劳福德说："伊丽莎白被他深深吸引了。"后来，这对年轻人很快就开始了书信往来。

菲利普是上过战场的。他最初在锡兰①的一艘战舰上担任海军军官候补，平安地躲过了战争。菲利普的舅舅路易斯·蒙巴顿在皇家海军服役，在其要求下，菲利普被派往地中海的皇家海军"拉米里斯"号。1942 年 10 月，21 岁的菲利普成为最年轻的海军中尉之一。他服役的地点是"劳德代尔"号驱逐舰，这是一艘亨特级驱逐舰。1944 年，他前往太平洋，次年 9 月抵达东京湾，直到日本最终投降。②

在此期间，菲利普和伊丽莎白一直保持书信往来。人们都说，菲利普辗转于各个港口时，年轻的公主在给心爱的他织袜子，并且每晚睡觉前，她都要亲吻摆放在床边的菲利普的照片。

① 斯里兰卡的旧称。
② 菲利普亲王从海军学校一毕业就加入了英国海军，全程参加了第二次世界大战，曾在地中海和印度洋作战，日本投降后随舰队驻扎在日本东京湾。菲利普亲王在历次战斗中屡立战功，算得上是英国在第二次世界大战期间的英雄。

这段关系的背后是路易斯·蒙巴顿的推波助澜，因为他会时不时地告诉伊丽莎白，菲利普目前在哪里，近况如何。并且每当他回国休假时，都会尽其所能确保这对年轻人能够见面。

正如伊丽莎白二世女王的一位传记作者所言："菲利普对伊丽莎白的追求更像是下一盘棋，路易斯·蒙巴顿掌控了一半棋局，并指导菲利普该如何布局。"迪基舅舅为菲利普定下的婚事至关重要，这显示了他想让蒙巴顿家族与温莎王朝联姻的勃勃野心。

直到 1943 年伊丽莎白 17 岁的时候，菲利普才公开表示，他确实在追求她。当王后伊丽莎白告知国王此事的时候，国王并不怎么高兴。但是，王后伊丽莎白说服国王让这段感情顺其自然发展下去。因为她原本以为，只要战争一天不结束，女儿的这段感情就不会有进一步发展的空间。然而随着战争的结束，这个问题变得有些棘手。在王室里，包括国王在内的许多人都认为菲利普不适合做未来女王的配偶。国王和王后希望女儿能另择良婿，于是在接下来的几个月里，他们举办了一系列舞会，邀请了很多条件不错的男士。当然，不符合他们择婿条件的菲利普不在受邀之列。然而，伊丽莎白公主仍然只钟情于她的王子。

最终，在 1946 年，菲利普向国王请求允许他与伊丽莎白公主成婚。乔治六世国王虽然同意了，但前提条件是，这一消息必须到次年 4 月伊丽莎白 21 岁生日之后才能正式对外宣布。1947 年 3

月 18 日，在路易斯·蒙巴顿的建议下，菲利普放弃了希腊和丹麦的头衔以及希腊王位的继承权，从希腊正教皈依英国国教，成为英国国民。他还从母亲家族中取了姓氏蒙巴顿，改名为菲利普·蒙巴顿。

1947 年 11 月 20 日，这对情侣在威斯敏斯特教堂举行了婚礼，很多王室成员都出席了这一盛大活动，但不包括菲利普的 3 个姐妹，因为她们分别嫁给了有纳粹背景的德国王室成员。婚礼当天早上，菲利普被册封为爱丁堡公爵、梅里奥尼斯伯爵和伦敦郡的格林威治男爵。婚礼的前一天，国王接纳了自己的女婿，而王后对于这门婚事依然不满意。

由于战争两年前才结束，时局依然艰难。当时仍实行配给制，但伊丽莎白公主和所有新娘一样，获得了 200 张额外的服装优惠券来购买礼服。这些礼服是用中国丝绸制成的，而非来自之前的敌国日本。全国各地的女性也寄来了她们自己的优惠券，但由于规定不能转让，所有的优惠券都被退回了。婚礼当天非常寒冷，当这对新婚夫妇乘坐敞篷马车离开白金汉宫前往滑铁卢车站开始蜜月旅行时，他们的膝盖上放着用来取暖的热水袋和小毯子。公主心爱的柯基犬卧在她的脚边，陪伴着沐浴在幸福中的主人。

胡安·卡洛斯和索菲亚 1962 年的婚礼，从某种程度上讲是王朝思想占主导地位时代的回归。那年，当这对夫妇在雅典迈上红毯时，代表欧洲两个主要王室家族的结合，他们是波旁家族（Borbóns）和石勒苏益格-荷尔斯泰因-桑德堡-格吕克斯堡家族（House of Schleswig-Holstein-Sonderburg-Glücksburg）。

胡安·卡洛斯一世的家族自祖父阿方索十三世30多年前被迫流亡以后就一直与王位无缘。但波旁家族仍有崛起的希望，因为这位年轻的王子最终被佛朗哥将军指定为继任者，自此距离家族复兴的梦想又进了一步。

索菲亚是1947年登基的希腊国王保罗一世（King Pavlos）的女儿。自17岁的丹麦威廉王子1863年成为乔治一世国王起，该王朝成员就一直统治着这个国家。但没人能料到，这个家族的统治在1967年画上了句号。当时，索菲亚的弟弟康斯坦丁二世国王才继承父亲王位3年便被迫流亡。

在选择终身伴侣时，胡安·卡洛斯受到的约束比其他一些欧洲王室成员还要多一些。因为他不仅要考虑自己父母的看法，还必须参考自西班牙内战以来一直的统治者佛朗哥的意见。如果执意选择一位不入他眼的对象，可能会影响他成为独裁者的接班人。

1954年，这对未来的西班牙王室夫妇在一次游轮旅行中初次相识。当时，胡安·卡洛斯16岁，索菲亚15岁。这次活动是由国王保罗一世的妻子，生于德国的费德莉卡王后（Queen Frederika）组织的。她邀请了 90 位曾经和现任的欧洲王室成员，乘坐全新的 5500 吨客轮"阿伽门农"号（Agamemnon），从那不勒斯出发，穿越希腊群岛。受邀嘉宾不仅有希腊的，还有荷兰、丹麦、瑞典、挪威和卢森堡的统治家族代表，甚至还有那时刚被剥夺继承权的意大利、法国、西班牙、罗马尼亚、南斯拉夫和保加利亚的王子，以及波旁-帕尔马（Bourbon-Parmas）、托恩与塔克西斯（Thurn und Taxis）和霍恩洛赫-兰根堡（Hohenlohe-Langenburgs）等已不复存在的家族的后裔。据胡安·卡洛斯的母亲回忆，这次活动充分体现了"普鲁士式高效"。游轮旅行表面上是为了促进旅游业，但实际上是为了撮合王室之间的姻缘。

据说，船上一行人度过了一段快乐的时光。既然大家彼此都认识，费德莉卡王后决定大家都随意一些就好：禁止穿着过于正式也不必拘于礼节，并通过抽签来决定座位安排。85 岁的希腊乔治王子（Prince Georgios），家里人习惯叫他高格叔叔（Uncle Goggy），因为年事已高，是唯一被允许带仆人来的。游轮上的客人们就像游客一样，享受着沿途的美景。晚上会放映电影，有时他们还会跳舞，比如曼波和伦巴舞。在一个喧闹的夜晚，汉诺威的克里斯蒂安穿着衣服被其他年轻的王室成员扔进游泳池，随后其他人也跳了进去。在那之后，费德莉卡下令每晚凌晨两点后关闭泳池。

胡安·卡洛斯后来回忆说，他和索菲亚初次见面并不怎么顺利。年轻的公主告诉他，自己正在学习柔道。

"这对你可没什么好处。"他说。

"没有好处吗？来，把你的手给我。"话音刚落，她一个熟练的背摔，将胡安·卡洛斯放倒在地。

这可不是这次航行中唯一有意思的事情。过了一段时间，胡安·卡洛斯开始觉得胃痛。走运的是，母亲受过护士培训，意识到儿子可能是得了阑尾炎。他们的船在丹吉尔靠岸，王子在那里接受了治疗，主治医师是西班牙著名外科医生阿方索·德拉佩尼亚（Alfonso de la Peña）。当邮轮停靠时，这位著名的外科医生正好在丹吉尔。

到那里为止，胡安·卡洛斯和索菲亚之间再没有发生什么。胡安·卡洛斯的初恋是萨伏依的玛丽亚·加布里埃拉（Maria Gabriella），是短命的国王翁贝托二世的二女儿。1946 年，翁贝托二世对意大利的统治只维持了一个月，然后就像被驱逐的西班牙王室一样，被流放到了葡萄牙。1956 年 12 月，胡安·卡洛斯和家人回到埃斯托利尔度假时，遇到了另一位意大利人——美丽的小演员奥尔吉娜·尼科里斯·迪·罗比伦特伯爵夫人（Contessa Olghina Nicolis di Robilant）。王子对她着了迷，开始了一段近 4 年的恋情。但考虑到自己的地位和对王室的忠诚，他明确表示他们之间的关系不会长久。

他和玛丽亚·加布里埃拉的关系也没能开花结果。尽管在 1960 年年末有谣言称这对情侣将宣布订婚，但胡安·卡洛斯的父亲胡安亲王和佛朗哥都反对，最终迫于压力，他放弃了这段感情。不管怎样，在此期间他的注意力已经逐渐转向了索菲亚。

胡安·卡洛斯和索菲亚 4 年后再次相遇，当时他们都受邀参加符腾堡公爵女儿的婚礼，婚礼在斯图加特附近的阿尔茨豪森城堡举行。然而，他们的关系是在 1960 年才真正上了一个台阶。索菲亚的弟弟康斯坦丁作为希腊帆船队队员参加罗马奥运会，碰巧的是，希腊和西班牙王室竟然同住在一家酒店。次年 6 月，胡安·卡洛斯作为索菲亚的男伴出席了肯特公爵和凯瑟琳·沃斯利（Katherine Worsley）在威斯敏斯特教堂的婚礼，他们的关系成了公开的秘密。索菲亚随后称，他们实际上是在伦敦的这段时间才开始交往的。

然而，他们也遇到了一些障碍：首先，也是最重要的，语言。尽管他们都精通多国语言，胡安·卡洛斯除了母语西班牙语外，还会说法语、意大利语和葡萄牙语，索菲亚会讲德语和希腊语；但他们唯一的共同语言是英语，索菲亚英语还不错，但对胡安·卡洛斯来讲，英语很难，至少刚开始是这样的。更棘手的一个问题就是：胡安·卡洛斯是天主教教徒，而索菲亚是在希腊东正教家庭中长大的。对他们二人而言，改变自己的宗教信仰都不是一件容易的事情。

如果索菲亚的家人对胡安·卡洛斯略有不满也是情有可原的。毕竟索菲亚是欧洲一个统治王朝的成员，而胡安·卡洛斯只不过是一个早已不再实行君主制的国家的觊觎皇位者之子。他们并不知道，再过 20 年，两个王朝的命运就会发生逆转。不过，索菲亚的父母很热情，胡安·卡洛斯和他的父母被邀请和希腊王室一起在科孚岛度假避暑。

1961 年 9 月 13 日，他们订婚的消息登上了希腊和葡萄牙各大报纸的头版头条。胡安亲王并没有事先告知佛朗哥他儿子的决定，这令独裁者大发雷霆，却也无能为力，佛朗哥对这个年轻王子的喜爱最终使他做出了让步。

胡安·卡洛斯和索菲亚于 1962 年 5 月 14 日在雅典举行了婚礼，婚礼分别在天主教大教堂和希腊东正教大教堂举行。直到婚礼前两天，王子的手臂还用掉腕带吊着，因为 3 周前，他在和未来的妹夫、王储康斯坦丁练习柔道时摔断了锁骨。

与此同时，欧洲其他王室的公主也意识到，要找到一个合适的伴侣并非易事。正如《时代》杂志 1962 年提到的，欧洲贵族和王室名录《欧洲王族家谱年鉴》（*Almanach de Gotha*）里面列出了 26 位未婚公主，但和她们同辈的只有 16 位单身王子。性别失衡最严重的是荷兰和丹麦，这两个国家未来的女王贝娅特丽克丝和玛格丽特公主都到了适婚年龄。贝娅特丽克丝有 3 个妹妹，玛格丽特有两个。第二次世界大战使得这一问题更加复杂化。迄今为止欧洲王室中新娘新郎占比很高的德国，已经失去了昔日的光彩。因为很多人加入了希特勒青年团，或是纳粹党卫军。

　　因此，继费德莉卡之后，欧洲其他王后也逐渐热衷于撮合门当户对的婚事。1960 年，荷兰女王朱丽安娜为了帮助自己 20 岁出头的大女儿贝娅特丽克丝找到合适的伴侣，举办了一场活动，但并没有达到预期效果。5 年后，贝娅特丽克丝找到了自己的另一半克劳斯-乔治·威廉·奥托·弗里德里克·吉尔特·冯·阿姆斯伯格（Claus-Georg Wilhelm Otto Friedrich Gerd von Amsberg），一位德国贵族和外交官。就像 30 年前第二次世界大战期间，荷兰女王威廉明娜通过无线电广播号召人民拿起武器，顽强抗战那样，朱丽安娜在 1965 年 7 月初通过无线电向全国宣布了她女儿订婚的喜讯。她说："我保证，这是一则好消息。"

　　荷兰人可没那么容易被说服。朱丽安娜和母亲威廉明娜都嫁给了德国人，结果却好坏参半。威廉明娜的丈夫是梅克伦堡-什未林的海因里希·弗拉基米尔·阿尔布雷希特·恩斯特公爵（Duke Heinrich Wladimir Albrecht Ernst），他在贝娅特丽克斯出生前十年就去世了，是一个平平无奇的角色。据说这位公爵"不能用普通的审美观来衡量他的外貌，看起来贼眉鼠眼、心胸狭窄。但是他清楚自己的位置，在与威廉明娜结婚 8 年后，女儿朱丽安娜公主出生"。

　　在拜访过这个荷兰王室家庭之后，美国前总统西奥多·罗斯福在一封信中描述了威廉明娜是如何"用权力管教她那肥头大耳、大腹便便、头脑迟钝的丈夫"，如果丈夫不按她说的做，就会受到斥责。所以，丈夫在其他女人的温柔乡中寻求安慰也就不足为奇了。据报道，亲王有好几个私生子。下一章中将会提到的朱丽安娜的丈夫伯恩哈德，也是一位花花公子，并且，他还让荷兰王室陷入了一桩财务丑闻。

贝娅特丽克丝女王的丈夫克劳斯，唯一的问题便是他德国人的身份。伯恩哈德在这 25 年的婚姻里能赢得荷兰人的支持，部分原因要归功于他在战争中做出的贡献。荷兰人在纳粹统治下遭受了严重的苦难，直到 20 世纪 60 年代，反德情绪依然强烈。并且，克劳斯曾经的希特勒青年团和德国国防军成员的身份，更是火上浇油。人们在阿姆斯特丹的街道上游行，高呼"克劳斯滚出去"。鹿特丹《新报》（*Nieuwe Courant*）提出了这样一个问题："一个德国人可以在我们的英雄纪念碑前为他曾经的敌人献花吗？"一些评论员干脆建议贝娅特丽克丝放弃王位。

批评更多地指向了贝娅特丽克丝的母亲朱丽安娜。事实上，尽管女王公开表示支持这桩婚姻，但私下里是反对的，因为她也担心这会对王室造成一些负面的影响。由于无法说服女儿改变心意，她要求德国外交部部长把当时正在波恩工作的克劳斯派去欧洲之外的地方。贝娅特丽克丝听说后，绝食 3 天以示抗议，朱丽安娜的计划也因而宣告失败。

婚礼时间被定在 1966 年 3 月 10 日，举行的地点是阿姆斯特丹。这是个冒险的选择，因为这座城市可能比荷兰其他任何城市所遭受的纳粹摧残都要多。20 世纪 60 年代中期，这里已成为激进观点的温床。朱丽安娜更希望女儿能遵循荷兰王室的传统，在海牙结婚，在阿姆斯特丹举行就职典礼，去世后埋葬在代尔夫特。然而，贝娅特丽克丝似乎下定了决心。她强调："我可以在海牙或鹿特丹结婚，并获得其中任何一个城市的支持。但如果我能赢得阿姆斯特丹人的心，我就能赢得整个荷兰的心。"

阿姆斯特丹人的心可没那么容易赢得。当贝娅特丽克丝和克劳斯乘坐金色马车，在 8 名身着防弹背心的男仆的陪同下离开王宫，一枚烟雾弹滚到马车下并发生了爆炸，这对夫妇瞬间被淹没在浓烟之中。另外，人们还投掷了其他乱七八糟的东西，一只身上涂有纳粹党徽的死鸡被重重地摔在马车门上。警方立刻做出了强烈反击，他们冲进人群，将一些无辜的旁观者制伏在地。贝娅特丽克丝仍努力微笑挥手，但呛人的烟雾使她的眼睛流泪不止。9 天后，当警方举办一场控制骚乱的照片展览时，示威者再次走上街头，破坏建筑，并在阿姆斯特丹王宫前纵火。

大约在同一时间，比贝娅特丽克丝小两岁的玛格丽特，结识了她未来的丈夫亨利。尽管只是法国驻伦敦大使馆的一位小职员，但他和克劳斯一样，也算是个外交官。他在一次晚宴中发现自己坐在玛格丽特公主的右边，而彼时公主正在伦敦经济学院学习。亨利立刻就被公主迷住了，而且显然，公主的智慧比美貌更令他着迷。亨利在回忆录中写道："我被她的聪慧迷住了，那种感觉瞬间俘获了我。"他的热情得到了玛格丽特的回应。次年夏天秘密访问丹麦时，亨利向玛格丽特求婚。尽管这个消息当时是保密的，但却被一位政客泄露，并登上了丹麦小报《号外报》（*Ekstra Bladet*）的头版。王室因此不得不发表声明，证实了婚讯。

他们于 1967 年 6 月 10 日完婚。作为玛格丽特的丈夫，亨利不仅要改名字，还要改国籍和宗教。从今以后，他的名字不再是亨利，而是亨里克（Henrik）。这种牺牲预示着亨里克在未来婚姻生活中所需要扮演的角色。在弗雷登斯堡宫殿花园一个巨大的帐篷中举行的，有 400 名宾客的婚礼招待会上，王子用带有浓重法国口音的丹麦语讲了一段话，说到动情处还唱歌表白自己的新娘，在场宾客无不为之动容。

鉴于符合王室择偶条件的年轻公主太多了，对于贝娅特丽克丝和玛格丽特的同辈男性贵族，如未来的挪威国王哈拉尔五世和瑞典国王卡尔十六世·古斯塔夫来说，找个门当户对的妻子理应不难。之前，他们的父亲和祖父都曾迎娶外国公主，人们本来以为他们会效仿，比如胡安·卡洛斯。但结果恰恰相反，哈拉尔和卡尔·古斯塔夫都娶了中产阶级出身的女子为妻，这在无意中为他们的后代在几十年后的结合铺平了道路，同时，也进一步增强了王室的包容性。

1959 年，年仅 22 岁的哈拉尔公布了自己的恋情，这让他的父亲奥拉夫五世大吃一惊。女友的名字叫索尼娅·哈拉尔森

（Sonja Haraldsen），其父卡尔·奥古斯特（Karl August）刚刚去世，曾在奥斯陆经营一家高档女装店。哈拉尔森家族虽然富裕，在首都西郊拥有一幢舒适的别墅，但他们都是普通百姓。然而，挪威的君主应该与王室或贵族通婚，这意味着他们必须与外国联姻，因为挪威的贵族已经没落很久了。挪威王室曾经也有过与平民通婚的先例，但却没有得到大众的祝福：1953 年，哈拉尔的大姐朗希尔德（Ragnhild）嫁给了埃尔林·S. 洛伦岑（Erling S. Lorentzen）。洛伦岑是一位非常成功的商人和军官，退伍后曾是她的保镖，但两人的结合引起了很大的争议。朗希尔德是第一位嫁给平民的挪威王室成员。这对新婚夫妇为了保持低调，搬去了巴西，因为洛伦岑的家族在那里有生意。他们最初只是计划在那里待一段时间，结果，半个多世纪过去了，他们还在那里生活。1961 年，哈拉尔的另一个妹妹阿斯特里德（Astrid）嫁给了一家高档男装店的老板约翰·马丁·费尔纳（Johan Martin Ferner）。这位曾获得奥运会帆船比赛奖牌的费尔纳也是个普通人，而且曾经离异，因此很多挪威人并不看好他们。

不过，哈拉尔是王位继承人，他的情况非常特殊。哈拉尔的祖父哈康七世娶了爱德华七世的女儿毛德公主，父亲奥拉夫五世则娶了自己的表妹，瑞典的玛莎公主（Princess Märtha），缔结了同样传统的王室婚姻。但玛莎公主在 1954 年，也就是丈夫继承王位的 3 年前逝于肝硬化。年轻的时候，哈拉尔的择偶圈便限定在斯堪的纳维亚和其他欧洲公主之中。希腊王后费德莉卡对哈拉尔寄予厚望，希望他能娶自己最小的女儿艾琳为妻。然而，结果并未如她所愿。

索尼娅比哈拉尔小 4 个月，1950 年，当她还是个 13 岁的孩子时，在汉科（Hankø）的一个航海营地见到了这位未来的国王。他们成年以后第一次见面是在 9 年之后，在约翰·施泰纳森（Johan Stenersen）组织的一次聚会上。施泰纳森是王储上学时的朋友。令人惊讶的是，他们虽然在相似的圈子里生活，有许多共同的朋友，但在这之前他们从未有过交集。

索尼娅在洛桑青年女子职业学院（école Professionnelle des Jeunes Filles）获得了制衣专业文凭，并在剑桥大学学习了一年英语，在那期间，她还在著名的老鹰酒吧工作。因为当时父亲刚刚意外离世，索尼娅大部分时间都待在家里，陪伴着她的母亲达格妮（Dagny）。她本没有心情去参加任何聚会，但施泰纳森发来邀请的时候，母亲鼓励她出去散散心，于是便有了后来的故事。

几周后，哈拉尔就要从挪威军事学院毕业了。两人在施泰纳森的派对上相识没几天，哈拉尔就给索尼娅打电话，邀请她参加毕业舞会。索尼娅后来表示自己是被哈拉尔的幽默感和害羞深深打动了。

他们在舞会上被拍到在一起，但那时候索尼娅还没有被公众认出。尽管他们分开了很长一段时间，在此期间哈拉尔去履行王室职责，索尼娅在奥斯陆比约克内斯（Bjørknes）私立学校进修，但他们的感情却丝毫没有冷却。

虽然这对恋人的朋友和挪威媒体都很小心地保护这段恋情，但外国媒体却恰恰相反。索尼娅后来回忆说："我觉得自己没有什么隐私。一位同学告诉我，有家外国出版社说要给他一大笔钱，希望能采访关于我的内容。还有外国记者和摄影师，假装要报道关于学校的新闻。校长答应了他们的请求，但当他意识到这两人的真正意图时，已经太晚了。"最后，由于这些照片泄露了很多她的隐私，她躲去了法国。

与此同时，奥拉夫五世国王非常反对这桩婚事，甚至拒绝接见索尼娅。他告诉儿子："挪威人还没做好心理准备。"大多数挪威王室的观察人士也怀疑他们的感情能否持久。挪威记者安纳莫尔·莫斯特（Annemor Møst），从 20 世纪 50 年代末开始就一直报道关于王室的新闻，据她回忆，"没人把她（索尼娅）当回事，王子身边有那么多条件相仿的公主，怎么可能和一个平民结婚。"但当两人的关系开始变得认真起来时，不论议会还是媒体，都由怀疑变成了反对。1967 年，《弗登斯帮》（*Verdens Gang*）报纸的头版头条刊登了《王室的末日？》，表达了对此事愤怒的质疑。

这对恋人也逐渐开始感到了绝望。索尼娅王后后来回忆说："有一段时间，我们对能否得到国王的同意彻底失去了信心，除了分手，我们别无选择。"然而，这些考验也给了他们时间，验证彼此对待这段关系真诚的态度。"没有人能指责我们是一时激情，因为我们非常了解彼此和这段感情。"对这位未来的国王来说，处境同样很艰难，哈拉尔很难掩饰自己的感受。据莫斯特回忆，"那时无论干什么，他看起来都非常悲伤"。

据佩尔·埃吉尔·黑格（Per Egil Hegge）撰写的国王传记，最终，王储向他的父亲和首相佩尔·博登（Per Borten）发出了最后通牒：如果不允许他娶索尼娅，他将终身不娶。这意味着挪威短暂君主制的终结，因为根据《宪法》规定，他的姐妹们是无法继承王位的。最终，尽管有来自政坛的、公众的、王宫内部的强烈反对，这对情侣还是在 1968 年 3 月宣布订婚了。

在接下来的几个月里，公众的情绪开始转向支持这桩并不传统的王室婚姻。那年 8 月 29 日，哈拉尔和索尼娅在奥斯陆大教堂举行了路德教会仪式，并举行了盛大的婚礼。这是自哈拉尔的父母 1929 年结婚以来的首次盛大的婚礼仪式，挪威首都的街道上挤满了祝福他们的群众。参加婚礼的宾客有瑞典、丹麦、比利时和卢森堡的君主以及冰岛和芬兰的总统。亲手把索尼娅交给哈拉尔的是国王而非她的哥哥，就清楚地表明了索尼娅已经完全得到了王室的接纳。

仅仅 10 年之后，未来的卡尔十六世·古斯塔夫也爱上了平民希尔维娅。希尔维娅的父亲是德国商人沃尔特·索莫莱特（Walter Sommerlath），母亲是来自巴西的爱丽丝（Alice）。王储与希尔维娅是在 1972 年慕尼黑奥运会上相识，当时希尔维娅是联邦德国奥委会主席的首席助理，坐在体育场的贵宾区，王储卡尔·古斯塔夫就在她身后两米远的地方。卡尔·古斯塔夫说，当她转身，两人四目相对，"那一瞬间，便是永远了"。那年，卡尔·古斯塔夫 26 岁，希尔维娅 28 岁。

在接下来的几天里，两人在各种活动中频繁偶遇，并互相亲切问候。直到有一天，一位年轻人来找希尔维娅，告诉她瑞典王储殿下想邀请她共进晚餐。当然，不是只有他俩，瑞典王室的其他成员也出席了活动。但那顿晚餐却标志着两人友谊的开始。奥运会结束后，卡尔·古斯塔夫回到瑞典，两人的关系迅速发展成异地恋情。

然而和哈拉尔情况一样，有一个根本的因素阻碍了卡尔·古斯塔夫这段感情发展为婚姻的可能性。瑞典王室成员想要结婚，首先要得到国王古斯塔夫六世·阿道夫的许可。老国王 11 月将要迎来他 90 岁大寿，对他的孙子以及继承人想要娶一位平民会作何反应，应该不难猜测。说起来虽令王室难堪，但如果不是古斯塔夫六世·阿道夫的儿子王储古斯塔夫·阿道夫 1947 年死于空难的话，一切都不会这么复杂。贝尔纳多特家族算是幸运的，王储的妻子在他去世 9 个月前刚刚生下了卡尔·古斯塔夫。在此之前，这对夫妇有 4 个女儿，但卡尔·古斯塔夫是他们唯一的儿子。根据当时的瑞典《继承法》，女性没有王位继承权。

　　老国王还有一个儿子，贝蒂尔王子（Prince Bertil），他位列王位继承人之中。但问题在于，他似乎也冒着失去继承权的危险，爱上了一个平民。1943 年，他以海军武官的身份在瑞典驻伦敦大使馆工作时遇到了莉莲·克雷格（Lilian Craig），后者是一位威尔士模特兼歌手。贝蒂尔被她迷住了，他们很快成为恋人。不过，结婚是不可能的，这不仅因为莉莲是威尔士矿工之女，更重要的是她已经和演员伊万·克雷格（Ivan Craig）结婚了。为了确保瑞典王室的延续，贝蒂尔承诺，在新王储长大之前，他不会和平民女友结婚。

　　但贝蒂尔王子不会轻易放弃莉莲，于是想出了一个奇特的计划，他的父亲对此也是睁一只眼闭一只眼。他在一家瑞典报纸上登了一则招聘管家的广告，收到了 200 多名女性的回复，其中当然包括莉莲。尽管不幸的莉莲被禁止陪同她的恋人参加所有的官方活动，但她被录用以后，他们就能像夫妻一样顺理成章地生活在同一屋檐下。

　　但作为未来的君主，卡尔·古斯塔夫不能选择这样的生活。只要他的祖父还活着，对于与希尔维娅的关系他都会处理得相当谨慎。然而在次年夏天，老国王的健康状况每况愈下。1973 年 9 月 15 日晚上，古斯塔夫六世·阿道夫国王在睡梦中去世。4 天后，卡尔·古斯塔夫站在皇宫的阳台上被拥戴为卡尔十六世·古斯塔夫国王时，陪在他身边的是 4 个姐姐和叔叔贝蒂尔亲王。他爱的女人希尔维娅却只能在因斯布鲁克的家中，通过电视新闻观看整个过程。

作为君主，卡尔十六世·古斯塔夫现在是瑞典王室中唯一可以自由选择伴侣的人，但他犹豫了。他和希尔维娅的关系一直是一个秘密，尽管他的 4 个姐姐知道这件事，但媒体和整个国家都还不清楚，他很担心外界的反应。就希尔维娅而言，她自然对成为王后的生活感到有些焦虑。卡尔十六世·古斯塔夫和希尔维娅并未因此放弃这段感情，他们仍然在斯德哥尔摩和法国南部等地约会，贝蒂尔叔叔把自己在圣马克西姆海滨的别墅借给了这对情侣。媒体对他们的关系仍然一无所知，经常把年轻的国王和每一个他遇到的女人扯在一起。但这样的平静在一次两人厄兰岛（Öland）的约会后，最终被打破了。这个位于瑞典南部的岛屿是瑞典王室的避暑居所。一天下午，卡尔·古斯塔夫和希尔维娅开着金属蓝色的保时捷塔加外出兜风，中途停下加油，当他们驶出加油站时，一名摄影师拍下了他们的同框照片。这张照片随后刊登在了欧洲各地的报纸上，引起了轰动。这个和国王单独旅行的年轻女子到底是谁？48 小时后，媒体确认了她的身份。

至少就王室恋情而言，接下来发生的事是完全可以预料的。斯德哥尔摩的王宫官员试图淡化这一关系的重要性，而记者们不买账。他们包围了希尔维娅 1976 年冬季奥运会的工作地点，因斯布鲁克奥林匹克办公室。她只能戴着假发和墨镜，悄悄溜到瑞典或者慕尼黑去约会，因为卡尔十六世·古斯塔夫的妹妹贝尔吉塔（Birgitta）和她的德国丈夫约翰·格奥尔格王子（Prince Johann Georg）在慕尼黑高档郊区格林瓦尔德（Grünwald）有一处别墅。

当这段地下情接近尾声时，有关卡尔十六世·古斯塔夫和希尔维娅要订婚的传言越来越多。1976 年 3 月 12 日，这段感情终于得以公布。卡尔十六世·古斯塔夫在斯德哥尔摩王宫举行的新闻发布会上说："她是我心爱的女人，我会和她结婚，并与她共度余生。"

卡尔十六世·古斯塔夫和希尔维娅于那年的 6 月 19 日结婚。这是自 1964 年希腊国王康斯坦丁二世与丹麦公主安妮-玛丽结婚以来，首位举行婚礼的欧洲君主，也是自 1797 年古斯塔夫四世·阿道夫以来首位举行婚礼的瑞典国王。婚礼前一天，斯德哥尔摩的瑞典皇家歌剧院为这对夫妇举行了一场直播庆祝活动。阿巴乐队的成员身着巴洛克风格的服装，以一种搞笑的风格融入庆典，表演了他们即将推出的单曲《舞蹈女王》。

这段王室恋情还有一段令人感动的后记。那年 12 月，在得到侄子的许可后，贝蒂尔王子终于和心爱的莉莲结婚了，距他们在伦敦初次见面已时隔 30 多年。对于叔叔这段感情，卡尔十六世·古斯塔夫怎么忍心拒绝呢？64 岁时，贝蒂尔亲王终于得以挽着穿着婚纱的恋人。在去世之前，贝蒂尔和莉莲以夫妻得名义共同生活了 20 年。

# 第七章

# 王室私生活

卡尔十六世·古斯塔夫、胡安·卡洛斯一世以及阿尔贝二世的婚外情，并不是什么新鲜事。因为从传统意义上讲，王室婚姻的内核并不是爱情、欲望或友谊，而是父母和大臣们精心安排的以生育继承人、巩固联盟为目的的政治联姻。由于王室婚姻是一种行之有效的外交政策工具，因而促成了许多国与国之间的联盟，不过在第一次世界大战中，这些家族联盟也曾反目成仇。

女王伊丽莎白二世的父亲，乔治六世 1923 年 4 月与伊丽莎白·鲍斯-莱昂（Elizabeth Bowes-Lyon）的结合，是自 1659 年以来第二次有本国人正式嫁入英国王室的婚姻。在此之前，仅有的案例是詹姆斯二世和他的首任妻子安妮·海德（Anne Hyde）的婚姻。因为长期以来，欧洲君主普遍喜欢在异国寻求配偶，特别是在德国。1968 年，未来的挪威国王哈拉尔五世与索尼娅成婚，这使得他成为斯堪的纳维亚国家中首位选择本国配偶的未来元首。30 多年后，比利时王储菲利普与玛蒂尔德的婚姻则是比荷卢三国中首桩涉及王位继承人的非跨国婚姻。

出于这种联姻的政治意义，少有人会在意婚姻里的二人是否真的合适，于是就会出现许多乱点的鸳鸯谱，至少在中世纪是这样的。比如约克公爵理查（Richard，Duke of York），两位在伦敦塔被谋杀的王子中较小的一位。1483 年失踪时，10 岁的他已然是个鳏夫，因为他 4 岁时便与 5 岁的富有女继承人安妮·莫布雷

（Anne de Mowbray）订了婚。

在摄影技术出现之前，身处异地的当事者素未谋面就敲定的婚姻，可能伴随着巨大的失望。当英格兰的亨利八世第一眼看到于德国出生的克里维斯的安妮（Anne of Cleves），这位将成为他第 4 任妻子的女子时，感到十分失望。1540 年 1 月 3 日首次与安妮见面时，国王发现安妮真人与著名的宫廷艺术家汉斯·荷尔拜因（Hans Holbein）画的肖像相去甚远。然而，那时要取消婚约为时已晚。亨利八世声称不能接受这桩婚姻，因为自己"无法克服对她的厌恶"，"也无法提起任何的兴趣"。在亨利的一再要求之下，他俩的婚姻被宣布无效。出于对安妮合作态度的感激，亨利八世赐予了她相当丰厚的财富和地产，包括里士满宫和作为亨利八世前姻亲博林家（Boleyns）的居所赫弗城堡。和安妮·博林（Anne Boleyn）以及凯瑟琳·霍华德（Kathryn Howard）不同，她被称作是"国王亲爱的姐妹"，并且幸运地活了下来。

在许多情况下，一对王室夫妇在见面之前会先与"代理"结婚。这是一个存续至 19 世纪的奇怪程序，夫妻双方将分别在自己的国家举行结婚仪式。通常情况下，亲戚会在仪式上充当替身，扮演未来配偶的角色。这对"夫妻"甚至可以在婚后同床共枕，不过一旦他们的双脚碰触，就表明礼成。这样做不仅能防止双方临阵退缩，也能保全新娘的名誉，因为她将以已婚而非单身女性的身份出国旅行。

　　鲁本斯的著名画作，作于 1622—1625 年间的《玛丽·德·美第奇与国王亨利四世的婚礼》完美地呈现了该仪式。这幅画展现了佛罗伦萨公主与法国国王于 1606 年在佛罗伦萨大教堂举行的婚礼。画中，亨利四世本人并不在场，而是新娘的叔叔，托斯卡纳大公费迪南多（Grand Duke Ferdinando of Tuscany）为玛丽佩戴的戒指。1810 年，当奥地利女大公玛丽·路易莎（Archduchess Marie Louise of Austria）成为拿破仑的第二任妻子时，首场在维也纳举行的婚礼上并没有拿破仑的身影。3 周后，他却屈尊出席了在卢浮宫小教堂举办的第二场婚礼。

　　即便没有这样的仪式，来自父母的压力也会迫使新郎新娘将婚姻视为一种必尽的义务去完成。如果碰巧两人能彼此心生好感，那么就算是不幸中的万幸了。但没人会关心他们之间的关系是否冷漠，是否彼此厌恶到甚至不愿意有任何的身体接触，因为这些都不足以成为解除婚姻关系的理由。

　　以这样的角度看待婚姻，新郎和新娘是可替换的也就不足为奇了。以德格玛公主（Princess Dagmar）为例，她是丹麦克里斯蒂安九世的次女，有着棕色双眸。克里斯蒂安心中理想的未来女婿人选，应当是欧洲最举足轻重的王朝成员，因此他一心想让德格玛嫁入沙皇家族。俄国皇储尼古拉（Tsarevich Nicholas）看起来是个完美的丈夫人选，俄国人也非常赞成这门亲事。

　　12 岁时，这位年轻的俄国王位继承人就看到了自己未来新娘的照片，并且幸运的是，当皇储尼古拉来到哥本哈根见到德格玛后，两人相处得十分愉快。1864 年，16 岁的德格玛和 20 岁的尼古拉［德格玛口中的尼莎（Nixa）］订婚了。德格玛通过阅读俄语版安徒生作品来学习她未来丈夫的语言，为自己将来的角色做准备。

翌年 4 月，悲剧发生了：尼古拉在法国南部尼斯的沙皇别墅度假时，因脑膜炎去世。德格玛收到来自尼古拉父亲的电报，说已经在为尼古拉举行临终圣礼，随后她赶到法兰克福，与沙皇一道乘坐俄国领导人的专列高速赶往尼古拉所在的南部。为了给他们开道，当时拿破仑三世下令暂停了所有其他轨道服务。

然而，死亡这样的小事怎么能阻碍王朝发展的大局，因此他们决定，将这位刚刚经历不幸的公主嫁给尼古拉的弟弟，未来的沙皇亚历山大三世。于是在一年丧期之后，亚历山大前往丹麦，并在 3 周后向公主求婚。

亚历山大是一个力气大到连自己父母都吃惊的人，这点与他文质彬彬的哥哥截然不同。虽然不是德格玛喜欢的类型，但她还是接受了命运的安排。1866 年 11 月，德格玛皈依俄国东正教并取名玛丽亚·费奥多罗芙娜（Maria Fyodorovna），他们在圣彼得堡冬宫的大教堂举行了婚礼。她为丈夫生育了 6 个孩子，其中包括未来的沙皇尼古拉二世。1881 年亚历山大二世死于恐怖分子策划的爆炸事件，亚历山大三世登基，玛丽亚成为皇后。

由于担心丈夫也会遭遇不测，玛丽亚和亚历山大三世搬到了距离圣彼得堡 30 英里远、位于加特契纳的一座宫殿，因为那里更安全。这种恐惧只有在每年夏天，他们前往丹麦参加家庭聚会的旅途上时，才能得以缓解。他们一般会乘坐皇家游艇出行，随行的除了百余名侍臣、大量的行李，还有一头沿途为孩子们提供新鲜牛奶的奶牛。

德格玛不幸的遭遇发生约 30 年后，泰克的玛丽公主（Princess Mary of Teck）也陷入了类似的困境。玛丽公主出生在英国，是德国贵族的后裔，1891 年 12 月，在这位被家人昵称为"梅"（May）的公主 24 岁时，与远房表亲阿尔伯特·维克多亲王（Prince Albert Victor），克拉伦斯和阿冯代尔公爵，未来的爱德华七世和亚历山德拉的长子订了婚。王子的家人都叫他埃迪（Eddy），本期待他有朝一日能成为国王，但他庸俗堕落，生活糜烂。有传言说他和开膛手杰克（Jack the Ripper）有关，甚至说他可能就是连环杀手杰克本人。

宣布订婚 6 周后，埃迪因肺炎意外去世。对王室来说，错过这个绝佳的配偶未免可惜，因而在第二年，梅与埃迪的弟弟，也就是未来的乔治五世订婚。直到 40 多年后乔治五世去世，他们的婚姻都十分幸福。

有些王室婚姻虽是包办的，但也促成了流芳百世的姻缘。其中最令人触动的，便是维多利亚女王与阿尔伯特亲王的爱情故事，他们琴瑟和鸣，天造地设。但天不遂人愿，1861 年，年仅 42 岁的阿尔伯特亲王死于伤寒，维多利亚女王悲恸欲绝，余生都穿着黑色衣服，祭奠爱人。维多利亚女王的祖父乔治三世对妻子，梅克伦堡-施特雷利茨的夏洛特公主（Princess Charlotte of Mecklenburg-Strelitz）也十分专情。他们初次见面是在 1761 年的婚礼上，也就是乔治三世成为国王的次年。除了乔治晚年精神失常的那段时间，他们的婚姻一直很幸福。直到 1818 年 11 月夏洛特去世，乔治三世与妻子共育有 15 名子女。

当然，包办婚姻恰巧能促成良缘的毕竟是少数，这样的结合大多用不了多久便会相看两厌。即使这样，像 1795 年维多利亚女王的叔叔，也就是未来的乔治四世，与布伦瑞克的卡罗琳公主（Princess Caroline of Brunswick）那样灾难性的开始也很少见。他们订婚时，乔治其实已经和玛丽亚·安妮·费兹赫伯特（Maria Anne Fitzherbert），一位长相甜美、两次丧偶的罗马天主教教徒秘密结婚。他们的恋情始于 10 年前，当时乔治只有 21 岁。

乔治 16 岁时与王后的一位侍女发生关系后，很快就得了个伴其一生的"拈花惹草"的名声。然后在 1779 年春天，17 岁的乔治先是与姐姐的侍女玛丽·汉密尔顿（Mary Hamilton）热恋，她比乔治大 6 岁。过了没多久，乔治在德鲁里巷皇家剧院观看《冬天的故事》，又恋上了饰演珀迪达的已婚女演员玛丽·罗宾逊（Mary Robinson）。

他的父亲乔治三世为此感到震怒，尤其因为儿子的风流韵事已经让王室的道德声誉遭受质疑。因此，当乔治在 1780 年被授予了属于自己的宫殿之后，仍被要求继续与父母同住，以便监管他的行为。

这个方法并不怎么奏效。尽管有宵禁的限制，但乔治非常善于从那些试图监视他的人眼皮子底下溜走。次年夏天，有人看到他在海德公园"像疯子一样骑马"，在沃克斯豪尔和拉内拉赫（Vauxhall and Ranelagh Gardens）醉酒斗殴，勾三搭四。并且他又开始了一段不伦恋情，这次的对象是汉诺威外交官的妻子冯·哈登堡伯爵夫人（Countess von Hardenberg），一位甚至希望和乔治"私奔"的女人。乔治受到了蛊惑，但当他向母亲坦白时，母亲让丈夫将冯·哈登堡夫妇送回德国。回到德国后，伯爵夫人丝毫没闲着，又开始诱惑乔治的弟弟弗雷德里克王子（Prince Frederick）。

之后，乔治又遇到了费兹赫伯特（Fitzherbert），她和玛丽·汉密尔顿一样比乔治大 6 岁。乔治对她一见钟情，于是不遗余力地展开追求。甚至不惜刺伤自己，用自己流血无助的样子来打动对方。不过，坠入情网的乔治最后意识到结婚才是唯一能够俘获芳心的办法。但是他们想要结婚存在三大问题：费兹赫伯特是平民，与平民结婚不合传统；她还是位罗马天主教教徒，但 1701 年的《王位继承法》规定，如果继承人与罗马信徒结婚，他将丧失王位继承权；而且，根据 1772 年的《皇家婚姻法》，未经国王同意，未满 25 岁的王室成员缔结的婚姻都是无效的。当时的乔治只有 23 岁。

然而乔治毫不畏惧，1785 年 12 月 15 日，他们在位于公园巷（Park Lane）费兹赫伯特家中的客厅秘密举行了婚礼。仪式的主持人是罗伯特·巴特（Robert Butt），他曾是特威肯哈姆的一位牧师，后因债务入狱，他以换取自由为条件为他们举行了仪式。之后，他们前往里士满附近的奥默利乡社（Ormeley Lodge）度蜜月。

这对夫妇一开始试图保守他们结婚的秘密，因此费兹赫伯特没有搬去与乔治同住，而是在附近租了一栋房子。但世上没有不透风的墙，流言四起后，他们倒也不再藏着掖着了。若不是因为花钱大手大脚的乔治欠下巨额债务，他们可能会一直保持这样的关系。但 18 世纪 90 年代初，乔治债台高筑，不得不再次向父亲求助。与此同时，他和费兹赫伯特闹翻了，转而与情妇泽西伯爵夫人弗朗西斯（Frances，Countess of Jersey）在一起。于是，乔治在 1794 年 8 月告诉国王自己已经准备好接受王室为他安排的婚姻了，希望因此能得到一些经济上的资助。随后，王室为他选择了小他 6 岁的表妹，布伦瑞克的卡罗琳公主。尽管乔治从来没有见过她，但还是答应了这门婚事。

在一定程度上，这桩婚事要归功于泽西夫人的游说。当时的一位观察家（威灵顿公爵）表示，是泽西夫人选择了"言行粗鄙，性格冷漠，外貌也不甚招人喜欢"的公主，因为她希望乔治"对妻子厌恶，由此便能对自己长情"。为了进一步巩固自己的地位，泽西夫人还坚持成为女王的侍女。

1795 年 4 月 5 日，当金发碧眼但不修边幅的卡罗琳满怀期待地到达圣詹姆斯宫时，她和乔治彼此一见生厌，而非生情。完成亲吻的任务之后，乔治躲到房间的角落，灌了自己一大杯白兰地。8 日晚，在圣詹姆斯宫的皇家礼拜堂举行的婚礼仪式对两人来讲更是一种煎熬，卡罗琳抱怨丈夫"没有肖像英俊"，并且新婚之夜的大部分时间里，乔治都醉得不省人事。

短暂的蜜月之后，这对夫妇几乎立即分道扬镳。但在这之前，卡罗琳怀上了女儿夏洛特。次年 1 月 7 日女儿出生后，乔治觉得自己已经尽到义务，于是，4 月 30 日他拟了一封分居信，给这段婚姻画上了休止符。

随后几年里，在乔治的授意下，卡罗琳很难见到他们的女儿。一气之下，她去了欧洲大陆生活，直到 1820 年 1 月乔治三世去世，她的丈夫即位后才回到英国。卡罗琳想以王后身份风风光光回国的希望很快就破灭了。因为乔治四世禁止她参加 1821 年 7 月 19 日在威斯敏斯特修道院举行的加冕礼，所以当她无视禁令出现在加冕礼时，立刻就被装扮成侍从的保镖给带走了。这件事对不幸的卡罗琳来说无疑是致命一击。几天后，她在德鲁里巷皇家剧院观看演出时病倒了，最终于 8 月 7 日病逝。

除了费兹赫伯特、罗宾逊、泽西夫人、赫特福德（Hertford）
和科宁厄姆（Conyngham）这些有详细记载的情妇以外，乔治四
世至少还有 13 位情妇，以及诸多短暂的露水情缘。不过，费兹
赫伯特似乎是他唯一真心爱过的女人，1830 年，乔治四世去世
时，脖子上挂着的，也是她的画像。

虽少有乔治四世那样失败的婚姻，但欧洲王室许多同辈的婚
姻也各有各的不幸。比如比利时的首位国王利奥波德一世，他对
夏洛特公主用情专一，所以当公主因难产去世后他悲痛欲绝，而
后与第二任妻子路易丝（Louise）的关系则冷淡许多。路易丝是
法国国王路易·菲利普（Louis Philippe）的女儿，利奥波德一世
于 1832 年与她结婚，主要是出于政治的考量。这位比国王小 22
岁的年轻公主，结婚时才 20 岁，她觉得与丈夫行房是痛苦的例
行公事。但这些并不妨碍他们在之后的 8 年里诞下 4 个孩子，也
不妨碍利奥波德四处偷欢。

利奥波德一世的儿子也取名利奥波德，其婚姻也同样可以用
灾难二字形容。当时的他被称作布拉班特公爵（The Duke of
Brabant），1853 年 8 月，他的父亲安排他迎娶奥地利大公约瑟夫
的女儿，刚年满 18 岁的玛丽-亨丽埃特·德·哈布斯堡-洛林
（Marie-Henriette de Habsburg-Lorraine）。当时年轻的王子还是个
处男，为了王朝硬凑成的这一对夫妻，显得十分不般配。未来的

利奥波德二世性格安静、孤僻甚至有些沉闷，身材瘦高，鼻子很大，经常被同辈人调侃叫"芦笋棒"。而玛丽-亨丽埃特长相俊美，虽然有点婴儿肥，但性格外向，喜欢音乐，特别是狂野的吉卜赛曲风。另外，她还喜爱打牌和骑马，会像马扎尔人一样策马奔腾。

利奥波德可能会喜欢玛丽-亨丽埃特的姐姐伊丽莎白，但却没有选择的机会。他在维也纳给父母写信，在信中他对未来妻子的描述为"有点胖，不丑，不过也不怎么漂亮"。玛丽-亨丽埃特也曾梦想着嫁给一个与众不同的白马王子，而在去布鲁塞尔之前，她告诉自己同父异母的哥哥斯蒂芬，觉得自己"就像去照顾患肺痨的病人的护士一样"。据梅特涅夫人（Madame Metternich）说，这是"马夫和修女的结合，但修女是布班邦特公爵"。

这对夫妇在布鲁塞尔组建了家庭之后，他们的婚姻便朝着可预知的方向发展着。像婆婆一样，玛丽-亨丽埃特很快就对这段关系丧失了期待和耐性，她开始寻找其他爱好来填充自己的生活。她养了很多的小动物，比如马、狗、鹦鹉、骆驼和羊驼，就像是个动物园一般。

这对夫妻的不和，很快成了人尽皆知的秘密，也引起了外界的关注，尤其是对此事格外上心的维多利亚女王。无奈之下，她给王子的父亲写了封信："利奥对玛丽，或是其他任何女人都没表现出丝毫的爱意或仰慕之情。"为了改变这种情况，她让丈夫阿尔伯特写信给这位未来的比利时国王，鼓励他成为一位更好的丈夫。在一封写于 1857 年 4 月的信中，也就是他们结婚近 4 年后，阿尔伯特敦促这对年轻的夫妇"以更大的热情来爱对方"。

这个办法似乎奏效了，次年 2 月，玛丽-亨丽埃塔诞下了他们的第一个孩子。不幸的是，总共 4 个孩子中这唯一的男孩，9 岁时在拉肯皇家庄园掉进池塘夭折。国王不得不接受哥哥菲利普的儿子将最终继承王位的事实，而且就像许多君主一样，他把这一切都怪罪在妻子身上。玛丽-亨丽埃塔对此感到委屈，她在写给知己阿德里安·戈菲内特（Adrien Goffinet）的一封信中问道："这一切都是上帝的安排，我们能怎么样呢？"

他们的婚姻自此名存实亡，36 岁的玛丽-亨丽埃特几乎完全退出王室生活，她大部分时间都待在自己在阿登温泉疗养地购置的房子里，并把精力都投入到狗、马以及军务部长皮埃尔·沙扎尔（Pierre Chazal）身上。沙扎尔和她一样喜欢动物，他曾经有个公园，里面饲养了斑马，在家中的客厅里甚至养了一只猴子。因此，他一点不介意王后身边这些动物的气味。1871 年，沙扎尔回到法国南部的故乡后，年轻的皇家兽医亨利·哈代（Henri Hardy）在玛丽-亨丽埃特生病时对其悉心照顾，很快便取代了沙扎尔的地位。1902 年 9 月她去世几周后，发表在《新维也纳报》（Neues Wiener Tagblatt）上，并被《纽约时报》转载的几封书信揭示了她多舛的命运。1853 年 9 月，新婚仅一个月的她曾写道：

"我是个不幸的女人，上帝是我唯一的支柱，若他可以听到我的祷告，就能帮我结束这痛苦了。"

在欧洲其他王室，也有类似悲惨的婚姻。特别是荷兰国王威廉三世，即便在王室众多失败的婚姻中，他的情况也算得上是尤为不幸福的。1839 年 6 月，威廉三世与表妹索菲（Sophie）结婚，索菲是符腾堡国王威廉一世（Wilhelm I）和俄国大公夫人凯瑟琳·帕夫洛夫娜（Catherine Pavlovna）的女儿，这是威廉三世的第一段婚姻。威廉三世是个花花公子，《纽约时报》在其去世后称他为"放荡不羁的好色之徒"及"这个时代最著名的浪荡公子"，但这对夫妻之间的问题不仅在于此，更重要的是索菲要比国王睿智太多。维多利亚女王曾说，和索菲相比，威廉三世就像一个没有受过教育的农民。索菲对此评价也毫不掩饰，甚至建议由自己代替国王摄政。虽有一半俄国血统，但她与原本就反对这门婚事的俄国婆婆安娜·帕夫洛夫娜（Anna Pavlovna）的关系也很紧张。在 3 个皇子都早夭后，索菲曾试图离开国王，但并未获得允许。自 1855 年起，这对夫妻便正式分居，索菲大部分时间都在斯图加特和自己的家人待在一起。1877 年索菲去世，她身着婚纱下葬，因为对她来讲，自己的生命在结婚那天就已经结束了。

当时已年届六旬的威廉三世，并未为哀悼亡妻耗费很多时间。在索菲去世几个月后，他便宣布迎娶法国歌剧演员埃莱奥诺尔·德安布尔（Eléonore d'Ambre），并在没有得到政府同意的情况下，封她为德安布尔伯爵夫人（Countess d'Ambroise）。当荷兰政府表示反对后，他转而选择了比自己小 41 岁，来自德国小公国瓦尔德克-皮尔蒙特的埃玛公主。尽管年龄相差悬殊，但这段婚姻在威廉三世余下的 11 年中一直幸福地延续着。

虽然在大多数情况下，死亡是摆脱令人生厌的另一半的唯一方法，但有时候，离婚也是一种选择，至少在丹麦是可行的，正如亨利八世对两任妻子所做的那样。1806 年，还是王储的克里斯蒂安八世婚后 3 年得知，自己的妻子、表妹梅克伦堡什未林的夏洛特·弗雷德里卡（Charlotte Frederikke of Mecklenburg-Schwerin）与她的声乐老师、作曲家爱德华·杜佩（édouard du Puy）有染。她立刻受到了惩罚，婚姻关系解除后，夏洛特-弗雷德里卡被流放到日德兰，并被禁止与儿子弗雷德里克再次相见。

从 1848 年到 1863 年统治丹麦的弗雷德里克七世，在人生中也遇到过婚姻方面的难题。1837 年，弗雷德里克 20 岁时迎娶了自己的二表姐，也是当时的国王弗雷德里克六世（Frederick VI）的小女儿威廉明妮（Vilhelmine）。他们的结合并不幸福，弗雷德里克婚内出轨，对待妻子冷酷无情，甚至夜晚喝得烂醉在妻子卧室大闹一通。这件事触碰了国王的底线，遂将他赶到耶厄斯普里斯城堡，并要求他立刻与自己的女儿离婚。弗雷德里克与梅克伦堡-施特雷利茨公爵夫人卡罗琳（Duchess Caroline of Mecklenburg-

Strelitz）于 1841 年开始的婚姻也是失败的，且 5 年后以离婚告终。不过，能选择离婚的毕竟是少数，大多数王室夫妇仍然维持着婚姻关系，哪怕只是名义上的。

王室婚姻的目的很明确，那就是生出一个合法的王位继承人，且最好是男性。于是孩子的出生就成了一个正式的事件，有定好的规则和程序。

1688 年，英国发生了所谓"暖床器事件"（warming-pan incident），谣言称国王詹姆斯二世的第二任妻子摩德纳的玛丽（Mary of Modena），用暖床器将一名男婴偷偷运送到产房冒充自己的孩子，而他们真正的孩子早已胎死腹中。此后，王室大臣就被要求作为独立见证人见证所有的王室新生儿诞生。这种做法一直延续到 20 世纪，1948 年查尔斯王子出生时才被废除。

王室的继承人最好是男性，特别是在那些不允许王后摄政的国家。而且通常一个儿子是不够保险的，因为在那样一个婴儿死亡率很高的年代，要多生几个儿子才能确保有一名健康存活下来的男性继承人。利奥波德二世并不是唯一经历"白发人送黑发人"的君主，眼睁睁看着自己的王位传给了兄弟的后代。1859—1872 年在位的瑞典和挪威的卡尔十五世，其独子卡尔·奥斯卡王子（Prince Carl Oscar）在 15 个月大时患上麻疹，在医生指示使用冷水浴治疗后感染肺炎去世。随后，卡尔十五世的弟弟继承了王位。与此同时，在荷兰国王威廉三世 63 岁生下未来的威廉明娜女王前，已经送走了 3 个儿子。无奈之下，为确保女性也能登上王位，继承规则不得不作出改变。

最不幸的要数丹麦的弗雷德里克六世，或者准确地说是他的妻子，黑森-卡塞尔的玛丽（Marie of Hesse-Kassel）。她总共生育了 8 个孩子，但其中 6 个都早夭，活下来的两个都是女孩，因而不能继承王位。国王与情妇弗雷德里克·丹内曼德（Frederikke Dannemand）虽然也有 4 个孩子，但也没有王位继承权。因此，1839 年弗雷德里克六世去世时，他的堂兄克里斯蒂安八世继承了王位。

一旦继承人出生，继承权得到保证，大多数君主就会与妻子分开生活，他们会分房睡，甚至有的时候，不在一个宫殿居住。这种婚姻状态下的妻子通常是满眼愤恨、郁郁寡欢的，但将她赶走，必定会触发与她母国之间的外交事件。

于是，国王们就会在其他女人的怀抱中寻求慰藉，这些女人中有些还成了皇宫中的常客。大革命前的法国无疑是情妇泛滥的时期，当时弗朗索瓦一世（Francois I，1515—1547 年在位）被认为是首位任命自己最宠爱的情妇为专属情妇（*maîtresse-en-titre*）的君主，这个半官方头衔赋予了她王宫的住所、金银珠宝和一份稳定的收入。她们中一些人因此累积了相当大的权力，如弗朗索瓦丝-阿泰纳伊斯·德·罗什舒阿尔·德·莫特马尔（Françoise-Athénaïs de Rochechouart de Mortemart），也就是人们熟知的孟德斯潘夫人。她在 17 世纪 60 年代末和 70 年代对路易十四施加的影响之大，被人们称作法国真正的王后。最终，她被指控参与一系列可疑的毒杀事件，其影响力也随之画上句号。近一个世纪之后，路易十五身边的蓬帕杜夫人（Madame de Pompadour）和杜巴丽夫人（Madame du Barry）亦是如此。

同样，在欧洲其他地方，情妇不仅不是什么肮脏的秘密，甚至可以说是王室生活的标准配置。路易十四的表弟，英国的查理二世，同时拥有数位情妇。其中内尔·格温（Nell Gwynn）和卡斯尔梅恩夫人（Lady Castlemaine）为查理二世生育了十几个孩子，而与此同时查理二世与葡萄牙妻子布拉甘萨的凯瑟琳（Catherine of Braganza of Portugal）的婚姻依然完好。1697 年，当"强力王"奥古斯特（Augustus the Strong of Saxony）成为波兰国王时，有人提议，除了德国的情妇，他应当在华沙也选一位情妇扩充自己的"后宫"，这样才算是一位"完整的君主"。如果不这样做，就会让他的波兰臣民感到失望。

可能是效仿查理二世，汉诺威的选帝侯乔治于 1714 年继承英国王位时，从德国带来了两位情妇，其中一位又高又瘦，另一位又胖又矮，都长相不堪。他的儿子乔治二世 1727 年即位时，也有一位情妇，但更多是出于国王的面子而不是激情的诱惑。回忆录作者赫维爵士（Lord Hervey）写道："国王，似乎把情妇看成是他作为一国之君所必需的附属品，而非男人乐趣的源泉，因此自欺欺人假装乐在其中。"

19 世纪，性观念的改变意味着这种堂而皇之的情妇制度似乎不合时宜了。然而，王子们往往还在很小的时候就被父母逼迫联姻，但他们中很少有人能做到从一而终。女演员是王室男性短暂的露水情缘中的最佳选择，因为她们通常都迷人且单身。如果这段关系进展顺利，她们会找一个合适的人结婚，以便为不伦的婚外情打掩护。很多王室男性甚至喜欢选择地位尊贵的已婚女性作为自己的情妇。

以上提到的这两种情况，这些情妇的丈夫，或称"放任妻子红杏出墙的丈夫"（maris complaisants），都被要求对妻子出轨的事实视而不见。戴绿帽子的回报可能是一份工作、一种荣誉，或是一种贵族圈都知道你的妻子和国王有染的离谱的优越感。不过在大多数情况下，他们在外面也闲不住，也就没有精力操心自己的妻子在做什么。

这种非正常的婚姻模式屡见不鲜。在当代，没有比查尔斯、戴安娜和卡米拉之间的三角恋更好的例子了。当时，卡米拉的丈夫是安德鲁·帕克·鲍尔斯（Andrew Parker Bowles）。戴安娜对卡米拉这位第三者表现得相当介意，但帕克·鲍尔斯却在忙着追求其他女人，他显然并不在乎自己头上是不是多了一顶"绿帽子"。

比利时的利奥波德一世有好几位情妇，大部分都比他年轻得

多，其中最出名的是一位法国军官 18 岁的女儿阿卡迪·克拉莱
（Arcadie Claret）。1844 年，54 岁的国王对这个长相甜美的女孩一
见倾心，于是把她嫁给了年轻的军官弗雷德里克·梅耶（Frédéric
Meyer），然后安排她住进布鲁塞尔皇宫附近位于皇家大道的一家
高级酒店里。

　　国王并未试图隐瞒这段婚外情，并经常与自己年轻的情妇一
起出现在剧院和其他活动中。如此情形令比利时公众十分愤怒，
他们对着国王和他的情妇吹口哨，甚至用臭鱼烂菜砸她住所的窗
户。1849 年 11 月，阿卡迪·克拉莱为国王生下一个儿子，起名
乔治斯-弗雷德里克（Georges-Frédéric）。乔治斯是国王的全名中
第二个名字。① 次年 10 月，利奥波德一世的妻子路易丝（Louise）
因肺结核去世，年仅 38 岁，但这让事情变得简单起来，因为利
奥波德一世可以光明正大地与阿卡迪·克拉莱在一起。利奥波德
一世为她购置了位于利肯附近的斯图文堡（Chateau du Stuyven-
berg），并将她安置在那。9 月 25 日，阿卡迪在这里生下了第二
胎，给这个孩子取了利奥波德一世全名中的第三个名字克雷蒂安
（Chrétien）。1865 年，国王在经历久病折磨后病逝，生命的最后
一刻喊出的名字却不是阿卡迪·克拉莱的名字，而是夏洛特，没
人知道他想呼唤的是自己的第一任妻子还是他与之同名的女儿。

————————

① 　利奥波德一世全名（法语）：Léopold Georges Christian Frédéric。

同样，在与玛丽-亨丽埃特无爱的婚姻初期，利奥波德一世之子就开始寻欢作乐了。他的情妇之一，玛格丽特·德·埃斯特夫（Marguerite d'Estève）被称为"刚果女王玛戈"，她在布鲁塞尔著名的路易丝大街上开了一家沙龙，在尼斯和当时其他时髦的度假胜地也有沙龙。国王似乎对女仆、女店员和巧克力女郎（chocolatières）情有独钟，他经常会送这些女孩子们许多礼物。

晚年的利奥波德二世经常光顾巴黎的夜总会，那里有一些假装贵族的高级妓女，以满足高档客户的需求。他特别钟情于一位名叫埃米利安·德·阿朗松（émilienne d'Alençon）的女子。埃米利安与丽安娜·德·普姬（Liane de Pougy）和卡罗琳·奥特罗（Caroline "La Belle" Otero）被并称为"三女神"（"Trois Graces"），或者更恰当地说是"大场面上的人儿"（"Grandes Horizontals"）。关于利奥波德二世，更令人震惊的是 1885 年发生在伦敦的一个对其有关恋童癖的指控。《蓓尔美街报》（Pall Mall Gazette）的编辑，威廉·斯特德（William Stead）为此专门撰写了一系列文章揭露这桩丑闻。连杰弗里斯夫人自己都承认，一次国王出访，她曾将一个女孩送到停泊在泰晤士河上的皇家游艇"阿尔伯塔"号。但比利时国内媒体并未对此进行报道，利奥波德二世本人也似乎并未因此而受到什么影响。

1900 年夏天，利奥波德二世与一位年轻的法国女子，布兰奇·德拉克鲁瓦（Blanche Delacroix）发展了一段极具争议的关系。当时的利奥波德二世已经 65 岁，而布兰奇只有 17 岁，他们之间简单来说就是女为财，男为貌。布兰奇原来在阿根廷生活，在一次从阿根廷出发的远航旅程中，认识了大她 18 岁的船长安托万-埃玛努埃尔·杜里厄（Antoine-Emmanuel Durrieux），之后他们便同居了数年。很快，布兰奇便攀上了王室的高枝，与此同时，利奥波德二世觉得自己在家庭中得不到足够的关爱，需要有人照料他的晚年生活，于是就让布兰奇作他的专职情妇。他给了布兰奇财富、珠宝和豪宅，其中包括一条价值 7.5 万法郎的钻石项链。利奥波德二世为布兰奇翻新了坐落于拉肯宫旁的范登博格别墅（Villa Vandenborght），甚至还修建了一条特别的通道，将他们的两栋别墅连接了起来。除此之外，他还为布兰奇买下了位于奥斯坦德的卡罗琳别墅，该别墅有一条地下隧道通往他的皇家别墅。还有位于瓦兹河谷省（Val-d'Oise）阿龙维尔（Arronville）的巴林库尔城堡（Château de Balincourt），城堡内有银制的浴缸，以及比利时手工蕾丝床幔下的一张金饰床。

利奥波德二世在蔚蓝海岸（Côte d'Azur）费拉角（Cap Ferrat）向布兰奇表达了爱意，这里是一个美丽壮观但非常原生态的地区，1895 年，利奥波德二世在探望女儿克莱门汀（Clémentine）之后，在这里买下了十几块土地。1902 年，他在这里建造了精巧美观的利奥波德别墅，这座建筑后来的主人包括菲亚特的老板吉亚安·阿涅利（Gianni Agnelli）和黎巴嫩犹太裔金融家艾德蒙·

萨夫拉（Edmond Safra）。1999 年，艾德蒙·萨夫拉在摩纳哥的一起火灾中丧生后，他的遗孀莉莉（Lily）继承了这栋别墅。

这里远离大众视野，是个金屋藏娇的好地方。利奥波德二世把布兰奇安置在一栋名为"拉迪亚纳"（Radiana）的别墅里。这是栋深藏在葱郁植被中的住所，因此布兰奇更像是被国王囚禁的俘虏。每晚，利奥波德二世都会提着一盏昏暗的灯，沿一条隐蔽的小路来到这里，对外说他去打牌了，不过他的园丁奉命每天送一篮鲜花去他"打牌"的地方。

虽然当时的利奥波德二世已经丧偶，但他与布兰奇的关系还是遭到了普遍的反对。与此同时，这些故事也为漫画家们提供了素材，因为这一切，简直与 60 年前他的父亲与阿卡迪·克拉莱的关系如出一辙。在布兰奇生下两个儿子（卢西恩，1906 年 2 月出生；菲利普，1907 年 10 月出生）之后，反对的声音愈发强烈了。尽管国王在周围人的劝说下，亲眼认证了新生儿手部的畸形，据说这是科布尔家族的遗传特征，但菲利普究竟是不是 72 岁高龄的国王亲生的，不得而知。不管怎样，布兰奇还是因卢西恩的出生得到了奖赏，她被封为沃恩女男爵（Baroness de Vaughan）。与一个世纪后阿尔贝二世国王的私生女德尔菲娜相比，这两个男孩要幸运得多。卢西恩和弟弟分别被封为特尔菲伦公爵（Duke of Tervuren）和莱温斯坦伯爵（Count of Ravenstein）。

这时，布兰奇在这段关系中占据了主导地位，她和前男友杜里厄又开始偷偷联络。利奥波德二世甚至有次在范登博格别墅撞到他们二人在一起，布兰奇当时解释说杜里厄是自己的弟弟。且不说利奥波德二世是否真的相信她的说法，但他对这个男人出现在自己情妇的身边选择了容忍，使得社会党人评价他们是"伤风败俗的三角关系"。天主教会也被这些传闻激怒了，有一次，国王在奥斯坦德被一位牧师质问："陛下，传言说您有一位情妇。"利奥波德二世回答道："天哪，神父！我也听说你有情妇，但我不信。"

利奥波德二世为布兰奇授爵已经招惹了很多非议，但他还考虑退位给侄子阿尔贝，与小情妇一起度过最后的时光。1909 年12 月，在利奥波德二世准备接受一次复杂的肠道手术前，他担心自己可能挺不过去，于是在教皇庇护十世的祝福下，与布兰奇举行了秘密的婚礼仪式。利奥波德二世身着白衣，新娘则身穿黑色丝绸长袍。国王称她为"我的寡妇"（ma veuve）。

这样的婚礼，不同于民事仪式，不会让布兰奇成为他的王后，也没有赋予他们的任何一个儿子王位继承权。利奥波德二世在手术后两天就去世了，布兰奇一直陪伴他到生命的最后一刻，正如父亲的情妇阿卡迪 60 年前那样。杜里厄在此期间一直与布兰奇保持着联络，终于，他们于次年 8 月结婚，杜里厄也十分乐意做她两个儿子的父亲。他们婚礼的仪式定在清晨 6 点半，就是为了甩开狗仔队。不过，这段婚姻 3 年后便以离婚草草收场。

在欧洲其他国家也有类似的故事发生，比如自 1844 年开始到 15 年后去世一直统治瑞典和挪威的奥斯卡一世（Oscar I）。在成婚之前，奥斯卡就与一位侍女生下了孩子。虽说他与意大利裔妻子约瑟芬（Joséphine）王后的婚姻是你情我愿的，也接连生下了 5 个孩子，但他几乎从一开始就对妻子不忠，出轨对象主要是著名的女演员艾米丽·赫加斯特（Emilie Högquist）。艾米丽被奥斯卡一世安排在位于王宫附近的豪华公寓里，而后也为他生下了两个儿子，这两个男孩被戏称为"拉普兰德王子"①（the princes of Lappland）。

约瑟芬是一个虔诚的天主教徒，她冒着被丈夫的臣民所不齿的风险拒绝皈依新教。她被丈夫这种不忠的行为深深地伤害了，她在日记中写道，"默默"忍受丈夫的不忠，让她感到无比痛苦。1859 年，他们的长子卡尔十五世继承王位，和父亲一样对女演员情有独钟。他与当时的戏剧明星埃莉斯·华瑟尔（Elise Hwasser）有过一段短暂的恋情，之后又与另一位女演员汉娜·斯泰瑞尔（Hanna Styrell）交往，并生下一个女儿。1872 年，卡尔十五世的弟弟即位，成为奥斯卡二世，这方面的口味依然没有改变。

比奥斯卡二世小 10 岁的未来英国国王爱德华七世，在还是威

---

① 拉普兰德在芬兰语中的意思是"遥远的土地"。拉普人长得很像亚洲人，传统的拉普人身材矮小，皮肤棕黄，高颧骨，头发大多是深褐色、棕灰色，甚至是黑色的。

尔士亲王时就因各种浪漫情史令人印象深刻，也因此获得了"接吻高手爱德华"的绰号。这令他的母亲维多利亚女王非常不满，她总将儿子的放荡行为与她深爱的亡夫阿尔伯特的深情专一进行对比。

女王认为儿子需要安定下来，于是在她的坚持下，1863 年，年仅 22 岁的爱德华迎娶了丹麦未来国王克里斯蒂安九世的女儿亚历山德拉公主。她虽美丽优雅，但却逐渐失聪。在婚后的 8 年中，亚历山德拉为爱德华生育了 6 个孩子，但也未能阻止威尔士亲王四处寻花问柳。

爱德华在英国至少有 13 位情妇，而且据统计，其中的大多数都已婚。在他早期的情妇中，最著名的是两位当红女演员：法国出生的莎拉·伯恩哈特（Sarah Bernhardt）和英国的莉莉·兰特里（Lillie Langtry）。莉莉·兰特里被称作"泽西百合"，1878 年米莱斯为其所作的肖像，吸引了很多人去皇家学院参观。丘吉尔的母亲詹妮也曾是爱德华的情妇。1889 年，他遇到了沃里克女伯爵黛西·格雷维尔（"Daisy" Greville），爱德华叫她"亲爱的黛西"，这也许是他生命中的第一份真爱，他们的婚外情持续了 10 年之久。然而，王子当时并不知道女伯爵已婚，并且，同时出轨自己和爱德华的前副官，查尔斯·贝斯福勋爵（Lord Charles Beresford），甚至还怀了后者的孩子。当她写信跟王子坦白一切后，王子很快便移情小自己 28 岁的艾丽丝·凯培尔（Alice Keppel），并且人们普遍认为，她的女儿索尼娅是爱德华的孩子。

　　谨言慎行的艾丽丝似乎对爱德华产生了正面的影响，这种状况一直持续至 1901 年他成为国王之后。他们感情一直很稳定，1910 年 3 月，他们在比亚里茨度假时爱德华七世心脏病发作，并于两个月后去世。尽管丈夫的情妇中亚历山德拉最不喜欢艾丽丝，但还是勉强同意她前往白金汉宫跟爱德华七世作最后的告别。

　　25 年后，当听说已故情人的孙子，爱德华八世为了迎娶华里丝·辛普森而放弃王位时，艾丽丝说：“我那个时代情况就简单的多。”不知是命运的安排，还是生活圈子的狭小，卡米拉·帕克·鲍尔斯的曾祖母就是艾丽丝。

　　艾丽丝的丈夫乔治·凯培尔对于妻子的红杏出墙表现出了非同一般的接受度。由于知道国王通常会在下午茶时间到他们家来，因此乔治·凯培尔会选择在这个时间段外出，以免尴尬。大多已婚情妇们的丈夫都和乔治·凯培尔一样睁一只眼闭一只眼，唯独查尔斯·莫丹特爵士（Sir Charles Mordaunt）是个例外。1869 年夏天，他提前结束在挪威的海钓之旅，在未告知妻子的情况下回到家，发现他 21 岁的妻子哈莉特（Harriet）正在家与威尔士亲王偷情。这场闹剧最终以一场离婚官司收场，爱德华作为证人出席了法庭，虽说不是被告，但这也是几个世纪以来首次有王室成员被要求在法庭上作证。

王子的名声与这样一件不光彩的事情扯在一起是很糟糕的，并给了迅速兴起的共和运动以口实。哈莉特的家人，为了保全家族声誉，将她关进了精神病院，让她在那里度过了 36 年余生。于爱德华而言，除了人群的嘘声和母亲的责备，他几乎没有任何损失，还可以继续拈花惹草。

爱德华七世是标准的异性恋，但也有不少国王有男性情人。虽然为了生出王室继承人必须要和女性同房，但对这些国王来讲，却是不怎么享受的。荷兰的威廉二世就属于这一类人。1819 年，威廉二世就曾因自己的这个癖好而被敲诈勒索，他的这个癖好被荷兰司法部部长科内利斯·范·曼恩（Cornelis van Maanen）称作"违反自然规律的可耻欲望"。

20 世纪上半叶在位的瑞典国王古斯塔夫五世，其故事更为离奇。他去世几年后，1950 年 10 月爆出了一则诡异的新闻。一个长相俊朗的盗贼科特·海伊比（Kurt Haijby）在越狱时杀害了一名警察，调查案件时他称，在 1912 年 15 岁时，还是童子军的他在一次觐见中被国王引诱，之后在 1936—1947 年间一直是国王的情人。

随后的调查发现，这事件不是不可能发生，但不可能是以海伊比所描述的方式发生。因为无论是 1912 年的觐见，还是 20 年后的另一次觐见，他都未曾与国王单独相处过。然而令人好奇的是，王室在 20 世纪 30 年代给了海伊比 17 万瑞典克朗的封口费。

随后在 1938 年，他因性虐待儿童被捕并关押在贝肯贝加（Beck-omberga）精神病院，只要同意离开瑞典并对所有指控保持沉默，他将会得到每月 400 克朗的报酬。海伊比接受了该约定，在第二次世界大战后才又回到瑞典。

古斯塔夫五世的德国妻子维多利亚，似乎早已放弃了她那段无爱的婚姻。19 世纪 90 年代初，她曾与丈夫的侍从古斯塔夫·冯·布利克森-菲尼克（Gustaf von Blixen-Finecke）有过一段婚外情。后来，她又爱上了自己的私人医生阿克塞尔·蒙德（Axel Munthe），他们经常一起在意大利南方的卡普里岛过冬。

类似这样家庭关系复杂的例子不胜枚举，但也很少有人能超过克里斯蒂安七世。1766 年，17 岁生日前就成为丹麦国王的克里斯蒂安七世（Christian Ⅶ），与他的妻子卡罗琳·玛蒂尔达（Caroline Matilda，乔治三世的妹妹），以及她的德国医生约翰·弗里德里希·施特林泽（Johann Friedrich Struensee）维持了数年的三角关系。

克里斯蒂安七世在登基几个月后就结婚了，那时的他就表现出了精神不稳定的迹象。他对妻子没有什么兴趣，但对一个 21 岁，绰号"靴子"凯瑟琳（"Boots"-Catherine）的性工作者非常着迷。在她被捕并被驱逐出境之前，克里斯蒂安七世和她一起度过了一段疯狂的时光。1767 年，当他在石勒苏益格公国旅行时，遇到了比他大十多岁的施特林泽医生，他给克里斯蒂安七世留下了深刻的印象，特别是他的医术。于是克里斯蒂安七世承诺为其在宫中安排一个小职位，并将他带回了哥本哈根。这位潇洒的德国医生一下就俘获了卡罗琳·玛蒂尔达的芳心，成为她的地下情人，并且利用王室夫妇的权力，不断提升自己在宫中的影响力。1771 年夏天，他已拥有独裁权力，并任命自己为国务大臣。与此同时，在当时启蒙思想家的启发之下，他启动了一项使丹麦现代化的改革方案。

令人吃惊的是，他们 3 人经常一起散步或乘坐马车外出，施特林泽一周好几天都会在王宫和国王、王后一起进餐。为远离宫廷的繁文缛节，他们干脆搬到了离哥本哈根不远的，位于岛上的赫希霍尔姆宫（Palace of Hirschholm）。克里斯蒂安的精神状态极度恶化，他对三人之间的关系现状表现的很满意，甚至对王后诞下情人的女儿毫不介怀。然而，他们之间这种非比寻常的关系从开始就注定了会以悲剧收场。施特林泽的改革方案虽然对丹麦有潜在的益处，但实施得过于激进仓促，打乱了一些既得利益者的阵脚。同时，施特林泽还成为克里斯蒂安的继母朱丽安妮·玛丽王后（Queen Juliane Marie）的眼中钉，因为她的人生目标就是确保自己的儿子，克里斯蒂安同父异母的弟弟弗雷德里克王子（Prince Frederik）有朝一日能够继承王位。

朱丽安妮·玛丽掌握了卡洛琳·玛蒂尔达不忠的证据，还组织了一群对施特林泽改革不满的贵族作为同党。1772 年 1 月宫廷蒙面舞会后的清晨，他们逮捕了施特林泽和卡洛琳·玛蒂尔达，并设局让两人承认了通奸。随后，施特林泽和其同党埃内沃尔德·布兰特（Enevold Brandt）伯爵被判处死刑，并于 4 月 28 日在数千哥本哈根人的注视下被处决。

卡罗琳·玛蒂尔达虽然捡回一条命，但从此不能再见她的孩子。她原本希望回到故乡英国，但她的嫂子夏洛特王后拒绝接受这个犯了通奸罪的女人，于是她被流放至汉诺威的一座宫殿里，那里是乔治三世的管辖地。克里斯蒂安七世还被蒙在鼓里，当他想见自己的妻子和医生朋友时，才惊恐地得知，自己和卡罗琳·玛蒂尔达的婚姻关系已经解除，并且有人以他的名义签署了处死施特林泽的命令。

1775 年，卡罗琳·玛蒂尔达去世。9 年后，她 16 岁的儿子强迫父亲签署了确立其为摄政王的文件，从朱丽安妮手中夺走了她苦心策划的权力。1808 年，他最终以弗雷德里克六世的身份登基，成为该国最受爱戴的君主之一。

复杂的婚姻关系似乎是丹麦特产。弗雷德里克七世在第二次离婚后，于 1850 年 41 岁时与芭蕾舞演员路易丝·拉斯穆森（Louise Rasmussen）结婚，紧接着封她为丹纳女伯爵（Countess Danner），震惊了全国上下。但他们的关系也并不是看上去那么简单。国王和拉斯穆森以及卡尔·贝林（Carl Berling）也是三角关系，卡尔·贝林是《贝林时报》（*Berlingske Tidende*）的创始人，拉斯穆森与他有一个儿子。后来卡尔·贝林成为国王的内侍，直到 1861 年，3 人都居住在皇宫里。更不可思议的是，长期以来被认为不育的弗雷德里克在 1843 年与埃尔塞·玛丽亚·古尔博格·佩德森（Else Maria Guldborg Pedersen）诞下一子，这是两次失败的婚姻之后，弗雷德里克的一次露水情缘。

未来的西班牙国王卡洛斯四世（Carlos Ⅳ）也对妻子帕尔马的玛丽亚·路易莎（Maria Luisa of Parma）的性癖好持宽容态度。1765 年他们结婚时，玛丽亚只有 14 岁。婚后，她与许多大臣都有不正当的关系，其中最著名的是与曼努埃尔·德·戈多伊（Manuel de Godoy）。曼努埃尔身材高大、体格强壮，父亲是一位出身贵族却贫困潦倒的陆军上校，对女人有极大的兴趣。曼努埃尔并不满足只有王后一位情人，他娶了国王的表妹玛丽亚·特雷莎·德·波旁（María Teresa de Borbón），然后又找了一位情妇并强迫王后接受自己的情妇为侍女，还有很多其他的莺莺燕燕。令当时观察家们感到困惑的是，玛丽亚·路易莎当时几乎没有试图隐瞒过她与曼努埃尔的关系。法国大使说："对于那些生活在卡洛斯四世王宫之中的人来说，国王对王后的出轨行为视而不见，一定令他们感到震惊。"并且玛丽亚·路易莎 14 个孩子中有两个长的与曼努埃尔惊人的相似，但国王似乎是整个王宫上下唯一没有意识到这一点的人。

卡洛斯四世是个胆小怯懦的人，是妻子的傀儡，他整日痴迷于打猎和钟表收藏，妻子的那些风流韵事他压根儿没放在心上。曼努埃尔不仅没有受到惩罚，相反被任命为首相，并在 1808 年陪同王室夫妇流亡法国。当时国王夫妇与曼努埃尔、女儿卡洛塔·路易莎（Carlota Luisa）、情妇佩皮塔（Pepita）及她与国王的儿子们一起生活。而曼努埃尔的妻子玛丽亚·特蕾莎因为对丈夫的背叛感到绝望，早已离开了他。

一个多世纪后，另一位西班牙国王阿方索十三世流亡海外时，他对王后维多利亚·尤金妮亚（Victoria Eugenie）与莱塞拉公爵（Duke of Lécera）及公爵夫人的亲密关系感到担忧，国王认为自己的配偶有同性恋情结。当维多利亚·尤金妮亚就阿方索十三世的一次外遇对他进行指责时，阿方索便把她与这对夫妇的关系拿出来进行言语讽刺，并愤怒地说："我宁愿选择她们，也不想再看到你那张丑恶的嘴脸。"

一般来说，王后们哪会有随意出轨的自由，但也很少有君主像亨利八世那样，采取如此过激的措施惩罚不忠，6 位妻子，他处死了其中两位。虽然自己可以出轨，但男性的自尊心意味着很少有国王会揣着聪明装糊涂地允许妻子给自己戴绿帽子。施特林泽就是一个活生生的例子，一个敢碰国王女人的人，可能会被冠上叛国罪并受到严厉的惩罚。

沙皇彼得大帝的内侍威廉·蒙斯（William Mons）就以身试了法。他在 18 世纪初曾愚蠢到与凯瑟琳皇后有染，但彼得可不是一个软柿子，他曾将第一任妻子叶夫多基娅（Eudoxia）关进修道院。尽管早已对其失去了兴趣，但后来她有了外遇，彼得仍把她折磨得体无完肤，还处死了她的情人。所以，当彼得发觉蒙斯与皇后的奸情后，便决定将其斩首。但为了维护沙皇的名誉，对外宣称斩首他的理由是偷盗国库。彼得没有将妻子囚禁，但剥夺了她的一切权利，并中断了她所有的俸禄。不过，对于凯瑟琳而言万幸的是，没过多久，彼得就去世了。

但对于以自己的名号统治国家的女王来说，情况则有所不同。虽然她们难逃和男性君主相同的命运，被父母强迫接受不合适的婚姻，但作为一国之君，她们同样可以自由选择情人，而不必担心受到惩罚。英国"童贞女王"伊丽莎白一世，有好几位情人，莱斯特伯爵罗伯特·达德利（Robert Dudley, Earl of Leicester）就是其中之一，女王差点就嫁给了他。晚年的时候，比伊丽莎白小 20 多岁的继子埃塞克斯伯爵罗伯特·德福鲁（Robert Devereux, Earl of Essex）也是女王的情人。

在俄国，彼得和凯瑟琳的女儿伊丽莎白凭借皇家卫队的支持，领导了一场不流血的政变，于 1742 年春加冕为女皇。伊丽莎白的爱情生活多姿多彩，但她与 1730—1740 年统治俄罗斯帝国的安娜的关系却很紧张。年轻的伊丽莎白被形容为"恋爱脑"，她感情经历丰富，其中谢苗诺夫斯基近卫团的英俊中士阿列克谢·舒宾（Alexis Shubin）最终被安娜下令割掉了舌头，并被流放至西伯利亚。伊丽莎白后来的慰藉是有着性感嗓音的阿列克谢·拉祖莫夫斯基（Alexei Razumovsky），这个身材高大、肌肉发达的乌克兰农民，是被一位贵族带到圣彼得堡参加教堂合唱团的。只比伊丽莎白大几个月的拉祖莫夫斯基被授予了头衔和荣誉，在王宫中的分量也越来越重，有传闻说两人可能已秘密结婚。

19 世纪，信仰天主教令西班牙显得与众不同，但这并不妨碍伊莎贝拉二世享受爱情。父亲去世后，3 岁的伊莎贝拉就被加冕为女王，可是她并不能自由地选择丈夫。16 岁时，她不得不嫁给自己的表弟，弗朗西斯科·德·阿西斯·德·波旁亲王（Don Francisco de Asís de Borbón）。他身材瘦小，嗓子很尖，对香水、珠宝和沐浴异乎寻常地迷恋，人们普遍认为他是同性恋。女王后来回忆说："对于一个新婚之夜身上的蕾丝比我还多的丈夫，我该说什么呢。"

于是，伊莎贝拉二世后来有许多情人，便不难理解了。这些人中大部分是官员和军人，这其实或多或少助推了她政治的垮台。在统治了这个国家 30 多年后，她被迫于 1868 年逃往法国并且宣布退位。她有 12 个孩子，虽只有 4 个长大成人，但几乎没有一个是与丈夫所生的。例如她的儿子，1874 年登基的阿方索十二世，他的父亲不是西班牙皇家卫队的队长恩里克·普伊格-莫尔托·马扬斯（Enrique Puigmoltóy Mayans），就是弗朗西斯科·塞拉诺（Francisco Serrano）将军。但这并不妨碍她的丈夫弗朗西斯科，在每次洗礼时用银质礼器把婴儿高举起来，这个传统代表着托举人承认自己是孩子的亲生父亲。

鉴于伊莎贝拉二世的女王身份，她继承人父亲的真实身份，从王朝的角度来看，是个无关紧要的问题。另外一个更具代表性的案例是丹麦王子奥拉夫，他是哈康七世国王和他的英国妻子毛德王后唯一的子嗣。这对夫妇于 1896 年结婚，但直到 7 年后，他们的独子，即未来的国王奥拉夫才出生。所有王室家族都将生育继承人视为最重要的职责，这对夫妇花费的时间之长令人费解。

人们对此有各种猜测。有的猜毛德肯定大部分的时间待在英国，而不是异乡丹麦或挪威，甚至有共和派人士说哈康是同性恋。2004 年，又出现另一种更奇怪的解释：挪威作家托尔·博曼–拉森（Tor Bomann–Larsen）在其撰写的《浮克》（*Folket*）第二卷中声称，奥拉夫可能根本就不是哈康的儿子。这个说法是基于王室夫妇的出行轨迹，所披露的信息显示，在最佳受孕期时哈康并没有和妻子在一起。书中还称，根据医疗记录，还是丹麦王子时，哈康可能在一次特别"放荡"的西印度群岛海军之旅中感染了性病，并貌似因此失去了生育能力。

那么奥拉夫的父亲是谁呢？博曼–拉森称毛德可能采用了人工授精的方法，精子的来源或许是她的医生弗朗西斯·亨利·拉金（Francis Henry Laking）爵士或医生的儿子盖伊·弗朗西斯（Guy Francis）。从书中收录的照片来看，奥拉夫和拉金父子眉目之间确实有许多相似之处，而和他的父亲却没那么像。博曼－拉森在新书发布的新闻发布会上说："推测的受精时间，哈康国王正在丹麦的一艘海船上，而毛德王后则躺在英国的医院里。没有人能准确地说，到底谁知道些什么，或许连毛德自己都说不清楚。"

但这个假设并不能让所有人都信服。奥斯陆大学的历史学家奥德·阿维德·斯托斯维恩（Odd Arvid Storsveen）在发表于《历史学报》（*Historisk Tidsskrift*）的一篇书评中表示，博曼－拉森的假设缺乏理论依据。"奥拉夫国王的后人可以放心了。"挪威王室发言人也表示，没有任何证据能表明奥拉夫不是哈康国王的儿子。

第八章

格蕾丝王妃的永恒魅力

2010 年 4 月，伦敦维多利亚与阿尔伯特博物馆举办了一场招待会，纪念已故摩纳哥王妃格蕾丝·凯利的时尚展览开幕。出席活动的嘉宾包括演艺明星、王室成员以及 20 世纪最著名的时尚偶像，可谓盛况空前。除了好莱坞女星琼·柯林斯、模特艾琳·奥康纳和前披头士乐队鼓手林戈·斯塔尔以外，女王伊丽莎白二世的三儿子爱德华王子及妻子威塞克斯伯爵夫人（Counthess of Wessex）也出席了招待会。

活动展出了 40 件非同寻常的礼服，记录了格蕾丝·凯利从费城社交名媛到好莱坞明星，最后成为王妃的历程，以及她与摩纳哥亲王雷尼尔三世童话般的婚恋故事。其中，有格蕾丝·凯利在白宫与那个时代的另一位时尚偶像杰基·肯尼迪（Jackie Kennedy）会见时，所穿的纪梵希的翠绿色羊毛连衣裙。此外还展出了一些配饰，比如以格蕾丝·凯利命名的爱马仕"凯莉包"。

遗憾的是，她的绝美婚纱并未展出，因为这件蕾丝婚纱太过娇贵，无法从著名的费城艺术博物馆运来参展。但这场计划持续 5 个月的展览，还展示了王妃的电影剪辑、海报和照片等。其中一张拍摄于摩纳哥王宫的照片，格蕾丝·凯利身着迷人的粉色舞会礼服，从大理石楼梯上款款走下，就像云中美丽的仙子。

因车祸去世 20 多年后，格蕾丝·凯利再次登上了杂志封面。《纽约时报》评论："在这样一个优雅难觅的时代，格蕾丝·凯利重返聚光灯，令人耳目一新。"虽然对展览本身的评价褒贬不一，但格蕾丝·凯利的恒久魅力是毋庸置疑的。为博物馆策展的珍妮·李斯特（Jenny Lister）说："她是少数几个配得上'时尚偶像'称号的名人之一，很难有人像她一样，在过去了半个世纪后依然优雅地活在人们的心中。"

格蕾丝·凯利的儿子阿尔贝二世亲王，作为贵宾出席了招待会。自 2005 年父亲去世后，他便成为格里马尔迪王室的首领，他说母亲的"精致品位"是经得起时间的考验的。阿尔贝二世亲王长期以来一直被媒体称作单身汉，年过五旬的他已经秃顶，与许多女演员和模特都传出过绯闻。这些对象们大多数都比亲王小很多，包括娜奥米·坎贝尔、克劳迪娅·希弗、格温妮丝·帕特洛和波姬·小丝。

然而，这次和他一起参加招待会的是一位绝色佳人，有人甚至认为她长得很像亲王的母亲。她的名字叫夏琳·维斯托克（Charlene Wittstock），32 岁，曾经是一名教师，也是奥林匹克游泳运动员。他们首次见面大约是在 10 年前，当时夏琳代表祖国南非参加了一场在摩纳哥举行的游泳比赛。自 2006 年都灵冬奥会上这对情侣公开露面后，他们的关系便确定了下来。与之前的那些关系不同，阿尔贝二世对待这段感情尤为认真。2011 年 7 月，阿尔贝二世与夏琳在摩纳哥王宫广场举行了婚礼。

自祖父去世后，雷尼尔三世就一直是这个地中海弹丸公国的统治者。而格蕾丝·凯利则是位电影明星，主演的电影包括《电话谋杀案》《后窗》《捉贼记》《上流社会》。1956 年 4 月，她放弃了自己好莱坞辉煌的事业，嫁给雷尼尔三世，自那时起，她的名字就一直是摩纳哥的代名词。

然而，这场王室婚礼是有些与众不同的。在圣尼古拉斯大教堂举行的婚礼仪式上，到场的嘉宾有演员大卫·尼文、葛洛丽亚·斯旺森和艾娃·加德纳等。欧洲任何王室成员都没有到场，因为他们不愿意在一位和赌博有关的国家的王子与女演员的婚礼上露面，更何况这位女演员的百万富翁父亲曾经只是个泥瓦匠。客人当中，最和王室沾点边的就是埃及的阿迦汗（Aga Khan）和前国王法鲁克（Farouk）了。

1929 年 11 月 12 日出生的格蕾丝·凯利，在美国费城的一栋豪宅中长大。她家境富裕，是普通的中产阶级，但他们也是爱尔兰后裔，信仰天主教，这意味着他们会受到东海岸的盎格鲁-撒克逊白人新教教徒的蔑视。格蕾丝·凯利在家中 4 个孩子中排行老三，一直努力争取家里人对她的认可。她的父亲是个雄心勃勃的人，曾是 3 届奥运会金牌得主，但他从没想过格蕾丝·凯利的演艺事业能取得如此大的成就。

18 岁时，格蕾丝·凯利开始出演舞台剧。1951 年 4 月，她出演的第一部电影《十四小时》上映，虽然她在其中饰演的小角色只在银幕上出现了 2 分 14 秒，但这足以使她被加里·库珀（Gary

Cooper）发现。次年，他们一起出演了弗雷德·金尼曼的《正午》之后，她的演艺事业如日中天。1955 年 1 月，她登上了《时代》杂志的封面。该杂志的一篇简介，介绍了年仅 25 岁的格蕾丝·凯利如何在 18 个月内与好莱坞六大男星（克拉克·盖博、雷·米兰德、詹姆斯·斯图尔特、威廉·霍尔登、宾·克罗斯比、卡里·格兰特）搭档，并从一个冉冉升起的明日之星迅速成为"好莱坞公认的最炙手可热的女演员"。

《时代周刊》评论："1951 年，从她戴着整洁的白手套走进导演弗雷德·津尼曼办公室的那一天起，这位教养良好，来自费城的格蕾丝·凯利小姐就令好莱坞感到难以捉摸。她是一位发迹的富家女，不是在饮料机或是路边摊边被星探发现的。她是一个从来没经历过新秀阶段的明星，从未参演过二流影片，也没有为什么芝士蛋糕拍过广告。她没有大肆宣传、制造舆论，也没有拼命攀附拉关系以求获得参演电影的机会。她两次拒绝来自好莱坞的极好机会。当最终签约时，她迫使强大的米高梅公司同意了附加的特殊条款。"

和许多王室王子一样，雷尼尔也对女演员情有独钟。在他 20 多岁时，曾公开与法国演员吉赛尔·帕斯卡（Gisèle Pascal）在他位于费拉角的别墅里同居。这也引起了一些民众的抱怨，认为他忽视了自己的职责。第二次世界大战期间，当王子在蒙彼利埃大学读书时，帕斯卡就引起了王子的注意。1949 年，雷尼尔继承王位后，显然需要一位妻子。然而，帕斯卡并不是适合的结婚对象，据称她无法生育（后被证实并非如此），这对于王室新娘而言是致命的缺点。

1955 年 5 月，雷尼尔三世在戛纳电影节上与格蕾丝·凯利相识。当时，《巴黎竞赛画报》的一位主管想出了拍摄摩纳哥亲王宫殿的主意，让一位女演员在王宫不同地点拍摄照片，所邀请的女演员就是格蕾丝·凯利，而她的条件是获得与宫殿主人见面的机会，当然后者也非常乐意。

一段时间的鸿雁传情之后，雷尼尔三世于当年 12 月飞到纽约，向格蕾丝·凯利求婚。接受了求婚之后，格蕾丝·凯利回到好莱坞完成了电影《天鹅》的拍摄。这部电影讲述的是欧洲王室中一个小家族的公主，以及她的母亲试图撮合她与亚历克·吉尼斯（Alec Guinness）扮演的王位继承人的故事。随后，雷尼尔三世前往佛罗里达州与格蕾丝·凯利约会，这种好莱坞明星与王室结合的剧情令美国媒体为之疯狂。当然也会有一些反对的声音，例如《芝加哥论坛报》（Chicago Tribune）称"他可配不上格蕾丝·凯利。格蕾丝·凯利是个很有教养的姑娘，不可能嫁给一个赌场的幕后老板"。联合新闻社的一位专栏作家称，米高梅电影公司的管理层担心"她随时可能会飞去蒙特卡洛，从此只能在邮票上看到她"。

无论看起来是多么的不登对，但这对恋人似乎是真心相爱的。不过和许多婚姻一样，他们的婚姻也经过了双方理性的权衡。格蕾丝·凯利不仅有美貌，还能给摩纳哥王室增添魅力，并为当下三十出头的雷尼尔三世生下继承人。对格蕾丝·凯利来说，这场婚姻会使她由银幕女神变成现实生活中的公主。并且，她也曾发誓绝不嫁给一个事业不如她成功的男人，在这一点上，雷尼尔三世完美符合格蕾丝·凯利的标准，因为不会有人称他为"格蕾丝·凯利的丈夫"。

然而，这场婚姻是需要付出一些代价的。在丈夫的坚持下，格蕾丝·凯利不得不放弃自己的电影事业，他甚至禁止了在公国放映格蕾丝·凯利的任何电影。这位摩纳哥新任第一夫人，在她那拥有 200 个房间的粉红色宫殿里，俯瞰着地中海。她把精力全部投入到了慈善工作、花园俱乐部、儿童纪录片，以及她的 3 个孩子，卡罗琳（Caroline）、阿尔贝（Albert）和斯蒂芬妮（Stéphanie）身上。

1982 年 9 月 13 日上午，这个美好的童话故事戛然而止。格蕾丝·凯利驾驶着一辆罗孚汽车，在一条崎岖的道路上行驶时突发中风。车子翻下 100 英尺深的峡谷，并翻滚了好几圈才在一个花园停下。生命维持系统被撤掉后，格蕾丝·凯利于次日因伤势过重去世。与她同车的女儿斯蒂芬妮则只受了轻伤。

世界各地成千上万的人们寄来了悼念信和卡片。全世界预计有 1 亿人收看了这场葬礼。演员詹姆斯·斯图尔特在悼词中说：

"格蕾丝·凯利给我的生活带来了一束柔和而温暖的光，正如她对身边的每个人一样，每次见到她对我来说，都像是快乐的节日。"

葬礼和婚礼一样，都在大教堂举行。但这次，欧洲其他王室成员几乎全部到场，这不仅反映了格蕾丝·凯利个人的影响力，也反映了摩纳哥公国在这 26 年中角色的转变。威尔士王妃戴安娜也前来悼念，后来的故事让大众发现，这两位早逝王妃的命运有诸多相似之处。在格蕾丝·凯利意外去世的前一年 3 月，两人在伦敦相识，当时戴安娜刚刚宣布订婚，格蕾丝·凯利给了她一些应对媒体的建议。

妻子去世之后，雷尼尔独自生活了 23 年，他始终没有从失去爱妻的痛苦中走出来，并在自己的公国为挚爱修建了无数具有纪念意义的建筑。2002 年，王妃去世 20 周年，摩纳哥王室发行了一本纪念册，收录了这对王室夫妇的很多照片，并称赞格蕾丝·凯利"完美地履行了作为配偶和母亲的职责"。雷尼尔三世在序言中写道："虽然格蕾丝·凯利王妃已经离开 20 年，但她始终活在我们的心中。"

早在雷尼尔三世之前，摩纳哥这个小公国就打破了约束欧洲其他王室成员婚姻爱情的古板规则，证明了自己的与众不同。几代王室成员结婚又离婚，或者很多时候，作为虔诚的天主教教徒，他们会设法宣布婚姻无效，这种显然放弃努力维系婚姻的行为，更使得人们纷纷议论笼罩在摩纳哥王室头上的所谓"格里马尔迪诅咒"。

雷尼尔三世的曾祖父；1889—1922 年在位的阿尔贝一世，曾有过两次婚姻：第一次与英国出生的玛丽·道格拉斯-汉密尔顿夫人（Lady Mary Douglas–Hamilton）的婚姻，最终被宣布无效。第二任妻子是黎塞留公爵的遗孀，原名玛丽·爱丽丝·海涅（Marie Alice Heine），是新奥尔良一名德裔犹太建筑承包商的女儿，他们最终虽没有离婚，但却正式分居了。

阿尔贝一世自己婚姻爱情的一地鸡毛，并没有使他对儿子路易的小失误更为宽容，并明确表示不同意儿子和一个夜总会歌手结婚。这位歌手名叫玛丽·朱丽叶特·露薇（Marie Juliette Louvet），他们是 19 世纪 90 年代在阿尔及利亚相识的，玛丽还为路易诞下了私生女夏洛特。路易并没有轻易向父亲妥协，他坚持不婚好几十年，直到 1946 年才与 45 岁的女演员吉斯莱娜·多曼格（Ghislaine Dommanget）结婚。

与此同时，路易安排已成为合法继承人的女儿夏洛特嫁给了法国伯爵皮埃尔·德·波利尼亚克（Pierre de Polignac），他们婚后育有两个孩子：安托瓦内特（Antoinette）和雷尼尔。这是一桩不怎么成功的婚姻，因为夏洛特性格任性倔强，她觉得她的丈夫太过拘谨和浮夸。她抱怨说，"他恨不得在夫妻享受亲密时光时都戴着王冠。"儿子出生后不久，夏洛特就和一位意大利医生德尔·马索（Del Masso）私奔了，不过后来他们曾多次发生激烈的争吵，有一次夏洛特甚至差点开枪杀了对方，因此夏洛特被媒体称作"疯狂的摩纳哥公主"。1933 年，夏洛特与丈夫离婚，不幸的皮埃尔被前岳父赶出了摩纳哥。

夏洛特晚年让位给儿子之后，居住在位于巴黎郊外勒马尔谢（Le Marchais）的家族庄园，她将这里变成了一个有前科的人的康复中心。家族的其他成员对此并不怎么乐意，尤其是有传言说夏洛特和一位名叫勒内·吉里尔（RenéGirier）的"病人"走得太近，这人曾是一名传奇的珠宝大盗。

勒内·吉里尔还曾穿着紧身的白色制服，假扮成新娘的司机出现在雷尼尔三世和格蕾丝·凯利的婚礼上，引起了不小的轰动。新娘父亲的老朋友，《费城询问报》（*Philadelphia Daily Inquirer*）的发行人马修·麦克罗斯基（Matthew McCloskey）称，婚礼期间他们下榻的巴黎酒店的房间中，妻子价值 5 万美元的珠宝不翼而飞。与此同时，伴娘玛利·弗里斯比（Maree Frisby）也称自己价值 8000 美元的珠宝在婚礼期间丢失。于是大家马上将注意力放在了因抢劫获刑，但处于假释期的勒内·吉里尔身上。对那些当时在现场的无数美国媒体来说，那个场面就像格蕾丝·凯利主演的电影《捉贼记》（*To Catch a Thief*）中的剧情一样，而在电影中，卡里·格兰特（Cary Grant）饰演一个住在法国里维埃拉的退休飞贼。最后，由于母亲盛怒，雷尼尔三世勒令将这个假扮的"司机"赶出了王宫。

雷尼尔三世和格蕾丝·凯利的两个女儿，卡罗琳和斯蒂芬妮的婚姻故事则更是精彩。1957 年 1 月出生的卡罗琳，在年仅 21 岁时嫁给大她 17 岁的巴黎银行家菲利普·优诺特（Philippe Junot），然而，两年后他们就离婚了。在与电影导演罗伯托·罗塞里尼（Roberto Rossellini）和女演员英格丽·褒曼（Ingrid Bergman）之子罗伯蒂诺·罗塞里尼（Robertino Rossellini）有过一段短暂的恋情后，卡罗琳嫁给了意大利一家工业巨头公司的继承人，运动员斯蒂法诺·卡西拉奇（Stefano Casiraghi）。这对夫妇有 3 个孩子，但 1990 年卡西拉奇在一次快艇事故中丧生，年仅 30 岁。

在那之后，卡罗琳与法国演员文森特·林顿（Vincent Lindon）交往了很长一段时间，但 1999 年 1 月卡罗琳的第三次婚姻，对象是汉诺威王子恩斯特·奥古斯特（Ernst August），也是女王伊丽莎白二世的亲戚。尽管恩斯特·奥古斯特有着高贵的王室血统，但他的行为有时却令人不齿。多年来，他卷入了各种各样的法律纠纷，其中包括侵犯隐私、骚扰他人、醉酒及在公共场所小便等。2009 年秋天，媒体上开始出现这对夫妻已经分手的报道。王宫发表声明驳斥这些不实报道，并称这对夫妇没有离婚打算。但恩斯特·奥古斯特在重大公开场合的缺席，似乎更加表明了他们的婚姻并不顺利。

比卡罗琳小 8 岁的斯蒂芬妮，则更为经常地出现在杂志的八卦信息版面。在她 13 岁时，就与西班牙歌手米盖尔·波塞（Miguel Bosé）传出绯闻，在这之后又与一连串男明星交往过，如演员让-保罗（Jean-Paul）的儿子保罗·贝尔蒙多（Paul Belmondo）、演员阿兰·德龙的儿子安东尼·德龙（Anthony Delon），以及后来的唱片制作人罗恩·布鲁姆（Ron Bloom）和演员罗伯·劳（Rob Lowe）。

1992 年，她和自己的保镖丹尼尔·迪克吕埃（Daniel Ducruet）萌生了情愫。斯蒂芬妮在二人 1995 年 7 月结婚前，就已经诞下两胎，但是他们的婚姻很快便走到了终点。一张迪克吕埃和比利时裸体小姐穆里尔·休特曼（Muriel Houtteman）的不雅照片被曝光后，他辩解说这一切都是喝醉后别人设的陷阱，最终迪克吕埃被赶出了摩纳哥王室。1996 年 10 月，斯蒂芬妮选择了"闪离"，不过这对夫妇似乎仍然保持着朋友关系，并不时被拍到与孩子们一起度假。

在随后的数月里，斯蒂芬妮的感情生活似乎变得更加复杂。她的绯闻男友包括足球运动员法比安·巴特斯（Fabien Barthez）、动作片明星尚-克劳德·范·戴姆（Jean-Claude Van Damme）和让·雷蒙德·戈特利布（Jean Raymond Gottlieb），这位前法国宪兵和滑雪教练，后来成了她的安全主管。之后，她怀孕的消息被公之于众，并在 1998 年 7 月生下了卡米尔·玛丽·凯利（Camille

Marie Kelly）。王室从未透露关于孩子父亲身份的任何信息，但人们普遍猜测应该是戈特利布。

不论孩子的父亲是谁，都不影响斯蒂芬妮开始新的感情生活。这些男人中包括她在滑雪圣地欧龙河相识的科西嘉酒吧男招待皮埃尔·皮内利（Pierre Pinelli）、她父亲的管家理查德·卢卡斯（Richard Lucas），甚至姐姐的第一任丈夫优诺特。其中最非同寻常的是她与科尼马戏团（Cirque Knie）的瑞士老板弗朗克·科尼（Franco Knie）的关系。他们相识于 1999 年的蒙特卡洛国际马戏节，当时斯蒂芬妮为科尼颁发了最佳驯兽师奖。两年后，当驯象师科尼决定为了公主离开他的妻子克劳汀（Claudine）时，二人的恋情被公开。因为斯蒂芬妮非常喜欢大象，所以她被邀请参加了一个表演，和马戏团一起在欧洲巡演了数月。

斯蒂芬妮与这名驯象师于 2002 年分手，而更多精彩的恋情接踵而至。2003 年 9 月，斯蒂芬妮宣布再婚，这次是和葡萄牙裔西班牙杂技表演艺术家亚当斯·卢比兹·彼雷斯（Adans Lopez Peres）。随后，斯蒂芬妮的约会对象还包括法国演员兼音乐家梅万·里姆（Merwan Rim）。

2005 年 4 月，阿尔贝二世成为摩纳哥的统治者，他和姐姐卡罗琳还有妹妹斯蒂芬妮形成了鲜明对比。很长一段时间，他都没给狗仔队提供什么可供报道的爆炸性新闻，以至于某些时候他不得不出面澄清一直以来有关他是同性恋的传闻。他在 1994 年发表的一篇访谈中表示："起初我觉得这个传闻挺可笑，但久而久之，听到人们说我是同性恋，我就非常恼火。"

事实让这个传闻不攻自破。1992 年，美国加利福尼亚州一名离异的房地产经纪人塔玛拉·洛托洛（Tamara Rotolo）对王子提起确认生父之诉，称阿尔贝是女儿的亲生父亲。她的女儿于当年 3 月出生，取名贾斯敏·格蕾丝·格里马尔迪（Jazmin Grace Grimaldi）。直到 2006 年 5 月，DNA 检测证实了他与孩子的亲子关系后，阿尔贝二世才在律师的声明中承认自己是女孩的父亲，并邀请女儿到摩纳哥生活和学习。

世袭的君主制需要一位合法的继承人。但当阿尔贝二世已经 40 多岁时，却依然未婚。最简单的解决方案就是承认阿尔贝二世是两个私生子之一，就像他的祖母夏洛特那样。对于一个建立在世袭原则基础上的君主制国家来说，摩纳哥王室的规定确实是有些不同寻常。它明确允许在位亲王在没有合法继承人的情况下可以收养一位继承人。对于阿尔贝二世而言，这个继承人可以是他的一个侄子，也可以是完全没有血缘关系的人。

然而在 2002 年，由于人们对王朝未来的担忧日益加剧，因此规则被修改为：如果阿尔贝二世在没有合法继承人的情况下去世，王位将传给他的姐姐卡罗琳，然后再传给她的长子安德烈（Andrea）。经法国批准后，该法案于 2005 年 10 月生效。

阿尔贝称自己不愿意安定下来，很大程度上是由于媒体对他私生活过度的关注。他表示："因为这种生活对我未来的妻子来说，并不轻松。我很小的时候就习惯了在聚光灯下生活，而我的那些女朋友，即便是很短暂地感受了下这种生活，都难以适应，也无法接受。"

夏琳的到来，让人们重新看到了希望，因为似乎没有修改《继承法》的必要了。1978 年 1 月，夏琳出生在津巴布韦南部城市布拉瓦约，父母都是南非人。她的父亲迈克尔·维斯托克是电脑经销商，母亲丽奈特（Lynette）是潜水运动员。

夏琳继承了母亲在水上运动方面的特长，在 16 岁时就放弃了学业，全身心投入到游泳运动中。18 岁时，她获得了南非青少年组冠军，并代表国家参加了 2000 年悉尼奥林匹克运动会。2002 年，夏琳在游泳世界杯赛斩获了 3 枚金牌，到达自己职业生涯的巅峰。但她的职业生涯却在失望中结束，肩部的伤痛迫使她 18 个月不能训练，因而也未能实现在 2008 年北京奥运会上代表国家参赛的梦想。

2000 年 5 月，夏琳前往摩纳哥参加游泳比赛时认识了阿尔贝王子，当时她获得了 50 米蛙泳的冠军，王子为她颁发了奖牌和鲜花。据南非《星期日时报》（Sunday Times）报道，夏琳次年 6 月回到摩纳哥参加地中海游泳锦标赛时，与王子再次相遇。当时，夏琳正和瑞典、加拿大的游泳运动员一起在郁金香酒店排队等餐，王子看到了她，显然对她印象深刻，于是约她一同外出。

夏琳告诉记者："我当时不知道怎么回复他。我担心的是宵禁，还有自己能不能在这么晚的时候出去。所以，我说他应该向我们的团队领导申请，但他说自己从不接受拒绝，然后护送我回到团队其他成员就餐的桌子旁。当我把王子介绍给大家的时候，空气似乎都凝固了。不出所料，他很轻松地得到了带我外出的许可，并答应亲自送我回来。"于是没带多少行李的夏琳，不得不和一个队友开始疯狂寻找适合与王子约会的迷人且得体的着装。

到了约定的时间，阿尔贝王子在保镖的陪同下敲开了夏琳酒店的房门，并护送她到一辆等候的加长劳斯莱斯上。他们晚上的安排是先去夜店，然后夜游摩纳哥。据夏琳回忆，一路上阿尔贝向自己讲述了他对运动的热爱，以及曾经差点和一名游泳运动员结婚。他还提到了自己的担忧，如果他不尽快结婚生子，将不得不收养自己的侄子作为合法继承人。

晚上的活动结束后，阿尔贝没有立刻把夏琳送回酒店，而是把她带到了自己的三居室公寓，这里可以将蒙特卡洛的全景尽收眼底。夏琳说："我知道这是一次约会，但并没有期待太多。整个约会过程中，我们并不一直是单独相处的，当我们欣赏窗外的夜色时，他的一个助手为我们煮了咖啡。我觉得他喜欢我，是因为我能带给他快乐。"凌晨 5 点左右，花花公子阿尔贝如约将夏琳护送回到酒店，"他给了我他的电话，说下次我来摩纳哥时给他打电话"。

他们的关系自此如何发展并不清楚。但夏琳在采访中表示，希望能在来年的比赛中再见到阿尔贝。尽管在接受采访时透露详细的约会细节，会让大多数王室成员感到厌恶，但王子似乎也希望能再见到她。

与此同时，阿尔贝仍在与其他女性约会。2005 年 5 月，来自多哥的前法航空姐妮可·科斯特（Nicole Coste）声称，阿尔贝亲王是她 2 岁幼子亚历山大（Alexandre）的亲生父亲，这个消息震惊了摩纳哥。法国《巴黎竞赛》周刊刊登了一篇科斯特的采访，篇幅长达 10 页，还有阿尔贝二世亲王抱着孩子喂奶的照片。科斯特还告诉该杂志，阿尔贝二世会定期给她生活费，并让她住在巴黎的公寓里。但为了保护隐私，她必须假装是王子朋友的女友。王室起初拒绝对此发表评论，但在 7 月 6 日，即阿尔贝登基前 6 天，他的律师蒂埃里·拉科斯特证实了这个男孩的确是阿尔贝的孩子。不久，一位德国裸模又对阿尔贝亲王提起第三起确认生父之诉，但以失败告终，这对于近日焦头烂额的阿尔贝亲王来说，也算是一个小小的安慰吧。

次年 2 月，阿尔贝和夏琳在都灵冬奥会开幕式上，被记者拍到两人亲密依偎在一起的照片。在全世界看来，他们俨然是一对情侣了，这种感觉在当年晚些时候，夏琳搬到摩纳哥后得到了进一步的证实。她虽住在自己的公寓里，但却越来越频繁地出现在阿尔贝身边。

在南非的时候，夏琳给人的印象是一个大大咧咧、男孩子气的"邻家女孩"，喜欢开玩笑并且性格十分外向。几次失言之后，她也被人叫作"金发傻妞"。南非《星期日时报》的体育专栏作家大卫·艾萨克森（David Isaacson）曾与夏琳有过几面之缘，他形容夏琳是个甜美可爱，并且十分接地气的女孩。艾萨克森在一份有关夏琳的简介中写道，"她曾在一次采访中告诉我，每个人都值得被尊重。那时她已经认识了阿尔贝，虽然还没有开始交往，但她明确表示自己不会容忍对他人颐指气使的人"。那次采访中，夏琳还承认自己很享受"金发傻妞"的称呼，她说："事实上，我认为这是一种大智若愚的表现。"但据艾萨克森回忆，当夏琳第二天看到文章的标题《性感金发女郎，终得亲王欢心》，立刻哭了起来。

然而，随着愈加频繁地与阿尔贝亲王一起现身公开场合，如红十字会舞会、玫瑰舞会和戛纳电影节，这位金发碧眼的姑娘逐渐成为一位优雅成熟的准王妃。在戛纳电影节上，她身着设计礼服与女明星们一起出现在《巴黎竞赛》杂志记者的镜头里。尽管和世界上最优质的单身汉之一在一起，但夏琳对自己"未经官方宣布的未婚妻"（fiancée non-officielle）的身份感到十分失望。

不过，据了解亲王的人说，阿尔贝认为从女友到未婚妻和妻子的角色转变不能操之过急。鉴于自己母亲的经历，阿尔贝深知自己必须确保夏琳能够承受媒体对她铺天盖地的关注。与此同时，她一直在为自己的新角色做准备，包括参加速成课程来提升自己的法语水平。

尽管王室一再否认，法国所谓的"媒体人"关于这对恋人即将宣布订婚的报道，但当夏琳陪伴阿尔贝亲王一起出现在伦敦举办的纪念格蕾丝王妃的展览时，说明她已经通过了重重的考验。2010 年 6 月，夏琳陪同阿尔贝亲王参加了瑞典女王储维多利亚的婚礼，阿尔贝借此机会将她介绍给了欧洲其他王室的重要成员。

3 天后，阿尔贝亲王给夏琳在约翰内斯堡的父亲打了电话，然后官方宣布了他们订婚的消息。夏琳的父亲，迈克尔·维斯托克称阿尔贝亲王是个"好小伙子"，他说当自己接到电话时，正准备观看南非对法国的世界杯比赛。"他打电话给我，希望可以和我女儿结婚，并得到我的祝福。"他开玩笑说，"我当时只想快点结束谈话看我的比赛"。

在王室公布的一张订婚照片中，阿尔贝亲王身穿深蓝色西装，夏琳则穿着优雅的露背裙，手上带着耀眼的订婚戒指。这枚戒指由珠宝商阿尔贝托·雷波西（Alberto Repossi）为夏琳量身定制，铂金材质的戒指中间镶嵌着一颗梨形钻石，并且周围环绕着许多完美切割的钻石。英国《每日邮报》（Daily Mail）调侃说，"她不能戴着订婚戒指去游泳，否则肯定会沉下去"。

这场定于 2011 年 7 月 1 日举行的婚礼，本该是一场盛事。按计划周五在摩纳哥王宫的正殿举行民事仪式，周六在王宫庭院举行宗教仪式。然而在仪式前几天，开始有迹象表明这对恋人之间似乎出现了一些问题。

据称，当时阿尔贝亲王正面临着第三个私生子的指控，所以夏琳对这场婚姻产生了一些动摇是可以理解的。据法国媒体报道，她曾三次试图逃回自己的祖国南非：第一次是 5 月去巴黎试婚纱的时候，她试图在南非大使馆"避难"；第二次是当月晚些时候在摩纳哥大奖赛期间；第三次是在婚礼前几天，她在前往尼斯机场的途中，被王室官员拦下，并被没收了护照，当时她的手提包里装着一张回南非的单程机票。

阿尔贝亲王称这些故事"纯属捏造"，目的是为了破坏他即将举行的婚礼。夏琳的父亲迈克尔·维斯托克对南非一家电台说，自己的女儿最近几周唯一一次乘坐飞机是去巴黎为婚礼购买鞋帽。不过，王室官员还是证实了亲王将面临亲子鉴定的传闻。

事实证明，害怕婚礼上只有新郎的担心是多余的。当天，夏琳身穿阿玛尼的露肩真丝婚纱出现在婚礼现场，裙上镶了 4 万颗施华洛世奇水晶，曳地裙摆长达 5 米。新郎则身着摩纳哥宫廷卫队的乳白色夏季制服，英俊帅气。850 名贵宾中，包括乔治·阿玛尼、尼古拉·萨科齐、卡尔·拉格斐（Karl Lagerfeld）、娜奥米·坎贝尔（Naomi Campbell）、罗杰·摩尔（Roger Moore）以及欧洲王室的一些主要成员。晚餐由法国名厨艾伦·杜卡斯（Alain

Ducasse）烹制。为丈夫佩戴戒指时夏琳虽然微笑着，但看起来却很悲伤。仪式结束后，她眼角流下的泪水似乎不是喜悦，而是绝望。

这对夫妇按计划前往南非度蜜月，但他们大部分的时间似乎都被官方活动占据了，其中身为委员的阿尔贝亲王还参加了国际奥委会的会议。虽然阿尔贝努力展示着对新娘的爱意，但南非媒体却称蜜月期间他们并未下榻同一间酒店套房。

据说，这对夫妇拟定的协议确认会维持婚姻关系，直到夏琳诞下阿尔贝亲王需要的合法继承人，之后便会分道扬镳。2014年12月10日，夏琳生下了一对双胞胎：加布里埃拉公主（Princess Gabriella）和雅克王子（Hereditary Prince Jacques）。雅克王子将成为摩纳哥的下一任统治者。传闻归传闻，但夏琳王妃至今也没有离开摩纳哥。或许，这对夫妇真的打破了格里马尔迪家族不幸婚姻的诅咒。

第九章

王室配偶

有关逝者的消息一般都会令人伤怀，但 2004 年 12 月，荷兰女王朱丽安娜的丈夫伯恩哈德亲王被公布的遗言却颇具戏剧性。20 世纪 90 年代末，已年过八旬的伯恩哈德秘密接受了马丁·范阿梅龙根（Martin van Amerongen）的系列采访，范阿梅隆根是《阿姆斯特丹周刊》（De Groene Amsterdammer）的编辑，也是位公开的共和主义者。本次访问重要的前提条件是，这段采访只有在伯恩哈德去世后才能公布，因为访谈的内容将会成为爆炸性的新闻。

伯恩哈德于妻子过世 9 个月后去世，享年 93 岁。他是位著名的享乐主义者，钟情于跑车、飞机和美女。伯恩哈德在自己的第二故乡荷兰享有相当高的声望，这主要归功于他在第二次世界大战期间的英勇表现，和他后来创立的世界野生动物基金会，以及和平时期为荷兰的商业发展所做出的贡献。不过他的晚年却笼罩在一桩贿赂丑闻的阴影之下，他被指控在 20 世纪 70 年代，接受了美国飞机制造商洛克希德公司 100 万美元的贿赂，而后动用人脉帮助该公司赢得了荷兰政府的合同。在如山的铁证前，亲王被迫辞去商业、慈善、政治和军事相关职务，但他坚决拒绝认罪。

然而，2004 年 12 月 3 日，也就是伯恩哈德亲王去世两天后，媒体公开了范阿梅隆根对亲王的秘密采访，其中伯恩哈德终于承认自己收受贿赂的事实。他说："我根本不缺洛克希德公司的那区区 100 万，但我不知道自己为什么这么傻，要收下这笔钱。"

他称他将大部分钱都捐出去了，但也清楚地知道这样做除了自我安慰，不会改变任何既定事实。

这并不是伯恩哈德唯一的秘密。一直以来都有传言称，除了与朱丽安娜的 4 个女儿外，他还有一个女儿叫亚历克希亚（Alexia），是在 1967 年与法国名媛、时装模特埃莱娜·格林达（Hélène Grinda）所生。但后来人们发现，亚历克希亚并不是他唯一的非婚生子女。

《民众报》（de Volkskrant）在亲王葬礼 3 天之后，发行了一份 24 页的特刊，是关于亲王另外一个系列的采访。亲王在采访中透露自己还有个女儿，名叫艾丽西亚（Alicia），是他在 20 世纪 50 年代与朱丽安娜婚姻危机时与别人所生。伯恩哈德亲王说艾丽西亚的出生是个意外，她现在居住在美国，除此之外，他拒绝透露更多细节。不过很快人们便发现，艾丽西亚的母亲曾是一名德国驻墨西哥的飞行员，与伯恩哈德亲王曾有过一段婚外恋情。

女王或国王的另一半，尤其对于一个不习惯配偶比自己强势的人来说，可不是一个轻松的角色。然而，大多数君王的配偶都在努力适应自己的角色，但伯恩哈德却是位不愿妥协的传奇人物，这在很大程度上也解释了他人生中所做出的那些选择。那么，这位德国王子究竟是谁，他又因何会陷入丑闻？

在朱丽安娜 26 岁的时候，威廉明娜女王就开始为女儿寻找合适的丈夫，但这并不是一桩易事，因为对方必须是新教教徒，并符合荷兰王室关于宗教信仰的严格标准。未来的爱德华八世和他的弟弟肯特公爵，都是合适的人选，但也都没有下文。直到与母亲前往巴伐利亚观看冬奥会，同行的朱丽安娜才终于遇到了自己想嫁的那个人，也就是伯恩哈德。①

在威廉明娜女王的见证下，这对夫妇在瑞士西部的魏森堡－巴德（Weissenburg-Bad）酒店举行了非正式的订婚仪式。婚前，他们签署了有关的商业合同和婚前协议，详细规定了伯恩哈德能做什么或是不能做什么，国家会支付他多少津贴，以及他们孩子的教育问题。这个著名的《魏森堡条约》甚至还规定了公开订婚消息的时间，以及伯恩哈德应从巴黎的法本公司（IG Farben）辞职，在荷兰的银行谋一份工作的要求。当涉及女儿未来的幸福时，威廉明娜女王决不会放过任何的细节。

由于担心媒体先获得消息，因而 1936 年 9 月 8 日，威廉明娜女王在广播中提前向臣民们宣布了婚讯。她说："我完全赞同女儿的选择，特别是看到我未来女婿所具备的优秀品质，我认为他们的结合是一个明智的选择。"朱丽安娜和伯恩哈德随后也发表了讲话。次年 1 月，他们在海牙举行了婚礼。

---

① 伯恩哈德亲王的全名是利珀－比斯特费尔德的伯恩哈德·利奥波德·弗里德里希·埃伯哈德·朱利叶斯·库尔特·卡尔·戈特弗里德·彼得（Bernhard Leopold Friedrich Eberhard Julius Kurt Karl Gottfried Peter zu Lippe-Biesterfeld）。

事实上，伯恩哈德是个颇具争议的选择。因为在当时，荷兰和德国之间的关系已经和1901年威廉明娜嫁给朱丽安娜的父亲，梅克伦堡-施维林的海因里希（Heinrich of Mecklenburg-Schwerin）时大不相同。荷兰的纳粹党自然十分高兴，但自由派和相当多的犹太教教徒却不怎么看好这段婚姻。《人民报》（*Het Volk*）评论说："如果未来的女王能在某个民主国家，而不是在德国寻求配偶的话就好了。"

经威廉明娜同意，第一次世界大战后，流亡荷兰多伦镇的前德皇送来了婚礼祝福，同时希特勒也表示这次联姻是两国关系更为密切的标志。但这并没能起到美化的作用，因为伯恩哈德过去曾在化工巨头法本公司工作，而该公司因其与希特勒和纳粹的关系而臭名昭著，而且，他还曾加入过党卫军，虽然多年后他解释说加入党卫军只是为了能够继续学业，但这些都是他的硬伤。

1937年1月，这对夫妇在海牙市政厅登记结婚，并在该市的圣雅各布教堂举行了祷告仪式，然后搬进了位于巴伦的索斯戴克宫（Soestdijk Palace）。1938年1月，他们的第一个孩子，未来的贝娅特丽克丝女王出生。在接下来的9年里，他们的孩子艾琳、玛格丽特和玛丽亚·克里斯蒂娜〔又称莫杰克（Marijke）〕相继出世。

正如我们所看到的，荷兰王室以及伯恩哈德从战争中脱颖而出，到1948年9月4日，当威廉明娜女王退位时，伯恩哈德便开始进入了自己的角色。他被任命为总监察长，并担任数家公司和机构的顾问和非执行董事，成为荷兰商业的非正式大使。1954年，伯恩哈德建立了后来的彼尔德伯格集团（Bilderberg Group），这是一个针对西方世界商业精英和知识分子的论坛，并在其中发挥了重要作用。

与此同时，他们的婚姻也遇到了一些问题。朱丽安娜女王越来越受到所谓的信仰治疗师的影响，此人声称能够治愈先天近乎失明的玛丽亚·克里斯蒂娜。同时，这位信仰治疗师还是位激进的和平主义者，虽说事业上并不成功，但却与女王之间建立了较为密切的关系，女王对她的观点也表示赞同。

在冷战最激烈的时期，伯恩哈德亲王和政府都赞成增加军备开支以应对苏联的威胁。1956 年，德国新闻杂志《明镜周刊》（Der Spiegel）发表了一篇关于王室内部分裂的文章，后来此事演变成了一场全面的宪法危机。于是新的委员会成立，霍夫曼斯被驱逐出境。这场胜利，后来发现其实是伯恩哈德自导自演的一场闹剧，因为这篇报道是他自己策划发表的。

差不多就在这个时候，艾丽西亚·冯·比勒费尔德（Alicia von Bielefeld）出生，并且在 17 年后才知道自己的父亲是伯恩哈德亲王。朱丽安娜女王差一点和伯恩哈德离婚，但考虑到这样做给荷兰的君主制带来的伤害，最终还是选择了隐忍。然而，伯恩哈德却并未因此停止自己的风流韵事，又一位私生女亚历克希亚于 1967 年出世。

朱丽安娜女王似乎对丈夫的这种不忠行为泰然处之。据亚历克希亚说，伯恩哈德在 70 年代中期时向妻子透露了自己的事情。从 1994 年起，她便被允许进入王室夫妇度暑假的意大利家中及索斯戴克宫。她称朱丽安娜女王是一个"善良、可爱的女人，同时也非常直率"。当艾丽西亚和伯恩哈德在一起时，她不得不假装是父亲的朋友。她说："别人在的时候，我不能叫他爸爸。"这与比利时的阿尔贝二世和他的私生女德尔菲娜之间的关系相比，差别可就太大了。

然而，伯恩哈德在卧室之外的不检点行为造成的结果则更为严重。1975 年 12 月，洛克希德公司的副董事长卡尔·科奇恩（Karl Kotchian）向美国参议院一个小组委员会作证，承认向一位"荷兰政府高官"行贿 100 万美元。该公司前雇员欧内斯特·F. 豪瑟（Ernest F. Hauser）则明确表示，这笔钱正是给了伯恩哈德亲王，以保证荷兰购买洛克希德公司的超音速拦截机 F-104"星式战斗机"。

作为荷兰武装部队的总监察长，和拥有在荷兰组装飞机许可证的福克飞机公司的董事会成员，亲王的角色显然举足轻重。然而，这一指控看起来有些不太可能，因为伯恩哈德亲王每年有 19 万英镑的免税工资，以及约 750 万英镑的私人财产，并且他的妻子是世界上最富有的女人之一。此外，他还担任世界野生动物基金会的主席，是大约 300 个国内外董事会和委员会的成员，在筹建彼尔德伯格会议方面发挥了积极的作用。这样身份的人似乎没有任何理由接受贿赂。

针对这样的指控，伯恩哈德没有否认，但拒绝做出任何回应。《新闻周刊》（Newsweek）的一位记者对他说："只要你说'这不是真的'，我就会把它刊登出来。"但伯恩哈德回答："我不能说，我也不会说，因为这件事情和我毫无关联。"1973 年 5 月至 1977 年 12 月，担任首相并处理这场危机的约普·登厄伊尔（Joop den Uyl）的一位同事说："他的行为很好理解啊，他认为自己是 19 世纪的王子，可以为所欲为，凌驾于法律之上。"

然而，这种只手遮天的手段在 20 世纪的荷兰并不怎么行得通。荷兰政府专门派出三人调查委员会，对此事进行了详细的核查。经查证，洛克希德公司分别于 1960 年、1961 年和 1962 年向伯恩哈德支付了两笔 30 万美元和一笔 40 万美元的贿赂。据说这笔钱是通过阿列克西斯·潘丘利泽夫（Alexis Panchulidzev）上校转交的，他是前沙皇帝国卫队成员，多年来一直是伯恩哈德母亲的挚友。科奇恩和另一位洛克希德公司的官员丹尼尔·霍顿（Daniel Haughton），对美国参议院委员会表示，"绝对"确定这笔钱已经给到了伯恩哈德亲王的手上。

尽管如此，也不要过分高估了该指控的严重后果，以及给朱丽安娜女王和奥兰治家族带来的负面影响。为了捍卫丈夫和王室的声誉，朱丽安娜女王表示，如果丈夫不能洗脱自己的罪名，她将考虑退位，这是无论她还是荷兰人民以及首相都不愿意看到的结果。

与此同时，伯恩哈德还面临着更多的指控。据称，1968年他在乌得勒支高尔夫球场与洛克希德公司的代表会面后，又收受了该公司10万美元的贿赂。另外，亲王还被指控曾向阿根廷总统胡安·庇隆（Juan Perón）行贿100多万美元，以获取一笔价值1亿美元的荷兰铁路设备订单。其中包括给他夫人艾薇塔·庇隆（Evita Perón）的昂贵珠宝，以及为他们夫妇准备的一列豪华私人火车。

还有人质疑亲王与瑞士银行家蒂博尔·罗森鲍姆（Tibor Rosenbaum）的财务往来以及私人关系。蒂博尔·罗森鲍姆位于日内瓦的国际信贷银行在1975年破产前被指与犯罪集团有关。而在事发前一年，伯恩哈德将他位于荷兰东部的瓦尔梅洛（Warmelo）城堡，以远低于市场价的价格卖给了该银行旗下的一家公司，这引起了荷兰媒体对他转移财产的怀疑。

从荷兰王室的宗教信仰来说，伯恩哈德亲王的行为显得尤为出格，因此大西洋两岸的媒体都毫不吝惜地对他进行抨击。1976年4月《新闻周刊》发表的一篇报道中，一位知名荷兰商人称："一天清晨，我乘坐伯恩哈德亲王的私人飞机飞往巴黎，我们一路喝着香槟聊着天。到了巴黎以后，我们去了一家豪华酒店，继续享受冰镇美酒和高档海鲜，才上午 11 点，我就已经有些醉了，下午 2 点，我直接昏睡过去。"这位商人还回忆说，伯恩哈德的派对上除了美酒和美食以外，也从来不缺美女。

调查委员会向登厄伊尔首相提交的调查结果足以证明伯恩哈德亲王的罪行。但尽管这样，女王还是坚持认为丈夫是清白的。然而，对登厄伊尔来说事实是显而易见的，因为美国已经掌握了所有对他不利的证词。所以，当朱丽安娜女王用退位威胁政府时，登厄伊尔警告她，伯恩哈德很可能会因此面临起诉，这将是奥兰治家族的终极耻辱。

因此，这次风波最后的结果就是，1976 年 8 月，调查委员会公布了调查报告，立刻在荷兰引起了轩然大波。报告中写道，亲王对"不法要求和贿赂"所持的开放态度"损害了国家利益"。他收受洛克希德公司的 100 万美元贿赂，是以权谋私，中饱私囊"。报告还指出，许多企业以慈善为目的通过伯恩哈德亲王捐的款项，根本就没有到达被捐赠方的手上。报告称："委员会一致认定，亲王殿下认为自己位高权重，可以一手遮天，于是不计后果地参与了这些不法勾当，由此可以看出他是一个容易受人恩惠的人。"

报告公布的当天，伯恩哈德便辞去了各种职务，并且在登厄伊尔的坚持下发表了一份声明，但措辞严谨，避重就轻。他承认与洛克希德公司的关系"沿着错误的路线发展"，忽略了"作为荷兰女王的丈夫和荷兰亲王这样一个在风口浪尖上的角色所需的谨慎"。但是，他没有承认自己收受了这 100 万美元的贿赂。事实的真相，还得再等 20 多年才能揭晓。

近年来，虽然没有其他王室配偶卷入像伯恩哈德亲王这样不光彩的事件，但事实证明，做女王的丈夫可不是件容易的事，主要是因为他们可以参考的榜样也相对较少。这是继承法规造成的后果，并且直到最近，这些法规还在阻碍女王以自己的名义统治，或是在有兄弟的情况下，女性压根儿没有继承权。

英国是女性统治者最多的国家，和大多数欧洲君主国不同，英国的继承规则从未受到过《萨利克法》的制约。此前的那些君主，大都随心所欲地统治着这个国家。16 世纪，玛丽一世（Mary I）的丈夫，西班牙的费利佩二世（Philip II）压根儿很少到英国来，因为他大部分的时间和精力都用在统治自己的繁荣王国西班牙上了。仅一个多世纪后，奥兰治的威廉称自己永远也不可能做一个女人背后的男人，因此为了独揽大权，他逐渐削弱了妻子，也是共同君主的玛丽二世的权力。但相比之下，18 世纪头十年在位的安妮女王的丈夫，丹麦的乔治王子，则对自己第二祖国的国事几乎没有任何兴趣。

在英国人的记忆中，维多利亚女王的丈夫阿尔伯特亲王的形象则更为熟悉和生动。他是女王伊丽莎白二世和丈夫菲利普亲王的曾曾祖父，从另一方面来讲，这也体现了王室近亲联姻的传统。虽然对妻子十分忠诚，但阿尔伯特亲王觉得做女王背后的男人并不是一件容易的事情。1840 年 5 月，他们结婚后不久，他在给威廉·范·洛温斯坦（William von Lowenstein）的信中抱怨道："我很幸福，也很满足，但我总觉得少了些尊严，毕竟我只是女王的丈夫，而不是这个家里的主人。"

阿尔伯特亲王不光家庭地位低，就连英国公众也不是很瞧得上他。因为相比英国，阿尔伯特在德国的出生地只是一个小地方，面积只相当于英国的一个郡。议会拒绝授予他贵族的称号，部分原因是反德情绪，但同时也是为了防止他发挥任何政治作用。痴情的维多利亚女王希望加冕丈夫为国王（或王夫），但女王亦师亦友的首相，墨尔本勋爵劝她放弃这个念头。直到 1857 年 6 月，在他以阿尔伯特亲王殿下的身份生活了 17 年后，才正式被他的妻子授予王夫的称号。阿尔伯特亲王每年的俸禄是 3 万英镑，这比他叔叔的 5 万英镑要少很多。阿尔伯特意识到妻子的臣民对他存有戒心，所以表现得十分谦逊。他写道："亲王的角色要求丈夫应该为妻子付出一切，包括牺牲自己。"

然而随着时间的推移，阿尔伯特亲王成功地塑造了自己的公共形象。他管理着女王的家务、资产和办公室，积极参与了 1851 年万国工业博览会的组织工作，还接手了许多公共事业，如教育改革和废除奴隶制。在君主能独立于政府进行外交活动之时，他保管着维多利亚女王文件箱的钥匙，充当她的顾问、知己，以及起草国家法令的秘书。一位对此不满的批评家这样评论阿尔伯特亲王："他的权力，大到让人感觉他才是这个国家真正的统治者。"不过，通过说服维多利亚女王尽量少在议会中表现党派偏见，阿尔伯特亲王实质上帮助推动了英国君主立宪制的发展。

近代以来，还有两位王室配偶也不同程度地遇到了类似的问题：前荷兰女王贝娅特丽克丝的德国籍丈夫，克劳斯亲王以及与丹麦女王玛格丽特二世的法国外交官丈夫，亨里克亲王。

尽管克劳斯亲王与贝娅特丽克丝女王的婚姻引发了荷兰国内强烈的反德情绪，但事实证明他是荷兰王室中很受民众欢迎的成员。克劳斯亲王在荷兰的贸易、工业、历史遗产保护、自然和环境保护工作方面都发挥了重要的作用。1967年4月，他和贝娅特丽克丝女王生下了一个男孩，威廉-亚历山大。这是荷兰王室116年来迎来的首个男婴。随着101响礼炮轰鸣，全国都因这个消息而疯狂。钟声响起，酒吧里挤满了狂欢者，上万人在索斯戴克宫的登记簿上签名留念。一年前人们对这段婚姻存在的那些敌意似乎烟消云散了。后来，这对夫妇又生了两个儿子，约翰·弗里索（Johan-Friso）和康斯坦丁（Constantijn）。

克劳斯亲王表现出的谦逊，与他岳父的高调形成了鲜明对比，深受谦逊的荷兰人的喜爱。例如1997年，他要求公众不要为自己庆祝生日，因为生日当天是威尔士王妃的葬礼。在次年的一场非洲时装秀上，他对纳尔逊·曼德拉的休闲着装风格表示钦佩。他在自己所谓的"阿姆斯特丹宣言"中说："领带是缠绕在我脖子上的一条蛇"，随即一把扯下扔在妻子脚下。他的行为在一贯保守的荷兰人中短暂地掀起了一股不系领带的时尚热潮，但终究，亲王还是无法彻底摆脱王室的礼节，没过多久他又打起了领带。

不过，克劳斯亲王似乎很难适应自己作为女王配偶的角色，在 20 世纪 80 年代初，他患上了严重的神经衰弱。晚年时，他疾病缠身，例如帕金森病和前列腺癌，也因此不得不切除一只肾脏。虽然他的身体状况在 2002 年 2 月略有好转，并且还参加了威廉-亚历山大的婚礼，但在接下来的几个月里，他一直因呼吸和心脏问题在重症监护病房中辗转。那年 10 月，他因帕金森病和肺炎去世，享年 76 岁，在生命的最后时光，三个儿子都守在他的床边。

丹麦的亨里克亲王也在努力适应作为女王丈夫的角色，在他看来，丹麦人或许从未真正接受过他。因为亨里克亲王喜欢讲自己的母语，说丹麦语时还带着些许法国口音，还有他颇为激进的育儿观，令许多丹麦人都很有意见。有一次，他提倡父母"应当像养狗一样养育孩子"，理由是"孩子和狗狗一样，都必须勇敢坚强"。这种理念在法国的贵族圈内比较流行，但在崇尚自由，从不鼓励体罚的丹麦却不怎么受欢迎。他还对自己在经济上需要依赖妻子感到不满，所以在 1984 年提出了领取王室津贴的要求，并最终如愿以偿。

亨里克亲王在 1996 年出版的回忆录《命运的洪流》（*Destin oblige*）中，坦率地承认了自己的挫败感。他写道，"就像我最近说的，亲王的角色需要有犀牛皮肤一样的敏感度：既要坚韧，还要能感受到最轻微的震动，最重要的是，随时做好成为猎杀目标的准备"。

他的这种挫败感在 2002 年 1 月的一次事件中达到了顶点。玛格丽特二世摔了一跤，导致两根肋骨骨折，无法参加在丹麦国会大厦克里斯钦堡宫大厅举行的与外国使节互致问候的活动。亨里克亲王主持了这次活动的社交环节，但宫务大臣索伦·哈斯伦德-克里斯滕森（Søren Haslund-Christensen）安排弗雷德里克王储使用法语回应了外交使团首席代表的发言。

这令亨里克亲王十分生气，特别是当他看到次日的丹麦报纸对儿子大为赞赏。他认为，玛格丽特二世和他才是丹麦王室的主人，因此这些外交活动，如果女王不能参加，那么他必然是第一备选。反常的是，这次他并没有试图把自己的感受藏在心里，几周后亨里克去了法国，在那里参加了一个音乐节，然后独自一人跑回自己的葡萄酒庄园。经王室同意，他在那里接受了丹麦小报王室新闻记者博迪尔·卡思（Bodil Cath）的采访。亲王在自己的主场显得十分自在，他发泄了对自己一夜之间从第二位降到第三位的不满。亨里克亲王说："我勤勤恳恳地为王室服务了 30 多年，如今却遭到如此冷落。为什么总是如此不尊重我，发生的一切总是令人失望？为什么要踩着我的脚，令人毫无自尊可言？这样的事情是不会在美国发生的。"他补充道，"既然有'第一夫人'，为什么没有'第一先生'？我是丹麦的第一先生，而不是我的儿子"。王室对此的回应是，由弗雷德里克王储告诉媒体，"我的父亲现在身体不适，他需要冷静冷静。"

亨里克亲王的言论引发了媒体风暴。丹麦新闻率先报道了对他的采访，接着多家报纸也就该事件发表了评论分析。但阿马林堡宫以一句简单的"无可奉告"回应了媒体暴风雪般的质疑，然后迅速切换至危机控制模式。在荷兰参加王储威廉-亚历山大婚礼的女王和弗雷德里克王储，立即飞往法国与亨里克亲王相聚，次子约阿希姆也紧随其后。

第二天，亨里克亲王与妻子和儿子弗雷德里克在记者的摄像机前露出了笑脸。亨里克亲王告诉媒体，"正如你们看到的，我们一家人在一起很幸福。"然而，他们拒绝媒体的提问。

可想而知，这并不足以平息这场风波。人们纷纷猜测这对夫妇是否将会离婚。在铺天盖地的批评声中，首相拉斯穆森（Anders Fogh Rasmussen）站出来维护了亨里克亲王，并对他为丹麦社会所做出的贡献表示赞赏。随后那周，亨里克亲王结束了"反思期"回到了丹麦，他也未与女王离婚。

女王在 2005 年正式出版的授权自传《玛格丽特》（*Margrethe*）一书中表达了对该事件的看法，这本自传包含了她接受记者安妮丽丝·比斯特鲁普（Annelise Bistrup）的一系列采访。女王承认："有时候，我丈夫的处境比我想象的要困难得多，但是我没能帮上什么忙，因为我不知道怎么做才能帮到他。"不过女王坚称，他们已经克服了危机，并说道，"像我们这样结婚多年的夫妻，是能够应付生活中不时出现的风浪的。而且实际上，我认为我们婚姻中遇到的危机比许多夫妇都少。这件事情虽然发生了，但结局圆满，而且我想我的丈夫也有同感"。

在亨里克亲王生命的最后几年，每况愈下的身体迫使他放弃了雕塑和弹钢琴这两个爱好，也不能再骑马了。他把自己的精力更多地投入在写诗方面，不过当然是用法语写的，并在一些私人的聚会场合上分享这些诗。其中有些诗是比较露骨的，一位参加过几次此类聚会的朋友说："他的写作风格是大胆且直接的，虽不用一个脏字，但是意思却十分明显。至于语言，可以说十分花哨，也很冗长。"

女王伊丽莎白二世的丈夫菲利普亲王，一开始也很难适应自己的身份，但还是为当代统治者的配偶树立了典范。只要他的岳父乔治六世还在世，菲利普就能继续在皇家海军中服役。自 1949年被派驻马耳他后，他大部分时间都在海上度过。

然而，当 1952 年 2 月伊丽莎白成为女王后，菲利普的生活发生了彻底的改变。王室要求他返回英国陪伴在女王身边，并且，伊丽莎白身份的转变，使得菲利普面临着一系列他自认耻辱的事情。首先是关于王室的名称，这对夫妇的介绍人，菲利普的舅舅蒙巴顿勋爵，建议温莎家族更名为蒙巴顿家族。他认为假如伊丽莎白是个普通女子，一般会随夫姓，或至少保证他们的孩子们能随父姓。女王伊丽莎白二世的祖母玛丽王后大为震惊，并告诉了近来再次上台的首相丘吉尔，丘吉尔因此建议女王发布公告，宣布王室仍为温莎王朝。

公爵十分生气并抱怨道："我不过是王室的一个寄生虫而已。而且我是全国上下唯一不能让孩子跟自己姓的男人。"为了对丈夫做出让步，女王宣布，"除非议会法案另有规定，公爵在所有场合和会议上都享有仅次于女王的权力和地位"。

菲利普天生就热衷发号施令，无论是在皇家海军舰艇、马球队还是自己的家里。但现在情况不同了，他的妻子已经成为女王，他需要支持女王履行君主职责，陪她参加议会开幕等仪式，参加国宴，外出访问。他后来写道："之前，我是一家之主，无论什么我们都一起做。我是家里的顶梁柱和主心骨，大家习惯无论做什么都征求我的意见。但自打国王去世后，一切都发生了翻天覆地的变化。"

王室成员、大臣们以及当权派对待菲利普的态度也并不是很积极，因为对他们而言，这个外国血统的亲王，始终是个局外人。一些人认为，菲利普与德国有着千丝万缕的联系，在这个刚刚度过了 6 年抗击纳粹战争的国家，这可不是一个加分项。还有一些贵族给他起了个绰号"希腊菲尔"（Phil the Greek）。

女王很快就意识到，自己必须想办法让闲不下来的丈夫有事可做。于是，她让丈夫负责白金汉宫、温莎城堡和桑德林汉姆庄园的改建工作，并让他担任温莎大公园的总护林员。针对白金汉宫，菲利普提出了一连串的改革建议，从更新外观结构，到内部运行方式。不足为奇的是，他的许多计划都被工作人员否决了，不过，其中一些计划还是得以成功实施，例如，一些房间里安装了吊顶，升级了中央供暖系统，并安装了内部通话装置。他还进行了大规模的裁员，许多工作人员直接被迫退休。

虽然菲利普亲王在公共场合会特意跟在妻子身后两步的位置，但当他们单独在一起时，关系显然要传统得多。一位王室高级官员说，"他们已经摸索出了一种独特的相处方式。正如我们所料，在公开场合，女王一定是走在前面的，关于亲王总是比女王慢一步的笑话其实是事实。但私下，不论是说还是做，占主导地位的都是亲王。所以说，他们夫妇私下的样子和所展示的公众形象是截然不同的"。联合传记《菲利普和伊丽莎白：婚姻的画像》（*Philip and Elizabeth：Portrait of a Marriage*）的作者贾尔斯·布伦迪斯（Gyles Brandreth）对女王夫妇非常了解，他对以上观点也表示赞同，他说："他们体现了那一代人传统的价值观。她虽头戴王冠，但他才是真正的一家之主。而且有趣的是，女王只有和菲利普亲王在一起才有安全感。"

据女王的老朋友迈克尔·奥斯瓦尔德爵士（Sir Michael Oswald）透露，这对王室夫妇也很有幽默感，他们私底下会开彼此的玩笑。"这是他们如朋友般相互支持的表现，并且这样也有助于他们缓解压力。"这一点得到了布兰德雷斯（Brandreth）的证实，他回忆起 2002 年女王金禧庆典的当晚，自己坐在女王夫妇后面的一辆车上，看到他们咯咯笑个不停。他说："你很难想象女王毫无拘束地笑是什么样子，但当时她居然笑得前仰后合，那真是一个美好的时刻。他们很注重分享，喜欢将彼此遇到的一些有意思的事情讲给对方听。"

与他们的许多王室前辈不同，这对夫妇并未分床而眠，即使他们有很多时候因忙碌而无法陪伴在彼此身边，但这也引起了一些关于菲利普亲王在外拈花惹草的传言。菲利普在与伊丽莎白交往期间有过不少的风流韵事。第二次世界大战结束回到伦敦后，他和海军服役时结识的好友迈克·帕克（Mike Parker）一起成了酒吧、夜总会上各种派对的常客。那时的他年轻、帅气又身份尊贵，很受女人的欢迎，而他自己也乐在其中。

结婚之后，虽然没有确凿的证据表明亲王出轨，但他并没有放弃自己这个爱好。按照王室传统，亲王也从未对这些说法作出过回应，这显然会令一些当事人感到失望。例如一位名叫帕特·

柯克伍德（Pat Kirkwood）的女演员，自 1948 年两人共度一晚后一直被怀疑是亲王的情妇。1993 年 5 月，她在给菲利普的信中倾倒苦水："我想，如果当时你能伸出援手，这件事可能早在几年前就已经解决了，而不是留我一个人赤手空拳地与那些人搏斗。"

当被问及是否曾经婚内出轨时，公爵开玩笑地说："过去 40 年里，我去任何地方身边都跟着警察……所以我怎么可能在他们的眼皮子底下做那样的事情呢？"

从某方面讲，嫁入王室的女性角色则相对容易一些。王后传统意义上的职责就是，在公共场合作为丈夫优雅的陪衬，为丈夫生儿育女并陪伴他们成长。假如她生下了能继承王位的儿子，那么一般来说，她的地位就相当稳固了。

大多数情况下，这些女性都来自外国王室，嫁过来之后，她们不得不适应陌生的国度，以及陌生的语言和文化，还有王宫里自己并不熟悉的条条框框。由于远离亲朋好友，她们常常饱受思乡之苦。在铁路和飞机出现之前，回家探亲都是一件异常艰难的事。与此同时，新同胞对她们充满敌意的嫉妒之心，更是雪上加霜。一旦联盟关系出现变化，也就是她们的第二故乡与母国发生战争时，她们将变得更加举步维艰。还有，因丈夫不断出轨而蒙受的羞辱，虽有少数女性会勇敢与丈夫对峙，抑或给自己也找个情人，但她们中的大多数，除了默默忍受，别无选择。

瑞典当今王朝的创始人，让·巴蒂斯特·贝尔纳多特的法国妻子德茜蕾对丈夫的国家完全提不起兴趣，以至于贝尔纳多特在1810 年成为王储后的十多年里，她一直拒绝在瑞典生活，还说只要一提到"斯德哥尔摩"的字眼她就会感冒。一个世纪之后，挪威国王哈康七世的妻子，出生于英国的毛德王后，她大部分时间也是在英国王室的桑德林汉姆庄园度过的，而非寒冷的挪威。

1863 年，当丹麦公主亚历山德拉嫁给未来的英国国王爱德华七世时，她被禁止携带任何侍女，理由是为了防止她们通过没人能听得懂的丹麦语密谋策反。并且，对于习惯了丹麦舒适小宫殿的亚历山德拉来说，英国的宫殿则显得过于宏伟和华丽了。后来，亚历山德拉因遗传造成的耳聋日益严重，这使得她无法再参加王宫的社交活动，加之丈夫的诸多情史，令她越发感到孤独。

和许多王后一样，面对这样的婚姻，亚历山德拉的选择是把自己的全部身心都投入到她的五个孩子以及宠物身上。在爱德华成为国王之前，马尔堡宫是他们在伦敦的家，那儿的花园长眠着她的三条狗：泰尼、马夫和乔斯，还有她"最喜欢的兔子"邦妮。对亚历山德拉和她散落在欧洲各地的兄弟姐妹来说，每年最重要的时刻就是定期参加父母在弗雷登斯堡宫殿举办的家庭聚会。

在近代，王后们则能够发挥更加积极的作用。之所以会发生类似变化，很大程度上是由于到了 20 世纪下半叶，君主的角色逐渐从政治权力的代表，转变为国家文化的象征。由此，更加强调王室作为一个整体存在，而在民众心中，王后和国王的地位是平等的，并且拥有带有独特个人魅力的公众形象和独立的个性。

1976 年 6 月，瑞典国王卡尔十六世·古斯塔夫与希尔维娅结婚时，就已经是这种模式的王室伴侣关系了。这位出生于德国的王后几乎没有机会让自己慢慢地融入角色，因为与其他同代的欧洲君主不同，丈夫在他们结婚时就已经是国王了。因此，希尔维娅几乎立即就面临着生育继承人和履行王后职责两项艰巨的任务。不过，她近乎完美地扮演着妻子和王后的角色，在婚后头 6 年内生下两女一子，此外，她还积极投身于慈善事业，特别重视关怀儿童和残疾人。1999 年，希尔维娅王后成立了世界儿童基金会，致力于改善全世界儿童的生活条件。她还担任皇家婚礼基金的主席，该基金主要是为残疾青年的体育竞技项目和体育研究提供支持和帮助。王后还专门学习了手语，以便能够更好地与那些听障人士进行沟通。

和希尔维娅相比，挪威的索尼娅则有充分的时间来为自己的王后角色做准备。1968 年，她与哈拉尔结婚，直到 20 多年后的 1991 年 6 月，她的丈夫才成为国王。然而她也有她的不易，因为自 1905 年挪威君主制建立以来，除索尼娅外，唯一的王后便是奥拉夫五世的母亲，即英国出生的毛德王后。但毛德王后比丈夫早去世 19 年，因此她的公公奥拉夫五世在 1957 年登基前就已丧偶，这意味着索尼娅身处的是一个完全由男性主导的环境。

　　与此同时，来自挪威中产阶级家庭的索尼娅，不得不面对某些王室官员的质疑和势利，他们和奥拉夫五世国王一样，希望哈拉尔能娶一位外国公主。为了拥有自己独立的办公室，她也经历了一番波折和抗争。当丈夫成为国王后，她向挪威议会主席乔·班可夫（Jo Benkow）努力争取，才获得了陪同丈夫一起参加议会年度开幕式的资格。

　　索尼娅的职责是扩大王室参与活动的领域。可以看得出，她对艺术和文化领域的活动比较感兴趣，但同时，她还必须十分小心，不能抢了丈夫的风头或影响他履行宪法规定。不过幸好她精力足够充沛，甚至因此获得了"小马达索尼娅"（Turbo Sonja）的绰号。和希尔维娅王后一样，她还积极投身于慈善事业，特别关注社会中的弱势群体，如青年、残疾人、难民、移民以及患有精神疾病的人。

　　下一代嫁入欧洲王室的女性也在努力扮演着自己的角色，履行着各自的职责。荷兰王后马克西玛参与了为发展中国家提供资金的议题，甚至被任命为联合国秘书长的普惠金融特别倡议者。挪威的梅特-玛丽特王妃较为关注国际化发展、艾滋病、青年和精神健康问题，而丹麦王储妃玛丽则成立了玛丽基金，旨在帮助"被社会孤立或排斥"的成年人、儿童和家庭。

　　但是，当国王去世后，王后的命运又如何呢？女性的平均寿命本就高于男性，加上许多君主都倾向于娶比自己年轻的女性，这意味着大多数王后的寿命都比她们丈夫的寿命要长，所以她们的余生，只能扮演着王太后这样无足轻重的角色。

从某种程度上讲，她们的命运就像是那些普通家庭妇女一生的夸张缩影，都将自己的一生献给了丈夫和家庭，可是到头来却孤苦伶仃。与普通女性不同的是，继位的下一任君主大都已婚，因此自己必须将"第一夫人"的称号及其带来的所有光环拱手让给一个正值青春年华的女人。她也很可能被迫离开王宫，搬去小一些的地方居住。财政方面，虽肯定比大多数臣民所享受的待遇要好得多，但跟之前相比，她们的津贴大概率会被缩减。

乔治六世的妻子伊丽莎白，就遭遇了如此境况。伊丽莎白王太后在 1952 年，年仅 51 岁时丧偶，独自生活了半个世纪，是英国人民心中最喜爱的祖母。丹麦女王玛格丽特二世的瑞典籍母亲英格丽德，也在她 28 年的寡居生活中成功地重新定义了自己，特别是在弗雷德里克王储童年时，对他悉心照顾。

比利时国王博杜安的遗孀法比奥拉，由于终身未育，处境更为艰难。丈夫早逝，丈夫的弟弟阿尔贝继位，意味着她得将王后之位让给姑娌保拉，而不是自己的女儿。当还是王后的时候，保守而虔诚的法比奥拉就不怎么欣赏保拉高调的生活方式。丈夫去世后，她们之间的角色突然对调，这对法比奥拉来说一定是个不小的打击。

2014 年 12 月去世的法比奥拉，晚年时光也没有得到和英国王太后一样的体面和尊重。人们对她的津贴数额以及随从规模提出了质疑，并且不止一家比利时媒体错误地报道了她的死讯，令她倍感耻辱。更诡异的是，她还受到了匿名威胁，包括在 2009 年 7 月时收到的死亡威胁。于是当月晚些时候，当法比奥拉出现在比利时国庆庆祝活动上时，她向人群挥舞着一个苹果。这是在表明她不会被任何一个"威廉·退尔"①（William Tell）所吓倒。

---

① 威廉·退尔是瑞士乌里州小村庄一名出色的射手。由于他没有向绑在柱子上的国王的帽子鞠躬而受到惩罚。总督盖斯勒承诺，如果他能射中儿子头顶上的苹果就饶威廉·退尔一命。威廉·退尔射中了苹果，但是与此同时也藏了另一支箭，他本想如果自己的第一支箭未能射中苹果，便会用第二支箭射死盖斯勒。

第十章

阿尔玛隧道事件

英国皇家司法院坐落于伦敦市中心的河岸街（Strand），自 1882 年由维多利亚女王批准开放以来，这座宏伟的哥特式灰石建筑便一直是英国法律史上那些最为重要案件的审理场所。然而，即便对皇家法院而言，2007 年 10 月 2 日在那里开庭审理的一桩案件也实属罕见。

十多年前，在午夜巴黎发生的那场车祸，导致戴安娜王妃和其埃及的花花公子男友，多迪·法耶兹（Dodi Al Fayed）死亡。这起事故是一场悲剧，而事发原因也显而易见：当时驾驶这辆黑色奔驰 S280 的司机亨利·保罗（Henri Paul），事后被检测出血液中酒精含量超过了法律规定的 3 倍。当时亨利·保罗驾驶汽车行驶在阿尔玛地下隧道中，由于不断受到骑摩托车的狗仔摄影记者骚扰，汽车的时速达到了 100 千米，是道路限速的 2 倍。随后汽车失控撞到了墙面，巨大的冲击力使汽车弹出路面 15 米后冲上路沿，撞上隧道第 13 根水泥柱。多迪和司机当场死亡。戴安娜最初仍有意识，于是被送往巴黎萨伯特（Pitié-Salpêtrière）医院，但最终由于伤势严重，于凌晨 4 点宣布死亡。多迪的私人保镖，前英国伞兵特雷弗·里斯－琼斯（Trevor Rees-Jones）奇迹般地活了下来，但也因受到重伤，根本记不起发生的一切。

就像之前的摩纳哥王妃格蕾丝·凯利以及比利时王后阿斯特里德一样，戴安娜本该漫长的一生戛然而止。然而，关于这只是一场普通车祸的说法，并不是所有人都愿意接受。就像"9·11"

事件或是肯尼迪遇刺事件一样，阿尔玛隧道事件也引发了一系列阴谋论。这些猜想大多是在互联网上流传，甚至还出现在了一些主流媒体上。关注点主要集中在一辆神秘的白色菲亚特乌诺（Fiat Uno）轿车上，奔驰在失控前几分钟曾与之相撞。并且，据传是一道强烈的闪光造成司机暂时性失明，进而酿成惨剧的。

这些猜测中最常见的一种说法是，这场事故是英国军情六处或其内部势力下令策划的，目的是阻止未来英国国王的母亲和一名穆斯林结婚。除此之外，还有更多离奇的说法，有说戴安娜本来是想伪造自己的死亡，但结果却超出了她的预想。还有的说，此次暗杀真正的目标其实是多迪，是他的商业伙伴想要置他于死地。对了，甚至还有一种说法是，因为戴安娜怀了多迪的孩子。

对戴安娜王妃死因的调查于 2004 年正式启动。英国王室兼萨里郡的验尸官迈克尔·伯吉斯（Michael Burgess），要求当时的伦敦警察署署长调查戴安娜和多迪的死因，究竟是一起道路交通事故还是谋杀。调查结果显示，没有任何证据表明这是一场谋杀。法国当局也没有进行单独的调查。然而即便如此，审讯仍需进入正式阶段。大法官及主审法官斯科特·贝克（Scott Baker）在英国伦敦高级法庭 73 号审判室开庭时，面对世界各地的记者，向陪审团表示，"我们将深入地进行调查并取证，以便确定他们死亡的真正原因"。

这次调查，在很大程度上归因于多迪的父亲穆罕默德。他为人处事浮夸高调，是最不可能与英国王室有半点瓜葛的人之一。这位埃及出生的千万富翁，自 20 世纪 70 年代定居英国以来，一直坚信当权派对自己有所针对，尤其是工党和保守党政府一再拒绝给予他梦寐以求的英国公民身份。即使 10 年后，穆罕默德收购了英国最负盛名的百货公司哈洛德（Harrods），依旧没有得到自己最想要的东西。

1997 年 8 月 31 日凌晨，阿尔·法耶兹得知儿子死亡消息后的第一反应是："这绝对不是意外。而是阴谋，是暗杀。"他坚信自己的判断，并在接下来的十年中花费约 1500 万英镑证明自己的推测：这对恋人实际上死于英国情报部门策划的一场阴谋，幕后黑手就是爱丁堡公爵和查尔斯王子。阿尔·法耶兹在向审讯提供的证据中宣称："他们两位是事件的主要策划人。我认为女王并没有什么实权，实际上是爱丁堡公爵在背后操控着这个国家，他才是王室真正的掌权人。而且他是一个种族主义者，因为他是和纳粹一起长大的，他的一些亲属也与纳粹有关联。其实，他有个德国名字叫弗兰肯斯坦（Frankenstein），听起来就像《科学怪人》。"

阿尔·法耶兹是 268 名证人之一，这些证人有的亲自出庭，有的在遥远的新西兰和美国加州通过视频连线出庭作证。该案件涉及的其他数据也相当惊人：陪审团共计出庭 91 天（其中包括在巴黎的两天），每天平均有 26 名律师参与案件审理。官方公布的调查费用为 2885618.66 英镑（不包括伦敦警察厅三年的调查费 370 万英镑）。听证会的文字记录约长达 290 万字。

2008 年 4 月 7 日，陪审团做出的判决显示，该案件没有发现任何支持阴谋论的新证据，因此得出结论：戴安娜和多迪是由于司机亨利·保罗和狗仔队的"严重疏忽"而死亡的，认定的责任包括"司机酒驾"及遇难者未系安全带。主审官斯科特·贝克说，"没有一丝一毫的证据"能证明他们的死亡系谋杀。然而阴谋论并未就此终结。

以阿尔玛隧道车祸收场的一连串事件，早在 16 年前那场全世界为之倾倒的童话婚礼举行时，就埋下了悲剧的种子。1981 年 7 月 29 日，3500 人受邀聚集在圣保罗大教堂参加威尔士王子，英国王位继承人查尔斯与戴安娜·斯宾塞（Diana Spencer）女士的婚礼。戴安娜曾是位幼儿园助理教师，也是伯爵之女。婚礼当天被定为公众假日，约 60 万人涌上伦敦的街头，希望能一睹这对新人的风采。据估计，全世界有 7.5 亿人通过电视观看了这场世纪婚礼，是有史以来最受欢迎的电视节目。

玛格丽特·撒切尔上任两年后，英国接连遭受了经济衰退和矿工罢工造成的严重分裂，是个幸福指数很低的国家。利物浦的托克斯泰斯是一个破败的地区，经历了一个月的种族骚乱之后，这里的气氛依然紧张。这场幸福浪漫的王室婚礼驱散了阴霾，给人们带来了一些美好快乐的时光。

然而，事后看来，他们的结合从一开始就注定会以悲剧收场。因为，想要找到比他俩更不般配的一对也并不容易。戴安娜出生在英国历史最悠久、最显赫的贵族家庭之一。她年轻漂亮，喜爱流行乐、夜总会和享乐，是典型的斯隆街漫游者①（Sloane Ranger）。

戴安娜和许多她那个阶层的同龄人一样，学习和事业在她的生活中都不是特别重要。期末考试挂科两次之后，16 岁的她就离开了学校，从事了一些要求不高的工作，包括在皮姆利科的青年英格兰幼儿园（Young England Kindergarten）做兼职保姆。在她小时候获得的为数不多的奖项中，有一个还是"荷兰猪最佳饲养员"。正如这位未来王妃的众多传记作者之一蒂娜·布朗（Tina Brown）所言："戴安娜是最后一批享有特权的英国女孩，她们来自压力不大、要求不高的学校，除了毕业时寻找一个合适的丈夫外，没有任何其他技能。"

查尔斯比戴安娜大 13 岁，但感觉不止 13 岁，因为查尔斯就像是个老古董。他喜欢穿那种看起来比较正式的衣服，比如粗花呢料或双排扣夹克。他爱读哲学类书籍，醉心于古典音乐和传统建筑，并遗传了家族对马球、打猎和其他乡村活动的热爱。另

---

① 这个词出现于 20 世纪 80 年代早期，指那些在伦敦西南部时尚区斯隆广场（Sloane Square）附近生活和聚会的上流社会年轻男女。

外，他还是个浪荡公子。

和之前的威尔士亲王一样，查尔斯在 20 多岁的时候与许多漂亮女人有过亲密关系。比如一位地主的女儿，身材婀娜的菲奥娜·沃森（Fiona Watson）；金发碧眼的达维娜·谢菲尔德（Davina Sheffield）；还有惠灵顿公爵的女儿，黑皮肤的简·韦尔斯利（Jane Wellesley）小姐。"迪基舅舅"路易·蒙巴顿对王子拈花惹草的行为给予了支持，甚至把自己在汉普郡的豪华乡村别墅布罗德兰兹给查尔斯用。他在 2 月份的一封信中告诫查尔斯："我认为，像你这样的男人在安定下来之前应该尽量多交一些女朋友，好好享受自由放任、潇洒不羁的生活。"

查尔斯的约会对象甚至还有已婚女性，比如澳大利亚的金发美女康加·特赖恩夫人（Lady Kanga Tryon），而她的丈夫特赖恩勋爵，是查尔斯最亲密的运动伙伴之一。如同查尔斯其他情人的贵族丈夫一样，特赖恩勋爵非常乐于扮演一个"宽容的丈夫"（*marie complaisant*），所以查尔斯经常会拜访这对夫妇在伦敦的豪华住宅，或者到他们在冰岛的钓鱼小屋做客。

这一群金发或黑发的长腿美女中，有一位与王子的关系保持得最为持久，那就是众所周知的卡米拉·尚德（Camilla Shand）。她是第二次世界大战英雄布鲁斯·尚德少校（Major Bruce Shand）和受人尊敬的名媛罗莎琳德·库比特（Rosalind Cubitt）之女。她的曾祖母爱丽丝·吉宝（Alice Keppel），是爱德华七世最心爱的情妇。查尔斯和卡米拉的首次相遇，貌似发生在 1971 年初夏的狩猎期间，但关于见面时的情形却众说纷纭。按小报的说法，卡米拉的开场白是："查尔斯先生，您知道吗，我的曾祖母是你曾曾祖父的情妇。"当然，这听起来有些荒谬。另一种较为可靠的说法是，卡米拉看着查尔斯的马说："先生，您的这匹马真漂亮。"

之后，他们的关系进展飞速，在接下来的数月里，查尔斯和卡米拉经常一起出现在伦敦梅菲尔区（Mayfair）的安娜贝尔夜总会（Annabel's），或是在乡间别墅享受着二人世界。1972 年 11 月，王子被派往海军护卫舰"密涅瓦"号（HMS Minerva）执行任务，次年 2 月，该舰被部署到加勒比海。

尽管两人彼此深爱，查尔斯却无法给卡米拉任何承诺。可能他也意识到，作为一个有"过去"的女人，卡米拉只可以成为他的情妇，绝不可能成为他的妻子。虽然这样想，但 1973 年 4 月，当他在安提瓜岛靠岸时，得知自己一生的挚爱打算嫁给著名的皇家蓝调兵团的一名少校安德鲁·帕克·鲍尔斯（Andrew Parker Bowles），仍心碎不已。两个月后，卡米拉与丈夫举行了盛大的婚礼，女王也亲临现场，当时查尔斯还在海上执行任务。

生活还得继续，查尔斯依然需要为自己找个新娘。1980 年，王子已过了而立之年，之前他一直说要在 30 岁时结婚，但这个幸运的女人又会是谁呢？其实，王室对于未来的威尔士王妃和王后的官方要求并不多，首先不能是天主教教徒，其次不能有过婚史。不过，还有一个比较苛刻的要求就是，虽然查尔斯的放荡不羁早已闻名于世，但王子的新娘必须是处女，或者至少看起来像。在避孕药和艾滋病横行的年代，符合这样条件的女性并不容易找到，当然，卡米拉或查尔斯的任何其他交往对象都不符合这个条件。然而，所有的这一切，却都在为戴安娜和查尔斯的姻缘铺平道路。

查尔斯最初是和戴安娜的姐姐莎拉·斯宾塞（Lady Sarah Spencer）约会。莎拉是位身材苗条的红发女郎，两人相识于1977年的夏天，也就是查尔斯离开皇家海军6个月后。他们一见倾心，于是随后莎拉频繁收到王室的邀请，和查尔斯约会碰面。那年11月，莎拉邀请查尔斯去北安普敦郡的奥尔索普和她的家人一起度假，妹妹戴安娜也参加了聚会。当时的戴安娜已经出落成一位靓丽的花季少女，但她似乎并没有给未来的丈夫留下什么印象，查尔斯只记得她"快乐"并且"活泼"。然而，戴安娜却被查尔斯深深吸引。她对钢琴老师佩妮·沃克（Penny Walker）说："我见到他了，我终于见过他了。"言语中难掩兴奋之情。

事实上，这已经不是他们第一次见面了。戴安娜出生于1961年7月1日，1岁以前都住在维多利亚时代的豪宅帕克庄园，那是她父亲在诺福克郡的皇家庄园桑德林汉姆庄园租的房子。父亲约翰曾在伊顿公学接受教育，担任过陆军军官，还曾是国王乔治六世和年轻的女王伊丽莎白二世的侍从。

有时散步时，戴安娜、她的姐姐莎拉和简（Jane），以及弟弟查尔斯，会偶遇骑马外出的女王，有时甚至还会收到王宫的邀请。戴安娜经常和大她 1 岁的女王的次子安德鲁一起玩耍，查尔斯王子有时也会加入他们。据说戴安娜曾跟管家彭德里（Pendrey）先生开玩笑说："我想和查尔斯在一起。"

之后，戴安娜的生活每况愈下，而且在她心中留下难以抚平的印记。在她 6 岁的时候，母亲弗朗西丝（Frances）和彼得·尚德·基德（Peter Shand Kydd）私奔了。基德家是做壁纸生意的，并且，他是家族财产的继承人。这场痛苦的离婚官司，让弗朗西丝失去了 4 个孩子的监护权。审判中不利于她的部分证词来自她的母亲露丝，弗莫伊女士（Lady Fermoy）。她没有因为女儿的风流韵事而感到惊讶，对她来讲更不能接受的是，女儿竟然承认自己是为了一个平民而不是什么贵族，背叛了自己的丈夫。

戴安娜的父亲因此变得更为忧伤和孤僻，但由于两个姐姐都在寄宿学校上学，戴安娜不得不时常安慰父亲。也就是在那个时候，她开始在浪漫小说中寻求心灵慰藉，尤其是芭芭拉·卡德兰（Barbara Cartland）的作品。芭芭拉是世界上最成功的童话式爱情小说作家，有 723 本著作和超过 10 亿的读者。这其中戴安娜最喜欢的一本书，书名也非常应景，叫作《国王的新娘》（*Bride to the King*）。戴安娜曾告诉前国会议员，也是王室的老朋友贾尔斯·

布伦迪斯（Gyles Brandreth），"那些故事里有我梦想成为的人，和渴望拥有的一切"。

1975 年 6 月，戴安娜 13 岁时，她的爷爷去世了。父亲约翰成为第八任斯宾塞伯爵，他们搬进了英国最宏伟的乡村别墅之一——奥尔索普庄园。奥尔索普庄园占地 1.4 万英亩，有 121 个房间，收藏了大量 18 世纪的家具。庄园宏伟的图书馆里，收藏了庚斯伯勒（Gainsborough）、凡·戴克（Van Dyck）、鲁本斯（Rubens）以及约书亚·雷诺兹（Joshua Reynolds）爵士的作品。

偌大的豪宅自然需要一位女主人。于是，独自生活了几年后，刚过 50 岁生日的约翰于 1976 年 7 月和达特茅斯伯爵（Earl of Dartmouth）的前妻雷恩结婚了。雷恩是芭芭拉·卡德兰的女儿，很有魅力。对于戴安娜和兄弟姐妹们而言，父亲再婚的消息是通过报纸才得知的。于是，孩子们开始预谋报复这个闯入他们生活的不速之客，戴安娜被选为这个行动的领袖。

戴安娜刚从童年的创伤中走出来，查尔斯就出现在了她的生命里。不过当时查尔斯对戴安娜的姐姐比较感兴趣，甚至在 1978 年 2 月还带她去了自己最喜欢的阿尔卑斯山克洛斯特斯滑雪胜地度假，在那儿他们也曾一度被媒体包围。然而莎拉犯了一个错误，她和其中两名在山坡上一直跟拍他们的记者一起吃了午饭。莎拉在随后发表在《女性》（Women's Own）杂志上的一篇评论中说："查尔斯让我很快乐，我很享受和他在一起的时光，但我不会嫁给他，因为我不爱他。我不会嫁给任何自己不爱的人，不管他是清洁工还是英国国王。"当莎拉告诉查尔斯自己接受了采访时，查尔斯并不开心，并对她说："你刚刚做了一件极其愚蠢的事。"

命运之神似乎格外眷顾戴安娜。在自家庄园与查尔斯的相遇似乎给了她一个机会，让她成为自己浪漫小说中的女主角，她开始一步步地走向他。1978 年 11 月，戴安娜受邀参加查尔斯 30 岁生日的盛大舞会，这显然令莎拉大为恼火。接下来戴安娜又收到了其他一系列的邀请，例如次年 7 月，查尔斯以明星嘉宾身份出席的苏塞克斯郡的一个私人聚会；8 月，又出席了怀特岛一年一度的考斯帆船周（Cowes Week）。最盛大的一次是 8 月末，女王在苏格兰的住所巴尔莫勒尔堡举办的布雷马运动会（Braemar Games）。这是一个传统的节日，当天，穿着短裙的苏格兰人会跳着传统的高地抛掷舞，并投掷松木棒。

年仅 18 岁的戴安娜已成功地进入了查尔斯的核心社交圈。尽管她并不喜欢这种传统的英国乡村生活，但她完美地扮演着自己的角色，无论是与王室成员一起野餐，还是在王子垂钓鲑鱼时耐心地站在迪伊河畔。女王的前私人秘书查特里斯勋爵回忆道："她彻底征服了王子的心。因为她总是尽量使自己和他保持步调一致，所以看起来永远得体大方，令人赏心悦目。王子对她宠爱有加，为之神魂颠倒。"

　　密切关注查尔斯私生活的英国小报很快就盯上了戴安娜。她不想重蹈姐姐的覆辙，于是总是试图甩掉他们，有一次甚至藏在树后躲避跟踪。但是，她的身份迟早会被媒体曝光。1980 年 9 月 8 日，《太阳报》在头版中宣布："他又恋爱了！查尔斯王子的新女友叫戴安娜。"她的名字从此为全世界所熟知。

　　戴安娜绝非首位以此种方式被曝光的王室成员的男/女友，那么，究竟是什么使她在查尔斯的众多女友中显得与众不同呢？尽管后来他们的婚姻以破裂告终，但毫无疑问，戴安娜令王子十分心动，甚至在他们第一次见面才几周后就询问好友查尔斯·帕尔默-汤姆金森（Charles Palmer-Tomkinson）自己是不是应该娶她。小报对戴安娜的喜爱程度也远比查尔斯之前的情人要高，他们喜欢把这对情侣描述为完美的一对，对两人之间巨大的性格差异却只字不提。

　　然而和许多男人一样，一到谈婚论嫁的时候，查尔斯就犹豫了。但鉴于他特殊的身份，也是可以理解的。他说："我很想为国家和我的家庭做出正确的选择，但我害怕给出承诺，因为我怕生活在悔恨之中。"1979 年 8 月，当路易·蒙巴顿被爱尔兰共和军杀害时，卡米拉曾打电话向他表示哀悼，这无疑使他的情绪更加混乱。他们很快便旧情复燃，因为当时卡米拉的丈夫安德鲁在津巴布韦独立过渡期时，执行了数月的监督任务。

　　菲利普亲王被媒体越来越多的关注给惹恼了，他同时也想借此告诉查尔斯，必须要做出一个决定了。在大多数"普通"家庭中，父子俩可能会坐下来聊聊这件事，但菲利普亲王没有这样做，他给儿子写了封信，警告他这样下去戴安娜的"名誉"将毁于一旦。最终，在父亲的敦促下，查尔斯迈出了最后一步。1981年 2 月 6 日，查尔斯终于提出求婚，戴安娜立刻就答应了。

从那时起，一切似乎都是水到渠成。戴安娜和妈妈去哈洛德商场挑选了将会受到万众瞩目的礼服，在温莎城堡和女王及查尔斯一起，从杰拉德王室珠宝专供系列中选择了一枚订婚戒指。这枚戒指价值 2.85 万英镑，是迄今为止王室婚礼中最贵的婚戒。在这枚白金钻戒上，18 颗共计 18 克拉的钻石环绕着一颗巨大的蓝宝石。

2 月 24 日，他们订婚的消息被正式公布（尽管《纽约时报》在当天早上发表的一篇报道中已经预测了这一消息）。当晚，查尔斯和戴安娜一同出现在英国广播公司（BBC）的专访中。在白金汉宫的一间豪华套房里，两人略显矜持地并排站在一面镀金的镜子前，几乎没有什么眼神交流。整个访谈过程中主要是查尔斯发言，戴安娜只是偶尔补充两句。查尔斯说道："我非常开心，坦白地讲，我没想到她会接受我的求婚。"采访者指出，戴安娜的父亲说女儿会是"一个很好的妻子"。查尔斯笑着说："我们拭目以待。"最后，当被问及自己是否爱对方时，这位王位继承人模糊地回答道："那就看你怎么定义爱这个字了。"这句伤人之语几乎淹没在了戴安娜尴尬的笑声中。后来当他们的婚姻走向破裂时，这句透露出丝丝不幸的话仿佛一语成谶。

距离在迪伊河畔被曝光已经过去 5 个月了，这段时间戴安娜成了媒体高度关注的对象。摄影记者们整日蹲守在她位于南肯辛顿的科勒恩公寓（Coleherne Court）外，其中一个甚至出现在她任教的幼儿园。戴安娜展现出较为配合的态度，甚至会接他们的电话。但从宣布订婚的那一刻起，这一切都将被改变。戴安娜已经成为王室的一员，虽享有所有的特权，但也将受到更多的限制。她的新保镖，总督察保罗对她说："我希望你能明白，这是你最后一晚的自由，尽情享受它吧。"

从那时起，戴安娜逐渐开始感到焦虑，特别是她和未来的丈夫没有多少相处的时间。20 世纪 80 年代初，越来越多的情侣会选择婚前同居，但据戴安娜自己描述，她和查尔斯从求婚到结婚，只见过 13 次面。这种紧张不安导致戴安娜患上了暴食症，自订婚以后，这个问题就一直困扰着她。当查尔斯把手放在她的腰上时，感觉她"肉嘟嘟的"，这深深刺痛了她。于是从 3 月到 7 月，戴安娜减重超过 6 公斤，从宣布订婚到婚礼前，她的腰围从 74 厘米缩小到不足 60 厘米。

让他们之间的关系蒙上了阴影的人无疑是卡米拉，至于戴安娜是如何那么快发现卡米拉和自己未婚夫之间的特殊关系的，我们不得而知。但戴安娜后来告诉自己的传记作者安德鲁·莫顿

（Andrew Morton），自己的第六感非常准。因为当戴安娜搬进克拉伦斯宫时，她卧室的床上放着一封来自卡米拉的信，这封信是宣布订婚的几天前写的，卡米拉在信中邀请戴安娜在查尔斯出访澳大利亚时与她共进午餐。

见面时，卡米拉一直追问戴安娜搬到查尔斯在格洛斯特郡的海格罗夫庄园后，是否打算去打猎。戴安娜说自己没有这样的打算，直到后来她才意识到卡米拉是打算在戴安娜去打猎的时候和查尔斯独处。并且，在婚礼前两天，她竟然发现了查尔斯打算送给卡米拉的金手链，上面的两个字母"F"和"G"缠绕着刻在一起，是"弗雷德"和"格拉迪斯"的缩写，这是两人给对方的爱称。愤怒的戴安娜含泪质问查尔斯，但查尔斯不仅坚持要把礼物送给卡米拉，还要亲自送过去。当查尔斯不在的时候，戴安娜与姐妹们共进午餐时说自己想取消这场婚礼。她们听了之后说："不可能了，杜赫（Duch，戴安娜的昵称），你的照片都被印在婚礼用品上了，现在悔婚已经来不及了。"

婚礼当天，戴安娜一早就被聚集在白金汉宫外熙攘的人群吵醒。婚姻破裂后，她称自己当时感觉"就像待宰的羔羊"，不过这是不是她自己的后知后觉，我们不得而知。但无论如何，一些现实问题已经在等着她了，比如：在设计 8 米裙摆的婚纱时，设计师们没有考虑到 18 世纪玻璃马车的尺寸，于是戴安娜不得不把巨型裙摆塞进马车，所以从马车上下来时，裙摆有些破损。除此之外，因为戴安娜的父亲自从中风以来身体一直很孱弱，对她来说推着父亲沿圣保罗教堂的通道走过来也是一个挑战。还有，在宣读誓词时，戴安娜竟然把新郎的名字说错了，她叫他菲利普·查尔斯·阿瑟·乔治，而不是查尔斯·菲利普。不过，婚礼的气氛依然是那么喜庆，似乎没有什么能打破那种幸福的感觉。

新婚的浪漫逐渐褪去，戴安娜很快就要面对真实的王室生活。他们的蜜月是在皇家游艇"不列颠尼亚"号上度过的，游艇沿着北非海岸航行到希腊群岛。这是她和查尔斯首次单独相处这么长一段时间，也让他们很快发现彼此并没什么共同语言。大部分时间，查尔斯都坐在那里阅读他的南非哲学家朋友劳伦斯·范德波斯特（Laurens van der Post）的书，而戴安娜则对看书那种无聊的事情没有什么兴趣。与此同时，卡米拉人虽然没和他们在一起，但仿佛是个影子一样无处不在。有一次，戴安娜在与埃及总统安瓦尔·萨达特（Anwar Sadat）共进晚餐后，大发雷霆。因为她看到查尔斯戴着一副袖扣，那是他的情妇卡米拉送给他的礼物。

更让她糟心的事情还在后面。就在他们回来之后，戴安娜与查尔斯就同女王及其他王室成员一起去了巴尔莫勒尔堡，这里正是一年前戴安娜与查尔斯确定关系的地方。但这一次，情况却大不相同，他们不是在那里过一个周末而已，而是按照传统，待整整两个月。对于像戴安娜这样的城市女孩来说，没完没了的打猎、射击和钓鱼，再加上那些非常正式的规矩和惯例，简直就是一种折磨。但日子就这样，日复一日地过下去。

尽管如此，戴安娜还是很快履行了作为王位继承人妻子的职责。他们的两个孩子威廉和哈里分别于 1982 年 6 月 21 日和 1984 年 9 月 15 日出生。不过，孩子的到来也没能挽救他们的婚姻，不仅因为他们本身性格不合，更重要的是卡米拉的介入。卡米拉一直在查尔斯的生活中占据着重要的地位，也成了戴安娜生活中最大的困扰。

查尔斯王储和卡米拉究竟何时旧情复燃的，对此许多传记作家仍有争议。评论家们认为他们早在 1983 年就暗通款曲，而辩护者则坚称，两人是 1986 年才又在一起的。就在那年，戴安娜也开始放飞自我，和詹姆斯·休伊特（James Hewitt）展开了一场婚外恋情。休伊特是英国皇家骑兵卫队的一名上校，这位风度翩翩的陆军前骑兵军官当时负责教戴安娜骑马。他们的关系在 1989 年休伊特随部队被派往德国时结束了，但在他之后，戴安娜的生命中还出现了其他的男人。

那时，尽管王室要求查尔斯和戴安娜一起出席国内外的正式礼宾活动，但他们的婚姻实际上已名存实亡。与此同时，有关他们私生活的一些令人尴尬的细节开始被爆出。1989 年 12 月，查尔斯和卡米拉之间一段令人不齿的秘密电话被录了下来。两周后的新年前夜，戴安娜与她的另一位情人詹姆斯·吉尔贝（James

Gilbey）也通了一次话，内容同样很火辣。吉尔贝是一位高档汽车经销商，他称戴安娜"温香软玉"，这句话后来人尽皆知。关于录音者的身份，有很多种猜测，虽然有人将矛头指向了安全部门，但却一直没有下文。对于英国媒体来说，这两段录音起初都属于敏感话题，所以直到 1992 年 8 月，有关戴安娜的那段有名的录音才被美国《国家询问报》（*National Enquirer*）曝光。而关于查尔斯和卡米拉的那段录音，直到 1993 年才被一家澳大利亚周刊爆出。

至此，查尔斯和戴安娜之间的矛盾已经升级了，而且令王室感到担忧的是，这场争斗已经逐渐公开化。尽管如此，但他们并不是王室历史上首对这样做的夫妻。1820 年，当乔治四世与卡罗琳的矛盾达到顶点时，卡罗琳写了一封公开信，指责丈夫的冷酷无情。然而，卡罗琳事件只是一个例外，因为自那以后，英国和欧洲其他国家都规定，无论王室新娘对婚姻多么不满，都要打碎牙齿往肚子里咽。可是，戴安娜根本不吃这一套。

戴安娜决定写一本书把自己的故事公之于众，因而在 1991 年，她开始与小报记者安德鲁·莫顿合作。然而，为了保护自己，他们从未见过面。她在儿时好友詹姆斯·科尔瑟斯特（James Colthurst）博士的多次采访中讲述了自己的故事，后者又把他们谈话的录音带转给安德鲁·莫顿。戴安娜的自杀打算，被抛弃感以及后来患上的暴食症，都被记录在了这些录音带中。而且，尽管这本书只引用了她朋友而不是戴安娜本人的话，但王妃给了媒体自由编辑的权利。于是，《戴安娜：她的真实故事》（*Diana：Her Ture Story*）一书的部分节选内容，被刊登在了 1992 年 6 月 7 日《星期日泰晤士报》（*Sunday Times*）的头版头条上，标题是"'冷漠的'查尔斯导致戴安娜 5 次自杀"。

这本书的出版，意味着二人婚姻中所有的问题，将一览无余地展现在大众面前，同时也标志着他们的婚姻已经走到了尽头。尽管女王和爱丁堡公爵都试图劝和，但英国首相约翰·梅杰最终还是在 12 月 9 日宣布了查尔斯与戴安娜分居的消息，但他坚称二人并没有计划离婚。次年 1 月，戴安娜离开海格洛夫庄园，搬到了她曾与查尔斯一起住过的肯辛顿宫公寓里。

查尔斯和戴安娜并不是当年唯一一对婚姻关系破裂的夫妻。查尔斯的弟弟安德鲁与约克公爵夫人莎拉失败的婚姻也曾被媒体曝光，随后，两人于 3 月分道扬镳。紧接着 4 月，查尔斯的姐姐安妮和她的第一任丈夫马克·菲利普斯（Mark Phillips）也离婚了。然而，就在王室的处境看来似乎不能更糟糕的时候，同年 11 月 20 日，温莎城堡的一场大火，烧毁了 9 座国宴厅和 100 间房间。火灾发生 4 天后，女王在伦敦市政厅举行的在位 40 周年纪念午宴上发表讲话时，情绪略微激动，称刚刚结束的一年是她的"多灾之年"。

～～～～

　　离开查尔斯之后，戴安娜开始积极投身慈善活动。1987 年，英国首个艾滋病病房设立在米德尔塞克斯医院，戴安娜出席了相关活动。她不戴手套与 12 名艾滋病患者握手的照片，登上了世界各地的头条。在艾滋病被认为是一种耻辱的年代，这是一个非常勇敢的举动。此外，她还在国内外从事其他公益事业，其中包括反雷运动：1997 年 1 月，她被拍到穿着防弹背心，戴着防弹头盔访问位于安哥拉的一个雷区。传记作家蒂娜·布朗（Tina Brown）说："戴安娜现在全心全意地致力于维护和提高自己的名誉和声望。"在蒂娜·布朗看来，戴安娜为波诺（Bono）、安吉丽娜·朱莉（Angelina Jolie）和麦当娜（Madonna）等名人慈善家树立了榜样。

　　英国王室本希望戴安娜可以淡出人们的视线，却意外地发现她活跃在公众的视野，甚至令查尔斯和其他王室成员都黯然失色，但对此，他们却又无能为力。另外，戴安娜的私生活也很复杂，其中不乏一些已婚男性，如查尔斯的好朋友，伊斯兰艺术商人奥利弗·霍尔（Oliver Hoare），和英格兰橄榄球队队长威尔·卡林（Will Carling），以及后来出现的一些不怎么合适的交往对象。

　　与此同时，查尔斯也准备通过媒体进行反击。一部为了纪念他被授予威尔士亲王 25 周年的纪录片于 1994 年 6 月 29 日播出，其中包括对他的采访，以及一部授权传记。这次的隔空"反击战"，戴安娜选择了小报记者安德鲁·莫顿，查尔斯则选择了英国广播公司最受尊敬的记者之一乔纳森·丁布尔比（Jonathan Dimbleby）作为彼此的"战友"。

这样做的后果可想而知。尽管丁布尔比答应节目不会涉及那些不愉快的事情，但他还是毫不犹豫地问了王子婚姻破裂的原因。丁布尔比质问查尔斯是否对妻子忠诚。王子回答："是的，当然。"然后又补充道："我们都尽力了，直到一切无法挽回。"当被问及他与卡米拉的关系时，他含糊其词地形容卡米拉是自己的"好友"。更令人尴尬的是，当被问及"你会成为王位继承人和国王吗？"王子竟然表现出了犹豫。

英国媒体的反应相当直接。当一些评论家质疑查尔斯的道德时，小报的关注点却在于他这种低智商的坦白。《每日镜报》评论道："他虽不是第一个出轨的王室成员，但绝对是第一个敢在 2500 万人民面前承认自己出轨的王室成员。"与此同时，戴安娜选择在直播当晚出现在《名利场》（Vanity Fair）杂志在肯辛顿花园组织的一场盛大的筹款活动上，她穿着性感的黑色露肩雪纺短裙，直接将查尔斯挤下了头条。《太阳报》为照片配文，称这是"他为追求卡米拉而抛下的尤物"。

不过，事实证明，戴安娜也没能占据道德制高点多长时间。尽管她不断讨好媒体，邀请受欢迎的记者在肯辛顿宫一对一共进午餐，但无法阻止那些负面报道的出现，而且它们的确出现了。第一次是在 8 月，《世界新闻报》（*News of the World*）将她与伊斯兰艺术家和古董专家霍尔（Hoare）的通话报道为"戴安娜与已婚大亨的奇怪电话"。10 月，丁布尔比关于查尔斯的书即将出版，而戴安娜的另一位情人休伊特与小报《每日快报》（*Daily Express*）的记者安娜·帕斯捷尔纳克（Anna Pasternak）合作，用芭芭拉·卡德兰的风格写了一本书，名为《恋爱中的储妃》，曝光了他与戴安娜的恋爱细节。

次年 11 月 5 日，戴安娜对此做出了回应。根据传统，英国人会在这天点燃篝火、燃放烟花，以纪念天主教教徒企图炸毁议会大厦未遂的事件，而戴安娜则在肯辛顿宫的会客厅，接受了英国广播公司记者马丁·巴希尔（Martin Bashir）的采访。这次，她亲自讲述了自己的故事。这次采访是在高度保密的情况下进行的，戴安娜一直等到所有工作人员都回家后，才让巴希尔和他的助手进来。为了隐蔽拍摄，装着他们照相设备的盒子被伪装成一套新的高保真音响系统。最终，访谈于当年 11 月 20 日在英国广播公司的旗舰时事节目《全景》（*Panorama*）上播出，吸引了大约 2100 万观众，这一数量几乎相当于英国一半的成年人。

戴安娜说："我们的婚姻里有三个人，所以有点拥挤。"这句话后来成为采访中最令人难忘的录音片段。戴安娜还对查尔斯是否适合成为英国国王表示怀疑，她说："这个位置会给他带来巨

大的限制，我不确定他是否能适应。"至于她自己，戴安娜补充
说："婚姻里的那位第三者不会安静地离开，这就是问题所在。
但我要战斗到底，因为我有职责要履行，还有两个孩子要抚养。"

起初，这次采访似乎是一次成功的公关。《每日镜报》竟然评价
戴安娜是"一个适合戴王冠的女人"，其他小报也紧随其后，对此进
行评价。然而，就像两人早期利用媒体翻盘一样，结果却适得其反。
戴安娜公开为自己洗白的行为给了白金汉宫命令他们结束婚姻的机
会。几天后，女王亲自写信给这对夫妇，敦促他们尽快离婚。

正如莎拉·布拉德福德（Sarah Bradford）在她的女王传记
《伊丽莎白》（Elizabeth）中所写的那样："虽不情愿，但她不得
不痛下决心，因为要结束查尔斯和戴安娜之间这场痛苦的争斗，
离婚是最明智的选择。他们之间的互相伤害令女王为之奋斗一生
的王室蒙受了太多的耻辱，并且还愈演愈烈。随着形势逐渐走向
失控的边缘，女王伊丽莎白二世终于采取了主动。"

查尔斯立即同意了离婚，可戴安娜却吃了一惊。王妃的私人
秘书帕里克·杰普森（Parick Jephson）回忆说："圣诞节前不久，
她在电话里给我读女王的来信，我无法忘记她声音中的哽咽，她
说：'你知道吗帕里克，这是女王第一次写信给我。'她似乎想
笑，但却笑不出来。"

〰〰〰

这场婚姻大战以戴安娜的失败告终。在童话般的婚礼举行 14

年后，戴安娜被赶出了王室。帕里克写道："在 1995 年初，胜利似乎触手可及，但到了年底，胜利却又遥不可及。她最大的敌人，其实是她自己。这场闹剧最终注定了她的一生，是场没有后援的独角戏。"

次年 7 月，离婚协议基本上按照戴安娜的要求达成了一致。她一次性得到了 1700 万英镑的补偿，以及每年 40 万英镑的行政补贴。她可以保留威尔士王妃的称号，继续被冠以殿下的名号，虽然这些并不是她想要的。此法令于 1996 年 8 月 28 日宣布生效。

对戴安娜来说，她本应迎来人生的"新篇章"，然而没想到的是，这竟是终曲。在与多迪的恋情中，她的人生落下了帷幕。但戴安娜为什么会选择这个男人，确实令人费解。因为 42 岁的多迪是个花花公子，有很多绯闻女友，曾与一位模特有过短暂且失败的婚姻。15 岁时，他就在伦敦梅菲尔区拥有了自己的公寓、劳斯莱斯、司机和保镖。在进入电影界之前，他曾在阿联酋空军短暂服役。后来，他创立了一家电影制作公司，父亲为多迪投资了 200 万英镑拍摄影片《烈火战车》（*Chariots of Fire*），并斩获奥斯卡奖。除此之外，他没有取得太多成就。但托尼·柯蒂斯（Tony Curtis）、法拉·福塞特（Farrah Fawcett）和小罗伯特·唐尼（Robert Downey Jr.）等名人都是他在比弗利山庄举办的奢华派对的座上客。

当多迪的父亲邀请戴安娜和她的孩子们，到他在法国地中海海岸圣特罗佩兹的庄园度假时，多迪也在。然后，原定下个月与模特凯莉·费雪（Kelly Fisher）结婚的计划便被悄然搁置了。

　　戴安娜为何会对多迪这样的男人认真呢？或许真实情况并非如此，了解戴安娜的人认为她仍然爱着巴基斯坦裔心脏外科医生哈斯纳特·汗（Hasnat Khan）。在哈斯纳特明确表示不打算与戴安娜结婚之前，二人已经交往两年。戴安娜的传记作家蒂娜·布朗说，多迪是"完美的备胎，迷人、性感、无心机、无负担"。换句话说，随着时间的推移，戴安娜与这个埃及人的关系，可能会像与查尔斯分手前后出现的其他男人一样，短暂出现，很快消失。

　　1997 年 8 月，戴安娜与多迪最后一次度假的目的地是撒丁岛。当时他们乘坐的是阿尔·法耶兹的游艇，是专门为此次度假购买和翻新的，然后就发生了巴黎的那一幕惨剧。下午 3 点 20 分，这对情侣乘坐老阿尔·法耶兹的"湾流 4 号"飞机抵达位于巴黎以北 10 英里的勒布尔热机场。为了避开包围机场的狗仔队，他们下飞机后迅速坐上后续出事的黑色奔驰车离开机场，司机是阿尔·法耶兹丽兹酒店的安全副主管亨利·保罗。在温莎公爵夫妇曾居住过的，位于布洛涅森林的 19 世纪别墅（它也归多迪的父亲所有，或者更确切地说，是他长期租住的）短暂停留之后，他们预备前往丽兹酒店每晚 6000 英镑的皇家套房。

　　多迪似乎不想在酒店过夜，而是想带戴安娜去自己在巴黎的高档公寓，俯瞰香榭丽舍，去米其林星级餐厅伯努瓦之家（Chez Benoit）共进晚餐。所以晚上 7 点，他们出发了，但是计划永远赶不上变化。首先，他们发现可能没办法按原计划好好享用一顿丰盛的晚餐，于是决定在丽兹饭店用餐，但由于又一次被狗仔队跟踪，他们只好在埃斯帕登餐厅（L'Espadon）临时落座。然而，戴安娜被餐厅里过度关注的目光给吓到了，于是要求把饭送到楼上的皇家套房。不过，多迪还是想回公寓，而不是在酒店过夜。于是午夜 12 点 20 分，他们再次从康朋街（Rue Cambon）的酒店后门出发。司机依然是亨利·保罗，但当晚他本来已经下班了，于是喝了很多的酒，所以驾车时超过了酒驾的标准，最终酿成了一场悲剧。

戴安娜的死讯传遍了全世界，并在这个传统上沉着冷静的国家内激起了一股悲伤的浪潮。肯辛顿宫的大门被临时改造成一个巨大的戴安娜悼念地点，成千上万的人用花篮、照片、图画、留言、泰迪熊和其他纪念品表达他们的悲痛之情。

新上任的首相托尼·布莱尔，年轻英俊，立刻领会了戴安娜死讯的特殊意义。于是一些愤世嫉俗者认为，他是因此赢得了政治资本。因为在前往英格兰北部达勒姆选区一个采矿村庄教堂的路上，布莱尔接受了媒体采访，并说道："她永远都是人民的王妃，她会永远留在我们心中。"

在巴尔莫勒尔堡度暑假的英国王室，则采取了一种截然不同的哀悼方式。与悲痛的民众不同，他们依然坚持着自己的作息，并且像往常一样参加上午 11 点在附近克雷西教堂的礼拜，牧师也没有提及当天凌晨发生的惨剧。王室一直以来习惯隐藏哀伤，这次也不例外。这样做既是为了保护 15 岁和 12 岁的年轻王子，也是出于对传统的尊重。

但英国媒体，乃至全英国的民众，都把王室这种低调的情绪表达解读为冷漠，因为他们与悲伤的英国民众形成了过于鲜明的对比。更具争议的是王室对礼节的一丝不苟，全国各地的官方建筑都降半旗以示哀悼，而白金汉宫的旗杆却是空的。一直以来，王室旗帜都象征着王权，不会因此轻易做出改变。

戴安娜的葬礼于 9 月 6 日举行，这场史无前例的哀悼活动，在此时达到了高潮。在 100 多万民众的目送下，戴安娜的灵柩由一辆炮车从肯辛顿宫护送到威斯敏斯特教堂。人群中，有些低声啜泣，有些双手合十，但大多都在默默注视。据估计，全世界约有 25 亿人通过电视关注了这一事件。而白金汉宫也终于顺应公众的情绪，升起英国国旗，并降下半旗志哀。

戴安娜的葬礼与英国传统的王室葬礼截然不同，与其他的王室成员也少有共同点。护送灵柩的不是士兵和军乐队，而是来自戴安娜参与过的慈善活动和机构的数百名志愿者和工作人员。除了威尔第，大教堂还播放了埃尔顿·约翰（Elton John）改编的歌曲《风中之烛》。这首歌最初是他献给令戴安娜十分同情的玛丽莲・梦露（Marilyn Monroe）的。当然，葬礼上也出现了一些争议：在悼词中，戴安娜的弟弟斯宾塞伯爵不光赞扬了姐姐，同时还谴责了折磨她的人。在这则被解读为对王室的指责声明中，他承诺自己的"血亲家族"将尽一切努力，确保戴安娜的孩子们"不仅仅沉浸在责任和传统之中，而是可以如她所愿，拥有自由的灵魂"。

日复一日，年复一年，戴安娜的香消玉殒已逐渐成为往事。有人说，人们对待这场悲剧的反应从根本上改变了英国社会的本质，这种说法未免有些牵强，但在未来的许多年里，这个话题将继续为评论家和社会学家提供大量的素材。对某些人来说，当回首戴安娜去世和葬礼时自己的所作所为，剩下的，只有难堪。

第十一章

君主成长之路

位于苏格兰东北部乡村深处的戈登斯顿学校，是由库尔特·哈恩（Kurt Hahn）博士于 1933 年创立的。哈恩博士是个与众不同的德裔犹太人，他曾担任德国南部塞勒姆城堡学校（Salem Castle School）的校长，但在受到纳粹威胁后逃亡。年轻时，他曾到莫瑞郡养病，所以次年选择在那里的两座 17 世纪的建筑中建立了自己的国际学校。

哈恩着手将英国传统的公立学校精神与柏拉图《理想国》的部分哲学相融合。他认为，年轻人"被一种病态的文明所包围……有可能受到 5 种依次递减的影响，包括体质、主动性和进取心、细心和技能、自律以及同情心"，因此他建立了一套严苛的制度，帮助年轻人走上正路。

不论天气如何，在校的这 400 个男孩每天都身着短裤，早上第一件事就是晨跑，接着交替使用冷热水洗澡。他们睡在宿舍简陋的木床上，夜里窗户总是开着，这就意味着睡在窗边的孩子会比较倒霉，因为他们的床单会被露气或者飘进来的雪花打湿。在这里，军事化纪律和体育课程是教育的核心，因此学校还安排了帆船运动和徒步登山等活动。哈恩说，学校的目标，是使这里成为让"权贵子弟从特权牢笼中解放出来"的地方。

1962 年 4 月，年仅 13 岁，有些腼腆的英国王位继承人查尔斯王子踏入了这个奇异的世界。1948 年 11 月 14 日夜里 11 点多，还是公主的伊丽莎白，在白金汉宫的布尔厅诞下长子查尔斯。当时，宫外守候了 3000 多民众，他们一直欢呼庆祝到凌晨，警察也拿他们没有办法。

在儿子出生前的那年秋天，伊丽莎白曾表示："我要做一个称职的母亲。"然而，尤其是在成为女王之后，需要履行的职责突然间闯入了她的生活。于是，还不到 4 岁的查尔斯和其他王室的孩子一样，是由保姆带大的。查尔斯的苏格兰家庭教师凯瑟琳·皮布尔斯（Catherine Peebles）回忆说："他喜欢别人和声和气地跟他讲话。但如果你提高嗓门，他就会缩回自己的壳里，然后很长一段时间都不会愿意配合你做任何事。"

菲利普亲王希望儿子能走出自己的舒适区，于是在跟皮布尔斯上了 3 年课程后，8 岁的查尔斯被送进了学校。也正因此，他成为首位与普通孩子一起接受教育的英国王位继承人。在以阶级为基础的英国，富裕阶层的孩子接受到的是与其他人都不同的教育。查尔斯被送到了骑士桥街道的一所私立预备学校希尔豪斯①（Hill House），那里离白金汉宫很近。

在希尔豪斯就读一年之后，查尔斯便具备了进入典型英国上流社会机构的资格。这个机构就是寄宿学校，父母愿意投入巨大的财力让孩子在较为艰苦的条件下长大，并接受最严格的管教，因为他们相信这样能够铸就孩子坚毅的性格。因而在 1957 年 9

---

① 希尔豪斯国际预备学校是伦敦市区的一所私立小学。

月，差两个月满 9 岁的查尔斯，就被送到父亲曾就读的学校，也是英格兰最古老的预备学校"契姆"（Cheam）。这所学校成立于 1645 年，是专为"贵族和上流人士之子"而设立的学校。从菲利普那时候起，"契姆"就从萨里搬到了伯克郡，这里具备寄宿学校的很多典型特征，例如，简陋的宿舍、冰冷的金属床、强制性的小教堂、冷水澡、拉丁语和体育课，当然，还有体罚。

女王坚持查尔斯应当与其他男孩待遇相同，但以他的身份，真正做到这一点并非易事。新学期的第一天，查尔斯就是乘坐女王和爱丁堡公爵的专车上学的，而查尔斯的日常活动则由住在学校里的私人侦探严密监视着。查尔斯当时年龄小，又非常害羞，他特别不喜欢橄榄球，其他男生还经常嘲笑他的体重。所以在学校的头几个星期，在他看来是自己一生中最孤独的日子。

1962 年，查尔斯被送到了戈登斯顿，这是一个更加离谱的地方。王子和 14 个男孩一同睡在一间活动板房里，并且他总被其他男孩肆意地欺负，特别是在橄榄球场上。与查尔斯同时代的小说家威廉·博伊德（William Boyd）回忆说，一次，这些男孩在霸凌了查尔斯之后大喊："我们刚刚揍了未来的英格兰国王。"查尔斯后来称这个学校是"地狱"和"监狱"，并回忆说，作为新人仪式的一部分，他曾被其他男孩装在一个柳条鱼篮子里，然后丢在冷水淋浴的下面，直到一个舍监发现，才把他救出来。

这样的欺凌或许很难避免，就像查尔斯的一位校友说的：

"我们花的硬币、用的邮票上都印着他母亲的画像，我们怎么可能把他当成一个普通的男孩对待呢？"

那个痛苦的夜晚对查尔斯来讲永生难忘。他在第6学期，也就是15岁的时候给家里写过一封信，信中说道："我已经很多天没有怎么睡过觉了。我宿舍里的人都很无耻，他们可怕到令人难以置信。这世界上怎么会有人如此邪恶？他们整夜整夜地来回扔拖鞋玩，用枕头打我，或是冲过来使劲地揍我，声音大到能吵醒全宿舍的人。昨晚就像是人间地狱一样，毫不夸张！我想回家，想离开这个鬼地方！"

媒体也在持续关注着查尔斯。但只要他待在戈登斯顿一天，基本上就不会受到媒体的窥探，一旦离开学校，进入媒体的视野，便会容易受到攻击。1969年的"樱桃白兰地事件"①，就是一个血淋淋的教训。当时14岁的查尔斯和同学乘坐学校游艇去外赫布里底群岛旅行，他和其他几个男孩在刘易斯岛的斯托诺韦上了岸，并在那儿的一家酒店用餐。

查尔斯不喜欢被人透过窗户盯着看，所以跑去一家酒吧，并且点了一杯饮料，虽然他这辈子从来没有进过酒吧。大多数同龄男孩在酒吧会点啤酒或苹果酒，他却点了一杯樱桃白兰地。查尔斯后来回忆说："这在当时看来似乎过于地引人注目了。"但如果

———————————

① 查尔斯王子在学校旅行时，在酒吧点了一种叫作樱桃白兰地的酒。由于他在这样的年龄点了一杯酒精饮料，所以引起了媒体的一阵骚动。

不是一位自由记者碰巧也在酒吧里，并把这个故事传遍了全世界，可能也不会有人知道。这件事令查尔斯很是难堪，他说自己都准备收拾行李躲到西伯利亚去了。回到学校之后，等待他的是严厉的惩罚。

查尔斯还在蒂姆伯托普学校（Timbertop School）度过了两个学期，该校坐落在墨尔本东北部丛林之中，基本算是澳大利亚版的戈登斯顿学校。查尔斯的成绩不算出色，但也可圈可点。他取得了通用教育证书考试的 5 个 O 级和 2 个 A 级。查尔斯后来说，这所学校培养了他的意志力和自律性，还让他养成了一些至今仍在遵循的奇怪习惯，比如洗完热水澡后再冲一个冷水澡。不过，他表示在那里度过的时光并不怎么愉快，所以当离开时，他感觉如释重负。因此，他并没有把自己两个儿子送进这所学校，而是送他们去了著名的也更为传统的伊顿公学接受教育。

在查尔斯之前，英国的王位继承人都是在家中接受教育的。王室子女的童年基本都是在家庭教师的照顾下度过的，之后王室会从大学、军队或教会中挑选各种学者负责他们的教育。王子公主们的学习成绩参差不齐，而且他们会被刻意地与其他孩子隔绝开来，因此也会造成一些不好的影响。而 18 世纪时父子之间的紧张关系，更可谓雪上加霜。

维多利亚女王的成长之路也并不一帆风顺。才 8 个月大的时候，她父亲肯特公爵就去世了，抚养她长大的是她的德国籍母亲维多利亚和约翰·康罗伊（John Conroy）爵士。康罗伊爵士是一名军官，后来成为公爵夫人家的审计官，很可能也是公爵夫人的情人。

他们制定了一套严格的规则，后来被称作"肯辛顿体系"，这个体系将小公主与其他孩子完全隔离开来，使她完全依赖于这两人。小维多利亚永远不能离开母亲或家庭教师的视线，甚至还得睡在公爵夫人的房间里。小维多利亚的母亲和康罗伊盘算着，如果小公主的叔叔威廉四世国王在她成年之前去世，他们就可以通过她操控权力。但他们的希望落空了。维多利亚18岁生日后不到一个月就登上王位，并且迅速与他们两人反目成仇。成为女王之后，维多利亚做的头一件事就是把自己的床从母亲的房间搬走，而康罗伊则被禁止进入她的房间，母女之间的关系自此变得十分冷淡。

维多利亚女王自己9个孩子的教育，主要是丈夫阿尔伯特负责的，阿尔伯特于1847年1月和女王共同签署了一份教育大纲，其中草拟了一份教育计划。他这样做，很大程度上是出于一种近乎执着的决心，希望他的孩子在成长过程中不要出现他妻子的叔叔，乔治四世和威廉四世那样的性格缺陷，因为这两位国王的任性作为一直令王室感到困扰。而维多利亚女王，只是简单地希望他们的孩子长大以后，能够成为像自己挚爱的丈夫那样的人。她尤其寄希望于她的第二个孩子，同时也是长子，阿尔伯特·爱德华，也就是后来的英国国王爱德华七世。

但结果却令人大失所望。威尔士亲王，也就是维多利亚女王嘴边的"可怜的伯蒂"是个很难管教的孩子，而且脾气暴躁，生气的时候会乱扔东西，也因此经常挨打。长大以后，他的私生活让一向传统保守的父母很是头疼。王子在剑桥大学读书时，曾邀请女演员内莉·克利夫顿（Nellie Clifton）在自己的房间过夜。这事传到了阿尔伯特的耳朵里后，他对儿子如此放荡的行为感到十分震惊，于是亲自跑到学校去教训儿子。但几周后，阿尔伯特（Prince Albert Victor）由于感染了伤寒，不幸去世。女王认为丈夫是去剑桥和儿子谈话那次，在城里散步时患上的感冒，因此女王后来写道："每当我看到他，我都气的全身发抖。"因此，爱德华对自己的子女采取较为宽松的教育方式就不足为奇了。

尽管女王伊丽莎白二世是在 10 岁时才成为推定继承人，但与其他君主一样，女王也没有享受过普通孩子那样的童年时光。由于叔叔爱德华八世退位，父亲阿尔伯特接替王位，成为乔治六世。小时候，伊丽莎白不会念自己的名字，所以在家里大家都叫她"莉莉贝特"（Lilibet），她也是在家中单独接受教育的，不过当时对女孩在教育方面并没有过高的要求。

伊丽莎白和玛格丽特两姐妹的家庭教师，是年轻的苏格兰女孩克劳福德，在首次与姑娘们的祖父乔治五世见面时，就明确了自己的职责。当时，国王用他那洪亮的声音告诉她："看在上帝的份上，教玛格丽特和莉莉贝特写一手像样的字吧，我只有这么一个要求。我的那些孩子们在书写这方面，没有一个能拿得出手的。"

上课的地点位于皮卡迪利街 145 号，这栋高大狭窄的房子离她们海德公园旁的家不远。克劳福德开始上课之后，小公主们的祖母玛丽王后，干涉得更为简单直接，她要了一份课程表，并提出了一些建议。例如，她建议老师多安排一些历史和地理的课程，至少是与英国领地和印度有关的内容，另外还要背诵诗歌。但她认为算术可以不学，因为"这两个姑娘可能这辈子都不需要自己计算家庭开销"。

为了减少王室子女由于接受单独教育所造成的孤独感，克劳福德尽量让公主们多与外界接触，有时还会带她们到附近的海德公园散步。一次，她们甚至坐地铁去托特纳姆法院路，在基督教女青年会喝了茶，这令伊丽莎白和玛格丽特十分高兴。那次，有一位便衣侦探坐在车厢的末尾，一路陪着她们，然而克劳福德却说："人们都看得出他是个侦探，于是开始好奇地四处张望，想看看他到底在侦查什么。"还有一次，她们搭乘了双层巴士，还坐在巴士的顶层。然而，当爱尔兰共和军借助信件炸弹表达独立诉求并求得关注时，这样的美好时光就突然一去不复返了。

在父亲成为乔治六世国王后，她们的生活又发生了进一步的变化。对孩子们来说，这意味着她们要离开皮卡迪利街 145 号温暖舒适的家，搬去房间宽敞、走廊气派的白金汉宫。克劳福德形容住在白金汉宫，就像是"在博物馆里露营"，并抱怨那里家具破旧，存在鼠患。但住在白金汉宫这样宏大的宫殿里，的确是一种与众不同的体验。宫殿外面总是聚集着满怀期待的人群，不过女孩们从来也不清楚他们在期待什么。在那些潮湿的冬日午后，她们经常透过蕾丝窗帘，看着那些同样也看着她们的人群，并且开心不已。除此之外，白金汉宫的巨大花园也给两个女孩带来了无限欢乐。

乔治十分希望女儿们尽可能地拥有正常且快乐的童年，在他的身份还只是约克公爵，公务相对轻松时，这个愿望还是比较容易实现的。他不允许任何事情影响他们正常的家庭生活，这样稀松平常的小幸福每天都在快乐的洗澡哄睡中结束。在成为国王之后，繁杂的公务使享受简单的亲子时光变得困难，但国王夫妇总会和女儿们一起开启一天的生活，而且如果在家，也会尽量和女儿们一起共进午餐。即使在全家搬到白金汉宫后，公主们受到的约束也很少，她们甚至可以在宫内的走廊奔跑。

当时，国王夫妇不想再生孩子这件事已经十分明确，这意味着伊丽莎白有朝一日会成为女王，于是她的教育问题就显得尤为重要，以便为她未来的角色做好准备。因此在第二次世界大战爆发前，母亲每周都会带伊丽莎白去伊顿公学两次，由著名学者，副校长亨利·马汀爵士（Sir Henry Marten）为她上宪法史课。

在欧洲其他国家，王室子女在家接受教育也是常态。1890年，年迈的威廉三世去世，年仅10岁的威廉明娜一夜之间成为女王，因此她也是从小，就一直接受专门为她制订的教育方案。在威廉明娜满18岁前，由母亲埃玛摄政，母亲为她安排了荷兰最好的老师为她教授历史、宪法事务和外语课，还请了将军们教她基础军事科学，经济学讲师教她金融知识，当然，还有老师带她学习《圣经》。

当时，威廉明娜是威廉三世唯一存活下来的孩子，她像个易碎的玻璃工艺品一样被小心翼翼地保护了起来，禁止与外界有任何的接触，就像是一个孤独的存在。后来，她将那段日子形容为"牢笼"，因为唯一陪伴她玩耍的，只有她的洋娃娃。据说，小威廉明娜曾对娃娃们说："如果你调皮，我就把你变成公主，然后你就不能和其他小朋友一起玩了。"从登上王位开始，埃玛就试图培养她的责任感，因此当10岁的小威廉明娜望着欢呼的臣民时问母亲："妈妈，这些人都属于我吗？"母亲的回答是："不，是你属于他们。"

童年虽然孤独，但威廉明娜最终却成长为一个十分自信的年轻女子。她小时候曾拜访过德皇威廉，这位欧洲最有权势的男人对她说："看，我的卫兵有7英尺高，而你的卫兵只到他们肩膀。"

她回答说："陛下，您的卫兵确实有7英尺高。但如果我们打开堤坝，水有10英尺深。"

　　13 岁时，威廉明娜去英国拜访了已年过七旬的维多利亚女王。年轻的威廉明娜回国后，对温莎城堡的警察、管家印象十分深刻，对维多利亚女王本人更是如此，"她开车带我去兜风，我从没见过有人坐得这么直。我简直不敢相信她体型比我还娇小"。5 年后，当被加冕为荷兰历史上首位女王时，她似乎显得格外平静，甚至还坚持要自己撰写演讲稿。

　　成为母亲之后，威廉明娜为了不让自己唯一的孩子，未来的朱丽安娜女王遭受她幼年时期那种绝望的孤独，于是安排了几个经过精心挑选的孩子，并带到位于海牙郊外的夏宫豪斯登堡宫（Huis ten Bosch），好让朱丽安娜的童年有同龄人的陪伴。或许威廉明娜不像自己的母亲那般严厉，但朱丽安娜生活和成长的宫殿之中的氛围却是严格且严肃的，这个宫殿，让朱丽安娜在很小的时候就意识到了自己的地位。朱丽安娜记得，"即使在我还是个小姑娘的时候，当我走进一个房间，老太太们都会马上起身，向我行一个颤颤巍巍的屈膝礼。这太令我难堪了，我有些承受不起"。这是威廉明娜发自内心的感受，这在她对女儿进行宗教方面的教育时也有所体现，她认为，一位优秀的统治者只是上帝意志的代理人。

　　朱丽安娜尝试对自己的孩子采取更为宽松自由的教育方式，第二次世界大战流亡加拿大期间更坚定了她的这一信念，但也使得她与相对更加保守的丈夫因此发生了一些摩擦。当他们 1945

年 8 月回到荷兰后，在索斯戴克宫享受头一顿家庭聚餐时，伯恩哈德对眼前的一切感到震惊：两岁的玛格丽特用勺子敲盘子玩，艾琳蜷着一条腿坐在地上，7 岁的贝娅特丽克丝嘴里的食物还没有咽下去就不停地说着话，还说比起盘子里的荷兰食物，更喜欢母亲在加拿大为她做的牛排和冰淇淋。

第二次世界大战对同时期其他统治者的生活也产生了一些影响。和贝娅特丽克丝女王一样，德国人入侵后，当时还是个孩子的挪威王子哈拉尔也随父母逃离了祖国，先是去了瑞典，之后和母亲及两个姐姐去了华盛顿，他的父亲奥拉夫王储和祖父哈康七世则随挪威流亡政府留在了伦敦。战争结束后，他进入斯梅斯塔德学校（Smestad Skole）的三年级学习，也是挪威王室中首位进入公立学校的成员。

那个时候，丹麦王室成员则留在了哥本哈根，1940 年出生的玛格丽特二世当时还太小，无法理解发生了什么事情，她的主要任务就是学习。她既在阿美琳堡宫进行私人课程的学习，也在公立学校上课，还在汉普郡的一所寄宿学校学习过一年，这也解释了为什么她能讲一口流利的英语。

1946 年出生的瑞典的卡尔十六世·古斯塔夫，虽没有经历过战争的残酷，但却遭遇了失去亲人的痛苦。他的父亲古斯塔夫·阿道夫亲王在他仅仅 9 个月大的时候，就因空难丧生。直到 7 岁，母亲西比拉王妃（Princess Sibylla）才告诉了他发生的一切。比卡尔·古斯塔夫大 9 岁的贝尔吉塔公主（Princess Birgitta）对失去父亲的悲痛感受更为强烈，她在几十年后接受了采访，对母亲处理这件事的方式表示惋惜。她说："孩子们的疑问、焦虑和恐惧都只得到了沉默的回应，这就是我母亲处理问题的方式。但是，这对我们孩子来说并不公平，如果她在事后能和我们谈一谈有关父亲的那场意外，可能会好很多。"

比利时国王阿尔贝二世比卡尔十六世·古斯塔夫大 10 岁，他和哥哥博杜安的童年十分不幸。1935 年，他们的母亲阿斯特里德王后在瑞士因车祸丧生，然后第二次世界大战爆发，他们在布鲁塞尔遭到了形式上的软禁；盟军登陆后，他们又被驱逐到德国。那一年的最后几个月里，他们和父亲以及姐姐约瑟芬·夏洛特（Joséphine Charlotte）一同被关押在萨克森州赫希斯泰因（Hirschstein）的一个堡垒里，然后又被转至奥地利的施特罗布尔（Strobl）。1942 年，父亲的新婚妻子莉莉安生下了一个孩子，她的出现使兄弟俩本就悲惨的生活更加雪上加霜。后来，战争结束了，但这仅仅意味着他们被释放，并不意味着可以回家。由于战争中充满争议的表现，利奥波德三世被迫去瑞士流亡，他的 3 个孩子则在日内瓦继续接受教育。在博杜安即将年满 21 周岁时，利奥波德三世退位，博杜安继任为国王，也是半个多世纪以来除荷兰女王威廉明娜之外，欧洲最年轻的登基者。

西班牙国王胡安·卡洛斯一世的童年也深受其国家复杂政局

的影响。他于 1938 年在罗马出生，祖父阿方索十三世、父亲胡安亲王以及西班牙王室的其他成员在 7 年前宣布成立西班牙第二共和国后，便一直定居在罗马。然而，胡安·卡洛斯的成长经历不同于一般的王室流亡者，他人生的前几十年，一直深陷在王室与佛朗哥将军之间的实力较量中。最终，佛朗哥的军队赢得了内战的胜利，成为国家元首。

尽管，佛朗哥在有生之年不会将权力拱手让人，但他却以自己去世后将会恢复君主制来诱惑波旁家族。但前提是，必须由他决定下一任国王的人选，王室无权干涉。随着时间的推移，胡安亲王成为继任者的可能性越来越微弱，因为佛朗哥对其十分厌恶，倒是胡安亲王的儿子，胡安·卡洛斯有很大的希望。这位独裁者认为胡安·卡洛斯羽翼未丰，所以可以按照自己的方式去培养。

那时，胡安亲王已经从罗马搬到了葡萄牙的埃什托里尔，以便更接近自己的祖国。他意识到如果儿子在西班牙接受教育，继承王位的可能性将会更大。因此，1948 年 11 月，10 岁的小胡安·卡洛斯泪流满面地被送上了卢西塔尼亚夜间特快，去往一个他从未踏足过的国家。他的不安与焦虑，比任何一个被迫和家人分离的小男孩都要多。从到达西班牙的那一刻起，他就不得不扮演一个备受瞩目的角色，而这个角色，完全受制于他的父亲与佛朗哥政权之间的关系。虽然保皇党的代表会来讨好他，但他也不得不经常面对官方媒体对他家人的猛烈抨击。与佛朗哥的会面也令胡安·卡洛斯胆战心惊，他担心自己言多必失。因为父亲曾告诫过他："当你见佛朗哥的时候，多听他说，自己尽量少表达，而且要礼貌且简短地回答他的问题。"

胡安·卡洛斯的传记作者保罗·普雷斯顿（Paul Preston）认为，这个小男孩平静坦然地接受了父亲为了王朝将他出卖给别人的事实，这一点非常引人深思。因为，正如他所说："在一个正常的家庭中，这会被认为是一种残忍的行为，或者一种极端的不负责任。但波旁家族并不是'正常'的家庭，他们认为送走胡安·卡洛斯的决定表现了他们与众不同的'高级'王朝逻辑。"

在萨拉戈萨军事学院接受军官培训期间，刚满 18 岁的胡安·卡洛斯就被卷入了一场离奇惨案，该事件至今都仍是一个谜。1956 年 3 月，当这位未来的国王回到位于埃什托里尔的吉拉尔达家族别墅度假时，他的弟弟，当时年仅 14 岁的阿方索（Alfonso）王子被一枚左轮手枪子弹射中身亡。西班牙大使馆在一份公报中给出的官方说法是："阿方索王子殿下昨晚在与哥哥一起清理左轮手枪时，被一颗子弹击中了前额，数分钟后不幸身亡。"

然而很快，流言四起，且版本不一。例如，胡安·卡洛斯母亲的裁缝约瑟芬娜·卡洛罗（Josefina Carolo）称，当时胡安·卡洛斯不知道子弹已经上了膛，他开玩笑地用手枪指着弟弟，然后扣动了扳机。但对于一个正在接受军官培训的 18 岁少年而言，这样的行为是极其不负责任的。胡安·卡洛斯的葡萄牙朋友贝尔纳多·阿诺索（Bernardo Arnoso）也表示，胡安·卡洛斯开枪时并不知道里面有子弹，而且子弹是从墙上反弹后击中阿方索的头部的。与胡安·卡洛斯的姐姐皮拉尔（Pilar）交谈过的希腊作家海伦娜·马特奥普洛斯（Helena Matheopoulos）提供了第三个更加离奇的说法。她称，当时阿方索离开了房间，回来时开门撞到了胡安·卡洛斯的手臂，进而导致手枪走火的。虽说对于怎么开的枪，有很多种说法，但案件发生时拿枪的是胡安·卡洛斯，这一点却惊人的一致。并且讽刺的是，据说这把手枪是佛朗哥送给胡安·卡洛斯的礼物。

欧洲大陆新一代统治者的童年时光则幸福得多，因为20世纪七八十年代的欧洲是一个和平之地。在大多数情况下，他们和其他孩子一样在普通的公立学校接受教育。不过，也有一些例外。例如，丹麦王储弗雷德里克和弟弟约阿希姆的父亲，安排他们于1982—1983年在位于诺曼底的奥师国际学校（école des Roches）学习，这所寄宿学校严格的纪律，令来自惬意的斯堪的纳维亚半岛的男孩们感到惊讶。与此同时，比利时国王菲利普不得不同时在法语和荷兰语学校接受教育，以便能够完全掌握双语，因为这是这个存在语言分裂的国家对未来君主的基本要求。

然而，他们中没有一个人，能够拥有普通孩子那样简单快乐的童年，不仅仅是由于他们的父母所拥有的财富、地位和宫殿，更重要的是，从很小的时候开始，他们就清楚地意识到自己父母所从事的工作，与任何其他孩子的父母都不一样。他们一周 7 天、一天 24 小时都在从事这项工作，对英国王室而言，这份工作还意味着要到英联邦的其他国家远途旅行，并且几乎不可能带上自己的孩子。

的确，在某些方面，他们与美国总统子女的处境并无太大差异。但他们之间有一个根本性的区别，那就是由于世袭原则，王室子女在公众视野中出现，不仅因为他们的父亲（或母亲）所拥有的地位，还因为他们自己未来也将扮演同样的角色。正因如此，从出生后几天在医院外与微笑的父母第一次合影时，他们就开启了自己聚光灯下的人生。从那天起，从蹒跚学步到情窦初开，他们将逐渐习惯媒体记录他们的一举一动，包括他们犯的错误。

尽管存在如此压力，挪威王位继承人哈康的童年，却是在斯考古姆（Skaugum）的乡村庄园如田园牧歌般度过的。他唯一的公共职责就是在 5 月 17 日宪法日当天，在皇宫阳台向儿童游行队伍挥手。然而其他王室的父母与子女间的关系，却没有这般温馨和谐。丹麦的弗雷德里克王子表示自己的童年一点也不快乐。他和弟弟约阿希姆住在阿马林堡宫顶层的独立公寓里，他们有独立的卧室、游戏室和餐厅，但却很少能够见到父母，一直是保姆埃尔塞·佩德森（Else Pedersen）在照顾他们。

2007 年，前王室记者特莱恩·维勒曼（Trine Villemann）出版的《1015 哥本哈根 K》（*1015 Copenhagen K*）引起了不小的轰动。在这本颇具争议的书中，作者表示玛格丽特二世并未怎么参与孩子的抚养，是位不够称职的母亲。作者还引用了诸多并未透露姓名的前皇宫雇员的说法，"我们很快就意识到，她对照顾孩子并不感兴趣，尤其是在他们年幼的时候。"而玛格丽特二世的丈夫亨里克亲王是个十分严肃的人，当孩子们做错事时，他会毫不犹豫地揍他们。所以，当热爱足球的弗雷德里克想要找人踢球时，陪他的永远是保镖，而不是他的父亲。

据维勒曼描述，在弟弟 3 岁、弗雷德里克 4 岁的时候，他们的幼年生活发生了一件具有里程碑意义的事件。那就是，他们可以下楼在主殿区域活动，并且与父母共进晚餐。随着年龄增长，他们和父母的这种互动逐渐频繁了起来，但每次都还是需要预约才行，就好像他们是这个家里的客人一样。保姆埃尔塞·佩德森扮演了这两个孩子母亲般的角色，她 40 多岁却一直未婚，是个保守传统、婉婉有仪的女性，也是小王子们的情感支柱。因此心情不好的时候，他们首先想到的不是自己的母亲，而是佩德森。例如弗雷德里克在法国的寄宿学校上学的时候，几乎每天都会打电话给佩德森，倾诉自己糟糕的心情。

和查尔斯王子一样，弗雷德里克和他的祖母关系也十分亲密。小的时候，他大部分时间都是在位于哥本哈根以北的王室居所弗雷登斯堡宫度过的。他和弟弟经常步行到英格丽德王后居住的乡村别墅去玩，英格丽德王后和保姆佩德森聊天时，两个孩子就在一边玩耍。

然而到了青少年时期，王子们更需要男性角色的照顾和陪伴，于是 1983 年，禁卫兵兵团军官，女王的武官卡尔·埃里克·古斯塔夫·冯·弗赖斯勒本（Carl Erik Gustaf von Freisleben）少校被安排来负责这两个孩子，3 年之后，他被任命为王储的家庭总管。有 4 个孩子的弗赖斯勒本，充当了孩子们父亲的角色，他会与弗雷德里克和约阿希姆一起踢足球、打网球，还辅导他们做功课。

弗雷德里克从小受到严苛教育的蛛丝马迹，并不仅限于维勒曼书中采访的那些不满朝臣的非公开评论。1992 年，王储本人在父母银婚纪念日的一次演讲中，就曾令人心酸地说道："丹麦有一句古老谚语，'责骂是爱'。所以，亲爱的父亲，我向您保证……我们从未怀疑过您对我们的爱。"

也许是觉得自己将父母的形象描绘得过于强势，所以 2008 年，王子 40 岁生日时出版的那本权威传记中，他的态度似乎有些缓和。书中，弗雷德里克和弟弟否认父亲使用铁腕政策管教他们，但明确表示，传统的法国式家庭教育比相对自由的丹麦式家庭教育更为正式，更强调亲子关系中的互相尊重。因此，弗雷德里克采取了和自己父母截然不同的教育方式教育自己的孩子，他和拥有中产阶级教育背景的妻子玛丽明确表示要做拥有现代教育理念的、凡事亲力亲为的父母。

比利时国王菲利普和妹妹阿斯特里德公主还有弟弟劳伦特王子也没能在一个传统的家庭环境中成长。因为 20 世纪 60 年代末他们的父亲出轨，并与情妇生下了一个女儿德尔菲娜，由此导致婚姻破裂。虽然菲利普在一定程度上算是没有子嗣的伯父，博杜安国王的义子，但这无疑让他们的处境更加艰难。有一次，甚至是仆人们收留他们过的圣诞节。

当然，以上这些与英国威廉王子和哈里王子所遭受的情感创伤相比，根本不算什么。小时候，他们先是眼睁睁看着父母婚姻公开破裂，紧接着，在威廉 15 岁、哈里 12 岁的时候，他们的母亲去世。后来，他们又不得不忍受着父亲与卡米拉的关系，当初正是因为这个女人，他们的父亲背叛了他们的母亲。

这样的成长环境到底给王子们的心理带来多大的负面影响，可能需要心理学家来认定，但无疑，在他们的心底留下了抹不去的伤痕。2009 年，威廉王子在威尔士王妃曾工作过的"孤儿慈善组织"的一场纪念母亲节的演讲中，公开谈及了母亲去世后的空虚感。他说："失去至亲，对任何人来说都是最痛苦的事。这辈子再也不能喊出'妈妈'这个词，这听起来似乎没什么，然而对许多人来说，包括我在内，'妈妈'如今只是一个词而已，一个空洞但又能勾起回忆的词。"

显然，这些经历对威廉和他的妻子，剑桥公爵夫人凯特抚养他们的三个孩子，乔治（2013 年 7 月）、夏洛特（2015 年 5 月）和路易（2018 年 4 月）产生了巨大的影响。他们希望孩子们尽可能地过上"正常"的生活，所以在照顾孩子的问题上，凡事都尽量亲力亲为。当有公务活动时，帮他们照顾孩子的是凯特的母亲卡罗尔·米德尔顿（Carole Middleton），而不是什么皇家军官或者专业保姆。

那么这些王室子女，在完成了一系列的定制课程之后又将何去何从呢？至少在英国王室中，并没有很多人接受过普通的高等教育。虽说爱德华七世曾在牛津大学基督教堂学院和剑桥大学三一学院求学，而查尔斯王子则是英国王室中首位接受正规学士课程并获得学位的成员，他被剑桥大学三一学院录取，学习考古学和人类学，但后来从人类学转去学习历史。

王子的身份意味着必然会受到特殊优待。当开学第一天查尔斯开着他的红色库伯车到校时，三一学院的院长巴特勒勋爵（Lord Butler）亲自在学院门前的人行道上迎接他，等候王子的时候，巴特勒告诉记者："这是我第一次在门口迎接学生。"不过此后，这位王位继承人尽可能地避免搞特殊化，他会和其他学生一起在大厅里的橡木桌子上吃饭，在普通的三人间里休息，在 E 层和其他 10 名学生共用厕所和浴室。在查尔斯之前，牛顿、麦考莱（Macaulay）和萨克雷（Thackeray）都曾在这里住过。唯一的特权体现在他房间中的电话，还有时刻跟随他的保镖。

生活在时髦放纵的 60 年代，查尔斯显得有些与众不同：他最常穿的是传统的花呢和法兰绒，或者是宽松的灯芯绒裤和旧夹克；他喜欢古典音乐，并且不善交际，他最好的朋友是自己的表兄弟；王子最快乐的时光是在学校表演滑稽剧；期末考试，他的成绩虽不算最好，但也不算差。不过，鉴于他的角色需要履行诸多的职责，这个结果并不算糟糕，因为他不仅需要抽时间到国外进行国事访问，还专门花了一学期时间，在坐落于阿伯里斯特威斯的威尔士大学学院学习威尔士语，为 1969 年被封为威尔士王子做准备。

威廉王子在学习方面并不怎么出众，但在大学教育已十分普遍的时代，不申请则显得很奇怪，所以他去了苏格兰最古老的圣安德鲁斯大学。哈里王子的学习成绩也不突出，因此选择了参军。

欧洲其他王室中，查尔斯的同龄人也选择了去大学学习，他们大部分会学习政治学或是一些为他们日后角色量身定制的课程。例如，比利时国王菲利普是家族中第一个大学生，他在牛津大学学习了几个月，然后去了斯坦福大学，并获得了政治学硕士学位。王储弗雷德里克、哈康以及女王储维多利亚曾分别前往美国哈佛大学、加州大学伯克利分校和耶鲁大学求学，并且也在国内的大学学习过。唯一没有出国留学经历的是威廉-亚历山大，他是在荷兰的莱顿大学读的书。

对于年轻的王子们而言，成长意味着从小孩子的打打闹闹过渡到年轻、富裕的特权阶层可享受的娱乐活动。除了服兵役期间，酒吧、餐厅和夜总会已成为他们理所应当出没的地点。

20 世纪 80 年代末至 90 年代，威廉-亚历山大被称作荷兰王室的叛逆小孩。因为喜欢喝啤酒，人们给他起了个外号叫"啤尔斯王子"（Prince Pils），他还爱好高性能汽车和格斗类运动，是阿姆斯特丹社交圈中一个为人熟知的人物。有一次王子超速行驶掉进河中，还因此被罚款。作为健身爱好者，他曾身着万宝路香烟广告的外套和宣传《花花公子》杂志的裤子参加跑步比赛，引发了众怒。

学生时代，王子曾以复习考试为由缺席比利时的国事访问，却在当天下午出现在赛马场上。之后很长一段时间，大众对他的这种印象，都没有因为他在严肃议题上的表现而发生任何改变。不仅如此，他还面临过一系列的公关危机，如 1996 年，他带着客人在皇家庄园打猎时，守猎人将野猪和鹿引至他们开的车旁，以便他们中年长的人狩猎。一向爱戴王室的臣民对此都十分反感，有大约 7000 多人给皇宫发传真或写信对此事表示抗议。

运动是威廉-亚历山大的优势。30 岁之前，他取得的主要成就来自纽约马拉松比赛，以及穿越长达 120 英里的荷兰冰封运河的滑冰比赛，不过，他并不是唯一一个热衷于运动的王室成员。

丹麦王储弗雷德里克是位狂热的小艇水手，曾在世界各地参加比赛。摩纳哥亲王阿尔贝二世则更胜一筹，他曾5次代表国家参加冬奥会的雪橇比赛。英国的安妮公主也是一名奥运选手，她曾随英国马术队参加了1976年蒙特利尔夏季奥运会。

此外，汽车也是一个值得讨论的话题。正如人们所看到的，车祸在王室历史上造成的影响是巨大的，比利时的阿斯特里德王后和英国的戴安娜王妃都因此殒命（格蕾丝·凯利王妃也算是车祸，不过她是由于突发中风引发了车祸）。1988年8月，王储弗雷德里克险些也遭此横祸。当时，他的弟弟约阿希姆王子正驾驶着一辆标致205，行驶在法国南部卡伊城堡附近一条蜿蜒的道路上，车上除了弗雷德里克还有另外两位朋友。刚学会开车的约阿希姆失控撞上了一棵树，他自己只受了几处轻伤逃过一劫，但弗雷德里克和其中一个朋友却被弹出车外，掉进了洛特河（River Lot）里。弗雷德里克在被救上岸前在河中漂浮了几分钟，失去意识昏迷不醒，送往医院后被诊断为锁骨骨折，另外额头上有严重的外伤，需要缝合。

当车祸的消息被媒体泄露之后，玛格丽特二世立即在城堡召开了有关的新闻发布会，由约阿希姆向大众说明车祸发生时的情况。王子称当时的车速"只有"100千米/小时，可在这样一条狭窄的道路上，这个速度实在是太快了。一家杂志刊登了事故车辆的照片，从照片上可以看出，藏在当地一家修车厂油布下的那辆标致车，已经被撞得面目全非。尽管约阿希姆不必承担任何法律处罚，但由于他差点酿成大错，还是受到了母亲的严厉指责。因为，若弗雷德里克在这次车祸中丧生，不仅会导致丹麦人失去未来的君主，而且这位王储的位置，会被对事故负主要责任的弟弟取代。

虽然弗雷德里克和约阿希姆安然无恙，但荷兰女王贝娅特丽克丝的次子弗里索就没那么幸运了。2012 年 2 月，他和儿时好友弗洛里安·穆斯布鲁格（Florian Moosbrugger）在奥地利度假胜地莱赫滑雪时遭遇了雪崩。穆斯布鲁格是荷兰王室冬季传统度假地点邮政酒店的老板，由于佩戴了雪崩"气囊"，所以他逃过了一劫。王子没有佩戴气囊，且 20 多分钟后才被救援人员从雪里挖出来。奥地利的医生拼尽全力，也只能维持他的生命体征，他的大脑因缺氧导致严重的脑损伤，一直处于昏迷状态。2013 年 8 月，弗里索王子去世，享年 44 岁。

年轻的王室成员，通常还面临着一些算不上挑战的挑战。例如，对年轻的王室男性来说，约会是个麻烦事。王子们虽然享有挑选配偶的主动权，正如他们的父辈和祖辈一样。而且，即使在今天，与王子谈恋爱的浪漫画面，也足以让许多年轻女性趋之若鹜。

然而，这样的浪漫恋情，却不得不被迫在媒体的放大镜下上演。早期的王室浪荡公子，如爱德华七世、多位名叫利奥波德的比利时国王以及荷兰的威廉们，人到中年都还能毫不避讳地放纵激情。但他们的继任者却像电影明星一样，整日被狗仔队无休止地追逐。王子身边挽着的新面孔，对于摄影师来说，是价值数千英镑的新闻素材，即便很多情况下，拍到的都不是什么新欢，而只是一个熟人而已。

对王子本人而言，无论这种关注多么情非所愿，都是他生活的一部分。但对于那些女孩来说，发现自己的照片突然遍布各大报纸的头版头条，可能会令她们惊慌失措。这些默默无闻的普通女孩，一夜之间就会变得家喻户晓，对她们来讲，也不会再有什么隐私可言。她们的朋友会被跟踪询问，背景也会被深挖探查。她们最好不要有什么令人尴尬的不雅照片，甚至视频。这年头，这些隐私在社交网络上就能一览无遗。她会突然意识到自己是潜在的王妃人选，至于她是否适合这个角色，不仅仅是一个家庭内部的问题，而是一个合法性层面的问题。

然而尽管存在诸多的障碍，爱情，或者更确切地说，欲望还是占了上风。正如上一章提到的，在崇尚性自由的20世纪60年代，成长起来的英国王储查尔斯，在与戴安娜结婚之前，感情生活十分丰富。在欧洲其他国家，和查尔斯一样的王位继承人，大多也沉溺在年轻漂亮女孩的温柔乡里。和身材火辣的内衣模特约会那么几次没什么大不了的，但如果认真起来，就有问题了。因为就像过去，有些女孩只能作为王室男性的玩物，但肯定不会是妻子的人选。

　　荷兰的威廉－亚历山大出生于 1967 年，比查尔斯小了近 20岁，曾与许多女性有过浪漫情史。其中一个名叫弗雷德里克·范·德·瓦尔（Frederique van der Waal）的模特是一家内衣公司的老板，她经常只穿着清凉的内衣，对着镜头搔首弄姿。王室认为王子与她在一起有失身份，因此"勒令"他们结束关系。但后来，事业有成，定居纽约的范·德·瓦尔声称这段恋情是媒体编造出来的。她说："我不否认我们见过面，因为他和我哥哥都在莱顿上学。但不知道为什么，一些荒唐的小报说，贝娅特丽克丝女王认为我这样的内衣模特，永远也不可能成为未来的王后，这完全是无稽之谈。"

　　30 岁之前，威廉－亚历山大王子确实开始了一段认真的感情。这个名叫艾米丽·布莱默斯（Emily Bremers）的女孩是一个牙医的女儿，他们于 1994 年在莱顿大学相识，当时王子 27 岁。布莱默斯毕业后在荷兰皇家航空公司工作，但王室从未承认过她的身份，不仅因为她是平民，还因为她的宗教信仰。她是一名天主教教徒，这是荷兰王室所不能接受的。

　　尽管这期间有不实报道，将威廉－亚历山大与瑞典女王储维多利亚联系在一起，但事实上王子一直在与布莱默斯交往。而且随着时间的推移，布莱默斯似乎逐渐赢得了王室的认可。1998 年5 月，她甚至陪同王子参加了王位第五顺位继承人莫里茨王子

（Prince Maurits）的婚礼。但那年 9 月，《电讯报》（*De Telgraaf*）称这对恋人其实早在数月前就已经分手，但由于一开始对复合抱有一丝丝的希望，所以一直对外保密。次年，32 岁的王子宣布自己 10 年内不婚。就像他的父亲一样，他直到快 40 岁才结婚。

西班牙国王费利佩六世比威廉-亚历山大小 1 岁，年轻时也有许多的风流情史，同样也受到了媒体的高度关注。他在 20 世纪 80 年代末正式交往过一位女朋友，伊莎贝尔·萨托里乌斯-索拉金·德马里尼奥（Isabel Sartorius y Zorraquín de Mariño）。这个女孩比费利佩大 3 岁，在马德里长大，生活在秘鲁，后来在华盛顿求学。她是马里尼奥侯爵（Marquess de Mariño）与伊莎贝尔·索拉金（Isabel Zorraquín）之女。伊莎贝尔 8 岁时，父母离异，母亲随后嫁给了曼努埃尔·乌略亚·埃利亚斯（Manuel Ulloa Elías），后者在 1980—1982 年出任秘鲁总理。而她的父亲则娶了列支敦士登的诺拉公主（Princess Nora），如此一来，伊莎贝尔便一跃跻身于欧洲上流社会名流之中。

据说，王子对伊莎贝尔情有独钟，但胡安·卡洛斯一世国王和索菲亚王后却坚决反对这段感情。不仅仅因为女方父母离异，更重要的是媒体还将她母亲和一些毒贩扯上了关系，虽没有确凿的证据，但也给俩人的恋情带来了巨大的负面影响。再加上，伊莎贝尔还是一个平民，根据一项可追溯到 18 世纪的卡洛斯三世时的王室法令，任何王室成员与平民结婚，都必须放弃王位继承权。

费利佩后来对待另一位女友，伊娃·萨努姆（Eva Sannum）则显得更加认真。他们相识于 20 世纪 90 年代末，当时伊娃是一名来自挪威的学生，兼职模特。这段持续了数年的关系引起了国内君主派的关注，他们认为，年过 30 的费利佩应该在欧洲其他王室中寻找合适的新娘，并组建家庭，以便尽到维护脆弱的波旁王朝的责任。因此，这对情侣的照片被公布后，西班牙著名王室专家海梅·佩尼亚费尔不屑地说道："一位王室继承人大老远从西班牙跑去奥斯陆，就为和一位模特儿共度周末，这着实令人担忧。"

不过，他们之间的关系并未因此受到影响，虽然直到 2001 年 8 月，也就是认识 4 年后，费利佩和伊娃才得以在哈康王储的婚礼上首次公开亮相。当时，身着军装的费利佩和身着浅蓝丝质晚礼服的伊娃，一起款款步入举行婚礼的挪威王宫大礼堂。不过，这场婚礼，还有伊娃的性感礼服最终成为这段恋情的完美谢幕。2001 年 12 月，费利佩向记者证实，他和伊娃已经达成一致，和平分手。此外，挪威的哈康在婚前也曾与不少时尚女性交往过，不过他的交往对象通常都来自较高阶层的家庭。

比利时国王菲利普年轻时的私生活比较低调，但也有过不少浪漫的感情经历。他的初恋是芭芭拉·马塞利斯（Barbara Masel-is），一位来自芦勒（Roulers）的牛饲料制造商之女，他们相识于菲利普读书的中学洛珀姆的泽文克肯（Zevenkerken）。聪慧勇敢的芭芭拉是个金发碧眼的斯堪的纳维亚女孩，至少会说3种语言，他们在一起交往了3年。菲利普曾经去过芭芭拉父母在鲁瑟拉勒（Roeselare）的家，还有她和姐姐在鲁汶合租的公寓，芭芭拉也去过菲利普父母的贝尔维城堡（Chateau du Belvédère）。

但对于注重身份的比利时王室来说，芭芭拉的中产阶级出身仍然是个问题。于是菲利普的父亲，未来的国王阿尔贝二世向儿子施加压力，要求他立即结束这段关系。据报道，阿尔贝二世这样告诫儿子："你是比利时的王子，你身上肩负着比利时的未来。我知道，芭芭拉对你很重要，但你必须马上跟她分手，你们之间不可能有未来。"

即便到了20世纪的最后几十年，比利时王室仍旧在结婚对象的社会地位问题上，较其他王室更为挑剔。芭芭拉之后，菲利普似乎也吸取了教训。在随后的数年里，与他存在关系的女性名单就如同欧洲贵族的名人录一般，其中意大利女伯爵菲亚梅塔·佛烈斯可巴尔第（Countess Fiammetta de' Frescobaldi），还曾被误认为是英国查尔斯王子的女友。

不过，这些女性中有没有能令王子真正动心的人，却值得怀疑。和其他年轻的王室成员一样，菲利普只要被拍到和哪个女人在一起，媒体就会开始猜测他们多久之后会结婚。这些人中王子最上心的当属女伯爵安娜·普拉特-西贝格（Countess Anna Plater-Syberg），28 岁的安娜是波兰裔法国人，1994 年，法国社会杂志《观点》（*Point de Vue*）在蔚蓝海岸的安提布拍到了他们在一起的照片。并在当年 8 月的杂志封面上赫然刊登"安娜·普拉特-西伯格，比利时菲利普王子的理想未婚妻"这样的标题。比利时王室发表声明，称王子与安娜只是普通朋友，但菲利普却否认了王室的官方回应，于是又将舆论带回猜测之中。

威廉-亚历山大、费利佩和菲利普，看上去似乎都毫不犹豫地放弃了不合适的女友，而丹麦的弗雷德里克王子在处理自己的感情问题时，则没这么干脆利落。他成年后谈过一些女朋友，例如电视主持人及作家苏珊娜·比耶雷胡斯（Suzanne Bjerrehuus）的女儿，马卢·阿蒙（Malou Aamund），这位身材姣好的金发美女年轻时曾出演过一部色情电影。不过，弗雷德里克第一段认真的感情发生在 90 年代中期，与利斯科夫（Risskov）公司首席执行官摩根斯·尼尔森（Mogens Nielsen）的女儿卡佳·斯托科姆·尼尔森（Katja Storkholm Nielsen）。

弗雷德里克和卡佳其实早就相识，因为他们的父亲都喜欢帆船运动，所以他俩经常会在父亲们组织的活动中碰见。1994 年初夏，他们之间的友情升华成了爱情，弗雷德里克人生中第一次坠入了爱河。卡佳长相清秀、微笑甜美、秀外慧中。曾追踪他们恋情的前王室记者维勒曼在《1015 哥本哈根 K》一书中写道，卡佳是弗雷德里克完美的另一半，和她在一起，弗雷德里克显得尤为自信。王储的一位不愿透露姓名的朋友告诉维勒曼说："他们是天造地设的一对，能够彼此成就，彼此温暖。"维勒曼在书中称，弗雷德里克已经向卡佳求婚，对方也接受了。

但卡佳是否会被当作王妃和未来的王后拥戴呢？她是一个模特，曾在时尚之都米兰租住在小公寓里，还拍摄过一些身着昂贵内衣的照片，而且学历也不高，所有这些似乎都不是她进入王室的加分项。

除此之外，国籍是她最主要的问题。多年以来，丹麦君主制一直坚持王室成员应在国外寻找配偶的传统，并且需要得到女王的允许。女王曾说："在男孩们还年幼的时候，我就告诉他们，他们应当在其他国家寻找自己的另一半。这是我们国家一直以来的传统。当然，困难是有的，比如语言，因为丹麦人并不怎么热衷学习一门新的语言。但嫁入丹麦王室就像英国人说的，是'没有附加条件'的，每个人都有过去，但那个过去，仅仅只是过去而已。"

弗雷德里克陷入了两难。他没有能力去挑战家族传统，也没有勇气与斯托科姆分手。1996年夏天，在家族的卡伊城堡度假期间，弗雷德里克还带她见了自己的祖母。但不久之后，王子与丹麦流行歌手玛丽亚·蒙泰尔（Maria Montell）传出了绯闻。斯托科姆听说了这件事之后，毅然决定与王子分手。于是同年10月，斯托科姆的律师发表声明："卡佳·斯托科姆·尼尔森宣布，已与弗雷德里克王储殿下结束恋爱关系。"

第十二章

王室的爱情童话

2010 年 6 月 19 日，至少有 50 万群众挥舞着旗帜，守候在斯德哥尔摩的街道两旁，欢呼庆祝瑞典女王储维多利亚与她曾经的健身教练丹尼尔大婚。从相识到步入婚姻，已经过去了 10 年时间，但若是论身份地位，他们可算是欧洲王室现代史上最不般配的情侣之一。这个工薪家庭出身的男孩，如今成了丹尼尔亲王殿下（HRH Prince Daniel）和西约特兰公爵，还拥有了属于自己的皇家盾徽和会标。

坐落于王宫旁的斯德哥尔摩大教堂，坐满了来自欧洲和其他国家的近千名王室、高官和亲友。维多利亚身穿珍珠白色的短袖露肩礼服，头戴拿破仑送给他第一任妻子约瑟芬（Joséphine）皇后的金色王冠①。她的婚纱裙摆长 16 英尺，面纱是母亲希尔维娅 34 年前的同一天嫁给卡尔十六世·古斯塔夫国王时佩戴的。丹尼尔一身黑色燕尾服上打着白色的领结，他戴着名牌眼镜，头发整齐地向后梳着。

32 岁的维多利亚在婚礼上始终面带微笑，甚至对着一位会众眨了下眼。年长 4 岁的丹尼尔在婚礼誓言中说出"我愿意"时，满含深情地看着新娘，笑中带着泪。和传统的瑞典婚礼不同，维多利亚选择由父亲陪伴自己走入礼堂，并亲手将她交给新郎。在

---

① 约瑟芬皇后将这顶王冠给了孙女洛伊希腾贝格公爵小姐约瑟芬。1923 年小约瑟芬嫁给了瑞典王储奥斯卡一世，并将这顶皇冠带到了瑞典，自此这顶皇冠就成了瑞典王室的传世珍宝。

瑞典，许多人认为这种盎格鲁-撒克逊人的做法是对女性的侮辱，因此主持婚礼的大主教安德斯·魏瑞德（Anders Wejryd）和许多人一样，担心这样做将打破瑞典长达 200 年的"夫妻平等话语权"的传统。

简短的仪式上，阿巴乐队的本尼·安德森（Benny Andersson）为婚礼特别创作了一段合唱音乐。婚礼仪式及教堂外拍照环节结束之后，这对夫妇乘坐一辆敞篷马车，在蓝色制服骑兵的陪同下，穿过用鲜花、蓝黄相间的旗帜和王室肖像装点的城市。

当到达动物园半岛（Djurgården peninsula）上的画廊（Galärvarvet）码头时，这对夫妇手牵手走过蓝色地毯，来到装饰华丽的皇家驳船瓦萨奥德（Vasaorden）。18 名着装整齐的水手划着船，载着手捧花束的新人驶向皇宫，这期间，他们不断向欢呼的人群挥手致意。约 30 分钟后，他们抵达了皇宫，18 架鹰狮战斗机组成方阵从他们头顶飞过。此时军乐奏响，正与新郎父母聊天的国王夫妇迎接了这对新人。

曾经不被看好的结合，最终修成了正果，他们的婚礼也将"2010 爱在斯德哥尔摩"庆典推向了高潮，这个长达两周的庆典始于 6 月 6 日的瑞典国庆日。数月以来，铺天盖地的都是有关女王储大婚的消息，瑞典的报纸、杂志和电视对婚礼的筹备工作进行了细致的报道。斯德哥尔摩的酒店和餐馆准备趁机大赚一笔，连阿兰达机场都被命名为"官方爱情机场"。伦敦商会早前预计，这场婚礼将为当地商人带来超过 800 万英镑的额外收入。纪念品商店随处可见和婚礼有关的水杯、冰箱贴和无数其他印有王室夫妇照片的物品。

然而，这些纪念品并未像预期的那样迅速被抢购一空，市中心的一些酒店也有富余的房间。3 列专门运送各省观众的"婚礼专列"由于需求不足，被取消了两列。媒体上开始出现一些质疑的声音，尤其是关于婚礼庆典的费用，该庆典预计将花费 2000 万瑞典克朗，其中一半都将由纳税人承担。

然而，这些问题丝毫未能影响婚礼当晚的气氛。这对幸福的夫妇在皇家宫殿的豪华大厅举行了一场有 600 名贵宾参加的晚宴。对许多人来说，最精彩的部分莫过于丹尼尔的发言。他全程脱稿，看起来非常自信，毫不费力地在瑞典语和英语之间转换，一下子打消了人们对他应对大场合能力的怀疑。他对新娘说："我爱你，维多利亚，能和你一起站在这里，我感到无比幸福。亲爱的公主，我何其有幸能够成为你的丈夫。"

新郎忆起恋爱之初，这位未来的女王曾在一次正式出国访问前，通宵写情书给他。他说："我起床后，发现 30 封信，一封封整齐地折好放在漂亮的信封里。在她出访的日子里，我可以每天读到一封她给我的信。"他甚至还拿自己平凡的出身开玩笑，引用了《格林童话》里一个年轻人遇到一位公主的故事。他讲道："我不是青蛙，更不是王子，公主的吻也没能改变这一点。"观众笑了起来，他接着说："如果没有英明睿智、正直善良的国王夫妇的支持，我不可能完成如此蜕变。他们耐心地引导着我们，并且毫无保留地分享自己的经验。"紧接着，丹尼尔与新娘进入舞池，跳了一曲完美的华尔兹。卡尔十六世·古斯塔夫国王与新郎的母亲伊娃、丹尼尔的父亲与希尔维娅王后随后也结伴步入舞池。

第二天凌晨，当参加派对的人们还意犹未尽时，这对夫妇已经悄悄登上伯提·霍特（Bertil Hult）的私人飞机。伯提·霍特是国王的朋友，也是瑞典最富有的商人之一。他们飞到了大溪地，之后又前往法属波利尼西亚的一个岛屿，一艘豪华游艇正在等候他们。

与此同时，瑞典人开始琢磨这位王室的新成员。他们喜欢眼见，更喜欢耳听他们的浪漫。《瑞典晚报》（Aftonbladet）称，丹尼尔婚礼上的讲话"令瑞典王室和瑞典民众感动得热泪盈眶"，那一刻"他正式成为我们亲爱的亲王"。其竞争对手《快讯报》（Expressen）网站上的一项在线调查显示，丹尼尔已成为瑞典第二受欢迎的王室成员，仅次于他的妻子。

尽管和维多利亚已经恋爱多年，但作为王室配偶，丹尼尔的出身还是有些出乎瑞典人的意料。人们原本以为，维多利亚会和一位纨绔子弟在一起，比如某个来自富裕家庭的少爷，开着豪车，衣着光鲜地出入斯德哥尔摩高档住宅区的各大酒吧、餐馆和俱乐部。

事实上，维多利亚确实同一位名副其实的"纨绔子弟"交往过几年。他叫丹尼尔·科勒特（Daniel Collert），二人是在学校相识的。帅气、多金、有型的科勒特确实很吸引女孩子，但不幸却接连发生在他的生命中。父母相继去世，科勒特是由继父抚养长大的，他的继父格兰·科勒特（Göran Collert）是一位富有的银行家。

维多利亚公主十几岁时曾患上厌食症，于是 1998 年她前往美国养病。科勒特专程漂洋过海去陪伴她，但没多久他们就结束了恋爱关系。返回瑞典不久之后，丹尼尔便进入了维多利亚的生活，或者更确切地说，是维多利亚走进了丹尼尔的生活。

按照王室的传统，以这样奇特的方式与未来丈夫相识并不多见。当时维多利亚公主想找一个健身房，便四处征求意见。发小卡罗琳·克鲁格（Caroline Krueger）和妹妹玛德琳公主都推荐了"健身大师"。这是一个位于斯兑乐广场附近的私人健身中心，很受斯德哥尔摩时尚人士的欢迎。严格的会员制度和超过 1000 英镑的会员年费，令这里更像是一个私人会所。总之，这里是一个让王位继承人可以不受干扰进行锻炼的最佳选择。她们同时还推荐了一位年轻的私人教练，名叫丹尼尔。

丹尼尔与维多利亚之前交往过的那些非富即贵的年轻人都不同，不仅仅因为他的工作，还有许多其他的原因。首先，他并非首都人，而是来自瑞典中部一个只有 6000 多人的小镇，只要他一开口，大家都知道他来自小地方。丹尼尔的父亲既不是富有的银行家，也不是什么实业家，而是在地方议会工作，母亲则在当地邮局工作。他的日常穿着不是什么时尚的设计师款，而是牛仔裤棒球帽。并且，他住在一间不起眼的公寓，开着一辆并不豪气的阿尔法·罗密欧。

然而，维多利亚还是情不自禁地爱上了这样普通的丹尼尔。他们之间，从工作关系变成友谊，然后又发展成爱情。起初，除了维多利亚的密友，没有人知道他们的情侣关系，两人甚至还一起回到丹尼尔的故乡奥克尔布（Ockelbo）。当地人对未来女王与这位同乡的关系表现得也很平静，他们不但没有急着把这件事告诉热衷八卦的《瑞典晚报》，反而为自己能保守这个秘密而感到自豪。

就像 30 年前国王与王后的关系被媒体曝光一样，他们的女儿也清楚自己的秘密迟早会被知晓。2002 年 5 月，来自瑞典最畅销晚间小报《快讯报》的王室新闻记者约翰·T. 林德沃尔（Johan T. Lindwall）得到了有关他们恋情的消息。预先告知王室后，他写了一篇关于此事的报道。巧的是，在林德沃尔的文章发表当天，维多利亚公主刚好要召开一个新闻发布会，这本来是个完美的否认这段关系的机会，但她没有。当被问及丹尼尔时，维多利亚回答道："他是我的好朋友，我们的关系很不错。"

　　同年 7 月，在维多利亚公主发小克鲁格 25 岁的生日派对上，他们的关系被媒体曝光。派对在斯德哥尔摩港口的一家餐厅举行，这家餐厅专门为克鲁格设计了一个夏威夷主题的生日派对。维多利亚和丹尼尔一起赴宴，考虑到记者们围在会场周围，他们表现得相当低调。但午夜过后，维多利亚与丹尼尔来到了舞池，一边跳舞一边拥吻。他们不知道的是，一个幸运的摄影师在港口的船上用长镜头拍下了他们的亲密举动。于是次日下午，这张照片几乎占据了《晚邮报》（*Aftenposten*）整个头版，标题是"浪漫一吻"。

　　当天，维多利亚公主将飞往瑞典王室在厄兰岛上的避暑王宫索利登宫（Solliden Palace），与家人一起庆祝自己即将到来的 25 岁生日。登机后，她看到了前排乘客座椅后插着的报纸，上面赫然印着自己和丹尼尔接吻的照片。照片其实算不了什么，令她焦灼不安的是，接下来该怎么向父亲解释。

　　国王对女儿的选择似乎并不满意。曾经辅导过维多利亚国家史的赫尔曼·林奎斯特（Herman Lindqvist）说："丹尼尔不是国王理想的女婿人选，可维多利亚对丹尼尔一见钟情，一往情深。她的理智告诉她，他们之间不能超越普通朋友的关系，但却控制不了自己的感情。"林奎斯特曾是记者，后来成为颇受欢迎的历史学家。

　　不过，国王并不是唯一一个不看好丹尼尔的人。许多混迹宫廷小圈子里的官员都看不上这个来自外省的男孩，就连维多利亚的一些朋友也是一样，不管丹尼尔的健身俱乐部多么高档，他仍旧只是个私人教练而已。虽然摩纳哥的斯蒂芬妮嫁给了自己的保镖，但这可是瑞典，不是地中海上的一个什么小国。而且最重要的是，维多利亚注定是下一任君主。瑞典媒体开始评论丹尼尔蹩脚的英语和教养的缺乏，而他对媒体突如其来的关注也是毫无防备，于是对那些跟踪他的摄影记者大发雷霆，这让事情变得更加糟糕。

然而，维多利亚公主并不打算放弃这段感情，随着时间的推移，丹尼尔也逐渐赢得了公众的认可。他开始与王室成员一同出现在公众场合参加活动。当然，这个过程确实花费了数年时间。随着丹尼尔越来越多地进入公众视野，他也重新塑造了自己的公众形象。牛仔裤被时尚西装取代，小阿尔法·罗密欧也换成了雷克萨斯。他的英语越来越好，在上流社会，他变得越来越自信。瑞典一家高级公关公司开始为他服务，安排他与政界名流和其他社会知名人士会面。

时间一天天过去，对这对恋人来说，已经不是要不要结婚，而是什么时候结婚的问题了。2008 年 5 月，维多利亚和丹尼尔一起出现在维多利亚的远亲，丹麦王储弗雷德里克的 40 岁生日派对上，但他们表现得很低调。据报道，次月丹尼尔将会在斯德哥尔摩郊外的皇家地产卓宁霍姆宫租一套 20 平方米的一居室公寓，月租 400 多英镑，距离皇宫只有几百米远。但王宫官员则坚称，女王储将继续住在王宫里。

2009 年 2 月 24 日，两人终于宣布订婚，婚礼定在次年 6 月举行。或许同其他王朝一样，维多利亚的父母接受尼尔做他们的女婿，只是为了王室血脉。毕竟，他们的女儿已经 30 多岁了，如果和丹尼尔分手，再和另一个人重新开始，可能会需要很长一段时间。

另外，还有一个瑞典人不知道的问题，丹尼尔虽然表面上看起来健康强壮，但其实他患有严重的肾病。同年 5 月，瑞典王室宣布，他已入院接受肾脏移植手术，器官来自他的父亲。王室称，他们早就知道他需要进行移植手术，手术的原因是"先天性而非遗传性疾病导致的肾功能受损"。维多利亚和丹尼尔的第一个孩子埃斯特拉（Estelle）于 2012 年 2 月出生，2016 年 3 月，她的弟弟奥斯卡（Oscar）也出生了。

~~~~~

原本，丹尼尔已经算是位不符合王室传统的伴侣了。但与挪威王储哈康的妻子相比，他却算得上是非常传统了。身材高挑、金发碧眼、身材匀称的梅特-玛丽特看上去确实像个公主，然而，她的出身背景却与王室配偶的要求相去甚远，尤其因为，她是一位单身母亲。

根据传统，欧洲王室更喜欢选择"没有历史"的女性。梅特-玛丽特不仅有一段"历史"，而且存在活生生的证据，那就是她的儿子马里厄斯·博格·霍伊比（Marius Borg Høiby）。这个孩子不仅是非婚所生，而且孩子的父亲莫顿·博格（Morten Borg）曾被判刑。但这对恋人从未试图掩盖她的过去，而选择勇敢面对一切。2001 年 8 月 25 日，当梅特-玛丽特身穿一件柔软厚重的淡褐色绉绸婚纱，头戴 20 英尺长的头纱，走在奥斯陆大教堂时，美得令人惊艳。陪伴她的不仅有三位花童，还有身着燕尾服的 4 岁马里厄斯。

奥斯陆教堂的大主教冈纳尔·斯蒂尔塞特（Gunnar Stålsett）在婚礼致辞中赞扬新娘为妈妈们树立了榜样。他说："你们正在开启一个新的篇章，内容需要你们共同谱写。从今往后，你们将有能力更好地理解那些在痛苦中挣扎的人，无论老少。耶稣说，'那赦免少的，他爱的就少。'"

那么这位挪威王位继承人是如何找寻到如此与众不同的新娘的呢？他们初次见面是在 1996 年 7 月，挪威南部克里斯蒂安桑（Kristiansand）的摇滚音乐节上。哈康和电影节的组织者之一莫滕·安德烈森（Morten Andreassen）早在海军服役时就已相识，也正是安德烈森把他介绍给了梅特-玛丽特。这对情侣几乎是一见钟情，很快便默契地一起笑，一起跳，一起闹，开始了一段短暂但充满激情的夏日之恋。

如果这一说法属实，那这个梅特-玛丽特可就不一般了，因为按照马里厄斯的生日推算，当时的她应该正怀着孕，但她却一点也没闲着，就在那年秋天，她还以"调情女王"的身份出现在一档相亲节目中，有 100 多名单身人士竞争与她约会。

梅特-玛丽特和哈康的成长背景也截然不同。哈康打出生就是未来的王位继承人，而 1973 年 8 月 19 日出生的梅特-玛丽特则在克里斯蒂安桑平凡的环境中长大，是家中四个孩子中最小的。父亲斯文·欧·霍伊比（Sven O. Høiby）是一名记者，后来转行做广告文案，母亲名叫玛丽特·杰西姆（Marit Tjessem）。1984 年她的父母离异，三个大一点的孩子已经独立门户，但那时的梅特-玛丽特才 11 岁，所以她和母亲住在一起，尽管父母是和平分手，但梅特-玛丽特仍很难过，因为从此以后，她只有在节假日和隔周的周末才能见到父亲。

不过，生活还得继续。梅特-玛丽特渐渐出落成一个金发美少女，和大多年轻女孩子一样，她对音乐、男孩和运动都很感兴趣。由于厌倦了挪威的生活，1990 年，她以交换生的身份前往澳大利亚，在那里待了一年的时间。她原本希望能去悉尼、墨尔本或其他大城市，但最后却去了维多利亚州一个只有 2 万人口、尘土飞扬的小镇——旺加拉塔（Wangaratta）。尽管如此，她还是很快就适应了澳大利亚的生活，结交了很多朋友，已经听不出挪威口音了。

回国后，她发现自己很难重新适应挪威南部的生活。一天，

她剃了个光头去上学，学校的朋友们觉得很酷，但却把她母亲给
吓坏了。她还和一个比她大两岁的男孩谈起了恋爱，对方是当地
一个混迹各种派对的乐队成员。

虽说喜欢吃喝玩乐，梅特-玛丽特依然在 1994 年通过了毕业
考试。在这之前，她刚和乐队男友分手，又与比她大 15 岁的，来
自挪威东部利勒斯特罗姆（Lillestrøm）的音乐节目主持人约翰·
奥格比（John Ognby）开始交往。没过多久，她便搬去与对方同
居，开启了日夜沉浸于疯狂派对的生活。这一次，她尝试的毒
品，比她之前在克里斯蒂安桑试过的要猛得多。

然而，梅特-玛丽特开始逐渐意识到，她不能再这样沉沦下
去了，她必须做出一些改变。但由于成绩不太好，她决定在奥斯
陆的一所私立语言学校——比约克内斯（Bjørknes）大学继续深
造，于是她和一个闺蜜一起，住在学校附近的格古纳卢卡
（Grünerløkka）区。但奥格比并没有轻易地接受分手的事实，他
打了很多威胁电话，梅特-玛丽特也因此报了警。后来，奥格比
直接跑去奥斯陆，并当街持刀威胁梅特-玛丽特，结果被关押了
48 小时才被释放。据他说，他们本来打算在拉斯维加斯结婚，梅
特-玛丽特甚至连戒指都买好了。

不久后，当她辗转于不同餐厅打工时遇到了伯格（Borg），
并怀了他的孩子。她想留下这个孩子，同时，母亲的再婚更坚定
了她的这个决心。伯格也承诺愿意对她和孩子负责。1997 年 1 月

13 日，他们的宝宝在奥斯陆的阿克医院出生。

在 1999 年的摇滚音乐节上，哈康再次见到了梅特－玛丽特。成为一个母亲也没能使她的生活安定下来。独自生活了几个月后，她在 1997 年夏天搬去了另外一个男人那里。他也是个音乐节目主持人，比她大 10 岁。不过，第二年春天，她就和这个人分手了，并在 1998 年初和另一个男友搬回了克里斯蒂安桑。当然，这段感情也没能维持几个月。随后，在挪威南部格里姆斯塔德（Grimstad）的一所工程学校进修了一年之后，她决定回到奥斯陆学习社会人类学。

虽然梅特－玛丽特在首都根本没有容身之处，但，哈康有。他从加州伯克利学习归来后，就一直住在奥斯陆一个宽敞的单身汉公寓里。他深深地爱上了这个 3 年前有过一面之缘的女人，十分关心她的处境，便邀请她来和他一起住。于是，那一年剩下的时间里，宝宝马里厄斯基本都住在克里斯蒂安桑的外祖父母家。

一开始，哈康和梅特－玛丽特只是合租一套公寓，并没有睡在一张床上。但过了没多久，他们的关系就发展为了情侣。即便如此，哈康还是不愿告诉父亲，梅特－玛丽特也常常从后门离开。挪威虽说是欧洲最自由的国家之一，但这位王储非常清楚媒体会如何看待他们的这段关系。

当哈康终于鼓起勇气告诉父亲时，后者表示了理解。因为哈拉尔国王与平民索尼娅王后的关系在 20 世纪 60 年代也一直是个颇具争议的话题，但问题是，他们该在什么时候告诉公众？最终，挪威南部一家报纸的记者，比吉特·克拉肯（Birgitte Klækken）帮他们解决了这个难题。那段时间她一直在调查他们之间的关系，1999 年 12 月 29 日，她曝光了这段恋情。

他们的关系被公开后，这对恋人快速展开了止损行动。他们意识到要想隐瞒梅特－玛丽特的过去是不太可能的，但那些令人尴尬的私照和视频的存在的确是个棘手的问题。虽然梅特－玛丽特的朋友们一个个地把这些黑历史交给了王室，但他们还是担心漏掉了什么。

与此同时，媒体也在调查她的过去。2000 年 4 月，伯格被爆出曾因非法持有毒品入狱。随后，哈康便采取了一系列的应对措施。在接下来的一个月中，哈康主动接受了挪威国家电视台的采访，并在采访中证实了两人的关系。他说："我有一个女朋友，她叫梅特－玛丽特，我决定现在公开的原因是，如果我继续保持沉默，我的女友以及她的儿子、家人和朋友都可能会被牵扯进来。"在采访中，王储承认女友在 20 世纪 90 年代早期曾频繁光顾一些涉毒的场所，但他坚称这些都已经成为过去。

尽管民意调查显示，挪威人对哈康和梅特－玛丽特的关系持怀疑态度，但哈康却依然一往情深。2000 年 9 月，他们带着马里厄斯搬进了位于奥斯陆市中心北部，一个远离高档住宅区的漂亮公寓。这栋公寓在一条繁忙的马路边，附近有个杂草丛生的花园，不远处有一个公交站，还有几个安全监控摄像头。在那里生活的时候，王子和他的女友经常会穿着牛仔裤和运动鞋，像其他年轻夫妇一样去咖啡馆、音乐会和唱片店。他们甚至会和普通的老百姓一样，从宜家购买家具。

如果没有来自挪威路德教会的压力，这种平淡的小幸福应该还能持续下去，但哈康王储终有一天将成为该教会的领袖。于是，2000 年 12 月 1 日，在得到首相的许可后，国王宣布了儿子订婚的消息。

次年 8 月，在一场于婚礼前 3 天举行的新闻发布会上，哈康对自己无须被迫在爱情和王位之间做出选择表示感谢。与此同时，梅特-玛丽特也对她年轻时的轻率行为作出了由衷的忏悔。她强忍着泪水说："少年时期的我比大多数人都要叛逆，我身处一个什么都敢尝试的环境中，越过了自己的底线而不自知。"她没有否认吸毒史，但坚称："正因为我有惨痛的教训，因此我想借此机会谴责毒品。"

这次新闻发布会开得相当明智。因为从那时起，梅特-玛丽特不愿提及的过去不再是挪威媒体竞相报道的素材了。但她的父亲斯文·欧·霍伊比却成为一个新的问题，自从婚姻破裂后，他的事业就走了下坡路。当他的女儿搬去和王储一起住的时候，霍伊比已经 60 多岁了，独自一人住在克里斯蒂安桑的一间小公寓里，还酗酒。随着越来越多的人知道"斯文·欧"这个名字，他就成为埋在这对情侣心中的一枚定时炸弹，但对小报记者来说，他无疑是上天恩赐的礼物。

《查看和听到》（*Se og Hør*）是一本每周发行量超过 40 万份、财大气粗的名人杂志。该社一名野心勃勃的年轻记者哈瓦德·梅尔内斯（Håvard Melnæs）十分知道如何利用这枚"炸弹"。哈康和梅特-玛丽特的恋情被曝光后，梅尔内斯接到了打探梅特-玛丽特朋友和家人的任务，为此他在克里斯蒂安桑卧底了 6 个月。他的主要目标是梅特-玛丽特的前男友们，他不惜花费重金，得到他想要的照片和故事。

十年过去了，当梅尔内斯和我坐在奥斯陆大饭店的酒吧喝啤酒时，他似乎仍对这些人的配合度感到惊讶。他回忆道："我大约找到了她 10—15 位前男友，她那时候才 27 岁，这说明她大约半年就会换一个男朋友。"除一人外，这些人都有犯罪记录，而且主要是毒品犯罪。他们大都愿意爆料以赚取酬劳，这位未来王妃的许多朋友亦是如此。他还说："我们花钱买的猛料越多，杂志销量就越好。"

然而以上这些都无法和与老霍伊比的碰面相比较。梅尔内斯曾试着在奥斯陆和他联系，但没有他的联络方式，于是他查了一下老霍伊比在克里斯蒂安桑的地址，然后在周围四处晃悠，想碰碰运气。他在公寓楼外站了数小时后，一个风度翩翩、精神矍铄的老人出现了。梅尔内斯提议去喝杯咖啡，但霍伊比更想去喝酒。

当晚，他们在酒吧里坐了许久，喝了不少啤酒。梅尔内斯注意到霍伊比随身携带的塑料袋，里面有 15 张梅特-玛丽特的照片。"都是她小时候的一些照片，平安夜、上学第一天什么的"，梅尔内斯回忆道。对于一个想展示未来王后人设的杂志来说，这些照片价值不菲，他也很乐意付这笔钱。但凭借经验，霍伊比知道媒体也许会利用这些照片去抹黑自己的女儿，于是他提出条件，这篇发表在我们杂志网站上的有关他女儿的报道，必须是正面的、积极的。梅尔内斯欣然应允了："我竭尽所能写了一则积极视角的故事，甚至不惜编造了匿名群众对她的评价，说她日后会成为一个伟大的王后。"

一段双赢的友谊由此诞生。梅尔内斯的老板们对这个新的消息来源十分满意，于是每月支付给霍伊比 1.5 万克朗的定金，并给了他一部新手机，以便保持联系。这还不算什么，如果能提供关于他女儿过去的一些信息或照片，将再为他带来更多收入。如今的霍伊比有了电话，与朋友和家人们也恢复了联系，又重新回归社交圈并拥有了资金流。梅尔内斯回忆道："头两年，我们给了他 70 万—90 万克朗。大部分都是装在信封里，直接交给他的'黑钱'。"

随着婚期临近，如何安排自己那位令人尴尬的父亲令梅特-玛丽特十分头疼。不确定她是否知道那些流传出来的照片是父亲提供的，但无论怎样，他必须受到约束。一开始霍伊比还不清楚自己是否被允许参加女儿的婚礼，不过最终，虽然不能陪女儿走红毯，但他还是收到了婚礼的邀请函。当时梅尔内斯俨然成了霍伊比的干儿子，他甚至还知道梅特-玛丽特让父亲在婚礼前签署了一份协议，保证他在婚礼期间不喝酒。

老霍伊比确实通过"自食其力"得到了很多的好处。比如，报社的"赞助商"不仅为他支付了参加婚礼所需的 4 套西装的费用，还为他在价格不菲的奥斯陆大饭店预订了房间。报社还给了他一台袖珍相机，这样他就可以在婚礼上偷偷拍照了。梅尔内斯表示："他不得不依靠着我们。"在婚礼中，他表现得很得体，但身上藏着的相机被一名保安给没收了。

女儿成为王妃并没能彻底解决老霍伊比的经济问题。且自婚礼之后，媒体的兴趣也发生了变化，梅特-玛丽特的过去已经不再是他们关注的焦点。是时候让老霍伊比，这个匿名消息来源，讲讲自己的故事了。

于是，便有了老霍伊比与《查看和听到》合作的首次公开采访，访谈中他坦率地谈论了自己的生活。于是这篇采访的标题就是"早上 9 点，来点小酒"。老霍伊比因此得到了不错的报酬，但钱很快就花光了，他不得不寻找其他途径来消费自己的新身份，他也开始逐渐享受这种关注。

创意无限的老霍伊比宣布，要写一本关于自己外孙马里厄斯的书。正在伦敦学习的哈康和梅特-玛丽特听闻后吓了一跳，于是将老霍伊比叫去英国与夫妻俩举行"危机会议"。因为这件事，王妃甚至拒绝见她的父亲。这本书的计划就此搁浅，未来有无下文也不得而知。但重要的是，这意味着杂志有了新的素材，老霍伊比也能因此赚到更多的钱。

更多的尴尬接踵而至。2004 年，老霍伊比与著名乡村音乐歌手斯普特尼克（Sputnik）一起巡演期间，结识了雷纳特·巴斯格尔德（Renate Barsgård），一位 30 多岁，事业惨淡的脱衣舞娘。年近七旬的老霍伊比和这个女人结婚的独家消息，肯定非《查看和听到》莫属，老霍伊比也将因此获得大约 4000 英镑的回报。他在接受杂志采访时说道："像我这样的年纪爱上一个和自己小女儿同龄的女人，确实令人难以理解。但我们之间的确是真爱。"

在婚礼举行之前，老霍伊比就打给杂志社，说自己的小未婚妻怀孕了。接下来，他变得越来越贪心，称另外一家报社准备支付 25 万克朗来获得独家报道。《查看和听到》决定竞争独家报道权，但前提是这事是真的。因此，由于梅尔内斯不在，报社派了另一位记者带着验孕包去见他的小未婚妻，但她拒绝了检测。

婚礼依旧如期举行，《查看和听到》成了仪式的主办方。他们决定在国外的挪威大使馆举行婚礼，这样这对夫妇就不会被认出来，而且该杂志还能保留独家新闻。于是他们选择了海牙，因为很少有挪威游客去那里旅游。杂志社支付了所有的费用，包括戒指。梅尔内斯也参加了婚礼，他被老霍伊比分别花 4 欧元和 12 欧元买的婚戒给逗笑了。这夫妻俩是想把钱省下来揣自己兜里。戒指虽廉价，但毕竟是在使馆举行的婚礼，挪威大使亲自到场，为他们送上了新婚祝福。

该杂志也拿到了他们泰国蜜月的独家报道权，不过让梅尔内斯松一口气的是，杂志社派了另一位同事与他们一同前往。他说："这简直能把人逼疯，我从没见过我同事累成那样。那个老霍伊比饭都可以不吃，但绝对少不了啤酒、杜松子酒、奎宁水和香烟。"

不出所料，3 个月后，也就是 2005 年 6 月，这对老少夫妻宣布了离婚。于是，又一个故事诞生了，老霍伊比又能躺着赚到 5 万挪威克朗。

没过多久，梅尔内斯觉得自己受够了，于是离开了老东家。但让前雇主感到尴尬的是，他决定把自己的经历写成一本书，书名颇具讽刺意味：《一个普通的工作日》，书中的内容可以说是爆炸性的。一些知情人士本就怀疑《查看和听到》使用一些非常手段获取内幕，梅尔内斯称，他的老东家不仅会从老霍伊比这样的人身上花钱买消息，还从警方、银行、行政部门和其他组织购买消息，这令很多人感到无语。

梅尔内斯表示："我们有很多线人，就像史塔西一样。"一石激起千层浪，挪威其他媒体纷纷站出来自证清白。尽管遭到老东家的抗议，梅尔内斯却声称自己所说句句属实，就算这本书再版，他也不会做出任何修改。针对梅尔内斯所揭露的内容，挪威有关部门展开了一系列调查。这本书后来被改编成电影，于 2010年 3 月在挪威影院上映。

尽管老霍伊比的所作所为令女儿颜面扫地，但他一直在努力修复与女儿的关系。然而好景不长，他在 2006 年被诊断出癌症，次年 3 月，他在克里斯蒂安桑的家中去世。可即使人已逝，麻烦却依然在。2007 年 11 月，一本挪威记者安妮特·吉利列（Anette Gilje）与老霍伊比合作撰写的传记出版。

哈康和梅特－玛丽特婚礼的嘉宾中，还包括当时的荷兰王储威廉－亚历山大和他的未婚妻马克西玛。马克西玛于 1971 年 5 月17 日出生在布宜诺斯艾利斯，父亲是豪尔赫·索雷吉耶塔（Jorge Zorreguieta），母亲是玛丽亚·德尔·卡门·塞鲁蒂（María del Carmen Cerruti）。人们普遍认为她家庭条件优厚，这一点似乎可以从她诺斯兰双语学校的教育背景中得到证实，因为布宜诺斯艾利斯的富人都会把孩子送到这里上学。而且，她大学读的是阿根廷天主教私立大学。

但事实并非如此，两位阿根廷记者贡柴罗·阿尔瓦雷斯·格罗雷（Gonzaloálvarez Guerrero）和索莱达·法拉利（Soledad Ferrari），为撰写一本非官方传记，对马克西玛的生活进行了调查。他们发现，索雷吉耶塔一家住在布宜诺斯艾利斯北部地区一套 120

平方米的公寓里，而马克西玛的父亲也根本不是什么有钱的地主，他最早只是一名海关的工作人员。马克西玛出生的时候，她父亲还与另一个女人处于婚姻状态，并已经有了三个女儿。但由于阿根廷严格的离婚法律，她父亲直到 1987 年才与其母亲结婚。

他们能负担得起女儿高额的教育支出，完全是因为省吃俭用。不过马克西玛也很争气，获得经济学学位后，进入了金融行业工作。1996 年搬到纽约后，她先是在汇丰银行詹姆斯·卡佩尔（James Capel）投资管理公司工作，后来去了德累斯顿银行。

1999 年，马克西玛和威廉-亚历山大，在西班牙塞维利亚的"4 月节"活动中相遇。当时王子还没完全从与艾米丽·布雷默斯（Emily Bremers）那段长达 4 年的恋情中走出来，但遇到了马克西玛之后，就立刻投入了这段新的恋情。分开时，王子说想去纽约看她，马克西玛并没有拒绝，但她随后表示，当王子 3 周后出现在她面前时，她"差点没有认出他来"。

事实证明，他们之间并不只是一时的激情。那几个月里，王子频繁出入西 20 街 225 号，那是马克西玛与前男友迪特尔·齐默尔曼（Dieter Zimmermann）合租的公寓。马克西玛也去荷兰看望了威廉-亚历山大。王子很快就准备带她见自己的父母，这对任何人来说都是个严肃的事情，何况是王位继承人。8 月，马克西玛受邀前往女王夫妇位于佛罗伦萨附近塔维尔内莱的居所，还去波尔图厄科尔的别墅拜访了威廉-亚历山大的祖父伯恩哈德亲王。

没过多久，狗仔队就注意到了威廉-亚历山大身边的这位靓丽女子。8 月底，他们的恋情被曝光。与同样即将被曝光的梅特-玛丽特相比，马克西玛似乎更符合王妃的标准。尽管她出身平民，但这似乎不再是一个问题，甚至可能算是一种优势。在一个日益世俗化的时代，她的天主教教徒身份似乎也不是什么大问题。她虽喜欢聚会，但没有吸毒史，最重要的是，她没有私生子。

然而，和梅特-玛丽特的情况类似，马克西玛的父亲也引起了一些争议。荷兰媒体发现，索雷吉耶塔从一名普通的海关职员一跃成为 1976—1983 年统治阿根廷的军政府农业部副部长。在此期间，数千人被杀或失踪，这样身份背景的人却有可能是未来荷兰王后的父亲，着实有些尴尬。

但索雷吉耶塔到底做过什么呢？他声称，自己只是一介平民，对于独裁统治期间发生的事情毫不知情。但这说服不了所有人，因此荷兰议会委托拉丁美洲历史专家米希尔·波特（Michiel Baud）教授对索雷吉耶塔的过往进行调查。波特洗脱了马克西玛父亲直接参与暴行的罪名，但他同时认为，一个身居如此高位的人不可能对于所发生之事毫不知情。

对威廉-亚历山大和马克西玛之间关系的担忧仍不绝于耳。但贝娅特丽克丝女王却感同身受，她依然记得 30 多年前人们对于她与克劳斯订婚的非议，因此她给予儿子莫大的支持。2000 年

11月，她邀请儿子未来的岳父母共进晚餐。次年1月，在阿姆斯特丹市立博物馆，女王的63岁生日宴上，贝娅特丽克丝正式同意了威廉-亚历山大和马克西玛的结合，并同这对恋人一起拍照，这是他们首次一同出现在公众场合。

然而，越来越多的人猜测，如果威廉-亚历山大想要与马克西玛结婚，他可能得放弃王位。这意味着他32岁的弟弟，当时在伦敦高盛工作的弗里索将不得不取代他成为王储。并且，威廉-亚历山大在纽约的新闻发布会上为自己未来岳父辩护时的笨嘴拙舌，也招致了一些负面的言论。荷兰议会议员形容他的言论是"令人痛苦"和"难以理解的"，首相维姆·科克（Wim Kok）也表示，已"要求王子对此事保持沉默"。后来他们找到了一个折中的办法，科克派前外交部长麦克斯·范·德尔·斯图尔（Max van der Stoel）秘密会见了马克西玛的父亲，并跟他解释了"他不能出现在婚礼上"这件事。最终，索雷吉耶塔夫妇对此表示妥协。

3月30日，贝娅特丽克丝女王在丈夫、儿子和未来儿媳的陪伴下罕见发表了电视讲话，宣布了威廉-亚历山大订婚的消息，并称赞儿子的未婚妻是"一位睿智的现代女性"。在随后的新闻发布会上，马克西玛用近乎完美的荷兰语表示，她对军政府以及"当时的失踪、酷刑、谋杀和所有其他可怕事件"持憎恶的态度。当提到父亲时，她说道："我的父亲一直尽己所能努力地发展农业事业，但遗憾的是他遇到了一个糟糕的政权。"那年 7 月，尽管 225 名成员中有 15 人投了反对票，但这桩婚姻最终还是得到了议会两院联合会议的正式许可。

2002 年 2 月 2 日，婚礼在阿姆斯特丹顺利举行。在前交易所贝尔拉赫展览馆（Beurs van Berlage）登记注册后，他们在新教堂举行了新教仪式。这对夫妇跪在为威廉-亚历山大的曾祖母威廉明娜女王 1901 年婚礼特制的祈祷凳上，宣读了他们的结婚誓言。仪式结束后，这对新婚夫妇乘坐一辆金色马车穿越街道与民众见面，这辆金色马车也是威廉明娜女王 1898 年即位时，市政府赠予她的。

唯一表现出异议的是一小群示威者，他们举着写有"我儿子在哪里？"的抗议牌，暗指在军政府统治期间"失踪"的年轻人。但与 1966 年贝娅特丽克丝婚礼上发生的骚乱相比，这根本不算什么。马克西玛在婚礼结束后的第一件事，就是打电话给父母。据两位传记作者格雷罗（Guerrero）和法拉利（Ferrari）说，马克西玛的父母在伦敦丽兹酒店套房通过电视转播观看了婚礼，费用由贝娅特丽克丝女王支付。

✦

2004 年，还有两位欧洲王储也举行了婚礼，他们的配偶也同样是平民。5 月 14 日，随着汉德尔的加冕赞歌《牧师扎多克》的旋律在哥本哈根大教堂响起，丹麦王储弗雷德里克迎娶了澳大利亚人玛丽·唐纳森。8 天后，西班牙王储菲利普迎娶了前电视记者莱蒂齐亚。

尽管唐纳森没有王室血统，但她符合王室理想新娘的多项标准。她于 1972 年 2 月 5 日出生在澳大利亚塔斯马尼亚州首府霍巴特，是约翰·唐纳森（John Donaldson）和亨丽埃塔（Henrietta）的第四个孩子。父亲约翰·唐纳森出生于苏格兰，是塔斯马尼亚大学的数学教授，母亲亨丽埃塔曾担任大学副校长的秘书。父母都来自爱丁堡东部的小渔村西顿港，他们在学校时是好友，从小青梅竹马。1963 年，在约翰·唐纳森从爱丁堡大学获得学士学位后，刚满 21 岁的他们就立刻结婚了。几个月后，他们移民到了塔斯马尼亚，与已经定居在那儿的约翰·唐纳森的家人团聚。

玛丽的童年是在距离霍巴特几英里的塔鲁纳度过的，那里的人们过着舒适的田园生活。放学后和周末，他们住的莫里斯大街上到处都是不同年龄的孩子，他们经常一起玩耍，还一起去海滩游泳嬉戏。玛丽和只比她大一岁半的哥哥约翰关系特别好。

中学毕业后，玛丽随家人来到了塔斯马尼亚大学，她的父亲是理学院的院长。她最终取得了该校商学和法律学的学士学位。和许多塔斯马尼亚人一样，玛丽·唐纳森越来越不满足于这个小岛上的生活，于是搬去了澳洲大陆。她先去了墨尔本，在恒美广告做实习生。能力出众的她很快得到了提升，然后她便跳槽到了一家大型投资公司担任客户经理。美丽、才华、抱负，看起来她似乎拥有了一切。但此时，命运却和她开起了玩笑，1997 年 11 月，她的母亲，朋友和家人口中的埃塔（Etta），因心脏手术后的并发症意外去世，年仅 55 岁。25 岁便失去母亲的玛丽，悲痛欲绝。

半年后，玛丽离开了墨尔本，在欧洲和美国旅行了几个月，在爱丁堡短暂停留了一段时间之后，她搬到了澳大利亚最大的城市悉尼。

玛丽曾认为自己将来能够成为一家国际公司的总经理，但 2000 年 9 月在悉尼开幕的奥运会彻底改变了她的生活轨迹。来自世界各地的政治家和其他社会名流纷纷前往澳大利亚参加开幕式，这其中就包括弗雷德里克和他的弟弟约阿希姆。

那天晚上，王子们决定和西班牙国王胡安·卡洛斯一世的侄子，布鲁诺·戈麦斯-阿塞沃（Bruno Gómez-Acebo）到镇上走走。他们的向导是这位西班牙人的澳大利亚朋友卡佳·塔尔纳夫斯基（Katya Tarnawsk）和她的妹妹比阿特丽斯（Beatrice）。戈麦斯-阿塞沃说会带两位朋友一起来，但没有透露他们的身份。碧翠丝以为他们是西班牙运动员，于是打电话给朋友安德鲁·迈尔斯（Andrew Miles），让她"带些漂亮女孩"来平衡一下性别比例。玛丽是迈尔斯的室友，所以她理所当然地出现在了当晚的聚会上。

他们约定在苏塞克斯街靠近海滨的热门酒吧见面。他们点了比萨、啤酒和葡萄酒，然后一边享受美食一边聊天。弗雷德里克刚在国内完成了飞行员训练，加上倒时差，原本筋疲力尽，但与坐在身旁的玛丽很快便聊得火热。她也很快就意识到这位帅哥的身份有些神秘，派对后来转移到了几条街之外的一个时尚酒吧餐厅，大家都看出这两人十分投缘。碧翠丝后来回忆说："我离开酒吧时，他俩还在开心地聊着。第二天早上，我和迈尔斯聊到前一天晚上的聚会，我们都觉得，玛丽和弗雷德里克一定有戏。"

显然，弗雷德里克也有同感。第二天，还没从时差中缓过来的王子打电话给玛丽。他后来回忆说："我觉得这个女孩有些特别，因为我给她打电话时，她一点也没被我的身份吓到。"在奥运会剩下的几周里，弗雷德里克多次从官方活动现场跑去见玛丽。当时，玛丽和室友们租住在邦迪海滩附近波特街 20 号的一栋 20 世纪 20 年代的联排别墅里。弗雷德里克回忆道："我真的觉得她是我的灵魂伴侣，她是个特别优秀的女孩，她所有的方面都很吸引我。"丹麦媒体一直密切关注着弗雷德里克的爱情，但那些来澳大利亚报道奥运会的记者们，却对这件正在他们眼皮底下发生的大事一无所知。王子希望，这件事能一直保密下去。

奥运会结束后，弗雷德里克不得不返程，但他决定再回来见玛丽。因此，仅仅 2 周后，他就飞越了半个地球回来看她。他开启了为期 5 周的假期，好有机会更充分地了解奥运会期间爱上的这个国家。但事实上，他只是爱屋及乌而已。这 5 周的大部分时间里，他们要么在波特街的别墅里待着，要么在城里闲逛，并且还要十分小心，不被来旅游的丹麦人发现。弗雷德里克通过玛丽认识了她的朋友们，他们都很喜欢这个接地气的王子。

在接下来的一年里，弗雷德里克至少往悉尼飞了 5 次，每次飞行时间都得 24 小时。大部分时间他都和玛丽待在城市里，有时也会一起度假。他们住过靠近昆士兰边界的温馨小木屋，也住过悉尼南部海岸的美丽海景房。尽管玛丽很多朋友都知道了她男友的身份，但丹麦媒体却仍然一无所知，这让弗雷德里克暗自高兴了很久。他对自己的传记作者说："没有被媒体发现我们的关系真的是一件好事，这给了我们的爱情一个萌芽和成长的空间。我们之间存在的客观障碍已经够多了，特别是距离。但该来的总会来，我们只能勇敢面对。这是段令人兴奋的时光，也是一个很好的考验，看看我们到底有多想和对方在一起。"

然而，弗雷德里克频繁前往澳大利亚，意味着这个秘密并不会维持太久。丹麦媒体开始猜测，王子对这个国家的热爱背后隐藏着一段恋情。2001 年 9 月，丹麦八卦杂志《查看和听到》刊登了一篇封面故事，透露弗雷德里克正与奥运会帆船金牌得主比琳达·斯托尔（Belinda Stowell）交往，媒体误投的这个"烟雾弹"令弗雷德里克非常开心。

次月，弗雷德里克又去悉尼看望玛丽，并在那儿待了两周。当 11 月 9 日弗雷德里克离开澳大利亚的时候，他们做了一个重大决定：这段持续了 13 个月的恋情，不能再继续跨越地球的两端了。由于弗雷德里克不可能定居澳大利亚，于是，即使意味着必须离开自己的家人、朋友和工作，玛丽还是毅然决定搬去丹麦。

3 天后，玛丽初尝了自己的新生活。当天晚些时候，她正要离开自己工作的贝尔地产公司办公室时，遇到了安娜·约翰内森（Anna Johannesen）。她是《查看和听到》的竞争对手，自称"丹麦皇家周刊"《新闻报》（Billed-Bladet）的记者。约翰内森的问题简单直接："你在和王子约会吗？"玛丽回答："无可奉告。"但纸终究包不住火。3 天后，玛丽穿着红色紧身裙和黑色上衣的照片出现在了杂志的封面上。在度过了一年多不被打扰的清静时光后，这对情侣的关系最终还是被公开了。

从那时起，玛丽发现自己无论走到哪里，都会被摄影记者包围，这让她感到害怕和惊讶。为了知道玛丽的购物习惯，一名澳大利亚自由职业者甚至被专门安排检查她的垃圾桶。一个月后，崩溃的玛丽搬离了波特街，前往巴黎教英语，然后在 2002 年的春天，搬到了哥本哈根。

这对情侣的约会越来越频繁。由于玛丽曾就职微软，她在那里结识了很多朋友，其中也有来自丹麦的女性朋友，她们帮玛丽布置了长堤公园附近的新公寓，离弗雷德里克居住的阿马林堡宫，步行只需几分钟。

种种迹象表明，他们之间的关系变得越来越认真。那年圣诞节，玛格丽特二世和这对情侣在奥尔胡斯的一家电影院观看了电影《指环王 2：双塔奇兵》。2003 年 1 月，他们在霍巴特的码头上首次公开接吻，当时弗雷德里克正在那里参加帆船比赛。虽然只是脸颊上轻轻地一吻，但却足以引起轰动。丹麦电视台一遍又一遍地播放这段视频，甚至还使用了慢镜头。

在让玛丽和丹麦人民等了又等之后，2003 年 9 月，弗雷德里克终于在罗马求婚了。他单膝跪地，用英语问玛丽是否愿意嫁给他，他说："你不可以拒绝我，亲爱的，绝对不能，你必须答应我。"当然，玛丽的回答也没让他失望。

当天晚些时候，弗雷德里克从罗马打电话给管家佩尔·索尼特（Per Thornit），让他发一份新闻稿，宣布订婚的消息。与此同时，这对情侣还有 4—5 天的独处时间，他们选择在距离罗马几小时车程的亚得里亚海边的一家酒店度过。

10 月 8 日，女王在国务会议上正式祝福了弗雷德里克和玛丽的结合。两小时后，结束了与政府官员们互敬香槟的环节，这对新人走到阿马林堡宫的阳台上，向下面的两万多名民众挥手致意。当天下午，在一场电视直播的新闻发布会上，丹麦人终得一见这位注定有朝一日会成为他们王后的女人。

玛丽·唐纳森的过去着实简单幸福，但西班牙国王费利佩六世未来的妻子莱蒂齐亚·奥尔蒂斯的过去却存在一个对于王室来讲比较严重的问题——她离过婚。离婚和王室身份是无法并存的。爱德华八世和华里丝辛普森夫人的故事就证明了这一点。在传统的信奉天主教的西班牙，这个问题仍然特别敏感。在佛朗哥独裁统治的漫长岁月里，离婚是不被允许的，即使在 1981 年离婚合法化后，离婚仍被视为一种耻辱。许多夫妇宁愿分居，也不选择离婚。然而，在莱蒂齐亚的问题上，西班牙民众似乎准备选择忘记和原谅。

1972 年 9 月 15 日，这位未来的王后出生在宁静的西班牙北部城市奥维耶多，全名莱蒂齐亚·奥尔蒂斯·罗卡索拉诺（Letizia Ortiz Rocasolano）。父亲原本是一名记者，后来成为工会领袖。莱蒂齐亚在一所名为赫斯塔的学校上学，随家人搬到了马德里后，她在当地上高中。莱蒂齐亚似乎很早就决定追随父亲进入媒体行业，她在马德里孔普卢腾斯大学（Computens University of Madrid）攻读新闻专业，并在那里获得了学士和硕士学位。毕业后，她曾在墨西哥瓜达拉哈拉的《二十一世纪报》（*Siglo XXI*）工作过一段时间，之后回到西班牙进军电视界，为彭博新闻西班牙版和美国有线电视新闻网工作。

在这段时间里，莱蒂齐亚的交往对象是阿隆索·格雷罗·佩雷斯（*Alonso Guerrero Pérez*）。这个男人比莱蒂齐亚大 10 岁，曾是莱蒂齐亚高中的一名文学老师。1998 年 8 月 7 日，他们在巴达霍斯（*Badajoz*）的阿尔门德拉莱霍（*Almendralejo*）简单注册结婚，但二人的关系没能维持多久，一年后就分手了。

与此同时，莱蒂奇亚的事业在 2000 年发展得顺风顺水。她进入了西班牙国家电视台，并在那儿获得了越来越多的机会，接触和报道最热门的新闻。例如美国总统大选、"9·11"事件以及美国入侵伊拉克等重大新闻事件，并赢得了多个新闻奖项。2003 年8 月，她开始主持西班牙电视台每晚播出的《新闻广播 2》（*Telediario* 2），那是西班牙收视率最高的新闻节目。

当时，她和费利佩已经正式在交往了。二人是前一年年末在西班牙西北部加利西亚的一次晚宴上相识的，当时，莱蒂齐亚是被派往那里报道 2002 年 11 月"威望"号油轮沉没造成的环境污染的。费利佩王子比莱蒂齐亚大 5 岁，身高 1.97 米，高出莱蒂齐亚一头，他肤色黝黑，英俊潇洒，还有着一双迷人的蓝眼睛。并且，自 2001 年 12 月与挪威模特伊娃·桑尼尔（Eva Sannum）分手后，费利佩一直单身。

费利佩和莱蒂齐亚的关系进展得很快。尽管他们的约会常因莱蒂齐亚被派往伊拉克等任务而中断，但他们的关系在次年春天更近了一步。到了 9 月，王子对两人的关系已足够笃定，便将莱蒂齐亚介绍给了自己的父母。当时的西班牙媒体并不知道他们交往的消息。11 月 1 日，王室忽然宣布了费利佩与莱蒂齐亚订婚的消息，这让外界感到十分震惊。莱蒂齐亚向自己的同事们解释："我可是个记者，我知道怎么隐藏好自己。"

媒体对突如其来的大新闻表现出了极大的热情。莱蒂齐亚没有贵族背景，这一点非但没有成为不利因素，反而成了她的优势。费利佩的母亲索菲亚是希腊公主，她的王室出身与莱蒂齐亚形成了鲜明对比，但后者的背景则更体现出了一些现代感。西班牙《国家报》(*El País*) 评论说："这位未来的王后非常能够代表西班牙的现代女性：年轻、专业、独立、热爱旅行，和数百万西班牙人一样，有个人特点和丰富的职业经历。"

《国家报》的右翼对手《世界报》也对此表示赞同："王子选择了一位大家熟知的记者作为自己的终身伴侣，这是一种现代化的标志。"在他们看来，莱蒂齐亚的离异背景不应成为他们婚姻的障碍，西班牙人对此也表示赞同。在该报进行的一项快速民意调查中，70%的受访者表示支持这桩婚姻。5天后，费利佩拿着一枚耀眼的镶钻白金戒指，正式向莱蒂齐亚求婚。随后，他们在马德里郊外的埃尔巴尔多王宫会见了数百名记者。

与一开始听到订婚消息时的热情相反，在婚礼前的数月里，对于莱蒂齐亚是否为未来王后合适人选的讨论闹得沸沸扬扬，导致人们对于这场被西班牙媒体称作"世纪婚礼"的担忧甚嚣尘上。在何塞·玛丽亚·阿斯纳尔 (JoséMaría Aznar) 领导的保守党政府的帮助下，王室采取了强力措施来阻止媒体窥探这位未来王后的过去。据说，有关部门曾警告新闻媒体不要发表负面评论，她的离婚文件甚至被放在了一个590千克重的保险柜里，24小时森严戒备。但即便这样，也没能阻止一些真实性存疑的尴尬照片出现在互联网上。一些网站甚至过分地将她的名字和 puta

（西班牙语"妓女"）组合在一起，称这位未来的王妃为"普特齐亚"（Putizia），意喻她过去私生活混乱。

不论怎样，这些负面报道造成的影响还是有限的。据说，她的前夫格雷罗已被皇宫官员"吹过风"，安全部门也亲自上门"提点"了他，因此，他明确表示不会向媒体出售与莱蒂齐亚的隐私，并衷心祝福前妻得到幸福。然而，他也不是只拥有了高尚的名字而已。他随后出版的那些书，由于"阿斯图里亚斯王妃前夫"的这个标签，使得他的知名度大增，但他每次接受采访时还是不得不回避一切有关前妻的问题。

费利佩也得到了天主教会的宽容和协助。尽管通常不接受离婚人士，但由于莱蒂齐亚上一次是在婚姻登记处登记结婚的，天主教表示可以接受他们的结合。自此，费利佩和莱蒂齐亚预备在马德里阿穆德纳圣母主教座堂举行的婚礼，便没有了任何障碍。

2004 年 3 月 11 日，距离婚礼还有两个月时，形势发生了些许变化。马德里 4 列拥挤的通勤列车遭到袭击，造成 191 人死亡，1700 人受伤。婚礼准备的喜悦被震惊的情绪和哀悼活动所取代，该事件还同时引起了政局的变化。首相阿斯纳尔曾试图将此次袭击归咎于巴斯克分裂分子，然而 3 天后他输掉了选举，社会党领袖何塞·路易斯·萨帕特罗（JoséLuis Zapatero）接任他，出任首相职位。

与阿斯纳尔不同，萨帕特罗可不是保皇派，他甚至呼吁改变王位继承规则，让女性与男性一样拥有继承权，这一做法着实出乎意料。人们普遍被认为这是在针对费利佩，因为他有两个姐姐，他之所以得到继承人的地位，完全归功于男性长子继承权。另外，其他新近上任的左翼成员则抱怨可能高达数百万英镑的婚礼成本太高，于是费利佩取消了两场婚前派对，把钱捐给了爆炸受害者家属以及用于修建纪念碑。

婚礼定在了 5 月 22 日，这是自 1906 年费利佩的曾祖父阿方索十三世与维多利亚·尤金妮亚结婚以来，首次在西班牙土地上举行的王室婚礼。当时，新娘和新郎侥幸躲过了一名无政府主义者的炸弹袭击。这一次，安保措施更加严格，有两万名警察在四周巡逻，并且在城市范围内实施了空中管制。婚礼得以顺利举行，没有出现什么意外，唯一美中不足的就是，天公不作美，下起了大雨。

尽管天气不好，但西班牙首都的街道上还是聚集了成千上万的祝福人群。国旗以及上百万朵红、黄、橙色的花将街道装点得分外美丽。不过，人们并没有遗忘 3 月的爆炸事件，这对夫妇派皇家卫队将一束白玫瑰放在阿托查火车站外的盆栽橄榄和柏树丛中，因为这里是袭击的主要目标之一，花束上附了一个字条："永不忘却。费利佩和莱蒂齐亚。"

在这之后的 5 年中，又有许多王位继承人举行了婚礼，其中，英国的查尔斯王子和他的挚爱卡米拉的婚礼可算得上是最为不同寻常的。自从 1996 年查尔斯王子与戴安娜的婚姻公开破裂并最终离婚，关于查尔斯王子是否会娶卡米拉的猜测就一直在坊间流传。戴安娜离世后的第二年，这个答案毫无疑问是否定的，因为卡米拉那时非常不受欢迎。如今，她依然会遭到英国小报的诽谤，因为这些报纸试图把已故的王妃描述成一位圣人。

然而，查尔斯并不着急。因为他知道，随着时间的推移，卡米拉将逐渐被民众所接受。多年来，女王一直避免与卡米拉在公开场合会面，并刻意不邀请她参加王室的活动。不过，2000 年 6 月，两人共同参加了查尔斯在海格洛夫庄园为西班牙索菲亚王后的弟弟，前希腊国王康斯坦丁举办的 60 岁生日派对。次日的《星期日邮报》（*Mail on Sunday*）称，女王与卡米拉的这次会面，保密工作做得很好，甚至连英国首相托尼·布莱尔在女王到来之前也毫不知情。然而，为了避嫌，女王和她未来的儿媳妇在随后的午餐中座位距离较远。在这个礼节至上的国度里，她们此次会面的地点也是经过深思熟虑的。有分析说，女王在查尔斯的住所而不是皇家宫殿会见卡米拉，说明女王虽表明了缓和的态度，但也没有正式欢迎她融入王室生活。

不过，事态在慢慢变化之中，5 年之后终于传来消息，二人将于 2005 年 4 月 8 日结婚。为了纪念已故的戴安娜王妃，婚后卡米拉将不被授予威尔士王妃的称号，而是康沃尔公爵夫人。和王室以往的标准相比较，他们的婚礼非常低调。由于卡米拉曾经离异，因此她不能与查尔斯在教堂举行婚礼。① 虽然查尔斯也离过婚，但前妻已经去世，所以不受这个规则的约束。婚礼仪式为此改在了温莎城堡举行，还临时设立了一个婚姻登记处，登记环节结束之后是婚礼的祝福仪式。

事情很快便朝着与他们预期相反的方向发展。由于仍不愿接受卡米拉，英国小报争相报道和这场婚礼相关的一系列问题。首先是婚礼地点的选择，当时刚通过的一项法律的细则规定，不得使用非标准建筑举办婚礼。因此，如果这座城堡获得了王室婚礼的许可，那么3年内任何新人都可以在这里举行婚礼。当然，英国王室并不希望这样的事情发生，于是婚礼地点很快就转移到了温莎市政厅。

随后，女王宣布不会参加他们的婚礼，只出席在城堡举行的"宗教祝福"环节和婚礼派对。作为英格兰教会的最高领袖，她认为参加一场未经教会批准的婚礼是不合适的。

与此同时，法律学者也开始质疑查尔斯和卡米拉举行民事婚礼是否合法，因为英国1836年制定的《民事婚姻法》，明确将王室成员排除在外。最终，这桩婚姻的合法性得到了4名并未透露姓名的法律专家的认定。不过奇怪的是，政府后来宣布，由于涉及《宪法》中一些"敏感和重要"的内容，专家们的建议内容将

---

① 在经过长时间的辩论后，英国国教宗教会议在2002年决定取消一项禁令，即离婚人士不再因为前最终任配偶在世而无法在教堂举行婚礼。

被无限期保密。

然而，计划赶不上变化，意外突如其来。4 月 2 日，教皇若望·保禄二世去世，他的葬礼定在 6 天后举行，正好与查尔斯和卡米拉的婚礼发生冲突。查尔斯别无选择，只能将婚礼推迟了 24 小时。这样不仅不影响参加葬礼，也可以避免布莱尔和其他重要宾客面临尴尬的选择。但媒体对此并不领情，《太阳报》发表评论："他已经让卡米拉等了 35 年了，多等 1 天又怎么了？"对于那些纪念品销售商来说，临时更改纪念品日期等一些措手不及的问题，也着实令他们头大。

但无论头顶多少阴霾，婚礼的当天，阳光却十分明媚，卡米拉身穿真丝格纹外套，头戴草编帽，从劳斯莱斯汽车上下来。虽然女王和爱丁堡公爵并未出席，但其他王室主要成员都在场。威廉王子和卡米拉的儿子汤姆·帕克·鲍尔斯（Tom Parker Bowles）也出席了仪式。

这与 1981 年查尔斯和戴安娜的婚礼形成了莫大反差，当时，约有 60 万人在街道两旁观看他们往返圣保罗大教堂。而这一次，温莎大街上只有稀稀拉拉两万人。但不管怎样，这段恋情经历了 30 多年的考验，王子终于娶到了自己心爱的女人。据宾客们透露，女王在婚宴上发表了讲话，说自己为查尔斯感到非常"骄傲"，并祝愿他和新婚妻子一切顺利。

如果说查尔斯的第二次婚礼比较低调的话，那么 2011 年 4 月

29 日威廉王子和凯特·米德尔顿的婚礼则恰好相反。100 多万人在街道两边彻夜守候，就为了能够目睹这盛大的婚礼仪式。在贝尔格莱维亚（Belgravia）的戈林酒店度过单身的最后一晚后，凯特和她的父亲从酒店出发，乘坐女王的劳斯莱斯幻影 6 号豪华轿车前往威斯敏斯特教堂。

婚礼仪式上，威廉王子被授予了 3 个新头衔——剑桥公爵、斯特拉瑟恩伯爵和卡里克弗格斯男爵。一个多小时后，这对夫妇在议会广场的钟声和人群的欢呼声中走了出来，凯特看起来非常镇静，这个中产阶级家庭的女孩，如今成为剑桥公爵夫人殿下，与她相比，威廉似乎显得有点紧张。

英国的媒体评论员认为，威廉与凯特的婚礼与查尔斯和戴安娜的婚礼形成了鲜明对比，后者更有一种童话般不真实的感觉。《泰晤士报》写道："这场婚礼既有传统的盛大、壮观、讲究、怀旧以及感动等特点，也有一种新鲜的与众不同的感觉，给人感觉更加轻松、自然、富有个性。"就连阳台上的亲吻也短暂而朴实，王子还露出了些许的羞涩。而且，为了让这个环节看起来足够感人，电视转播甚至还使用了慢镜头。这场婚礼，威廉和凯特看起来幸福且满足，而当年查尔斯和戴安娜的婚礼似乎被庄严和隆重所淹没了。

这两场婚礼之间的差异，归根结底是由于英国社会在这 30 年中发生的巨大变化。不过，这似乎也反映出这对夫妇下定决心在之后的王室生活中坚持自我，而不任人摆布。

尽管媒体对这对小夫妻的一举一动都很感兴趣，但凯特似乎没有像 30 年前的戴安娜那样遭到媒体的过度干涉。他们俩在威尔士安格尔西岛的一间小屋里开始了两人的婚姻生活，在那里，威廉继续执行他皇家空军搜救直升机飞行员的任务。尽管他们想要远离媒体的视线，但狗仔队还是偶尔越界，引起了王室的不满。

2012 年 1 月，凯特与朋友家人在安静的氛围中共进晚餐，庆祝自己 30 岁的生日。英国媒体也同时发表评论，称赞凯特成功地扮演着自己的角色。圣詹姆斯宫随后宣布，凯特已经接受了 4 个慈善机构的荣誉职位，这些机构主要致力于戒毒和给年轻人提供帮助等服务。从数百个慈善机构中挑选出的这 4 个，反映了凯特"对艺术和户外活动推广的兴趣，以及对各年龄段弱势群体的支持，特别是儿童"。该声明不禁令人将她与戴安娜在慈善机构帮助艾滋病患者，以及在冲突地区清除地雷的工作相提并论。在英国媒体看来，凯特只需要再做一件事，那就是为王室生育一个继承人。她很快便履行了这个义务，2012 年女王登基 60 周年时，她第一次怀孕的消息被媒体披露。

第十三章

候任王储

2008 年 5 月，丹麦王储弗雷德里克高调地度过了自己的 40 岁生日。约有 140 名宾客与王储夫妇一起，参加了在弗雷登斯堡宫橘园举行的生日聚会。派对上，朋友们和玛丽王妃一同为他献唱，宾客中有 5 人还组成了一个临时的男孩乐队，他们在台上即兴表演的时候，王储也吹着口琴加入其中。之后，他们在后花园中搭建的帐篷下，一边享用着专门从格陵兰岛运来的冰饮，一边静静欣赏乐队的演奏，直到凌晨 5 点。

这是一场精彩热闹的派对，也为王储为期一周的生日庆祝活动完美地画上句号。王储生日当天，尽管天气阴沉，但阿马林堡宫外还是聚集了翘首以待的人群，希望能够一睹王储及其家人的风采。弗雷德里克有令人钦羡的一切：貌美的妻子，两个孩子，当然还有生在王室所享有的舒适生活。他在军队中也取得了值得一提的卓越成就，服役期间，他凭借勇气和毅力取得了蛙人部队成员的资格，并参与了天狼星巡逻队的任务。这是一支在最极端的天气条件下，为格陵兰岛北部海岸服务的军用狗拉雪橇巡逻队。

但是，当商业、银行或法律界的同龄人都处于事业上升期之时，弗雷德里克的人生角色到底是什么呢？由于十分热衷游艇运动，王储在世界各地参加了许多比赛，但这看起来像是有些不务正业。他奢侈的生活方式也引起了越来越多的关注，次年 5 月公布的王室账目显示，他和玛丽的花费在原本 1650 万克朗的预算基础上超出了约 210 万克朗，超出的金额必须从弗雷德里克的"个人储蓄"中扣除。账目公布后，这对夫妇很快裁掉了 30 名工作人员中的 5 人。

和所有的王位继承人一样，弗雷德里克也身处同样尴尬的境地。因为对他们来说，登上王位的前提条件是，自己的父亲抑或母亲去世或者退位。并且，作为王位继承人，是不能像普通孩子一样接受传统的学校教育的，因此他们的童年大多是孤单寂寞的。不过最为崩溃的是，每位王位继承人从出生开始，一言一行都将受到大众的审视和评判，而这样非常人可以忍受的时光，他们又该如何度过呢？

在国王拥有实权的时代，王储通常会参与执行军事任务。即便在后来国王们不再率领军队打仗的时代，他们的儿子和王位继承人依然可以替父征战沙场。虽说王位继承人策划谋反的事情并不少见，但在欧洲，至少在过去的几百年里，还没有人走到这一步。不过，那时候的人平均寿命相对较低，王储们继承王位的平均年龄也比现在要年轻一些。

不过也会有一些例外，例如英国广为人知的乔治四世，曾经的威尔士亲王和后来的摄政王，是在 57 岁时成为国王的。在 18 世纪末 19 世纪初的岁月里，骄奢淫逸使他成为有史以来最遭人唾弃的英国王室成员之一。一个世纪后，同样的享乐主义者爱德华七世也直到 59 岁才登基。

从性情上看，二人显然都喜欢吃喝玩乐以及美女相伴，而且有时间和金钱来追求刺激和激情，虽然钱主要都是借来的。就爱德华而言，他的行为还有另一种解释：由于母亲维多利亚女王从未认可过他的才智和努力，所以没有给他任何参与国家事务的机会，因此在漫长的等待继承王位的岁月里，他除了追求自己的乐趣，基本无事可做。这样浑浑噩噩的生活方式，令爱德华的母亲更加轻视他。

而近年来，鲜有能够作为当代王储榜样的王位继承人，不论是正面还是负面的。英国乔治六世国王去世时，女王伊丽莎白二世才 25 岁，瑞典卡尔十六世·古斯塔夫继承祖父的王位时年仅 27 岁。对于他们而言，主要的问题在于没有足够的时间为登上王位做准备。西班牙的胡安·卡洛斯一世 37 岁登基，但他在佛朗哥独裁统治时期所受的教育非常特殊，与自己在民主时代成长的儿子所接受的教育截然不同。而比利时的阿尔贝二世则是次子，他在 59 岁时才继承了无子嗣的兄长博杜安的王位。

玛格丽特二世和贝娅特丽克丝女王分别是在 30 多岁和 40 岁出头登上王位的，因此她们有更多的时间进行准备。挪威国王哈拉尔五世登基时已经 53 岁，1957 年 9 月，20 岁的他便开始参加国务委员会的会议，并在次年父亲缺席时担任了摄政王的角色。和许多王室成员一样，他对游艇运动情有独钟，也一直在追求更精进的技术和成绩。哈拉尔分别在 1964 年和 1968 年代表挪威参加了奥运会，还参加了其他许多国际比赛。

〰〰〰

如今，人们普遍认为，王室成员也不应当饭来张口，衣来伸手，而应当自己赚取日常的开销，或者至少表现出他们有这个意识。因此在大多数国家，当王储们成年时，将会被任命为一个委员会或其他咨询机构的成员，并随时准备在君主健康状况不佳时担任摄政王。例如，挪威王储哈康从 2003 年 11 月，哈拉尔五世国王接受癌症治疗时开始，担任了 4 个多月的摄政王，并从 2005 年 3 月起，在其父亲心脏手术后恢复期间，又担任了两个月的摄政王。同时，他还担任了一些国王或王后没有时间或不愿参加的礼节性工作。

但仅仅这些，是不可能满足这些年轻王储对自己未来设想的，他们希望真正放手去做一些事情，取得一些成就。然而，他们能做什么呢？他们的内驱力与其他任何想在职场有一番作为的年轻人都不同。首先，钱并不是问题，欧洲王位继承人都有丰厚的津贴。另外，他们也不用担心居无定所，他们各个家族都坐拥几座宫殿。

那么，王室工作应该是什么样的呢？理想的情况下，王储们首先应该参与有利于整个国家的活动，而不是为自己或社会中部分群体的私利服务。其次，从事的行业内容不能与政治沾边。因此，即位前继续在军中服役是一个理想的方案，此外，参与外交活动或是海外援助项目也是不错的选择。

曾作为欧洲最年长的候任君主，查尔斯的经历很具借鉴性。在成年后的这 40 年里，他一直都在尝试定义作为王位继承人的意义，并且在这个过程中，学着面对各种争议。这是一个痛并快乐着的过程。

长期以来，查尔斯一直对自然环境的保护和发展表示高度的关注，当同辈的欧洲其他王位继承人还在校园里的时候，他就已经接受了环保主义和可持续发展理念，并迅速从单纯关注发展到具体行动。1986 年，当他告诉一位电视台记者自己会跟植物聊天时，遭到了对方的嘲笑。当没有几个人知道有机作物的概念的时候，他的公爵家庭农场就已经开始种植此类农作物了。并且早在 20 世纪 90 年代初，他便意识到了全球变暖的危险。2010 年秋天，查尔斯王子将自己的这些观点和看法汇集在一起，出版了《和谐》（*Harmony*）一书，并将该书改编成了电影，该书被视作是可与戈尔的《难以忽视的真相》（*An Inconvenient Truth*）相提并论的作品。与此同时，他参与的慈善工作也赢得了广泛的赞誉。他于 1976 年创立的王子信托基金，每年可以帮助约 6 万名无家可归、有心理疾病或是其他问题的年轻人。

查尔斯看到自己的诸多环保理念成为主流思潮，感到毋庸置疑的满足，但同时，他也因倡导顺势疗法而饱受非议。2010 年，有人称他为"启蒙运动的敌人"，但查尔斯却为此感到自豪，因此遭到了英国媒体的讥笑和嘲讽。

　　查尔斯对现代建筑的各种抨击颇具争议。1984 年，他将伦敦国家美术馆的扩建计划描述为"一个深受喜爱的优雅的朋友脸上出现的畸形脓疮"，一时间，这句话成为各类新闻的头条。查尔斯是个行动派，作为多切斯特（Dorchester）古镇的附属项目，查尔斯于 1988 年开始开发庞德伯里（Poundbury），他将那里建造成了他喜爱的传统风格，但许多当代建筑师却认为该项目只是古典建筑的山寨版而已。

　　2009 年，查尔斯给 30 亿英镑的切尔西军营重建项目投了反对票，这个举动惹恼了一些批评家，他们认为王子的所作所为超出了底线。这个重建项目由卡塔尔迪亚尔公司（Qatari Diar）提供资金，但由于王子在幕后游说该公司负责人埃米尔的表弟，卡塔尔首相谢赫·哈马德·本·贾西姆·本·贾比尔·阿勒萨尼（Sheikh Hamad bin Jassim bin Jaber Al Thani），使得该项目流产。许多伦敦人和查尔斯王子一样，都反对这个计划，因为他们更喜欢传统的建筑。不过，民意的偏袒并不起什么作用，它触及了宪法是否赋予王室干预此类计划的问题。

　　欧洲大陆其他王位继承者们的一生，也在不断地体会着自己角色中与生俱来的矛盾性，只不过方式不尽相同而已。西班牙王位继承人费利佩，一直致力于扶持民族企业，并带领本国贸易代表团走出国门，走向世界。此外，他还积极对外宣传西班牙的经济和商业价值，传播西班牙语言和文化，并经常主持经济和贸易博览会。并且，同弗雷德里克一样，费利佩也是名赛艇爱好者。

近年来，气候变化成为王位继承人特别关注的议题。2009 年 5 月底，弗雷德里克与瑞典维多利亚公主及挪威哈康王子一道对格陵兰岛进行了为期 5 天的访问，他们与环保专家一同参加了研讨会，参观了正在萎缩的伊卢利萨特冰川，并共同研究了全球气候变暖对当地居民的影响。同年 12 月，弗雷德里克还和母亲一起参加了哥本哈根气候变化峰会。

3 个月后，弗雷德里克在接受报纸采访时强调，王室成员不像政治家那样受短期思维的束缚，因此在提高人们对气候问题的认识方面可起到一定作用。他说："格陵兰是一个美好的国家。但我们可以看到气候变化给那里带来的影响。我想，对我来说最重要的是让更多的人知道这些变化，并且共同为气候问题做出自己的贡献。"

继承王位前，摩纳哥的阿尔贝也对环境议题产生了浓厚的兴趣。1992 年，阿尔贝与父亲一同参加了在里约热内卢举行的地球峰会，并在会上签署了《京都议定书》的母条约。2006 年，父亲去世后的第二年，阿尔贝二世前往北极，回来后成立了摩纳哥阿尔贝二世亲王基金会，由他本人担任基金会主席，该基金会主要关注气候变化、寻找可再生能源和其他诸多环境问题。2009 年 1 月，他再次出发，在经历了两天的极端天气后，抵达了零下 40℃

的南极。

挪威的哈康王储不仅是一名环保主义者，还是各种发展中国家相关问题的全球活动家，例如贫困和艾滋病。他还是世界经济论坛的座上宾。此外，哈康还常向青年讲述自尊、自爱以及积极投身热爱的事业的必要性。

荷兰国王威廉-亚历山大的青春字典里也没有酒吧和派对，他年纪轻轻便成功地将自己塑造成了一位水资源管理专家，因为这对于这个命运与海洋息息相关的国家来讲至关重要。荷兰常受洪水之害，1953 年的洪灾共造成 1835 人死亡，7.2 万人无家可归。水资源问题，多数情况下主要是干旱问题，也是广大发展中国家普遍存在的问题之一。

体育可以为国家整体利益服务，但有时也有让人意想不到的陷阱。2006 年 10 月，弗雷德里克宣布，希望成为国际奥林匹克委员会成员。该委员会已经有不少王室成员，例如威廉-亚历山大、摩纳哥亲王阿尔贝二世、卢森堡大公亨利和英国安妮公主。然而，弗雷德里克的愿望却引起了保皇派和共和派的猛烈批评。这些批评者认为，国际奥委会不仅腐败，而且政治性过强，若弗雷德里克成为该委员会的成员，将使丹麦王室成为同谋。但这场争论发生的时机很不凑巧，因为当时正值 2009 年 6 月进行的，关于修改继承规则的全民公决，这一话题诱发了媒体对君主制的激烈讨论。不过王子并没有理会这些批评，并于当年 10 月正式成为奥委会委员。

比利时国王菲利普的困扰始于 20 世纪 90 年代初，他 30 多岁的时候。虽然几乎整日都待在没有子嗣的伯父博杜安国王身边，或是和自己的家人及工作人员在一起，但他还是遭到了越来越多的批评。例如有评论说，他在公共场合表现得胆小笨拙；尽管他曾在牛津大学三一学院学习，并获得了斯坦福大学的政治学硕士学位，却还是被指文化水平不高。因此，当 1991 年比利时修改继承规则，允许女性继承王位后，引起了人们对他和他那受欢迎的妹妹阿斯里德之间的比较。

两年后，博杜安突然去世，留下了一个继任者的悬念。虽然菲利普的父亲阿尔贝是王位第一继承人，但当时的他已经 59 岁了，许多王室观察家都希望他能让位给自己 33 岁的儿子，但事实并未如他们所愿，阿尔贝宣布登基。与菲利普亲近的人称，这对他是一个严重的打击。最令王子尴尬的是，父亲没有让位给他这件事，给了评论家们以口实，更坚定了他们认为菲利普不适合这份工作的态度。

在随后的几年里，菲利普一直努力试图改善自己的声誉。1996 年，王室罕见地安排了一场非正式的记者招待会，由菲利普向媒体介绍自己近期的计划、目标和他对自己角色的看法，然而此举并未能平息各种非议。甚至有人建议在父亲阿尔贝去世后，由他的妹妹阿斯里德摄政，直到菲利普的女儿伊丽莎白公主

（Princess Elisabeth）长大成人，继承王位。并且，作为比利时人，这些批评中不可能不涉及两大语言区的争议问题。有人认为王子使用法语多过荷兰语，尽管他招募了许多讲荷兰语的顾问，并决定将伊丽莎白公主、加布里埃尔王子（Prince Gabriel）、埃曼努尔王子（Prince Emmanuel）送入布鲁塞尔的荷兰语幼儿园和小学。不过，2013年7月，菲利普终于得到了一个机会，证明那些针对他的批评都是错的，那就是父亲阿尔贝二世退位，自己加冕为王。

第十四章

王室的"备胎们"

2020 年 1 月 13 日，英国女王伊丽莎白二世和其他英国王室高级成员在诺福克郡的乡间别墅桑德林汉姆庄园，召开了一次有关哈里王子和其妻子梅根未来的特别会议。这次会议讨论的内容是史无前例的，其戏剧性的结果亦是如此。

早就有传言说，这对夫妇并不喜欢王室的生活，因此自 2019 年 11 月之后，两人一直带着儿子阿奇（Archie）居住在加拿大。特别会议召开 5 天前，他们突然通过社交平台宣布，打算"放弃王室身份"。在发布的这则帖子中，还附上了他们新网站的链接。这则消息犹如重磅炸弹，震惊了白金汉宫和全世界。据报道，他们在发布消息前 10 分钟才通知白金汉宫。媒体希望白金汉宫就此事发表评论，但王室的回复只是简单一句话："正在与苏塞克斯公爵夫妇就此事进行初步讨论。"后来，据知情者透露，关于此事的讨论其实已经秘密地进行了数月的时间，但苏塞克斯公爵夫妇担心细节会被泄露给《太阳报》，因而决定提前公开他们的决定。

根据桑德林汉姆庄园特别会议 5 天后公布的协议内容，哈里王子和梅根王妃将不再使用"王子殿下"和"王妃殿下"作为头衔，也不会再有活动的专项资金。他们还必须偿还装修浮若阁莫尔别墅（Frogmore Cottage），也就是他们在温莎城堡的居所所花费的 240 万英镑。尽管如此，哈里仍然是王子，理论上仍然有可能成为国王，但可能性可以说是微乎其微。这对夫妇原本只是想要探索一个他们所谓的"改革性的新角色",但女王明确表示必须清楚划分界限,因此该协议条款也是出人意料的严苛。这是自1936年爱德华八世为了娶华里丝·辛普森而退位以来,英国王室内部最具戏剧性的分裂之一。

但在第二天的发言中,哈里看起来似乎已经做好了迎接新生活的准备。他表示:"作出这个决定,对我和梅根来讲并不容易,但我们别无选择……我希望你们能理解,我之所以带着家人离开我所熟悉的一切,是为了更靠近我们所向往的平静生活。"

接下来的几周里,这对夫妇开始逐渐减少参与王室的官方活动。他们还宣布,将成立一个新的名为阿克威尔(Archewell)的非营利组织,并通过该组织开展新的活动。3月,他们离开加拿大,搬到了美国加利福尼亚州,并于7月在蒙特西托(Montecito)购入一栋奢华豪宅。在接下来的一个月,他们表示将不再接受令人生厌的英国小报的采访。不过,他们做出这一决定时,英国正在遭受新冠肺炎疫情的影响,这不可避免地导致英国国内出现了更多充满敌意的头条新闻。同时,他们通过与奈飞(Netflix)和声田(Spotify)公司合作,签订了数百万美元的合同,从而获得了巨大的经济收益。

2016年6月,哈里和梅根的恋情刚开始时,很难想象他们会走到与王室决裂这一步。哈里也曾谈过不少女朋友,但美国加州出生的梅根却很与众不同。她比哈里大3岁,有过一次短暂的婚史，作为曾出演美剧《金装律师》的女演员，梅根事业上算得上是小有成就。并且，她还是个混血儿，母亲是非洲裔美国人，父亲是荷兰裔爱尔兰人，这也是王室的另一个"史无前例"。虽然作为演员，她会经常面对各种媒体，但那与她现在所承受的过度窥探和干涉相比，根本不算什么。同年 11 月，哈里王子的通讯秘书发表了一份声明，声明中王子对于主流媒体和网络攻击者针对梅根的轻蔑和虚假评论表示担忧。

然而，他们的关系得以维系了下来。2017 年 9 月，这对情侣在多伦多的"不可征服运动会"上首次公开亮相，这是哈里王子 3 年前为受伤军人创办的一项活动。同年 11 月，查尔斯王子宣布了哈里与梅根订婚的消息。民众对这个消息表现出了积极的态度，因为梅根的混血背景体现了英国王室对种族多样性逐渐开放的态度，同时，也可能有助于加强英国与英联邦之间的关系。2018 年 5 月，哈里与梅根在温莎城堡的圣乔治教堂举行了盛大的婚礼，一年后，迎来了他们的儿子阿奇。

然而，媒体的风向很快便发生了改变，从一开始的热情接受转变为了批评质疑。他们对浮若阁莫尔别墅高额的翻新费用提出了质疑，对梅根飞往纽约与明星朋友们举行为期两天的奢华迎婴派对也不买账。更让英国媒体愤怒的是，按照拍摄王室新生宝宝照片的传统，他们等了两天两夜也没能等到拍阿奇的机会。对于许多评论人士来说，梅根的着装和她的好莱坞自由风格似乎与一向保守的王室格格不入，但她的支持者则指责媒体种族歧视。于是双方关系迅速恶化，并由此导致了 2020 年 1 月的"退出王室"事件。

当时，双方在特别会议上，表示同意于 12 个月后重新审议两人与王室关系的协议。2021 年 2 月，王室在一个颇为巧合的时间公布了审议的结果，当时夫妻俩刚刚宣布去年夏天经历过流产的梅根再次有孕。如此看来，他们脱离英国王室之举，已经尘埃落定。这对夫妇告知女王，他们将不会重返王室履行王室成员的相关职责。而白金汉宫则回应称，哈里和梅根将无法继续承担"公共服务的责任和义务"，这意味着，他们将失去自己在英联邦的一切角色，包括哈里珍视的各种军事头衔。这对夫妇随后发表了一份声明回应，"我们在哪里都可以过奉献他人的生活，奉献是无国界的"。这明显是被之前白金汉宫的声明给激怒了，紧接着，他们还宣布将接受他们共同的好友，美国著名电视节目主持人奥普拉·温弗瑞（Oprah Winfrey）的采访，解释他们退出王室的决定。

该专访于次月在电视台播出。采访共分为两部分，先是奥普拉和梅根的单独访谈，然后夫妻俩一起接受采访。谈话的内容极具爆炸性，极大地影响了王室的声誉。在这些针对王室的指控中，梅根提到在自己精神健康出现问题时，王室不仅没有为她提供任何帮助，反而切断了他们的经济来源。更令人大跌眼镜的是，王室成员竟然对夫妻俩儿子的肤色表示"担忧"。他们没有透露这番话是谁说的，以及具体是什么时候说的，他们也给出了相互矛盾的说法。不过奥普拉后来透露，这对夫妇私下向她表明过，发表这番言论的并不是女王和爱丁堡公爵。于是又引起了新一轮的猜测。这种对种族主义的明确指责是极具煽动性的，尤其是在与传统君主制完全相异的美国。针对这一言论，英联邦国家表达了失望之情，而英国舆论的态度则比较微妙。尽管有许多人，尤其是年轻人，对梅根表示同情，但其他人则持严厉的批评态度。他们认为，梅根在和哈里王子结婚的时候就应该清楚了解自己要嫁的王室的本质，而不是想当然地认为自己可以改变它。一些评论人士甚至开始将此次王室名誉所受的损害，与英国王室在处理戴安娜王妃去世事件中所遭受的声誉打击进行比较。不过，采访结束后立即进行的一项民意调查显示，民众对这对夫妇的支持率有所下降，对王室的支持率反而有所上升。

由于一贯不愿对此类指控发表评论，王室一度陷入了尴尬的境地。不过据报道，威廉王子对弟弟的做法也感到愤怒，他首先打破了沉默，在回答一名记者的问题时说道："我们不是种族主义家庭。"白金汉宫也用自己的方式进行了反击，在哈里王子夫妇的采访播出前不久，英国媒体报道，几名王室工作人员声称受到了梅根的欺凌。白金汉宫随后宣布，将把此事交由独立的外部调查人员处理。显然，有关哈里和梅根的争议不会就此结束。

哈里在角色定位方面的痛苦挣扎，尤其是与哥哥威廉更为稳定的生活相比，是以一种极端的方式，展示出了所有王室非直接继承人所面临的问题。简单来说，像哈里这样的"备胎"，其作用恰如其名，作为国王的第二、第三或第四个孩子，当他们之前的继承人因某种原因而失去继承王位的资格时，他们需要随时准备好充当"替代品"，这一点，在婴儿死亡率较高的年代显得更为重要。不过在近代，许多"备胎"最终也登上了王位。例如在英国，近代的 6 位君主中有 3 位——维多利亚女王、乔治五世和乔治六世，都是因为排位在前的继承人死亡或退位而登上王位的。比利时的阿尔贝二世是次子，他最终成为国王，也是因为他的兄弟过早去世。20 世纪前半叶在位的，与他同名的阿尔贝一世，同样也是王朝创始人利奥波德一世的第三个儿子的次子。

但是，如果王位直接从君主手中无缝传递给王储或公主，"备胎们"除了看着王位继承人继续生育子女，使得自己在继承人名单上越滑越远，还能做什么呢？如果这样尴尬的境地对"备胎"来说已经很艰难了，那么他们的配偶又该如何自处呢？

王室，就像是一个家族企业，每个人都有自己分内需要完成的工作，无论是会议发言、开办工厂，还是参加文化活动。然而，这些都不是最闪亮或最吸引人的角色，"备胎"们在君主制的礼宾场合永远都只是点缀而已。此外，正如在第五章中所提到的，尽管次子和次女也有自己的宫殿和其他作为王室成员的福利，但与继承人相比，他们获得的俸禄通常较少一些。

其实，哈里并不是英国王室中第一个饱受争议的"备胎"。在 18 世纪末和 19 世纪初，乔治四世的几位成年兄弟的品行一直令父亲感到绝望。不过，乔治四世在担任威尔士亲王和摄政王期间的表现也好不到哪里去。

女王伊丽莎白二世的妹妹玛格丽特似乎也遗传了家族的风流基因。1930 年 8 月，在母亲的故乡苏格兰格拉米斯城堡出生的玛格丽特公主，很小的时候就表现出了和姐姐明显的性格差异。伊丽莎白严肃认真，而小她 4 岁的玛格丽特则比较顽皮外向。

面容姣好、身材火辣的玛格丽特，在第二次世界大战结束后的几年里迅速成为上流社会的焦点，她出入舞会、派对和夜总会的消息经常出现在新闻媒体上。还深受八卦专栏作家们的青睐，就像之后的戴安娜王妃。刚满 21 岁时，玛格丽特和伊丽莎白的父亲乔治六世去世，随后，姐姐伊丽莎白搬进了白金汉宫，玛格丽特和母亲住在克拉伦斯宫。从那时开始，她的身边便总是围绕着一群有钱有权的富家公子。

那些年，玛格丽特的绯闻男友至少有 31 位，然而，1951 年 8 月蹲守在玛格丽特 21 岁生日派对外拍摄的记者们则感到很失望，因为他们只拍到了玛格丽特和大她 17 岁的父亲的侍从彼得·汤森上校（Peter Townsend）一起骑马。但那天到底发生了什么，没人知道。

1947 年，玛格丽特在与家人一起访问南部非洲时，认识了风度翩翩的前战斗机飞行员汤森。尽管年龄差异较大，但他们之间的友谊很快便发展成了男女之情。1953 年国王去世后，汤森成为王太后的家庭审计员，他向玛格丽特求婚成功。由于汤森是战争英雄，他的功绩，以及在不列颠之战中的突出成就，使他看上去似乎是位十分适合的伴侣。但实际上，他们之间有一个明显无法逾越的障碍——汤森离异，并且有两个孩子。

1936 年退位危机的记忆仍然犹新，且女王伊丽莎白二世的加冕仪式定在了 6 月 2 日举行，随后她将开启为期 6 个月的英联邦国家巡游，于是当权派联合起来反对玛格丽特的婚约。女王为了妹妹的幸福，建议她再等一年，并且在此期间，将汤森从王太后那里调到了自己的宫殿，随后派去了布鲁塞尔。

与 1936 年退位危机时一样，公众舆论存在严重的分歧。《人民报》（*People*）称，玛格丽特公主与汤森这样的离异人士结合是"不可思议的"，是"与皇家和基督教传统背道而驰"。另外一部分人则持相对宽容的态度，主要因为此时的情况与彼时大有不同。玛格丽特与她的叔叔爱德华八世不一样，她不是王储，加之如今她的姐姐已经育有两名子女——查尔斯和安妮，所以她永远不可能成为女王。

两年后，汤森从布鲁塞尔返回英国时，公主已经 25 岁了，不再受 1772 年《皇家婚姻法》（*Royal Marriages Act*）的约束。然而，不得与离异人士结婚的国家惯例和教会传统仍然是她这段感情路上的绊脚石。1955 年 10 月，玛格丽特终于做出了选择。她在一份声明中宣布，将为了自己的王室角色放弃这段感情。她说："我知道，只要我放弃继承权，我就可能拥有自己向往的爱情。但为了教会的教义，以及我对英联邦的责任，我愿意做出妥协和牺牲。"

假如玛格丽特和汤森结合，他们的婚姻是否会幸福将永远是个未知数，但毋庸置疑的是，他在玛格丽特的一生中留下了浓重的一笔。在随后几年里，她又交往过一些男友，其中有一位时髦的年轻摄影师，安东尼·阿姆斯特朗-琼斯（Anthony Armstrong-Jones）。他们会定期在安东尼位于伦敦东南部一栋偏僻的小公寓里约会，共享温馨的晚餐。但 1960 年 2 月，玛格丽特公主忽然宣布与安东尼订婚，令一直关注公主私生活的媒体颇为震惊。显然，玛格丽特是因为得知了汤森将与玛丽·露丝·贾玛涅（Marie-Luce Jamagne）结婚的消息，才一气之下接受了安东尼的求婚。据说，这位年龄只有汤森一半大的玛丽·露丝·贾玛涅，"与公主有几分相像"。

当年 5 月，玛格丽特的婚礼在威斯敏斯特教堂举行，这场英国王室婚礼通过电视直播，吸引了全世界 3 亿多观众观看。婚礼上，玛格丽特身着诺曼·哈特内尔设计的连衣裙，美得光彩夺目。之后,这对夫妇便乘坐皇家游艇"不列颠尼亚"号,踏上了为期 6 周的奢华加勒比海蜜月之旅。作为结婚礼物,第三代格伦康纳男爵(3rd Baron Glenconner)科林·坦南特(Colin Tennant)将自己加勒比海私人岛屿穆斯蒂克(Mustique)上的一块土地赠予了玛格丽特。玛格丽特公主十分喜欢这份礼物,后来她经常飞往那里度假。在那个时髦放纵的 20 世纪 60 年代,沉闷的循规蹈矩逐渐被自由开放所取代,而披头士、玛丽·昆特(Mary Quant)和 MINI 汽车的故乡伦敦,似乎成为世界的中心。而被封为斯诺登伯爵夫妇的玛格丽特和安东尼,也通过在上流社会生活中的高频亮相,完美地融入了这个新世界。他们有两个孩子:1961 年出生的大卫(David)以及 1964 年出生的莎拉(Sarah)。

不过,尽管对彼此仍有感情,他们的婚姻还是很快出现了裂痕,特别是在安东尼被《星期日泰晤士报》聘为摄影师后,需要长时间在国外工作。一次安东尼被派往印度的时候,玛格丽特开始了其第一段婚外情,对象是女儿的教父安东尼·巴顿(Anthony Barton),一个波尔多葡萄酒生产商。在随后几年里,许多名人都曾和玛格丽特有过牵扯和联系,其中包括演员大卫·尼文(David Niven),甚至还有(未经证实)米克·贾格尔(Mick Jagger)、演员彼得·塞勒斯(Peter Sellers)和澳大利亚板球运动员基思·米勒(Keith Miller)。一个曾吃过牢饭的苏格兰演员约翰·宾顿(John Bindon),甚至向《每日镜报》出售了一则故事,吹嘘自己与玛格丽特的亲密关系。虽然他的说法的真实性值得商榷，但这对公主的声誉造成了进一步的损害。

但与接下来发生的事情相比，以上这些根本不算什么。1973 年 9 月，在科林·坦南特于苏格兰举办的一个家庭聚会上，玛格丽特结识了一位名叫罗迪·卢埃林（Roddy Llewellyn）的年轻人，他的父亲哈里是一名奥林匹克场地障碍赛赛马运动员。25 岁的卢埃林，比玛格丽特小 17 岁，但在随后几个月里，他成了公主在穆斯蒂克岛上度假屋的常客。据玛格丽特去世后播出的一部电视纪录片描述，那个度假屋实际上是一个疯狂派对和吸毒的聚集地。1976 年 2 月，《世界新闻报》的头版刊登了他们在岛上穿着泳装的照片。当时 45 岁的玛格丽特被描绘成"老牛吃嫩草"，而卢埃林只是她的"玩物"而已。次月，斯诺登伯爵夫妇公开承认他们的婚姻关系已经结束。

玛格丽特的经历与她的姐姐，女王伊丽莎白二世按部就班但值得称道的家庭生活形成了鲜明的对比。工党议员，同时也是英国为数不多的彻底的共和主义者之一威利·汉密尔顿（Willie Hamilton）将玛格丽特公主描述为"公共财政的巨大负担"。自此，玛格丽特为了王室职责放弃汤森所获得的最后一丝同情，也被她消耗殆尽了，有人甚至开始呼吁终止她获得王室年俸的权利。1978 年 7 月，她的离婚程序办理完结。这是自亨利八世以来，英国王室高级成员的首次离婚事件，但正如我们后来所见，这并不是最后一次。

虽然安东尼在 5 个月后就与助手露西·林赛－霍格（Lucy Lindsay-Hogg）结婚，但玛格丽特却一直没有再婚。她与之后事业非常成功的景观园艺家及设计师卢埃林保持了数年的亲密关系，并在分手后还一直维持着朋友关系。因此，当卢埃林告诉玛格丽特，自己要和老朋友塔蒂亚娜·索斯金（Tatiana Soskin）结婚时，玛格丽特不仅表示赞同，甚至还亲自为他们操办了订婚午宴。

然而，玛格丽特的健康状况却每况愈下。1985 年 1 月，她的部分左肺被切除，并且自 1998 年开始，她多次遭受中风的困扰，最终在 4 年后去世，享年 71 岁。遵照她的遗愿，参加悼念的只有她的家人和朋友。玛格丽特公主的母亲，伊丽莎白王太后，也于 6 周后不幸离世。尽管玛格丽特履行了自己的王室职责，但很难不让人觉得她虚度人生。与其相识的作家戈尔·维达尔（Gore Vidal）曾经写道："她的聪明才智，不应被限制在这样一个人生角色中。"

当玛格丽特为了责任选择了妥协，放弃了深爱的汤森，20 世纪 50—70 年代欧洲其他几位王室的年轻人却选择了跟随自己的内心。这种不断变化的社会态度意味着他们越来越愿意挑战规则，特别是在婚姻方面，即使可能付出失去特权和继承人地位的代价。

如前所述，1950—1973 年在位的瑞典国王古斯塔夫六世·阿道夫的两个孩子和唯一的侄子，都因为选择了"不合适"的新娘，而不得不放弃了继承权。挪威哈拉尔五世国王的两个姐姐也因与平民结婚而招致了批评。然而，纯粹从戏剧性的角度来看，以上这些都无法与 20 世纪 60 年代荷兰爆发的口水战相提并论，争论的导火索是现任荷兰女王贝娅特丽克丝的妹妹艾琳公主的婚姻问题。

20 世纪 60 年代初，20 多岁的艾琳在马德里学习西班牙语时，爱上了波旁-帕尔马家族的卡洛斯·雨果（Carlos Hugo），西班牙王位觊觎者帕尔马公爵（Duke of Parma）哈维尔（Xavier）的长子。他们的结合存在许多障碍，首先，卡洛斯·雨果是罗马天主教教徒；其次，他是西班牙人，荷兰的宿敌；加之，他与佛朗哥将军关系密切，而荷兰人对于佛朗哥在第二次世界大战期间，明里暗里给予希特勒的支持是痛恨的。

1963 年夏天，艾琳秘密地皈依了天主教，使得原本就非常困难的情况雪上加霜。荷兰公众，甚至包括她自己的家人，都是通过阿姆斯特丹一家报纸头版上刊登的照片才得知这个消息的。照片中，公主在马德里圣热罗尼莫堂的一场弥撒中下跪祷告。此事立刻引发了荷兰新教徒的愤怒和国内的宪法危机。

接下来发生的事情近乎一场闹剧。艾琳的母亲朱丽安娜女王急于阻止这场将成为政治灾难的婚姻，于是派工作人员前往马德里劝说公主。这样做似乎起了点作用，因为女王在荷兰电台上宣布，她的女儿同意取消婚约，并且已在归国途中。然而，当本应搭载着公主的飞机抵达阿姆斯特丹史基浦机场时，她本人并不在飞机上。于是朱丽安娜女王和丈夫伯恩哈德亲王计划乘坐荷兰军机，前往西班牙接女儿回国。然而，荷兰政府正逐渐失去耐心，他们威胁说如果朱丽安娜女王敢踏上宿敌西班牙的土地，他们将集体辞职。因为在此之前，奥兰治家族的君主从没有过这样的先例，最终，这个计划被迫取消了。

次年初，艾琳公主终于在卡洛斯·雨果的陪同下回到荷兰，并立即与女王、首相维克多·马里南（Victor Marijnen）以及3位高级内阁部长进行了会谈。艾琳坚决不放弃这桩婚事，甚至还带着未婚夫觐见教皇保罗六世并出席了西班牙的保皇派集会，这些举动使得事态变得更为严重。当年4月，这对夫妇在罗马的圣母玛利亚大教堂举行了婚礼，荷兰王室成员和荷兰外交代表都没有出席。女王和伯恩哈德亲王通过电视观看了仪式，但突如其来的断电致使他们错过了婚礼誓词环节。

艾琳，作为王位第二顺位继承人，最终被剥夺了继承权。因为她在没有获得荷兰议会批准的情况下，在荷兰境外居住。不仅如此，她还一直活跃在丈夫的政治事业中，令王室倍感尴尬。不过，随着时间的推移，他们逐渐远离了右翼意识形态，过着奢华舒适的生活。

　　艾琳和卡洛斯·雨果共育有 4 个孩子，但这段婚姻在 1981 年以离婚告终。艾琳后来回到荷兰，并于 1995 年出版了《与自然对话》（Dialoog met de natuur）一书。她在书中概述了她的一些哲学思考，她认为人类与自然正在渐行渐远。不过，整本书中令荷兰媒体更感兴趣的，是她与树木和海豚的对话。

　　艾琳最小的妹妹玛丽亚·克里斯蒂娜的婚姻也并不顺利。她在纽约蒙特梭利（Montessori）学校教书时认识了豪尔赫·佩雷斯·吉列尔莫（Jorge Pérez y Guillermo），一位从事社会工作的古巴难民。为了这段感情，公主皈依了天主教，并宣布自己及子女都将放弃荷兰王位的继承权。二人于 1975 年结婚，但 1996 年，这段婚姻也以离婚收场。

　　不过，三女儿玛格丽特公主（Princess Margriet）总算给了朱丽安娜女王一丝安慰。她在 1967 年嫁给了莱顿大学的同学皮特·范·沃伦霍芬（Pieter van Vollenhoven）。作为一名风险管理教授以及和运输、安全相关的委员会主席，范·沃伦霍芬的事业发展稳定且顺利。结婚 50 多年来，拥有 4 个孩子的他们婚姻依然稳固，丈夫范·沃伦霍芬也成为一位受人尊敬的王室成员。

　　近些年来，人们对于王子或公主的婚姻伴侣，持更加开放宽容的态度，但这并不意味着"备胎"及其配偶的生活会变得轻松。英国国王查尔斯三世的两个弟弟和一个妹妹的境遇则生动地证明了这一点。由于许多官方活动都活跃着她的身影，生于1950年的安妮公主近来经常被媒体描述为最勤奋的王室成员，然而年轻时的她，却因脾气暴躁而闻名。当时的安妮公主是位马术运动员，参加过包括1976年蒙特利尔奥运会在内的许多国际比赛，其中1982年巴德明顿马术比赛最令人印象深刻，她在跨越水沟障碍时从马背上摔了下来，然后对着想要拍照的摄影记者发了好大一通脾气。

1974年，安妮亲口承认自己的脾气差点为她带来更严重的麻烦。一次，她参加完慈善活动驱车返回白金汉宫时，被一名患有精神问题的20岁男子持枪绑架，并勒索200万英镑的赎金。安妮伺机跳车逃生，索性没有受伤，但绑匪开枪打伤了两名警察、一名司机和一名乘坐出租车跟随他们的记者。事后安妮对警察说："我差一点就要对他发火了，但我知道我不能这么做，不然他肯定会向我开枪。"此后，王室加大了王室人员的安保力度。

褪去了年轻时的使性谤气，后来的安妮逐渐蜕变为王室珍贵的公主。而她的弟弟安德鲁，1960年出生的约克公爵，也同样受到了媒体的过分关注。自2001年从皇家海军退役后，他一直在努力塑造自己的形象，但他奢侈的生活方式遭到了普遍的批评。例如2007年，他在担任英国贸易投资总署特别代表期间花费了43.6万英镑，被指开支过大。影响更为恶劣的是，安德鲁与利比亚、哈萨克斯坦、阿塞拜疆和土库曼斯坦等国的高层人士建立了商业和个人往来。随着阿拉伯世界民主运动的兴起和利比亚内战的爆发，王子与部分地区一些敏感人物的关系则显得过于亲密，过于私人化。

　　安德鲁的私生活也一直处于媒体的监视之下。1986 年 7 月，他与萨拉·弗格森（Sarah Ferguson）结婚，但 1992 年 3 月两人协议分居。当年 8 月，《每日镜报》刊登了公爵夫人与她的美国财务顾问约翰·布莱恩（John Bryan）在加勒比海度假时的亲密照，彻底磨灭了他们复婚的可能性，因此，1996 年 5 月，萨拉与安德鲁离婚。虽说与前夫保持着不错的关系，且共同抚养两个女儿，比阿特丽斯（Beatrice）和尤金妮（Eugenie），但公爵夫人欠下了巨额的债务（据说高达 300 万至 420 万英镑）。为了应对财务问题，她开始写作，先是儿童读物，然后转向浪漫的历史小说。与此同时，安德鲁因与杰弗里·爱泼斯坦（Jeffrey Epstein）的老交情而面临越来越多的指责，这个曾经的美国金融家、性犯罪者于 2019 年 8 月在狱中自杀。安德鲁被指控与爱泼斯坦贩卖的一个未成年女孩发生过性关系，但在爱泼斯坦死后 3 个月播出的英国广播公司的电视采访中，安德鲁对此予以否认，与此同时，他还为他们的友谊进行辩护。但他在采访中的表现沦为大众的笑柄，于是这个采访也就成为一场公共关系的灾难。

　　1964 年出生的爱德华王子，没有哥哥那样有钱的外国损友，在女王伊丽莎白二世的四个孩子中，他也是唯一没有离婚的一位。然而，这并不意味着他就能免受批评。这些批评最初集中在他的妻子索菲·里斯－琼斯（Sophie Rhys-Jones）身上，1999年与爱德华结婚后，她被称作威塞克斯伯爵夫人。人们逐渐怀疑，索菲在利用她的王室背景为自己的公共关系公司谋取利益。对此，《世界新闻报》设局坐实了该猜测，该报记者冒充一位富有的阿拉伯人，委托索菲的公司为其推广他在迪拜的休闲度假中心。在接下来的几天里，报纸上充斥着有关王室危机会议的报道。据媒体描述，王室内部对这件事情的处理产生了意见分歧。爱丁堡公爵对媒体又一次牵着王室的鼻子走感到无比愤怒，而查尔斯王子和安妮公主则认为，目前最重要的是爱德华夫妇应该在私人的商业活动和王室地位与特权间做出选择。

这一事件也不可避免地，将注意力集中在了爱德华自己那不怎么成功的事业上。1987年，王子辞去了英国皇家海军陆战队的职务，投身了演艺事业，成立了自己的电视制作公司艾登特（Ardent），除了连年亏损外，还因在威廉王子学习的圣安德鲁斯大学进行拍摄而引发争议。这种做法违反了王位第二顺位继承人应在不受媒体干扰的情况下完成学业的规定。据报道，查尔斯为此"怒火中烧"，在多方压力下，该公司几天后宣布将停止拍摄有关王室成员的影片。次年3月，爱德华和索菲宣布他们将永久退出商业领域，给出的官方理由是为女王的金禧年尽他们的王室义务，但鉴于他们的决定是永久的而不是临时性的，因而这个理由并没有什么说服性。《卫报》评论说："当爱德华王子宣布结束他的影视事业时，很少有人会感到惊讶。不可思议的是他是如何坚持到现在的。"

这一代欧洲其他王室的"备胎"们也遭遇了各式各样的困境。荷兰贝娅特丽克丝女王的次子弗里索王子，2001 年在伦敦的高盛公司工作时遇到了年轻貌美的梅布尔·维斯·斯密特（Mabel Wisse Smit）。当时的王子并不知道等待他的将是什么。两年后，他们宣布订婚，这一切看上去似乎是一场天作之合。梅布尔曾是联合国的巴尔干半岛专家，也是金融家乔治·索罗斯的开放社会研究所布鲁塞尔办事处的长期负责人，经荷兰特工部门审查后，她获准成为王子的新娘。对弗里索王子来说，他们的结合还有一个额外的好处，那就是平息了长期以来关于他性取向的传言，这个说法被传得沸沸扬扬，以至于王室不得不在 2001 年正式发布官方声明澄清这件事情。

然而没过多久，人们便发现了梅布尔一些不堪回首的过去。她以前的情人竟然包括被关押在纽约大都会惩戒中心的波黑前驻联合国大使穆罕默德·萨基尔贝（Muhamed Sacirbey），当时波斯尼亚人想以挪用公共资金的罪名引渡他。这原本已经够糟的了，但更令人尴尬的是，有人称梅布尔还与荷兰黑手党中最臭名昭著的人物之一克拉斯·布鲁斯马（Klaas Bruinsma）有过故事。

荷兰媒体对这段过往感兴趣是可以理解的。因为生在从事酿酒业富裕家庭的布鲁斯马,是臭名昭著的黑社会老大,与一系列谋杀和贩毒案存在牵扯。1991 年的一天深夜,37 岁的布鲁斯马在阿姆斯特丹希尔顿酒店喝酒时和人发生争执,而后被枪杀。

梅布尔最初告诉总理扬·彼得·鲍肯内德(Jan Peter Balkenende),自己似乎是在 1989 年上学的时候认识的布鲁斯马,因为他们都喜欢帆船航海,但当她发现他的身份之后,就和他断了联系。然而,布鲁斯马的前保镖查理·达·席尔瓦(Charlie da Silva)在接受荷兰电视台采访时称,梅布尔和他前老板的关系远不止于此。事实上,黑帮老大布鲁斯马对她一往情深,并且,她是唯一可以登上他游艇的女人。

被称为"梅布尔门"(Mabelgate)的丑闻还在持续发酵。随着媒体的不断深挖,弗里索王子终于在 2003 年 10 月承认,他和未婚妻并没有坦诚交代梅布尔与黑手党头目的全部过往。鲍肯内德明显对此感到不满,他通过电视宣布,他的内阁不会将这对情侣的婚姻申请提交给议会批准,而这正是弗里索维持王位继承人身份的前提条件。他称,梅布尔粉饰了自己的过往,提供了"虚假和不完整的信息",并补充说,"信任一旦崩塌……便没有修复的可能。"

位列王位继承人列表中的弗里索,不得不在他的王室身份和梅布尔之间做出选择。最终,他选择了爱情。2004 年 4 月,他们在代尔夫特举行了婚礼,这场婚礼被荷兰媒体直白地称作是一场

不怎么上档次的婚礼。虽然女王和荷兰王室的其他成员都出席了
婚礼，但欧洲其他王室代表到场的很少。2012 年 2 月，弗里索在
滑雪时发生严重事故，于 18 个月后去世。为了心爱之人放弃自
己王室身份的弗里索王子，和他的姨母艾琳和克里斯蒂娜，以及
玛格丽特公主的两个儿子，皮特－克里斯蒂安（Pieter-Christiaan）
和弗洛里斯（Floris）一样。他们都在 2005 年缔结了王室认为并
不适合的婚姻，他们及配偶仍然享有被称为殿下、王子或公主的
权利。不过，尽管他们在血缘上仍属于王室家庭的一分子，但实
际上已经不再被视为王室家族的成员了，因此，弗里索将不再在
正式场合公开露面。例如，小王子日（Prinsjesdag）那天，他没
有与母亲和两个兄弟一同出现在海牙的努尔登堡宫阳台上，向人
群挥手致意。

　　其他的欧洲王子或公主，虽没有被迫放弃王位继承权的情
况，但他们中有些人遇到的麻烦确实是自作自受，包括那些无情
的充满敌意的新闻报道。比利时国王菲利普的弟弟劳伦特王子就
是一个生动的例子。年轻时，王子的学习并不怎么样，乌克勒一
所私立学校的校长，辅导了王子 8 年的鲁迪·博格茨（Rudy Bo-
gaerts）在接受新闻杂志《幽默》（Humo）采访时说，"第一节课
上，劳伦特问老师的问题是 1/2 加 1/2 等于多少。"

　　王子对豪车的迷恋也引起了不小的争议。据说拥有好几辆法
拉利跑车的劳伦特，特别喜欢在比利时和巴黎边境的高速公路上

与法国的高速列车飙车。比利时外交部的官员对于在法国、欧洲其他地方甚至在美国给王子开的超速罚单，已经习以为常。据报道，一次劳伦特王子在华盛顿郊外被一名女州警拦下。他抗议道："你不能这样对我，我是比利时的王子。"这位女警回答说："你是比利时王子，那我还是示巴（Sheba）女王呢。"

此外，王子身上当然也少不了那些花边新闻和源源不断的经济问题。37岁之前，劳伦特一直依靠父母的施舍度日，其他资金主要来源于他1994年创建的皇家自然资源可持续管理和清洁技术推广研究所。

许多比利时人对政府在1991年修改继承规则，允许女性继承王位并不感到意外，其真正用意大约是为了确保劳伦特没有登上王位的可能。在继承规则修改之前，他是排在父亲和哥哥之后的第三顺位，继承他无子嗣的叔叔博杜安的王位，先于他的姐姐阿斯特里德公主。但规则修改以后，他的排位瞬间下降到了第12位，并且还会随着时间的推移继续下降。

2003年4月，劳伦特与克莱尔·康布斯（Claire Combs）结婚后，他的声誉得到一些改善。克莱尔·康布斯是英裔比利时人，出生于巴斯，在布鲁塞尔郊外的瓦夫尔（Wavre）长大。但是，他糟糕的财务状况还是不断遭到人们的质疑。2006年12月，王子被一桩腐败丑闻牵连，指控称比利时海军的资金被挪用于翻修克莱门汀别墅（Villa Clémentine），而这栋位于布鲁塞尔郊外特尔菲伦（Tervuren）的别墅，正是劳伦特王子一家的居所。接下来的一个月，在父亲签署了一项特别皇家法令后，劳伦特王子被传唤，接受警方的询问并出庭。他在法庭上宣称，自己没有理由怀疑这笔装修资金的来源。虽然劳伦特是以证人而不是被告的身份出庭，但对于比利时王室的高级成员来说，也绝对是首次，因此给王室带来了一定程度的负面影响。比利时媒体报道说，阿尔贝二世禁了儿子 4 个月的王室活动，以表示自己的不满。最终，劳伦特安然度过了这场危机，但对他的批评声仍不绝于耳，特别是有关他那令人咋舌的巨额开销。

与此同时，欧洲其他王室的"备胎"日子也不怎么好过。挪威国王哈拉尔五世和王后索尼娅的第一个孩子玛莎·路易丝 1971 年出生时，挪威法律不允许女性摄政。尽管该规则在 1990 年进行了修订，赋予了男女平等的权利，但与瑞典不同，这一改变并不具有追溯力，因此，她的弟弟哈康成为王储。

玛莎·路易丝十分热衷马术，这个爱好对一位公主而言，可以说是相当适合的。但挪威的大富豪斯坦因-埃里克·哈根（Stein-Erik Hagen）送给了她两匹价值不菲的马，引起了人们的议论，后来，国王哈拉尔又作为嘉宾，出席了哈根在拉脱维亚投资的购物中心的开幕式，此举再一次把王室推上了舆论的风口浪尖。

玛莎·路易丝的私生活也一直存在着争议。据说她和许多合适的、不合适的男性都发生过故事，其中很多都是体育界名人。据说，热爱体育的英国爱德华王子1990年也曾与她有过一段短暂的情缘。1994年，她被爆出与年龄几乎大她两倍的，已婚的英国马术明星菲利普·莫里斯（Philip Morris）有染。莫里斯的妻子艾琳（Irene）是英格兰北部切斯特一家超市的店员，在她的一再坚持下，玛莎·路易丝的名字出现在了莫里斯的离婚案件中。但代表律师成功地以玛莎·路易丝有权获得外交豁免为由，使她得以避免出庭。在这之后，她还被爆出了一系列令人瞠目结舌的花边新闻，其中还包括与一名新西兰马术运动员的关系。

2000年年底，玛莎·路易丝结识并爱上了颇具争议的挪威作家阿里·贝恩（Ari Behn）。当时28岁的贝恩，刚刚出版了他的第一本短篇小说集《地狱般的悲伤》（*Trist som faen*），并一跃成为挪威家喻户晓的人物。该书得到了评论界的普遍赞赏，销量超过了10万册，以挪威的人口标准来看，这本书足以被称作畅销书。之后，他又拍摄了一系列涉及拉斯维加斯卖淫以及毒品问题的电视短片。

二人的关系于次年3月被《每日杂志报》（*Dagbladet*）披露。当时的挪威媒体正在对哈康王储8月将要迎娶的未婚妻，梅特-玛丽特的不羁青春进行铺天盖地的报道。贝恩的出现则如一石，在媒体的漩涡中激起了千层浪。他们的关系被公开后，贝恩突然去廷巴克图（Timbaktu）待了数周。2001年12月，他与玛莎·

路易丝订婚，并于次年 5 月在特隆赫姆的尼达罗斯大教堂举行了婚礼。

结婚前，玛莎·路易丝决定不再依靠国家津贴，而靠自己成立的娱乐公司来自食其力。因此，2002 年初，政府停止了她的王室津贴，与此同时，她的父亲宣布从 2 月初开始，她将失去殿下的称号。不过无论如何，她并未失去她的王位继承权。

玛莎·路易丝公主所参加的商业活动，最初主要是朗诵一些民间故事，以及和挪威知名合唱团同台演唱等。之后在 2004 年，玛莎·路易丝出版了自己的第一本儿童读物《国王和王后为什么不戴皇冠》（*Hvorfor de kongelige ikke har krone påhodet*），讲述挪威当前王朝创始人的故事，该书还配有一张她亲自朗读故事的 CD。同年 10 月，她和贝恩前往纽约生活。

然而，玛莎·路易丝还是希望女儿们能够在挪威接受教育，因此她与贝恩没过多久就回到了家乡。但 2007 年她再度成为人们议论的话题，因为她宣布成立了一家新型替代疗法中心，所谓的替代疗法，是指玛莎·路易丝在与马打交道时获得的与天使对话的"能力"。一时间，挪威媒体将该中心称之为"天使学校"，该中心的"学生"将学习利用天使的力量，在生活中"创造奇迹"。玛莎·路易丝将其描述为，"一种围绕着我们的力量，为我们生活各个方面提供资源和帮助。"公主表示，她希望与大家分享自己的这个能力，特别是那些愿意为 3 年的课程支付 2.4 万克朗年费的人们。

挪威王室坚称对公主开设的这个中心并不知情，但一些教会人士则表示感到震惊，因为公主的父亲哈拉尔五世国王是福音路德教会的象征性领袖。甚至有人建议，应当将玛莎·路易丝逐出教会。电视布道家扬·汉沃尔德（Jan Hanvold）公开指责公主“亵渎神灵”，并称她是“来自地狱的使者”。

玛莎·路易丝并未受到外界评价的影响，反而继续我行我素，出版了题为《遇见你的守护天使》（*Møt din skytsengel*）一书，对自己的理论进行阐述。媒体仍旧表现出负面态度，但挪威公众似乎挺买账，也使得该书被追捧为畅销书，甚至还被翻译成了瑞典语和德语。2010 年 5 月，玛莎·路易丝在德国的巡回宣传中接受了杂志采访，表示她的天使令她能够更好地投入王室的工作，她说：“通过和我的天使对话，我找到了自己在王室中的角色。”当被问及父母对她这个兴趣有何看法时，她拒绝回答。

与此同时，贝恩继续写作，制作电视纪录片，并出演了两部喜剧电影，成为一名成功的艺术家。然而，针对他的评论并不总是善意的，贝恩常被指责利用皇家关系进行交易。在他结婚约 10 年后，我在一次挪威之行时见到了他。他坦白地讲，“嫁入”王室的男性日子很不好过，即使是在 21 世纪的挪威，欧洲最进步的国家之一。他告诉我：“假如你是女人，进入王室意味着你是万里挑一的。但如果你是男人，大家会觉得是你诱惑了王室的姑娘。这是你进入这个家族无法选择的必经之路，不管喜欢与否，你都得去面对。"另外，贝恩本身的职业加上他在王室的身份也令他左右为难，他说："我不怕人们的语言攻击，作为一个作家，我可以自由表达我的观点。可是我的亲王身份又限制了我自由表达的权利，这才是真正令我感到沮丧的地方。亲王和作家两个角色之间的平衡看似是不可能的，但是我必须每天面对这样的挑战……"

这对夫妇有三个女儿，但他们的婚姻逐渐出现了裂痕，最终在 2017 年，他们选择了离婚。那时的贝恩已经开始酗酒并伴有严重的精神疾病，最终在 2019 年 12 月，贝恩选择用自杀的方式，结束了自己的生命。

丹麦女王玛格丽特二世的次子约阿希姆王子，与中国香港出生的首任妻子文雅丽的婚姻破裂后，也不得不面对媒体措辞严厉的报道。文雅丽曾因非凡的丹麦语天赋，成为丹麦人心中完美的王妃。2008 年 5 月，约阿希姆王子再婚，他的第二位妻子玛丽·阿嘉莎·奥德莉·卡瓦利耶（Marie Agathe Odile Cavallier）比文雅丽小 12 岁，是位迷人的巴黎姑娘，这段婚姻似乎挽回了王子的一些声誉。西班牙国王胡安·卡洛斯一世的长女埃莲娜公主（Infanta Elena）的婚姻也仅仅维持了 10 年。她与丈夫育有两个孩子，他们于 2007 年 11 月开始分居，最终于 2010 年 1 月完成了离婚手续。

相比之下，瑞典维多利亚王储的弟弟卡尔·菲利普和妹妹玛德琳，都较早步入了长期稳定的感情生活。玛德琳的男友乔纳斯·贝里斯特伦（Jonas Bergström）是位律师，卡尔·菲利普的女友艾玛·佩纳尔德（Emma Pernald）从事的则是公共关系方面的工作。2009 年 8 月，姐姐维多利亚订婚 6 个月后，也传出了玛德琳的婚讯。

然而，随着维多利亚 2010 年 6 月婚期的临近，她弟弟妹妹的感情却都开始出现问题。先是卡尔·菲利普与女友佩纳尔德结束了 10 年感情，并在 2010 年初被爆出与模特索菲亚·赫尔奎斯特（Sofia Hellqvist）有染。这位模特曾赤裸上身，胸前垂挂着一条蟒蛇，出现在电视真人秀节目《天堂酒店》（*Paradise Hotel*）中。

随后有报道称，玛德琳的感情生活也不尽如人意。在公主身边的这 8 年里，贝里斯特伦凭借其上流社会的背景、成功的事业和俊美的外表，成为人们眼中理想的王室配偶人选，甚至在一些人眼中，比维多利亚的未婚夫丹尼尔更胜一筹。然而突然间，这对情侣不再在公开场合同框，于是瑞典的小报上就开始充斥着贝里斯特伦"双重生活"和吃喝享乐的故事。

4 月，当媒体问及女儿的婚礼时，希尔维娅王后说婚礼只是推迟了，但"一切都很顺利"。不是所有人都相信王后的这番话，特别是小报的王室观察者。曾对梅特-玛丽特王妃婚前生活进行大量深挖调查的挪威周刊《查看和听到》，发表了一篇托拉·乌普斯特罗姆·伯格（Tora Uppstrøm Berg）的专访。这位 21 岁的挪威学生及前手球运动员称，曾在前一年的 4 月在奥勒滑雪胜地（ski resort of Åre）与贝里斯特伦发生了关系。报道一经爆出，更加深了人们对于他们之间感情的疑虑。

几天之后，此事被正式公布。当时玛德琳正准备从斯德哥尔摩飞往纽约，为母亲创立的儿童慈善机构世界儿童基金会工作数周。就在玛德琳的飞机起飞一小时后，王室宣布她和贝里斯特伦"共同决定分道扬镳"。

王室成员订婚之后通常是不可能出现任何变故的，因此这个消息引起了瑞典媒体的轩然大波，但一片混乱声中，挪威国王哈拉尔五世发表了一个冷静客观的评论："现在分手，总比婚后出现问题好。"

玛德琳选择继续留在美国，并且，随着时间的推移，媒体对她私生活的浓厚兴趣开始逐渐减弱。后来，她与一名英国出生的美国金融家克里斯·奥尼尔（Chris O'Neill）恋爱，并于 2013 年 6 月结婚，他们共育有三个孩子。由于王室成员必须是瑞典公民，而奥尼尔拒绝加入瑞典国籍，因此奥尼尔没有任何头衔，也不承担任何王室职责。同时，这也意味着，作为一个普通公民，他能够继续从事自己的金融事业。

与此同时，玛德琳的弟弟也终于修成正果。2010 年 7 月，维多利亚举行婚礼一个月后，卡尔·菲利普带着赫尔奎斯特去见了父母。2011 年 4 月，他们决定组建两人的小家庭，并于 2015 年 6 月正式举行了婚礼。婚后，两人育有三个孩子。

以上这些爱情里的小插曲，和西班牙国王费利佩六世的妹妹，克里斯蒂娜遇到的麻烦相比，实在是小巫见大巫了。克里斯蒂娜的前夫乌丹加林，曾是名奥运会手球运动员，后来转行经商。2011 年，他卷入了自己所管理的一家非营利性基金会的丑闻事件。他和商业伙伴迭戈·托雷斯（Diego Torres）被指控利用基金会及另外一家公司的关系网侵吞约 600 万欧元的体育赛事公共资金，妨碍司法公正，以及造假和洗钱。

反贪局在当年 12 月证实，乌丹加林一直在往自己伯利兹和英国的私人账户转移大量公共资金。由于这件事对王室的声誉造成了损害，国王胡安·卡洛斯一世宣布，女婿乌丹加林近期将不会出席王室的任何活动。两个月后，乌丹加林因腐败指控遭到传唤，有关他的案件也开始加速推进。与此同时，克里斯蒂娜本人也被牵涉其中。2013 年 4 月，她被法官正式列为嫌疑人。2014 年 2 月，她出现在马略卡岛（Mallorca）法庭的首次听证会上，被控税务欺诈和洗钱。

这一事件令王室形象大为受损，并间接导致了胡安·卡洛斯一世于 2014 年 6 月退位给儿子。效率低下的西班牙法律系统，致使该案件的审理持续了多年，王室家族的声誉也因此长时间难以得到恢复。费利佩六世在这个事情发生后，谨慎地与姐姐保持着距离，并在一年后正式剥夺了她的公爵身份。

　　2016 年 1 月，克里斯蒂娜的审判终于开庭。如果罪名成立，她将面临最高 8 年的刑期。两个月后，她在出庭作证时否认了这些指控，并声称由于自己忙于照顾年幼的孩子，家庭的财务状况一直是丈夫负责的。2017 年 2 月，她被无罪释放。然而，丈夫乌丹加林被判处 6 年零 3 个月的监禁。次年，他的刑期被减至 5 年零 10 个月。

第十五章

聚光灯下的王室生活

对于那些对欧洲王室生活感兴趣的人来说，这是一个最好的时代。几十年来，报纸上从不缺乏有关王室动向的文章；电视新闻也持续记录着他们的一举一动；印刷精美的杂志会用很长的篇幅，讲述迎合王室喜好的故事；而网络上有关他们的照片、视频和信息也俯拾即是。但海量便捷信息的背后隐藏着一个根本问题：王室成员的生活是否可以被视为名人文化的一部分，他们的缺点可否一览无余地暴露在世界面前？或者说，他们的宪法角色是否意味着，他们应当享有比音乐或电影明星更多的尊严？媒体是否可以质疑君主制的存续问题，或者有权批评王室成员履行职责的效率？

这不是一个简简单单的有关尊重的问题，这些报道，也可能会对各种以王室成员为题材的媒体产生深远的影响。因为王室成员与普通名人的不同点在于，那些歌唱新秀、电影明星和真人秀演员的职业生涯大多短暂，他们很容易被后起之秀所取代，但是王室成员不同，他们没有所谓的"职业生涯"限制，而且每一代王室成员的人数也很有限，再加上王位继承人只有一位，如果过分贬低王室的存在价值，则有可能扼杀了王室存续的可能性。

在大众媒体时代到来之前，绝大多数人只能通过硬币、雕像或肖像画一睹他们统治者的风采。但随着宣传册和报纸的出版发行，有关王室的新闻开始走进了寻常百姓的生活，同时也拉开了王室和媒体之间爱恨情仇的序幕。

　　19 世纪初的英国，现代王室媒体管理的先行者当属乔治三世。当时，由于他对那些有关自己及家人的失实报道感到恼火，于是便创建了至今仍在发行的《宫廷通报》（*Court Circular*），专门记录王室的官方活动。然而，这也没能阻止当时的漫画家对国王进行无情的嘲讽。

　　1820 年，乔治三世的儿子继任，称乔治四世。由于他在担任威尔士亲王和摄政王期间挥霍无度，且私生活糜烂，因而对新生媒体而言，他更具新闻价值。乔治与布伦瑞克的卡罗琳失败的婚姻，也为媒体提供了新闻素材。当时的威尔士王妃就准备利用媒体将她与丈夫的矛盾公之于众，好似近两个世纪后戴安娜王妃那些行为的预演。卡罗琳因被剥夺了与女儿夏洛特接触的权利而感到愤怒，因此她给王子写了一封信发牢骚，但对方并未回应。于是，她在 1813 年 2 月 10 日的《晨间纪事报》（*Morning Chronicle*）上公开了这封信。信中，她恳求丈夫的怜悯，因为"如此残酷的决定对我的感情造成了深深伤害……使我失去了为数不多的家庭乐趣……无法陪伴孩子左右"。这一策略奏效了，至少她借此赢得了公众的同情。有关卡罗琳的印刷品，甚至是杯子和盘子因此变得十分热销。然而，这并不足以令乔治心软，所以，他们之间的斗争依然通过报刊媒体，继续上演着。

　　即便在 1830 年乔治四世去世后，报纸对他的态度也没有表现出一丝一毫的软化。《泰晤士报》所刊登的讣告基调，表现出媒体对一位现代君主难以想象的负面态度。报纸写道："乔治四世是有史以来最难令人想要追思和缅怀的已故国王，没有人愿为他的离去流泪或心碎。"

欧洲的其他王室也逃脱不了新闻媒体的步步紧逼。法国国王路易·菲利普（Louis Philippe）掌权后不久，就遭到本国报纸的猛烈批评，指责他"背叛"了助他登上王位的 1830 年革命。与此同时，平版印刷术的发明为人们提供了额外的视觉维度，它使图像复制变得更加容易和快捷。这项技术促进了漫画的出现，一开始通常是采用讽刺和夸张的手法，而国王则是漫画家们喜爱的创作对象，他常常被暗喻为一个梨子。国王与水果的这种关系是如此深入人心，以至于哪怕是很小的一幅有梨子的画都会立刻被读者解读为在暗指国王。因此，王室立即针对这些漫画和嘲讽的文章展开了镇压行动。

相比之下，在独立较晚的比利时，报纸则享有欧洲大陆其他国家少有的自由。由于在英国生活了多年，利奥波德一世深知新闻的力量，因此他没有试图遏制，反而决定利用媒体为他服务。1831 年，他刚登基不久，就秘密创办了自己的报纸《独立报》（L'Indépendant），作为支持天主教党的媒体阵营。在随后的 12 年里，他每年都要投入 4 万法郎养活该报。1858 年，他又出资 20 万法郎创办了《议会回声报》（L'écho du Parlement），支持另一个主要团体——自由党。

　　但利奥波德一世无法阻挡其他报纸对他的评头论足，特别是关于他有料可爆的私生活。1847 年，报纸上开始出现关于他与年轻的情妇阿卡迪·梅耶（Arcadie Meyer）的文章。为了阻止消息的进一步传播，国王开始贿赂记者，防止报纸继续在这个题材上大做文章。英国大使向伦敦报告说，利奥波德一世每年要给那些有关他的大尺度题材作者，高达 12.5 万法郎的"封口费"。

　　他的儿子，继任者利奥波德二世也使用同样的手段贿赂记者，以期买到对他更为有利的报道。这项开支数额之巨大，引得他的忠实助手阿德里安·戈菲内特（Adrien Goffinet）都警告他，把所有王室年俸的账目都藏好，以确保这些"有关他贿赂报纸和记者的把柄，永远不会落入敌人或革命者手中"。

　　19 世纪末，有关他的手下在刚果实施暴行的报道，通过新教传教士的信件开始在欧美流传，使得国王不得加大对新闻媒体的干预力度。英美报纸，以及马克·吐温（Mark Twain）在 1905 年撰写的《利奥波德国王的独白》（King Leopold's Soliloquy）等，都对他这种建立私人帝国的策略提出了尖锐的批评。与此同时，部分被国王收买的比利时报纸，如《太阳报》（Le Soir）和天主教的《二十四世纪报》（Le XXe Siècle），都刊登文章进行反击，指责这些批评性的外国报道实则是对当年刚果战争中被比利时打败而怀恨在心。

　　要想赢得外国媒体的青睐，就必须采取更为高明的手段。利奥波德二世很早就懂得公关的黑暗艺术，因此他成立了秘密新闻局，向记者提供有利于他的信息，并委托当时的权威人士发表公开声明对他表示声援。然而尴尬的是，这个新闻局秘密存在了数年后，就被《纽约美国人报》（*New York American*）曝光了。

在 1909 年利奥波德二世去世前的最后几年里，和他的父亲一样，媒体的焦点同样转向了他的私生活。《人民报》（*Le Peuple*）抓住利奥波德二世和他最后的情妇布兰奇的故事不放，大肆宣传报道。并且，在 1906 年 7 月 19 日，儒勒·勒克乌（Jules Lekeu）在系列文章的开篇中还描述道："国王不再只沉溺于妓女和肉欲，除了强势地发展本国经济建设，他还发展了新的爱好，那就是疯狂的掠夺和扩张。"

这些年来，英国和比利时的报纸虽享有同等的批评王室的言论自由，但它们常常表现得相当克制。就像 1936 年，它们对爱德华八世因华里丝·辛普森选择退位的事件似有还无、无关痛痒的报道一样。

美国各大报纸都详细地报道了这段感情中的一波三折，并且他们不能理解他们的英国同行为何对这样的新闻表现得如此冷静沉默。拥有《每日快报》的比弗布鲁克勋爵是英国传媒业最有权势的新闻大亨，退位危机期间，当他乘船抵达曼哈顿，记者们纷纷质疑他和其他家英国报纸没有报道该事件的原因。一个记者喊道："你可是王室的监督员！"比弗布鲁克回答说："监督王室？

我?"当刊登了爱德华八世退位事件相关报道的美国报纸和杂志被引进英国以后,相关专栏被整个停掉,里面的内容也被整版撤掉。

但在 1936 年 12 月 3 日,退位危机事件发酵到了顶峰之时,英国媒体却突然集体打破了沉默。这个导火索十分出人意料:在一次教会会议的讲话中,布拉德福德主教阿尔弗雷德·布朗特(Alfred Blunt)谈到了国王需要神的恩典,结果听众中的一位当地记者将其错误地理解为主教公开提到了国王与华里丝·辛普森的感情生活。因此,当他的报道被国家通讯社新闻协会(Press Association)刊载后,英国国家通讯社及英国的报纸都将这篇文章视为他们一直在等待的那个信号:可以公开报道此事了。

于是各大报纸都立刻做出了反应,例如《每日镜报》在 12 月 3 日以及随后几天,发行了关于皇宫危机会议、华里丝·辛普森的照片和街头民众对待此事看法的专版。它们开始滔滔不绝地讲述着这对王室夫妇的故事:"爱德华八世和华里丝·辛普森有很多的共同点,例如,他们都喜欢大海、游泳、高尔夫和园艺,更重要的是,他们喜欢彼此。"

该报还以"六个月的传闻"为标题,分析了自当年 5 月,辛普森夫人作为受邀嘉宾出现在国王于圣詹姆斯宫举办的晚宴后,有关他们之间关系的猜测是如何一步步传播开的。令人啼笑皆非的是,该报认为自己有必要向读者澄清,为什么这么长时间整个英国媒体都对此事三缄其口："我们一直都掌握着事情发展的整个动向，但这个问题必须首先通过外交手段解决，在此之前，我们决定不向公众透露任何信息。这样做是出于对整个国家和帝国大局的考虑，就像现在我们决定公开事实一样，既然无法通过其他途径解决，那么国家和人民应当了解全部真相。"15 年后，当爱德华八世的侄女玛格丽特公主与离异的彼得之间的传闻开始散播时，英国报刊也表现出了同样的克制，至少在一开始是这样的。

美国报纸愿意涉足英国人不愿涉足的领域，体现了一条至今仍然适用的真理：在涉及本国王室成员的报道时，不管是出于对体制的尊重，还是务实地认识到需要与他们保持良好的关系，君主制国家的媒体往往会有所保留。因为如果超过了某些底线，就有可能被剥夺一些宝贵的机会或被撤销其他的特权。这种相互依赖的关系，就如同媒体与好莱坞明星或流行歌手之间的关系一样。然而，当涉及外国王室成员时，他们就不会选择手下留情，而是极尽可能地添油加醋、口诛笔伐。低档的德国杂志上关于欧洲其他国家王室成员的夸张报道就是最好的证明。

广播、电影和电视的发明为欧洲的君主国带来了新的挑战，尤其是在这些新发明到来的同时，社会民主化思潮开始涌现，对旧时代的遵从也逐渐减弱。各国王室也开始主动融入这个新时代。1932 年，英国国王乔治五世首次发表圣诞电台致辞，自此之后，该项活动成为英国圣诞节庆祝的一项重要内容。当时，年迈的乔治五世坐在桑德林汉姆庄园的书桌前，朗读伟大的帝国诗人、《丛林之书》（*The Jungle Book*）的作者鲁德亚德·吉卜林（Rudyard Kipling）为他写的文字："此刻，我在家中，衷心地向所有人，整个大英帝国的人民，远在天涯海角的我们的族人，以及所有把英国王室视为凝聚力象征的各种族、各肤色人民发表以下讲话。"

这些致辞语气温和，极具宗教色彩，目的是把君主塑造成一位大家族的首领。这个大家族不仅跨越联合王国，而且横跨帝国。1937 年，他的儿子乔治六世在加冕后的首次圣诞演说中也这样明确指出："你们中的许多人应该还记得往年，我的父亲作为这个大家族的首领时，向海内外的人民发表的圣诞致辞。"

乔治六世能发表演讲，对他来讲本身就是一件很了不起的事情。尽管与澳大利亚出生的语言治疗师莱昂纳尔·罗格（Lionel Logue）合作了十余年，他仍然厌恶公开演讲。1936 年匆忙即位后，他也并未发表任何演讲，因为哥哥爱德华八世在两周前刚刚宣布退位，这位新国王觉得自己还没有做好准备。即便在 1937 年的圣诞节，他发表了电台演讲，但他明确表示这不会成为他在位时的传统，因此 1938 年，他的确没有这么做。然而当第二次世界大战爆发后，他意识到了这一仪式对鼓舞士气的重要性，于是勉为其难地再次发表了讲话，之后，在他统治时期的每年 12

月 25 日，他都会发表圣诞讲话。1952 年，乔治六世的女儿，英国女王伊丽莎白二世，在登基之后也延续了这一传统。

当时的英国已经进入了电视时代。但当 1953 年伊丽莎白二世举行加冕礼时，年事已高的首相丘吉尔为了不给年轻的君主带来难以承受的负担，不同意电视媒体进入威斯敏斯特教堂进行拍摄。他的内阁对此表示一致同意，而女王的立场则不是很明确。根据官方记载，女王否决了他们的提议，坚持对加冕礼进行电视直播。但据受人尊敬的王室传记作家罗伯特·莱西（Robert Lacey）所说，女王最初是持反对意见的，迫于报纸媒体的强烈抗议而改变了主意。但无论怎样，这是历史上首次允许摄像机进入威斯敏斯特教堂拍摄。使得约两千万观众，可以从上午 10 点 15 分到下午 5 点 20 分，通过大型户外转播观看该盛大仪式。

这无疑是一次成功的尝试，尽管负责电视转播的人应当更加小心翼翼一些，以防在仪式期间出现任何干扰性的镜头特写，但他也被震撼的现场深深地吸引住了，没能完美地履行这一职责，但这并不影响人们的直观感受。而且，不只有英国人能够观赏这一盛况，由于当时还没有发明卫星连线，于是堪培拉喷气式轰炸机被用来将当天的现场视频录像运送至美国和加拿大。

加冕礼的电视转播不仅提高了新女王的知名度，也为年轻的英国广播公司带来了可观的利润。几乎在一夜之间，英国广播公司的用户就翻了一番，达到了 300 万。同样重要的是，这家公共服务广播公司，已经确立了自己作为观看重大公共事件的媒介地位。这两个重要的英国机构之间的关系自此展开，而且从一开始，英国广播公司的定位就是一家为王室服务的媒体机构。20世纪50年代末，该公司封杀了作家奥特林厄姆勋爵（Lord Altrincham），因为他在一本不知名的杂志中指出女王的宫廷太过贵族化，并表示女王的说话风格"令人生厌"，从而引发了争议。同样遭到封杀的还有另一位批评家马尔科姆·穆格里奇（Malcolm Muggeridge），因为他把王室成员的生活比作枯燥无聊的肥皂剧。因此，两人不得不转战新的阵地发表自己的观点。

起初，君主的圣诞致辞只是以广播的形式呈现，但在1957年，女王的致辞首次以视频的形式出现在了大家的面前。然而，这种进步远非水到渠成。虽说女王同意摄像机进入威斯敏斯特教堂，但在圣诞节这样家庭团聚的时候允许摄像机进行拍摄可是另一回事。因为，和电台一样，电视也会采取直播的形式播放圣诞致辞。但由于电视迅速普及导致电台收听率大幅下降，王室不得不做出一些妥协，以适应不断发展变化的形式。不过，事实证明，如此妥协是值得的，直播取得了巨大的成功，约有1650万人收看了下午3点的那场直播。从那时起，通过电视收看女王的圣诞致辞，成为英国人圣诞节仪式的重要组成部分。

欧洲其他国家的王室成员也会在岁末假期发表此类演讲，例如，丹麦和挪威是在新年前夜。实际上，这种情况是延续了第二次世界大战期间的传统，当时的丹麦、挪威统治者从流亡地伦敦，分别向各自国家发表振奋人心的演讲。

随着欧洲进入媒体时代，电视转播的内容越发广泛。其中最受媒体关注的就是王室婚礼，最早引发了电视媒体轰动的，是1956 年摩纳哥雷尼尔三世和格蕾丝·凯利的婚礼，通过电视转播收看婚礼的人数创下了历史之最。1960 年，玛格丽特公主与安东尼·阿姆斯特朗-琼斯（Antony Armstrong-Jones）在威斯敏斯特教堂举行的婚礼，也吸引了全球约 3 亿的观众收看。1976 年 6月，瑞典国王卡尔十六世·古斯塔夫与希尔维娅特举行婚礼时，收看直播的观众人数达到了 5 亿。

1981 年 7 月，查尔斯和戴安娜的婚礼可谓盛况空前。因此，当戴安娜 16 年后去世时，人们也理所应当地认为，电视媒体不仅应在伦敦全程跟拍葬礼队伍，还应在威斯敏斯特教堂内对仪式进行转播。2010 年 6 月，瑞典王储维多利亚与丹尼尔的婚礼也是媒体的一大盛事。紧接着，2011 年 4 月，威廉王子与凯特的婚礼更为壮观。

丘吉尔对转播加冕礼的担心实际上是多余的，人们能够在电视上关注王室成员的喜怒哀乐，实际上不会对王室的形象造成任何伤害。然而很快，这类经过精心准备的王室公共活动已经不能满足现代媒体的胃口了，它们越发倾向于展示王室成员们鲜活的个性，而不仅是他们的象征意义而已。而历朝历代，王室都在试图将自己塑造成引领国家的氏族，从这个意义上来说，媒体的发展诉求与王室的夙愿可以说是相得益彰。

英国媒体与王室的关系始于 20 世纪 20 年代末，当时年轻的伊丽莎白公主成为媒体新宠，大西洋两岸的报纸杂志都在争先恐后地刊登有关公主的故事和照片。其中很多都来自王室的授意，因为他们非常认可媒体的宣传价值。特别是"莉莉贝特（Lilibet）"的 3 岁生日，这样一个具有重要意义的时刻，使她登上了 1929 年 4 月 21 日《时代》杂志的封面，尽管当时她的父亲甚至还不是王位继承人。

欧洲其他王室也是如此。1938 年，未来的贝娅特丽克丝女王出生后，她的父亲伯恩哈德亲王向荷兰报纸提供了自己为女儿拍摄的照片，这些照片之后被刊登在报纸的头版。他还拍摄了女儿第一次学走路时的镜头，这些视频内容后期被拍成了电影《小公主学走路》（*Ons prinsesje loopt*），于次年在院线上映，并取得了傲人的票房成绩。

丹麦国王弗雷德里克九世的妻子，瑞典出生的英格丽德王后，也敏锐地意识到公共关系之于君主制的重要意义。1935 年，他们的婚礼曾借助媒体轰动一时。1947 年，丈夫弗雷德里克九世登基时，英格丽德已是三位小公主的母亲，她努力打造一个媒体友好型的丹麦王室，并将媒体的注意力成功从国王一人的身上转移到整个王室家族。丹麦报纸和杂志上随处可见王室家庭的照片，那些温馨的家庭聚会成为带有独特意义的公关活动。英格丽德王后甚至允许侍女埃巴·尼尔加德（Ebba Neergard）出版了一本关于三位公主的书籍。

在媒体战略方面，丹麦王室选择不走寻常路。1949 年，他们推出了一档特别的儿童电台节目，听众可以现场收听弗雷德里克九世一家的茶间对话，该节目的收听率约为 100 万。在节目中，可以清楚地听到国王告诉当时还不到 9 岁的玛格丽特，未来的女王，把脚从桌子上挪开。弗雷德里克九世告诉记者，他的孩子们"和所有的孩子一样可爱"，但有时也会非常闹人，"所以有时真的气到很想揍他们"。国王还在节目中谈论了自己的工作，例如与部长们和公众的会议会见以及日常的文件批阅。不过他总结道："我有时会工作到很晚，但一想到温柔的妻子和可爱的孩子们，就觉得自己没有抱怨的理由了。"

这种类型的节目激起了人们对电视纪录片的兴趣，在过去的几年里，制作精良的纪录片在欧洲十分流行。其中，最著名的是理查德·考斯顿（Richard Cawston）的《英国王室家庭》（*Royal Family*），这是英国广播公司为记录 1969 年 7 月查尔斯受封为威尔士王子而制作的节目。其中最经典的一幕就是，王室一家在苏格兰的居所巴尔莫勒尔堡的湖边烧烤，查尔斯在调沙拉酱，菲利普亲王在烤香肠。还有一幕是，查尔斯在拉大提琴时琴弦突然断了，打中了弟弟爱德华的脸。影片中还出现了王室一家一边吃午餐，一边装饰圣诞树以及女王逛商店的场景。

　　这个纪录片，是在这样的背景下诞生的，当时世界各地的广播公司都希望能在查尔斯宣誓前记录下一些珍贵的镜头。但鉴于查尔斯尚且年轻，还未有所成就，因此决定拍摄一部较为宏观一些的，讲述王室及其所扮演角色的影片。同时，王室也希望能够多一些向民众展现自己风采的机会，因为在 20 世纪 60 年代，一些评论家认为传统的王室已经跟不上时代的脚步了。

　　据一位在电影中扮演了一个小角色的王室前朝臣描述，实际上是菲利普亲王在背后促成了这个纪录片的拍摄，他希望该片能够让观众了解女王和王室其他成员为国家所付出的努力。他表示该片其实就是在传递这样一个信息："你们看，这是我们的女王以及她一生中普普通通的一年。她的生活并不是人们所想的豪车、美酒和舞会而已，她所扮演的角色是一份超出人们想象的辛苦的工作，而这部影片正是为了给大家呈现，这是怎样一份艰辛的工作。"换句话说，该片就是以一种幽默风趣的方式，讲述所有参与这个特殊家族企业的王室成员的故事。

　　对于该片的负责人考斯顿来说，最大的挑战就是获得拍摄某些场景的授权。例如，在拍摄巴尔莫勒尔家庭烧烤聚会时，菲利普曾对他吼道："带着你那该死的摄像机离女王远一点。"另外一个更大的障碍是，王室家庭不希望他们之间平常的对话被记录下来，因为从传统上讲，他们在公开场合发表的评论都是经过精心准备的。

该纪录片直指王室家族所面临的微妙平衡：一方面要让人们有足够的机会深入了解他们的生活；另一方面又要表现出足够的克制，"以保持神秘感"。并且，为了防止出现问题，王室还宣布自己对于该纪录片的播出拥有否决权。

尽管如此，这仍然可以说是一步险棋，正如时任英国广播公司节目总监戴维·阿滕伯勒（David Attenborough）用相关的人类学术语向考斯顿指出的那样："你这部电影是在扼杀君主制，因为这个体制存在的基础就是它的神秘感和深居简出的'部落酋长'。如果丧失了这种神秘感，那么部落首领制就会遭到破坏，最终解体。"

《英国王室家庭》在收视率上取得了巨大的成功，该片首先在英国广播公司播出，一周后在英国独立电视台重播。全国约2/3 的民众都至少观看了这两次播放中的 1 次，即使在只有 3 个电视频道的时代，这个数字也是相当的了不起。那么，该纪录片对君主制本身有何长远的影响呢？从某种意义上说，这种记录王室非正式活动的影片，逐渐模糊了他们的公共职责及个人生活的边界，为日后对他们的生活进行更为深入和个性化的报道开辟了道路。正如一位当代观察家所说，菲利普亲王烤香肠的场景，会勾起人们对王室成员更浓厚的兴趣。但尽管如此，把 20 世纪 90年代温莎家族经历的一系列危机归咎于该节目的"副作用"，未免有些牵强。

出乎意料的是，这样一部重要的影片此后再也没有播出过。只有相关的研究人员有权观看，但也必须事先得到白金汉宫的许可。其他的王室纪录片只能使用该纪录片中的一些片段，但不能出现经典的烧烤镜头（尽管国外的视频网站上已出现相关片段）。当国家肖像馆举办《女王：艺术和形象，纪念钻石禧年的艺术和形象》（*The Queen：Art and Image，to mark the Diamond Jubilee*）展览时，也只允许使用该纪录片制作一个短短 90 秒的视频剪辑。

除了英国，这种展示王室日常生活的电视电影也相继在欧洲的其他国家出现。如丹麦 JJ 电影公司的负责人，雅各布·约根森（Jacob Jørgensen）1995 年制作的《王室的四季》（*Årstider i konge-huset*），该纪录片一共 4 集，每集 60 分钟，展示了丹麦王室及其工作人员一年的生活。JJ 电影公司比较擅长制作这类节目，并曾拍摄过约 20 部以丹麦王室为主题的电影，与王室建立了密切的关系。这种关系密切到了什么程度呢？约根森团队摄影师的儿子马丁（Martin）在制作其中一档节目时，竟然与女王小儿子约阿希姆王子的妻子文雅丽互生了情愫。2005 年，文雅丽与约阿希姆王子离婚，并于 2007 年 3 月嫁给了年长她 14 岁的新欢。

与此同时，瑞典在 2010 年推出了一部名为《贝尔纳多特家族》（*Familjen Bernadotte*）的 6 集纪录片，纪念贝尔纳多特王朝建立 200 周年。为了制作该纪录片，制作人格雷戈尔·诺文斯基

（Gregor Nowinski）得到了前所未有的与王室接触的机会，追踪他们的工作和娱乐生活长达两年之久，并进行了大量深入的采访。

大多数有关王室的纪录片都很受欢迎，但也有一些例外。1987 年 6 月，23 岁的爱德华王子首次涉足电视领域，制作了一档娱乐性质的竞技类节目《淘汰赛》（It's a Knockout）。该节目为各种王室支持的慈善机构筹集了超过 100 万英镑的善款。节目中，爱德华王子、安妮公主、约克公爵夫妇以主持人的身份出现在各种电影、电视和体育明星的比赛场上，并且所有人都穿着中世纪的服装。这样的画面，让许多传统主义者感到震惊。这个节目对爱德华王子的声誉并未产生什么积极的影响，在一次新闻发布会上，王子询问在场记者对这个节目的看法。得到的却是尴尬而又不失礼貌的微笑，这使得爱德华愤然离场。

虽然事实证明，英国王室成员不愿再拿自己"开涮"，但也有不少人准备将他们作为"开涮"对象。20 世纪 60 年代初，由戴维·弗罗斯特（David Frost）主持的一档很受欢迎的电视节目《那一周》（That Was the Week That Was），以嘲讽王室和其他当权派为主要内容。而 1961 年推出的《私家侦探》（Private Eye），则用普通百姓的名字指代王室成员，对他们进行明嘲暗讽。20 世纪 80 年代出品的《如假包换》（Spitting Image）更是以夸张的模仿秀对王室进行了无情的讽刺。例如与花聊天的查尔斯王子，穿着海军制服扮演小丑的菲利普亲王，还有一手拿着哥顿金酒，一手拿着《赛马邮报》（*Racing Post*）的，媒体口中国宝级的王太后。瑞典 2005 年推出的滑稽模仿秀《嘿，巴贝里巴》（*Hey Baberiba*）中有一个环节也是由演员模仿该国的王室成员。

　　欧洲王室的成员已经逐渐习惯并接受，自己偶尔出现在一些电视节目和纪录片中。但 20 世纪 80 年代的媒体，尤其是英国媒体，已经不满足于此了。这个时候，戴安娜出现了，这对英国乃至全世界的报纸和杂志而言，仿佛天赐良机。年轻漂亮的戴安娜，势必会令发行量大涨。

　　戴安娜如同灰姑娘一般，从一个普通女孩华丽转身为英国王妃，这样的浪漫故事必然会吸引所有人的眼球。虽然实际上身为伯爵之女且出身于英国最伟大的家族之一，她并非如媒体描述的那样"普通"。正如第十章所述，她与查尔斯在 20 世纪 90 年代公开破裂的婚姻，为媒体提供了无限的素材，其中许多料甚至是他们自己爆给媒体的。1997 年 8 月，戴安娜在躲避狗仔队跟踪时意外去世，这场婚姻悲剧的最后一幕，引发了媒体界的海啸，及各种阴谋论的猜测。

　　事实证明，戴安娜是个无法复制的角色，对英国媒体而言尤其如此。国民情绪和媒体态度在这些年中都悄然发生了变化，一举一动便能牵动媒体狂热报道的戴安娜时代再也未能重现。因此，威廉王子从小就对媒体持强烈的怀疑态度，他坚决抵制所有想将妻子凯特变成 21 世纪戴安娜的企图。而与此同时，公爵夫人却很快就展现出了非凡的媒体应对能力。2012 年 3 月 19 日，在伊普斯维奇一家临终关怀医院的开幕式上，她发表了首次演讲，并得到了普遍的认可。

而哈里王子早在遇到梅根之前，与媒体的关系就已经十分紧张了。在一次化装舞会上，20 岁的哈里王子戴着纳粹臂章的照片登上了各大媒体头条。2012 年 8 月，他与朋友们在拉斯维加斯酒店套房露骨的照片更是引起了巨大的轰动。接下来这些照片迅速出现在了互联网上，但英国报纸依旧表现出对王室成员一贯的尊重，拒绝跟风。但不久后，《太阳报》破例刊登了这些照片。该报在社论中宣称："哈里王子的这些照片是对英国新闻自由的重要考验。在网络时代，像《太阳报》这样的报纸竟然不能刊登已被数百万人在免费的网络平台看过的故事和图片，本身就是荒谬的。"因此，与梅根结婚后，哈利王子与英国媒体的关系又进一步恶化，就不足为奇了。

欧洲其他君主制国家，目睹了戴安娜王妃引发的英国媒体的狂热关注，既感无奈，又觉欣慰，因为相比之下，他们国内的媒体要清闲得多，但摩纳哥是个例外。自 1956 年雷尼尔三世亲王与格蕾丝·凯利结婚以来，他们的浪漫爱情故事吸引着无数人。到 20 世纪 80 年代，这对夫妇的女儿卡罗琳和斯蒂芬妮多彩的爱情生活又成了街头巷尾谈论的焦点。特别是天性浪漫的法国人，由于自己的国家没有童话故事般的王室角色，他们就把格里马尔迪家族当作自己做梦的素材。90 年代的中期，由于新一代王室成员已经成年，整个欧洲大陆对待君主制的态度开始发生变化。菲利普、威廉-亚历山大、弗雷德里克、哈康、费利佩和维多利亚都青春无限，魅力十足，对年轻人来说，有致命的吸引力。尤其当他们开始活跃在社交圈，坠入爱之河之后更是如此。法国杂志《巴黎竞赛》，多年来一直在跟踪报道欧洲的王室成员跌宕起伏的爱情生活。欧洲其他杂志和报纸也纷纷开始效仿。

　　王室成员既然被媒体划入了明星的行列，那么他们的私生活理应和流行歌手、电视或电影明星一样，几乎没有什么隐私可言。诸如《你好！》《多彩画报》（Bunte）、《今日风采》（Oggi）等杂志，虽仍会使用王室提供的摆拍照片以及受邀进入王宫拍摄专题照片，但也会花大价钱从狗仔队手里购买王室成员在非正式场合的"有料"照片。对于不喜欢八卦新闻的读者，还有专门的王室杂志，如英国的《陛下》（Majesty）、荷兰的《皇家王子》（Vorsten Royale）。这些杂志里的照片都是非常正式的内容，如各王室成员的订婚仪式，王室的珠宝、历史或宫殿。这些杂志的卖点在于，提供"知情者"或是"朝臣"对皇宫内事务的看法。

　　1980 年首次发行的《陛下》杂志，在网站上有这样的介绍："每个月，《陛下》都会为读者提供丰富的视角，帮助他们了解世界各国王室的生活。王室成员的独特个性、生活方式和时尚品位会以精彩的文章和绝美的照片等形式呈现给读者。《陛下》记录了王室所有的重要时刻，并将带领读者深入了解英国君主制的戏剧性历史。《陛下》月刊，是您了解欧洲王室的最佳选择。"

在仍然坚守君主制的国家中，人们的兴趣必然集中在本国王室身上。德国和法国一样，不是君主制国家，但他们的媒体对王室抱有极大的兴趣，于是将注意力放在了其他国家的王室身上。瑞典王室中，就有一位德国媒体的宠儿，德国出生的希尔维娅王后。这种偏爱，在 2010 年 6 月德国媒体对她的女儿维多利亚的婚礼进行的大幅报道中，体现得淋漓尽致。

近几十年来，王室与杂志之间不断变化的关系，可以从瑞典非常受欢迎的女性杂志——《瑞典女性》（*Svensk Damtidning*）的转型事件窥见一二。早在 20 世纪 50 年代，当卡尔十六世·古斯塔夫国王和他的 4 个姐姐还年幼时，这本杂志曾经刊登过他们天真可爱的照片。然而在随后的几十年里，王室成员极少占据过他们的版面，直到 20 世纪 90 年代中期，维多利亚公主被爆出患有厌食症后，杂志的定位突然发生了变化。

此前，该杂志的主编卡琳·伦莫（Karin Lennmor）一直以为该杂志的读者群是中老年女性，而如今，她发现新一代的年轻女孩十分认同这位 20 岁的公主，对她及她的朋友都十分感兴趣。伦莫回忆道："维多利亚成了潮流的引领者，她去哪儿，去哪里度假，买什么品牌都会受到关注。于是杂志进行了改版，将名字改为《皇家周刊》（*Den Kungliga Veckotidningen*），封面上增加了一个小皇冠的图标，主要刊登公主和她的弟弟卡尔·菲利普以及妹妹玛德琳有关的内容。

不出所料，该杂志也是报喜不报忧型。因此，2010 年初，当杂志记者收到玛德琳公主与未婚夫贝里斯特伦的关系出现问题的消息时，他们并没有进行报道。反而是挪威杂志《查看和听到》刊发了声称与公主未婚夫有染的那位挪威女子的采访，从而使得两人最终分手。

除了杂志，还有许多以王室为主题的电视节目。比如，比利时的《皇家》（*Royalty*）和《皇家广场》（*Place Royale*）及荷兰的《蓝血》（*Blauw Bloed*），后者自 2004 年起每周播出 1 集，由主持人杰罗恩·斯内尔（Jeroen Snel）在节目中讲述本国王室和其他欧洲王室的新闻及历史。在欧洲其他国家，这种节目通常不是固定的，但瑞典从 2010 年 6 月开始，在维多利亚王储结婚前的 3 个月里，国家主要电视频道每周一晚都会在黄金时段播放节目《皇家婚礼》（*Det kungliga bröllopet*）。该节目由前杂志编辑埃芭·冯·赛多（Ebba von Sydow）主持，吸引了多达 100 万观众的观看。节目中既有过去王室活动的镜头，也有各种关于婚礼内容的报道，例如负责制作婚礼蛋糕的糕点师，以及新郎丹尼尔的家乡奥克尔布。

和英国一样，各国的媒体大多会将注意力集中在君主制的历史背景、相关仪式、华丽炫目，抑或是王室成员的私生活上。然而，一些报纸却专注于展开认真调查，例如对声称是阿尔贝二世私生女的德尔菲娜，或是胡安·卡洛斯一世和卡尔十六世·古斯塔夫的风流韵事。他们还调查了 20 世纪 90 年代末准王妃们的背景，结果令人大跌眼镜。这些调查，迫使梅特－玛丽特承认了吸毒史，揭露了马克西玛的父亲索雷吉耶塔是该国前执政军政府部长的身份，并因此导致他无法参加女儿的婚礼。更具影响力的是，荷兰媒体对梅布尔的调查，直接迫使弗里索王子因为与她结婚而放弃了王位继承权。虽然在大多数情况下，媒体都使用的是传统的方法采集新闻，深入调查，但也有如英国《世界新闻报》和《每日镜报》这种使用小报手法获取信息的案例。其中，挪威八卦杂志《查看和听到》的哈瓦德·梅尔内斯和其他记者在调查梅特玛丽特的过去时无所不用其极，就生动地展现了这一点。

但无论媒体对于王室个别成员的批评声音多么强烈，欧洲媒体却默契地很少质疑君主制。然而，这二者是不可能完全割裂开的。正如在英国以及欧洲其他君主制国家，民众对个别王室成员行为的不满会外溢至对该制度支持率的下降。

这种现象，实际上是将王室等同于明星的副作用，一些重量级的报纸也不例外。政治家们常抱怨，王室将关注点都放在了展示自身个性，而不是国家的策略方针上面。然而，对于王室成员来说，他们也没有什么政策可以讨论，因为与 18 世纪和 19 世纪的前辈不同，那时候的统治者掌握更多的实权，而现代的君主们则小心翼翼地尽量不参与到政治中去，如果必须参与的话，也只是依照精心制定的规则行事。因此，媒体能够报道的，也就只有他们的生活了。

对新时代给王室提出的新要求，他们应对的方式也不尽相同。就拿采访来说，英国女王伊丽莎白二世从不接受采访，她的父母也一样。她的母亲唯一接受过的采访，是以伊丽莎白·鲍斯-莱昂女士的身份，与她"深爱的伯蒂"，也就是未来的乔治六世国王在订婚之时。她和记者谈论了自己的订婚戒指，还透露自己喜欢打网球和打猎。这样知无不言，言无不尽，对王室来说过于出格了，于是被提醒，用如此坦诚的态度来应对媒体，于她的身份，并不合适。从此，她再也没有接受过任何采访。

相比之下，斯堪的纳维亚半岛的君主们则要平易近人得多。例如，瑞典国王卡尔十六世·古斯塔夫会经常和记者们聊天，特别是在出访期间。丹麦女王玛格丽特二世不仅出现在有关她的纪录片中，还会经常接受报纸和电视的采访，并多年来一直坚持在位于法国南部的城堡，举行非正式的夏季新闻发布会。此外，她还与一些作者合作出版书籍。如果英国女王像丹麦女王一样，有出书的意向，肯定会让那些对她的观点和看法极度感兴趣的王室观察家兴奋不已。从这个角度来讲，丹麦人则比英国人幸运得多，他们中的大多数都对自己的君主，以及她已故丈夫亨里克亲王的观点有一些了解，因为亨里克亲王曾在 1996 年出版过一本自己撰写的书。

王位继承人和其他王室成员，在某些时刻是非常乐意接受报纸或电视采访的，例如订婚的时候，他们通常会与伴侣一起召开新闻发布会或接受电视采访。在英国，婚前采访的环节始于 1973年安妮公主和马克·菲利普斯。1981 年 2 月，查尔斯王子和戴安娜也接受了这个采访，当被问及是否因为爱戴安娜而选择结婚时，查尔斯曾回答，"那就看你怎么定义'爱'这个字了。"但不论怎样，这两次订婚采访都较为正式。查尔斯和戴安娜的儿子剑桥公爵威廉，在 2010 年 11 月与凯特订婚时接受的采访风格则非常轻松。他在采访中把自己和未婚妻比作鸭子，"表面上看起来波澜不惊，但小脚却在水底不停地拨动"。差不多 10 年之后，哈里和梅根的婚前采访同样是这种非正式的，地点是他们位于肯辛顿宫的家中。采访中，这位未来的公爵夫人显得比丈夫自信得多，而哈里王子，则与很多年前父亲的表现截然不同，对自己的感情毫不掩饰，主动表态："我对梅根是一见钟情。"

类似的采访，基调都是轻松友好的。在报道王室访问和活动时，对媒体也有严格的规定，例如某些场合只可以录像和拍照，但不能提问。然而，偶尔也会有记者不按套路出牌，2009 年 8 月在比利时就出现过类似的状况。当时国王阿尔贝二世和保拉王后的新游艇引发了巨大的争议，因此在拉肯宫庆祝他们结婚 50 周年的庆典上，比利时电视台记者克里斯托夫·德博尔苏（Christo-

phe Deborsu）就在现场对游艇一事提出质疑。保拉王后反驳道：
"为什么不可以换一艘新的游艇？这也太不公平了……我们结婚
这50年来一直都有游艇没错，但是那艘船只有2米……不，5米
长。"阿尔贝二世本人对此没有发表看法，可能是被这位记者突
然的举动惊呆了。

不过，这样的事件，毕竟只是特例而已。媒体与王室成员之
间的大多数互动，都是建立在服从和接受王室制定的基本规则的
基础之上的。那些采访者，就如同面见王室的普通民众一样，无
法完全摆脱自己只是个臣民的念头，因此在统治者面前必须要约
束自己的行为。即便是最有经验的电视采访者也一样。2009年
10月，资深驻外记者克里斯蒂安娜·阿曼普尔（Christiane Aman-
pour）在美国有线电视新闻网（CNN）采访挪威的哈康和梅特-
玛丽特时，她对王室的态度明显要比对政治家的态度温和得多。

英国少数朝臣和其他王室官员，为媒体提供了一些额外获取
有关王室消息的渠道，在可观回报的诱惑下，他们会将王宫内部
发生的故事卖给媒体。其中，最臭名昭著的就是克劳福德。她曾
是女王伊丽莎白二世和妹妹玛格丽特小时候的家庭教师，为王室
服务了长达15年之久。1949年，40岁的克劳福德退休后，美国
杂志《女士家庭杂志》（*Ladies' Home*）邀请她撰写有关两位公主
的文章或书。

克劳福德给女王汇报了这件事，当时正在开会的女王连声说

道："不，不，不，你应该拒绝这些想要用钱来购买我们家私密且珍贵的故事的企图"，并提出要帮她找一份新工作。克劳福德起初似乎答应了，但金钱的诱惑实在是太大了，她一咬牙，还是接下了这个活。她的文章使《女士家庭杂志》的发行量增加了 50 万份，这篇文章同时还发表在了英国杂志《妇女世界》（Women's own）上，甚至还以书的形式推向了市场。多年来，领着王室微薄收入的克劳福德，摇身一变成了一个非常富有的女人。她的英国出版商乔治·纽恩斯（George Newnes）付给了她 3 万英镑的全球版权费，美国杂志《女士家庭杂志》花了 6000 美元买下了她的系列连载。

这本书的内容其实无伤大雅，甚至描绘了一幅温馨感人的王室生活画卷。出版商在出版之前，甚至将原稿寄给了皇宫，并承诺删除他们认为的不妥之处。但就国王和王后而言，这并不是重点。这位曾经的王室工作人员犯了一个大忌，那就是失信。因此在这之后，"克劳福德"就成了背叛的代名词，而且对英国王室而言，她从此就是"路人甲"。

在这之后，克劳福德并没有停止写作，或者说，以她的名义继续发表文章。然而，她的事业在 1955 年戛然而止，因为当时媒体上刊登了一篇以她的名字署名的讲述皇家阅兵式和赛马会的文章，但这两场比赛都因为当年罢工被取消了。退休后的克劳福德回到了她的故乡苏格兰，住在巴尔莫勒尔堡附近的一栋别墅里，没有任何的王室成员去那里探望过她。1988 年她去世时，女王、王太后和玛格丽特公主也都没有送花圈来。

戴安娜的离世以及与她相关书籍的巨大市场，催生了一批"当代克劳福德"，其中包括她的前管家伯勒尔。他于 2003 年出版的自传《王室责任》（*A Royal Duty*），被威廉王子和哈里王子谴责为是对他们母亲"无情的公开背叛"。而这样的背叛却使这本书登上了全球畅销榜，并为伯勒尔赢得了利用他的王室经历提现的副业。例如电视真人秀、娱乐节目以及推出自己的品牌，"皇家管家"系列家具、地毯和葡萄酒。他的买方市场主要是美国，因为他后来一直在美国生活。

这种"内部人士"回忆录在欧洲其他国家还是比较少见的，为数不多的例子之一，便是丹麦王储弗雷德里克的前保镖，耶斯佩尔·伦多夫。他曾出过一本有关王室的书，讲述了与王储一起参加丹麦海军特种部队训练时的故事。

欧洲的王室一般都会以沉默的方式回应记者或前同事对他们隐私的侵犯，拒绝证实或否认报道的内容。不过偶尔，他们也会释放自己的真实感受。1930 年 5 月，未来的国王乔治六世，在一次援助生病和贫困记者的晚宴上发表演讲时，谈到了媒体对他的巨大关注。他说："我要特别感谢报纸上的八卦专栏，因为如果我想了解自己家里发生了什么事情的话，翻一翻《神奇日报》（*Daily Wonder*）就都知道了。"

虽然乔治六世看起来并不反感媒体的过分关注，有时甚至还乐在其中，但这不代表王室成员没有发脾气的时候。2005 年 3 月，在查尔斯与卡米拉结婚前几周，王室在瑞士阿尔卑斯山组织了一次媒体拍照活动。活动现场，英国广播公司的王室特约记者尼古拉斯·威切尔（Nicholas Witchell）问查尔斯是否十分期待与卡米拉的这场婚礼时，查尔斯用讽刺的口吻回答了他的问题，然后转头跟他的儿子们小声说："这些人太讨厌了，我真受不了刚刚提问的那个男人。他太过分了，真的太过分了……我讨厌这些人。"不幸的是，查尔斯的此番言论被媒体记录并公开了，但王子的新闻发言人坚称王子"没有蔑视媒体"的意思。

不过有的时候，媒体的过分举动，会引起王室的强烈反应。例如在 2003 年 11 月，英国女王伊丽莎白二世向法庭申请了一项禁令，阻止《每日镜报》继续发表记者瑞恩·帕里（Ryan Parry）的文章和照片，因为此人为了获取新闻在白金汉宫以侍从的身份潜伏了两个月之久，并泄露了大量王室的隐私。这样钻空子的行为实属罕见。王室对这件事的处理方式就是在彰显自己在这个合作关系中的主动权，但是表面看起来媒体总是咄咄逼人的一方。例如当年新婚的戴安娜王妃怀着第一个孩子，住在格洛斯特郡的海格洛夫乡村庄园时，总是被铺天盖地的媒体围追堵截。女王的新闻发言人迈克尔·谢伊（Michael Shea）抱怨道："威尔士王妃感觉自己陷入了媒体的包围。尽管她已经能够很好地应对了，也通过了重重考验。但所有爱她、关心她的人却都无时无刻不在担心她的处境。"

约 20 年后，王室担心尚未与威廉王子订婚的凯特也会遭受类似的骚扰。因此，2009 年 12 月，当王室准备在桑德林汉姆庄园欢度圣诞时，女王向媒体发出强烈警告，不要刊登狗仔队偷拍的与王室有关的照片。

据报道，2010 年 2 月，米德尔顿曾威胁要起诉一名摄影师和两家英国图片社，在 2009 年圣诞节时偷拍并刊登了她打网球的照片。尽管这些照片是在公共场所用普通镜头而不是长焦镜头拍摄的，而且只在德国发表了，但她仍可能将获得至少 1 万英镑的赔偿金和巨额的诉讼费补偿。2012 年 9 月，法国八卦杂志《靠近》（*Closer*）刊登了她在法国南部的奥泰堡（Chateau d'Autet）度假时的半裸照，这座城堡是玛格丽特公主的儿子大卫·林利子爵的资产。她和威廉的态度十分坚决，两人迅速向法国法院提起了民事诉讼，并赢得了象征意义的胜利。虽然该杂志被禁止出售或再使用这些照片，但这并不能阻止这些照片在欧洲的其他地方流传。然而，尽管这些照片可以在互联网上免费下载，但没有一家英国报纸愿意蹚浑水，这表明自戴安娜事件后，英国主流媒体的态度已经发生了巨大的变化。

哈里和梅根对待媒体的态度则更加强硬。2018 年 5 月婚礼举行前，畅销小报《星期日邮报》爆出的尴尬故事，令梅根尤感不安。许多媒体都找到了与她不睦已久，甚至并未邀请至婚礼的父亲托马斯·马克尔，了解有关梅根的故事。媒体曾刊登了一张他坐在网吧，正在读女儿订婚故事的照片，而这张看起来好像出自狗仔队的照片，实际上是摆拍。2019 年 10 月，梅根再次宣布要起诉该报，因为该报刊登了一封她写给父亲的信，称该报侵犯了她的版权以及隐私权，违反了《数据保护法》。本案版权问题的最终判定基于如下原则：无论这封信现在由谁保管，信件的作者都保留其内容的所有权。于是，2021 年 2 月，当时居住在加州的公爵夫人赢得了该诉讼，她称赞这一判决是对该报"非法和非人道行为"的"全面胜利"。

隐私法是迅速发展的法规领域之一，它借鉴了《欧洲人权公约》的内容，并一直是王室成员反击媒体侵犯的法律依据。欧洲人权法院于 2004 年 6 月开创了一个先例，裁定德国《多彩画报》《新邮报》和《休闲狂欢》刊登的摩纳哥公主卡罗琳滑雪、骑马、喝咖啡以及与丈夫汉诺威王子恩斯特·奥古斯特打网球的照片侵犯了她的隐私。"卡罗琳裁决"对整个欧洲的小报媒体都产生了巨大影响，它推翻了德国 1999 年的一项关于公众人物不能拒绝在公共场合被拍照的裁决。这只是摩纳哥王室多年来采取的众多法律行动之一，他们丰富多彩的私生活一直是媒体关注的焦点。

卡罗琳的代理律师马蒂亚斯·普林茨（Matthias Prinz），是德国最引人注目的媒体律师之一，但讽刺的是，他的父亲贡特（Günter）在 20 世纪七八十年代是小报《彼尔德报》（*Bild Zei-*

*tung*）的编辑。在 2009 年接受新闻杂志《明镜周刊》采访时，普林茨否认了关于他扼杀了言论自由的说法。他说，卡罗琳在第二任丈夫斯蒂法诺·卡西拉奇去世后，搬去法国圣雷米村时的处境是"灾难性的"。他回忆说，1992 年去看望她时，她的家门口有 20 个狗仔队记者，她三个孩子就读的学校外还有 15 个，都在等着拍他们的照片。

　　普林茨曾多次在瑞典王室发起的法律诉讼中担任辩护律师，最引人注目的是 2004 年 12 月，他代表瑞典王室起诉德国最大的杂志出版商之一克兰伯特（Klambt），指控他们的报道中有 1588 篇失实，其中包括 500 多篇头条"独家新闻"。其中包括：国王与一位神秘的金发女郎有染，王后身患癌症但被神奇的腕带治愈。对此指控，克兰伯特公司高管鲁迪格·迪恩斯特（Rudiger Dienst）的反应十分能说明问题，他自称是"忏悔的罪人"，并发誓不再刊登任何不实报道。他表示："我们已经从这件事中吸取了教训。我们承认，我们可能存在一些添油加醋的行为，但小报业都是这样的。这种报道近 50 年来一直都存在，我不明白为什么瑞典王室突然针对我们采取行动。"

　　2009 年 7 月，王室在法律诉讼方面又取得了一次胜利。汉堡一家法院勒令另一家德国出版社索南维拉格（Sonnenverlag）向瑞典公主玛德琳支付 40 万欧元的赔偿金，因为该出版社捏造了一些有关她的故事，并编造了她已怀孕的事实。公主承诺会将这笔钱捐给慈善机构。

荷兰王室也经常诉诸法律，其中大都涉及德国出版物。1968年，朱丽安娜女王的丈夫伯恩哈德亲王，成为该国王室成员中首位对八卦杂志采取法律行动的人。起因是《新世界报》（*Neue Welt*）发表了一篇报道，称亲王的女儿艾琳公主曾堕过胎。这场官司持续了 3 年的时间，但亲王最终赢得了这场诉讼，并获得了约 4 万英镑的赔偿，他将这笔钱捐给了红十字会。

荷兰王室的其他成员也纷纷效仿该做法，尤其是伯恩哈德的女婿克劳斯亲王。1965 年 5 月，未来女王贝娅特丽克丝生命中的这个男人，被英国《每日快报》"曝光"。尽管王室要求多给这对恋人一点空间，但从一开始，克劳斯亲王与媒体的关系就已经十分紧张了。他成功地与媒体打了几场官司，其中包括 1985 年与《私人》（*Privé*）杂志的一场。当时该报称，18 岁的威廉-亚历山大王储，在阿姆斯特丹的希尔顿酒店与一女子共度良宵。随后他还提起了几次诉讼，最后一场获胜的诉讼是在 2002 年亲王去世的前几天。

威廉-亚历山大继承了父亲对待媒体的坚决态度，特别是在他与未来的妻子马克西玛在一起之后。这对夫妇拒绝媒体刊登三个女儿，凯瑟琳娜-阿马利娅公主、亚历克西亚公主（Alexia）以及阿丽亚娜公主（Ariane）的私人照片。与王室陷入冲突的不仅有《私人》和《新闻秀》（*Shownieuws*）等畅销杂志。在 2009 年的 8 月，王室还赢得了与美联社的法律诉讼，因为美联社向其客户发送了威廉-亚历山大王储及其家人在阿根廷度假的照片。荷兰法院裁定，虽然王室成员在履行公共职责时应当接受媒体的监督，但他们在日常生活中应该有权享受私人空间。

不过，与海量的王室报道相比，这样的情况算是特例了，这同时也反映了王室成员和媒体的相互依存关系。虽然王室的成员会觉得媒体的一些报道侵犯了他们的隐私，但如果媒体不再对他们进行任何报道，他们会更加担心。鉴于如今的王室主要保留了一些代表性的功能和职责，因此从媒体上消失将有可能是他们退出历史舞台的第一步。

而对媒体而言，王室是报纸或电视节目有价值的新闻来源。因此，二者之间常达成务实的交易，例如王室精心安排的官方旅行，会为摄影师和摄像师提供他们所需的镜头。对于英国王室而言，一些私人假期亦是如此，比如查尔斯王子和儿子们度假时一起滑雪。而作为获得拍照机会的回报，这些媒体也会给王室足够的隐私空间。这种安排的一个极端例子，就是王室和英国媒体就哈里王子被派至阿富汗一事达成的保密协议。但后来，一家美国网站泄露了这个秘密。

英国《独立报》（Independent）的例子则很引人深思，该报在 1986 年创刊时，就誓言不发表任何和王室有关的故事。从该报创立后，担任了 8 年编辑的安德烈亚斯·惠塔姆-史密斯（Andreas

Whittam-Smith）称，他曾和自己打赌，一份成功的报纸是可以脱离报道王室新闻存活的。然而他输了，没多久，《独立报》就放弃了自己一开始的立场，转而像其他报纸一样，开始报道温莎家族的动向。惠塔姆-史密斯在 2000 年总结道，"出于商业原因，如果没有王室的日常报道，全国报纸都难以为继。温莎王室强大的演员阵容为肥皂剧提供了无限的灵感。"

欧洲其他地方的报纸和杂志也在这个方面达成了共识。丹麦的《号外报》是一份较为强势的小报，一直以来都是君主制的猛烈批评者，但这并不妨碍它刊登有关本国和其他国家王室的报道。丹麦版《查看和听到》周刊和挪威版一样，热衷于追捧王室，奇怪的是，该杂志与一家亲皇派的周刊《照片杂志》（*Billed Bladet*）同属一家媒体集团，而且都在哥本哈根海滨的同一幢高大建筑里办公。两家媒体的动机似乎在很大程度上都是商业性的，因为他们的群体定位同时包括了君主主义者和共和主义者，这就意味着，他们覆盖了整个市场。

20 世纪的最后几年和 21 世纪的头 10 年，进入了互联网的时代，这给人类带来了新的机遇和挑战。欧洲许多报刊和电视频道的网站，从创设起就开辟了王室专栏节目，可见此类新闻的受欢迎程度。例如，《你好！》杂志的网站上，不仅有王室的新闻和照片，还有背景资料介绍，如王室家谱和宫殿一览。无数独立的网站和网络公司也如雨后春笋般涌现，其中不乏技术专业、资金雄厚者，但也有一些类似个人的博客。有些网站只是收集主流媒体上的故事链接，有些则开设了论坛和聊天室，让世界各地对王室感兴趣的读者可以分享看法或者互相提问。其中一个著名的论坛，皇家论坛（The Royal Forums），拥有海量有关王室的资料，博古通今，囊括了欧洲、非洲、亚洲和拉丁美洲几乎所有的王室资料。此外，还有无数介绍王室的个人博客、网站和社交媒体账户。王室家族们，也抓住了新媒体提供的宝贵机会与臣民直接交流。在这方面，英国人一直走在潮流的前端。20 世纪 90 年代末，随着新的新闻主管西蒙·刘易斯（Simon Lewis）上任，英国王室建立了自己的网站。该网站自成立以来发展迅猛，提供了大量王室的新闻、历史、照片和信息，还有一些有趣的功能，如互动地图，可以允许用户搜寻自己所在地区过去和现在的王室访问记录。并且，自 2007 年 10 月以来，国外视频网站上便开设了"皇家频道"。2010 年 11 月，英国王室宣布将在社交媒体上开设自己的主页账号。然而，与普通用户不同，王室账号不会接受朋友申请，或者像人们认为的那样自己写文章。不过，此举还是获得了很大的成功，页面推出一小时后，就有 4 万多人抢先"点赞"。现在，女王的主页已有超过 500 万的粉丝。王室的社交网站账号也有众多粉丝。欧洲其他王室家族也有类似的个人主页或网站，但内容不如英国王室的全面，关注者也较少一些。

第十六章

共和制还是君主制

2020 年 10 月，西班牙的某视频网站上发布了一段不同寻常的视频，标题是"国王万岁"（*Viva de Rey*）。在这段 14 分钟的视频里，左右两派的政治家、商人、知识分子以及其他公众人物，甚至还包括一位知名斗牛士在内的 183 人，表达了对国王费利佩六世以及君主立宪制的支持。诺贝尔文学奖获得者，秘鲁人马里奥·巴尔加斯·略萨（Mario Vargas Llosa）在视频的最后做了总结性发言。人民党成员卡雅塔娜·阿尔瓦雷斯·德·托莱多（Cayetanaálvarez de Toledo）在视频中表示，"问题不是选择君主制还是共和制，这是一个伪命题。真正的问题是立宪还是内乱。"

这段视频发布之时，西班牙王室正面临前所未有的危机。2020 年 8 月，在一系列丑闻的压力下，费利佩六世的父亲，前国王胡安·卡洛斯一世为了不使儿子及王室陷入更为尴尬的境地，选择离开西班牙。然而，尽管费利佩六世个人很受民众的欢迎，但胡安·卡洛斯一世的离开似乎并没有给儿子带来他所期望的支持率，甚至可能适得其反。当年 10 月进行的一项民意调查显示，约有 40.9% 的受访者支持西班牙成为共和制国家，只有 34.9% 的人选择支持君主制，还有 24.2% 的人表示不知道该作何选择。此外，约 48% 的人希望就是否保留君主制的问题进行公民投票。根据西班牙宪法，公民投票是决定该制度命运的唯一途径。

这不尽如人意的民意调查结果让国王更加担忧，因为君主制在西班牙的根基并不牢固。在过去一个半世纪里，西班牙经历了两个共和国时期以及在佛朗哥将军领导下的 40 年右翼独裁统治，这与欧洲其他幸存的君主制国家的延续性截然不同。事实上，在 1981 年胡安·卡洛斯一世成功平复未遂的军事政变之后，他 3 年前重建的君主制才赢得了广泛的认可，因此人们常说西班牙人不是君主主义者，而是"胡安·卡洛斯主义者"，同时，也引发了君主制在其统治结束之后能否存续的猜测。

2000 年之后，形势发生了巨大的变化。胡安·卡洛斯一世逐渐被认为是君主制的累赘，而非守护者。对西班牙而言，2007 年是个特别动荡的年份。加泰罗尼亚分离主义分子将国王视为国家的化身，因此在他访问该地区时焚烧了他的照片。与此同时，两名漫画家在讽刺类杂志《星期四》（El Jueves）的封面上发表了一幅费利佩王子的性爱漫画，之后他们以一条不常用到的"损害王室威望"罪，被处以罚款，由此引发了一场争论。

由于有人质疑维持君主制的成本，因此，国王任命了一名审计员，对王室开支进行仔细核查。在过去，根据西班牙的法律，王室收支是不对公众公开的。胡安·卡洛斯一世还史无前例地试图公开为自己国家元首的角色辩护，声称为"西班牙民主制度下最长的繁荣和稳定时期"做出了贡献。

在随后的几年里，局势虽有所平息，但任何的风吹草动都会给王室带来巨大的打击。2010 年 2 月，国王的大女儿艾莲娜（Elena）宣布离婚，引发了激烈争论，这是西班牙王室历史上首次发生此类事件。两年后，他的小女儿克里斯蒂娜的丈夫乌丹加林因涉嫌一起数百万欧元的腐败案出庭受审，也造成了极大的影响。紧接着，在当年的复活节，艾莲娜 13 岁的儿子弗罗伊兰（Froilán）用猎枪误射了自己的脚，但西班牙的法律规定至少 14 岁才能使用枪支。这件事让人联想起了 1956 年 3 月，国王的弟弟阿方索被左轮手枪误杀的事件。

　　胡安·卡洛斯一世的个人声望也因他过于干涉政治而备受指责。他曾公开抱怨西班牙从经济危机中恢复的速度过于缓慢，并与工会官员和银行家就此举行了会谈。更糟的是，据说 2012 年 4 月，胡安·卡洛斯一世在博茨瓦纳享受了一次奢侈的大象狩猎之旅，资助者是位阿拉伯富商。这使得他之前所说的，自己因为西班牙年轻失业者的现状而彻夜难眠的言论显得尤为虚伪。这次旅行因胡安·卡洛斯一世摔断了髋骨，不得不紧急手术才得以曝光。他的行为激起了众怒，迫使他辞去了世界野生动植物基金会西班牙分会名誉主席的职务。当他术后离开马德里圣何塞医院时，被迫对着电视镜头发表了公开声明。他说："很抱歉，我犯了一个错误。这样的错误以后不会再发生了。"两年后，他的退位平息了人们的一些怒气，但随着更多的真相浮出水面，针对他的批评又再次爆发。

　　西班牙君主制时断时续的历史，使得该国的君主制似乎总比欧洲其他国家的脆弱。在欧洲其他国家，君主制的存续形式表现为政府形式。但是，过去几个世纪以来，法国、俄国和其他国家爆发的那些革命表明，没有任何一种君主政体能得到永久的支持或拥有永恒的生命力。许多国家在很长的一段时间内都会出现共和主义运动，不过其受欢迎程度也会随着时间而发生变化。

英国，这个全欧洲或者说全世界最著名的君主制国家，竟然是共和主义的首个试验者，这不禁让人觉得有些讽刺。从 1649 年查理一世被处决，至 1660 年他的弟弟查理二世复辟的这段时期，并没有对共和政体起到积极的宣传作用。无论克伦威尔诸多支持者的动机多么令人钦佩，他并没能证明自己是个民主派的典范，当议会不同意他的观点时，他就解散了议会。克伦威尔任命自己为终身护国公，并指定自己不成器的儿子理查德为继承人，克伦威尔成了英国事实上的国王。

复辟似乎永远关闭了共和主义的大门。查理二世复辟后，那些将查理一世送上审判台的人也被处以了极刑。为了复仇，克伦威尔的尸体在查理一世被处死一周年时被挖出，他的头颅在威斯敏斯特大厅外的柱子上，一挂就是 24 年。

然而在此后的几个世纪，共和主义一直生存在英国激进派的圈子里，他们有时会因为君主的劣行而赢得更广泛的支持。正如 18 世纪末及 19 世纪初，乔治四世身兼威尔士亲王和摄政王的滑稽局面，使得汉诺威王朝更加不得人心。1837 年，他的侄女维多利亚登上王位，给英国的君主制注入了数十年的推动力，但在她的丈夫阿尔伯特亲王于 1861 年早逝后，这种平静被打破了。维多利亚陷入无边的悲痛中，基本上淡出了公众视野，使英国君主制陷入了内战以来最严重的危机。

19 世纪 60 年代末，大臣们开始对女王的沉寂表示无比担忧。她大部分时间都待在怀特岛的奥斯本宫（Osborne House）或苏格兰的巴尔莫勒尔堡。并且，她在 1870 年 2 月断然拒绝了议会开幕的请求。这种沉默或许是可以理解的，因为一年前，她罕见地出现在了泰晤士河新黑衣修士桥的揭幕式上，当她的马车在河岸街上行驶时遭到了人们的嘘声。1870 年 2 月，她的长子威尔士亲王被要求在一场不怎么光彩的离婚官司中出庭作证，这件事使得本来就紧张的关系变得雪上加霜。《泰晤士报》则表达了对女王更强烈的愤慨之情："她现在应该停止继续将生命投入到丧偶的悲痛中，想想臣民们的需求和自己的职责，这些需求和职责不应为无法挽回的悲伤让步。"

1870 年 9 月，拿破仑三世的统治被推翻，法国宣布建立共和国后，英国各地的共和派俱乐部纷纷成立。当年 11 月，激进派议员查尔斯·迪尔克爵士（Sir Charles Dilke）在下议院发表了一场引人热议的演讲，他表示，王室的花费已经跃升至每年 100 万英镑，正如另一位发言者所说，这一数字是美国总统收入的 10 倍，"这已经不是浪不浪费的问题，而是胡闹"。次年，未来的贸易委员会主席约瑟夫·张伯伦（Joseph Chamberlain）在给迪尔克的信中说："共和国时代必须到来，而且以我们前进的速度，它将在我们这一代到来。"

英国并没有成为共和国，但其君主制得以延续的原因却有些令人意想不到。在《泰晤士报》报道迪尔克演讲的当天，威尔士亲王因伤寒病倒了。迪尔克的会议如期举行，但由于王位继承人的生命正遭受危险，民众的情绪发生了根本性的转变。1871年11月30日，当迪尔克在博尔顿节制大厅（Bolton Temperance Hall）发表演讲时，保皇党人试图冲进大楼，整个过程演变成了两个敌对阵营之间的激烈争斗。几天后，在德比（Derby）也出现了类似的情况。之后的12月14日，即阿尔伯特亲王去世10周年之际，传来了威尔士亲王正在康复中的消息。

在公共关系的角度来说，这对维多利亚和君主制而言是一个绝佳的机会。女王听从了令她讨厌的首相威廉·格莱斯顿（William Gladstone）的建议，同意于1872年2月27日，在圣保罗大教堂为儿子的康复举行公开的感谢仪式。她认为，这场她所谓的"表演"应当要有仪式感，于是她一袭黑衣，唯独帽子上点缀了一根白色的羽毛，乘坐着一辆由6匹马牵引的敞篷车穿过伦敦市区，民众都为之疯狂。

次月，当迪尔克的提议在唇枪舌剑的下议院进行表决时，以276票对2票被否决，这个结果引来了阵阵欢呼声和嘲笑声。《曼彻斯特卫报》（*Manchester Guardian*）嘲讽道，迪尔克的论点是如此有说服力，以至于"一辆出租车就能带走他带进大厅的追随者"。回头来看，19 世纪 70 年代已经算是共和主义的巅峰时刻了。

在此后的几十年里，君主制继续存在的一个重要因素是工党的态度。工党在 19 世纪末开始兴起，到 20 世纪中期已经取代自由党成为保守党的主要劲敌。1923 年工党会议就君主制的存续与否进行辩论时，共和主义以 38.6 万对 369.4 万的失败告终。1936 年 12 月，爱德华八世退位后，下议院的一项共和派议案只赢得了 5 票。

19 世纪末，在其他欧洲国家，有组织的劳工和社会民主主义的兴起也促进了共和主义的发展，他们将君主制视为一种反动势力。在瑞典，社会民主党在 1889 年成立时甚至将废除君主制作为其纲领的一部分，且一直没有修改过。然而，尽管该党自 20 世纪 30 年代以来的大部分时间都是执政党，但其领导人却并未将废除君主制视为眼前最紧要的目标去完成，而且这并不是因为害怕惹恼一直支持君主制的工人阶级支持者。1946—1969 年担任瑞典社会民主党总理的塔格·埃兰德（Tage Erlander）宣称："我是一个共和主义者没错，但这并不代表我想要一个共和政体的国家。"

20 世纪 70 年代，瑞典君主制被剥夺了政治权力，但至少它幸存了下来。正如有人指出的那样，那些在 20 世纪成为共和国的欧洲国家，他们的君主制基础被动摇往往是因其军事上的失败及对社会的破坏，而不是共和党通过投票箱取得的成功。

欧洲大多数的君主制国家，甚至是卢森堡，都至少有一个致力于摆脱君主制的运动团体。他们主要是通过网站、会议、代表大会，出版通讯和杂志开展活动。然而，这些团体的规模都很小，他们的领导层往往只是几个热心人而已，成员也只有几千人。尽管他们致力于共和主义事业，但很少受到媒体的关注。只有小规模的边缘党派，如极左派或是绿党，才倾向于共和主义。但对他们来说，废除君主制也不是首要解决的问题，远远排在社会和经济等其他更为紧迫的问题之后。

造成以上状况的是一些现实的原因。因为在大多数情况下，将一个国家从君主制转变为共和制所需的宪法程序是相当复杂的，需要多数议会成员的同意，这在和平时期是很难实现的。然而，君主制的存续不仅是由于惯性，也不仅是由于人们对某个政党的政客（有时甚至更糟，有可能是某位名人）当选为新总统的前景感到恐惧。现代的君主立宪制，看起来不偏不倚，凌驾于政党之上，不代表任何特定阶级、种族或语言群体，被许多欧洲人视为民族团结的象征。瑞典的例子就很有启发性：20世纪70年代，瑞典剥夺了国王的所有政治权力，但这一步不仅没有像共和党人所希望的那样，成为废除君主制的第一步，而且，似乎还减少了君主被批评的可能性，实际上巩固了国王的地位。

然而，民族团结并非在任何地方都是一个褒义词，例如，西班牙的巴斯克人和加泰罗尼亚人，以及比利时的许多人就不这样认为。在比利时，君主制是这个国家荷语区和法语区残存的为数不多的共同点之一。对于讲荷兰语的弗拉芒分裂主义者来说，君主制已经成为他们憎恨的比利时的同义词，长期以来，他们一直在发动运动，将王室与讲法语的南部地区同等对待，但是迄今为止，他们在推翻君主制和分裂国家方面都未曾取得成功。

然而讽刺的是，1950 年，就阿尔贝二世的父亲利奥波德三世的命运进行公民投票时，弗拉芒人①却以压倒性的优势投票支持他回国，而大多数讲法语的人则持反对票。当时，佛兰德是该国较为贫穷落后、保守和偏天主教的地区，这些都是该地区支持君主制的主要因素。相比之下，工业化程度较高的瓦隆（Wallonia）则是左派的权力基础，他们一直都对君主制持怀疑态度。半个多世纪后，比利时的情况发生了变化，它的政治经济中心，已从深陷后工业衰退的南部转移到了更有经济活力的佛兰德——这个在 21 世纪全球经济中处于更有利地位的城市。关于战争的记忆已慢慢褪去。

和欧洲其他国家一样，比利时对君主制的支持也不是绝对

---

① 比利时弗拉芒人主要住在该国西部和北部。弗拉芒人母语为荷兰语，历史上居住在"佛兰德"或"法兰德斯"（荷兰语：Vlaanderen；英语：Flanders）地区，现今主要分布在比利时北部——弗拉芒大区。

的，而是以王室成员的表现为条件的。虽然相对而言，少数彻底的共和主义者原则上反对非选举产生的国家元首，但大多数人似乎可以在某些条件下继续容忍君主制的存在：即王室成员表现良好，让纳税人满意。但西班牙活生生的例子，也告诉了我们一个道理：如果做不到以上这一点，不仅是影响国王或王子的声誉，还会动摇君主制本身。

性格魅力的重要性是指民众的支持会遵循一定的规律。一般来说，国王或女王在位时间越长，就越受欢迎。抑或，一个迷人的异性的出现，一场浪漫的王室婚姻。当然，前提是适合的，然后继承人的出生，这些都能给王室带来支持率。尽管如此，大部分年轻人对君主制的热情似乎并不如他们的父辈。

在斯堪的纳维亚半岛，民意调查多次显示，君主制的受欢迎程度经历了许多这样的波动。例如，挪威君主制的支持率在20世纪80年代末飙升到了90%以上，10年后又降至60%以下（在首都仅为49%）。下降的部分原因是未来王妃梅特-玛丽特的花边过往被曝光。此外，王宫6年的翻新费也引起了强烈的反响，该费用最初的预算只有1.5亿克朗，最后总计却达到了4亿克朗。这让人不禁觉得，这个迄今为止还算节俭的王室家族，用格里姆斯塔德的话来说，"花钱如流水"。他曾是王室的一位负责人，后来成为王室评论家。

到2010年4月，王室支持率反弹至67%，这在一定程度上得益于王妃梅特-玛丽特的出色表现，也展示了她作为未来王后的潜力。2017 年，君主制的支持率甚至高达 81%，只有 15% 的人希望选择另一种政体。不过支持率也存在一些差异，如奥斯陆君主制的支持率仅为 69%。格里姆斯塔德说，挪威共和主义者的普遍特点是"男性、中等收入、受过大学教育、居住在城市"。他认为，"人们冷漠的态度是君主制最大的危险"。该国的社会主义左翼党承诺每 4 年（每届议会）提呈一次国家是否应该改成共和国的问题。然而，该议案总是被绝大多数人否决。

相比之下，丹麦的民意调查显示，王室的受欢迎程度在 20 世纪 70 年代、80 年代和 90 年代从 70%—75% 增长到了 85%—90%，这在一定程度上是因为年轻、有吸引力的女王的到来。阶级分化的消退和左翼政党一贯对立情绪的缓解，也有助于君主制的发展。2009 年 6 月，一场关于改变继承规则、给予男女继承人平等地位的公投，出乎所有人意料地，成为一场有关君主制的更广泛的辩论。这场争议吸引了更多人的关注，于是投票率轻松超过了 40% 的最低门槛，但在哥本哈根和其他城市，有些人听从了共和党人的呼吁，弃权或投空白票。但最终，这一更改以 85% 的多数票获得了通过。民意调查显示，此次投票旨在减少君主制的支持率，但没能达到预期的效果。

2010 年 4 月，伴随着女王玛格丽特二世的 70 大寿，迎来了另一波有关君主制的民意调查。女王没有什么可担心的，因为她个人的支持率远远超过了80%，弗雷德里克王储和玛丽王妃则落后几个百分点。然而，女王不怎么受欢迎的配偶亨里克亲王的支持率直接从2004年的41.8%下滑到24.8%。与此同时，丹麦的选民们似乎也支持修改宪法，将女王变为瑞典女王那样有名无实的国家元首，并且，大多数人希望由议会议长任命首相，而不是女王。与那些支持现行体制的人相比，更多人认为女王不应该继续批准立法。

在瑞典，保皇党人似乎更有理由担心君主制的存续问题，至少在2010年6月，王储维多利亚和丹尼尔·韦斯特林婚礼前的几个月里是这样。当年4月，国王卡尔十六世·古斯塔夫64岁生日时的民意调查显示，只有58%的人支持君主制，比2000年的85%下降了不少。同时，对共和制的支持率则从10年前的12%攀升至28%。

这种支持率的波动并不稳定，例如国王卡尔十六世·古斯塔夫在访问文莱时发表了一些不当言论，导致王室的支持率下跌。而2004年圣诞，针对发生在泰国的海啸，以及550名在该自然灾害中被夺走生命的瑞典人，国王妥善的处理方式，使得王室的支持率又再次回升。不过反常的是，随着王室婚礼的临近，支持率又开始有下跌的迹象。但让共和党人感到绝望的是，这场婚礼本身似乎对君主制还是产生了推动作用，因为婚礼仪式结束后立即进行的民意调查显示，有74%的人选择支持君主制，在11月的另一次调查中，王室的支持率为 69%。

然而，瑞典议会中持共和主义观点的议员占了绝大多数，且范围不限于社会民主党、左翼党和绿党。中翼和右翼政党的议员中也有一些共和主义者。因此，与主导政治的那几十年相比，现在的社会民主党似乎更不可能尝试将其党纲中对共和主义的承诺转化为行动。

事实上，社会民主党似乎认为共和主义在他们的主要支持者中并不受欢迎，所以在议会偶尔就废除君主制进行投票时，他们选择支持维持现状。曾担任过共和党运动负责人的社会民主党议员希勒维·拉尔森（Hillevi Larsson）回忆起一次投票：党鞭要她投票保留君主制，她表示抗议，因为这有违她曾为共和运动所做过的工作。最终，在向党内更高的机构表达了自己的想法之后，她拥有了自由投票的权利。

第二次世界大战后的英国，君主制的支持率也可谓是跌宕起伏，但批评一般都集中在王室成员个人和他们的行为上，而并非制度本身。1957 年，奥特林厄姆勋爵（Lord Altrincham）就女王伊丽莎白二世行事风格发表的评论引发了一场轩然大波，但与女王的妹妹玛格丽特的私生活及后来女王子女婚姻破裂引发的热议相比，就相形见绌了。对君主制维系成本的批评，以及纳税人所缴纳的这些钱是否"物有所值"之类的话题，也不时浮现。以上这些争议大都集中在 1992 年女王的"多灾之年"，在随后的几年里，查尔斯和戴安娜之间的争斗，也给了共和党人更多的口实。

　　或者更确切地说，如果政坛中有足够多的共和党人懂得利用这一点，他们一定会这样做。威利·汉密尔顿就是为数不多懂得这么做的人之一。在成为工党议员后的几年里，他一直称女王为"发条娃娃"，说玛格丽特公主行为"不检点"、查尔斯王子是个"笨蛋"而安妮公主"相貌平平"。汉密尔顿的行为不难理解。他来自苏格兰，与西班牙的巴斯克或加泰罗尼亚地区一样，苏格兰长期以来一直比其他地区更倾向共和主义。然而，汉密尔顿的做法还是有些出格，所以1987年从议会退休后，暂时没有类似风格的人出现。

　　1997年成为首相的布莱尔和他的保守党前任一样，是坚定的君主主义者。在他上台数月之后，王室对戴安娜王妃的事故处理不当，引发了舆论海啸，但他化险为夷，将王室从公共关系的灾难中拯救了出来。他的妻子切丽（Cherie）则不然，虽然在公开场合即便不情愿也得向女王行屈膝礼，但据说她在私下见面时拒绝这么做。并且，布莱尔的所有政治盟友也不像他那样坚定的支持君主制，例如，2000年内阁部长莫拉姆（Mowlam）建议王室成员搬出白金汉宫，并呼吁在全国范围内就英国应该维持君主制或选择共和制进行辩论时，引起了轩然大波。

　　无论20世纪90年代王室成员的头条新闻多么令人尴尬，都很难下结论说君主制曾受到严重的威胁，即使在戴安娜去世后的一周内也是如此。当时，歇斯底里的情绪似乎占据了整个国家，美国广播公司（ABC）委托进行的民意调查显示，英国有近 1/4 的人都希望废除君主制。然而，就像之前经历过的所有危机一样，只需要几周的时间，一切便会一如往常，仿佛什么也没有发生过一样。

大部分活跃在伦敦的英国自由派知识分子，似乎对君主制有些不屑一顾，他们认为君主制已经过时，英国需要现代化的变革。而且对于王室至今仍享有的超高的民众支持率感到不快，甚至尴尬。2002 年女王金禧年就是个典型的例子，当时许多左翼人士都认为该庆典是件无关痛痒之事，但没想到民众却表现出了极大的热情。《卫报》的一位负责人承认，"我们需要面对现实"。2002 年女王的周年庆典，在各方面都比组织者所担心的或批评者所希望的要成功。话虽如此，该报仍然坚持认为，民众热情奔赴的是位"好人"，而不是"糟糕的制度"。

10 年后，女王钻禧庆典时，人民对君主制的支持更加空前。尽管下着倾盆大雨，6 月 3 日当天仍有超过 100 万人在泰晤士河畔排队等候，参加为期 4 天的长周末活动。女王和爱丁堡公爵乘坐皇家驳船沿泰晤士河而下，1000 艘船组成的船队在河上表演，仿佛 350 年前的盛况再现。在两天后的简短讲话中，女王将周末的活动描述为一种"震撼人心的经历"。她表示："看到成千上万的家庭、邻居和朋友在如此快乐的气氛中一起庆祝，我深受感动。"

2016 年 4 月，当女王庆祝 90 岁生日时，其人气，以及君主制的受欢迎程度正处于历史高位。在几天前益普索·莫里（Ipsos MORI）的民意调查中，76% 的受访者赞成英国继续保持君主制，只有 17% 的人倾向于选择共和制。尽管 70% 的人希望女王能尽可能久地留在王位之上，但她的儿子查尔斯也得到了越来越多的支持。过去，查尔斯作为继承人的能力曾遭到过质疑，但现在有 60% 的人认为查尔斯会成为一位好国王，而 10 年前这个数据只有 52%。

荷兰君主制的支持率也经历过类似的波动，不过，同样是在一个相当有限的范围之内。威廉-亚历山大国王的祖母朱丽安娜在位期间，与和平主义信仰治疗师霍夫曼斯的关系，以及 20 年后，她的丈夫伯恩哈德亲王被指控从洛克希德飞机公司收取 100 万美元的贿赂，还有之后我们看到的那些不幸的王室婚姻，如朱丽安娜的女儿们，以及孙子威廉-亚历山大王储和弗里索王子的婚姻问题，都或多或少地给王室的支持率带来了负面的影响。

欧洲其他地方的君主主义者基本上都是无组织的，但荷兰的君主制却得到了一些被称作"橙色联盟"（Oranjeverenigingen）的基层组织的支持，约 400 个这样的组织共同聚集在"橙色联盟协会"（De Bond van Oranjeverenigingen）的团体之下。然而这些人可不是王室的跟班，当该组织认为王室成员的行为不符合外界对他们的标准时，就会坦诚谏言。正如 2009 年，威廉-亚历山大王储决定在莫桑比克购买豪华别墅时就引发了激烈的争论，因为当时的荷兰正处于经济危机中，大多数荷兰人都不得不削减开支。

当年 10 月，议会就王室财务问题进行了辩论，为抨击王室的人提供了素材，莫桑比克的豪华别墅自然不可避免地被列入议程。讨论的范围甚至扩大到了要求荷兰君主制像瑞典一样，将王室的作用降低到纯粹的礼仪性。然而，首相鲍肯内德断然拒绝了这一建议，他说"这不利于君主制的发展"。不过，他同意了工党和社会党有关限制王室私人飞行费用的呼吁，因为单在 2008 年，这些费用就已经高达 60 万欧元。根据规定，今后只有女王、威廉-亚历山大和马克西玛才可以申请该项费用。王子得到这个消息不久之后，便宣布退出莫桑比克项目，在没有找到私人买家的情况下，以象征性的价格出售了别墅。

尽管偶有小插曲，荷兰君主制仍然非常受欢迎。2011 年 10 月为一次电视直播辩论进行的民意调查发现，75% 的人仍然支持君主制，其中超过 50% 的人对该机制的现状感到满意。只有 26% 的人不同意鲍肯内德的观点，并希望奥兰治家族只扮演纯粹的礼仪性角色。

尽管一些王室存在这样或那样的问题，但很难想象欧洲的任何一个君主政权会被迅速颠覆。不过，英国君主是否会继续保留，包括澳大利亚、新西兰以及加拿大等 15 个英联邦国家的国家元首地位是否不受影响，却被打上了一个大大的问号。对英国人而言，君主制象征着国家的统一，而对那些生活在英联邦其他成员国的人来讲，君主是他们与"母国"历史隶属关系中的最后一抹痕迹，而在 21 世纪的今天，这听起来似乎有些不合时宜。

1993 年，澳大利亚总理保罗·基廷所在的工党曾承诺，将在世纪末就君主制举行一次全民公决。1999 年 11 月，投票如期举行，投票者需表决是否希望总统替代女王成为英联邦国家元首。正式投票前几年的民意调查显示，绝大多数人选择支持共和制，然而全民公投中其支持率却仅占 45.13%，有 54.87% 的人选择了维持现状。那么，究竟是什么原因造成了这样的变化？

选举新总统的方式，无疑对此起到了推波助澜的作用。不同于法国采取直选总统的模式（会导致该国威斯敏斯特式的议会民主制政体产生根本变化），澳大利亚提议新任总统由议会直接任命，这样使得"赞成"阵营面临了一系列的指责：这样的改变不够民主，会使澳大利亚沦为"政客的共和国"。出于这个原因，即使是一些激进的共和派也投了反对票，因为与其选择一个有缺陷的模式，不如维持现状并等待再次投票。这让那些温和的共和派出离愤怒。

20 年后，澳大利亚仍在等待另一次投票。显然，简单询问投票者是否支持共和制是不够的，如果支持者占大多数，或许他们需要再举行一次公投来表决选举总统的方式，这样才不会有失公允。

相比之下，尽管在新西兰煽动推翻君主制的呼声很小，但支持也并不是压倒性的。2010 年 4 月，来自绿党同时也是积极的共和派的基斯·洛克（Keith Locke）提交了一项个人提案。政客们可以就该议题表达自己的看法，并最终提交表决。该提案在首读时以 68 票比 53 票未予通过。2010 年 1 月，威廉王子出访新西兰，发表了他个人的首次重要讲话，并身着传统毛利斗篷宣布最高法院大厦落成，这些举动似乎对君主制的发展起了推波助澜的作用。

在撰写本书时，没有任何迹象表明澳大利亚人会再次投票，或是在英国君主统治的其他任何国家中举行全民公投。也许当女王去世以后，情况可能会发生一些变化。因为在这些国家中，对君主制度的支持在相当程度上都依赖于对女王本人的支持，以及她在位 70 年里兢兢业业的付出。至少在最初即位的时候，查尔斯将不会顺理成章地继承母亲的受欢迎度，这便给予澳大利亚以及其他地方的政客们一次推动改变的黄金机遇。他们，或者是英联邦其他成员国的那些人，究竟如何能成功越过所有宪法障碍，将其国家变为共和政体，我们静观其变。

# 第十七章

# 永不消亡的君主制

2052 年，随着 6 月 21 日 70 岁生日的临近，英格兰和威尔士联合王国国王威廉五世（William V）面临着越来越大的退位压力。正式的退休年龄规定早已因年龄歧视而被废除，但 70 岁仍然是大多数人会选择退休的年龄。但为什么，国王要被区别对待呢？

要怪就怪威廉的父亲查尔斯吧，他也是等待多年之后才登上王位的，因为他的母亲坚信，自己拥有终身王权是上帝的旨意。但当那一刻真的到来时，英国又再次陷入了自戴安娜王妃去世以来从未有过的悲痛。有人也曾猜测，查尔斯可能会让位给他的儿子，使他免于遭受如此漫长的学徒生涯般的历练。但事实上，顶着威尔士亲王这个头衔度过了自己的整个中年之后，查尔斯决定感受一下作为国王的生活。

然而，查尔斯的统治并非一帆风顺。最糟的开头就是澳大利亚和新西兰都选择在他统治的时期，举行是否实行共和制的全民公决。尽管君主主义者精心策划了一场热情洋溢的运动，但共和派取得了最终的胜利。这两个国家都曾为女王伊丽莎白二世离世默哀，但很明显，对查尔斯这位国王的热情并不高。

初登基遭遇这样的挑战，使得查尔斯的威望很难恢复。诚然，他的臣民如今对卡米拉成为王后这件事接受度意外得高，而这一切，在 2005 年二人结婚时似乎难以想象。根本问题其实出在查尔斯的身上，因为他这一生，从不羞于直白地表达自己的观点，因此很难成为像自己母亲那样的，远离政治的角色。

这在很大程度上，应当归咎于查尔斯的智囊团，是他们鼓励他采取更多的干预主义行为，因为他们认为，英国人民会乐意支持一位勇于表达自己观点的君主。并且，对查尔斯而言，这还是一个良知问题。因为他仍然对某些问题有着自己独特的观点和看法，并不认为从威尔士王子升格为国王之后，应当避免针对这些问题发表自己的意见。

于是，他不断地用他标志性的"黑蜘蛛"① 笔迹给政界高官和社会名流写信，这样做通常都能达到他预期的效果。后来，他有些收不住手了。据说他一直在幕后游说，试图阻止一个大规模的风力发电场项目，因为这是他的"眼中钉"（*bêtes noires*）之一。新当选的工党政府强烈抗议，由很多公开的共和主义者担任他们的领导职务。在宪法危机迫在眉睫的情况下，查尔斯最终决定以"健康原因"退位给威廉。于是，在凯特王后的陪伴下，45岁的威廉登上了王位，这位新王采取了诸多举措，重拾人们对君主制的信心。

经历了重重困难和挑战，最终幸存下来的君主制国家，并不只有英国，欧洲的其他一些国家亦是如此。在斯堪的纳维亚半岛，挪威国王哈康和丹麦国王弗雷德里克即位后，君主制的支持

---

① 因字迹潦草，查尔斯的字体被戏称为"黑蜘蛛"。

率有所下降，导致这两个国家转而采用了瑞典模式。这意味着他们虽仍是各自国家的元首，但将不再参与任何政治活动。在受民众爱戴的妻子的陪伴下，这两位男士将继续满怀热情地履行他们的其他职责。

瑞典人更不甘落后，在共和制支持率激增，君主制未来遭到质疑的情况下，宪法委员会成立了，这与 20 世纪 50 年代的情况如出一辙。经过数年的慎重考虑，委员会最终达成了一个极具特色的妥协方案：出于对维多利亚女王的尊重，只要她还在位，一切都不会改变，但她的继任者将不再是国家元首，这个角色将由议会的议长担任。对其拥护者而言，这样的解决方案可谓是两全其美，王宫和庆典依然存在，但君主历史性的政治角色中最后一丝残余将会消失。君主制的批评者觉得，这样做简直多此一举，并且相关民意调查也显示，越来越多的人支持彻底取消君主制，将王宫完全面向游客开放。

由于忠诚的橙色联盟的支持，荷兰君主制得以在压力下幸存。出乎意料的是，西班牙王室也做到了。多亏了费利佩六世国王，在胡安·卡洛斯一世去世后，逐渐修复了他父亲和姐姐的丑闻对王室造成的伤害。然而，比利时王室就没有这么幸运了。当瓦隆人和弗拉芒人最终敲定了"天鹅绒分离"① 的条件时，这两

---

① "天鹅绒分离"一词来自 1989 年在捷克斯洛伐克发生的以基本和平的方式实现政权更替的天鹅绒革命。

个从废墟中崛起的独立国家都找不到国王的用武之地。于是，利奥波德一世在1831年建立的王朝，未能见证它的200周年。

任何长期的政治预测都是有难度的，涉及君主制的命运时更是如此。正如我们所看到的那样，过去，军事失败和由此引发的动荡是君主制终结的最常见原因。1910年，葡萄牙发生的席卷君主制的革命则是个例外，因为它发生在和平时期。不过和尼泊尔一样，这场革命发生在一场弑君事件之后：两年前，国王卡洛斯一世和他的儿子路易斯·菲利佩在乘坐马车经过里斯本时被人枪杀。

那些幸存下来的君主国，才是本书关注的重点：它们"成功"的秘诀是什么，这又为它们的未来提供了什么启示？

君主们的能屈能伸，以及他们在过去几个世纪中，对于国家从绝对君主制逐步转变为君主立宪制的接受度是十分重要的。即使这是一个远非线性的过程，而且在大多数情况下，国王（和女王）不会不挣扎就放弃这种权力。虽说纳粹的占领造成了诸多麻烦的遗留问题，但两次世界大战中的战胜国（或至少如西班牙和瑞典一样的非战败国），实际上在战争的黑暗中为本国的君主制发展赢得了一片曙光。特别是比利时，利奥波德三世通过让位于儿子博杜安就挽救了君主制，而博杜安年纪尚轻，也没有被指责营私结党。相比之下，荷兰的威廉明娜女王和挪威国王哈康七世，则通过流亡政权，组织民族抵抗来巩固君主制。在英国，乔治六世分担臣民苦难的坚定决心，确保了温莎家族从战争中脱颖而出，但这给他的健康带来了巨大的损害，所以，7 年后国王的早逝普遍被归咎于此。

尽管胡安·卡洛斯一世后来出现了一些问题，但他的性格力量在统治初期也起到了同等重要的作用。他在 1975 年登基之后，拒绝走佛朗哥为他制定的道路，确保了西班牙成为一个现代君主立宪制国家，而不是共和国。如果他站在反动势力的一边，最终的结果肯定是注定的。

与西班牙君主同时代的其他君主，没有经历过如此的生存挑战。我们也不能肯定他们是否会以同样的决心做出反应。然而，人们普遍认为他们做得很好，很少出格。尤其是在危机时期，他们是国家统一和持久的象征，女王伊丽莎白二世尤其如此。在战后的英国，她位高尊贵，众所瞻望，对其子女的批评丝毫未能影响到她。

在 21 世纪第三个十年之初观察欧洲的君主国，总体印象是具有连续性。共和主义仍然是少数人的兴趣所在。共和制支持者坚持认为，民意调查结果对君主制的支持是"有余地的"，也就是说，如果君主们发生戏剧性事件或重大错误，就会极大地影响民意调查结果。然而这似乎不太可能发生。新一代君主正逐渐带领着王室家族活跃在新的历史舞台上，并且事实证明，君主制具有非凡的适应性，并一再挑战"灭亡"的预言。自第二次世界大战后的动荡以来，只有希腊一个欧洲国家成为共和国，西班牙则朝着相反的方向发展。如果要说有什么不同的话，今天欧洲的君主制看起来比 50 年前更加根深蒂固。

君主制的生命力在世界其他地方仍然旺盛，无论是日本、泰国还是海湾国家都是如此。在柬埔寨，前国王诺罗敦·西哈努克（Norodom Sihanouk）于 1999 年重返王位。不丹国王吉格梅·辛格·旺楚克（Jigme Singye Wangchuck）通过使曾经被孤立的国家实现现代化，并引导其举行第一次真正的民主选举而赢得赞誉。尼泊尔也是如此，2001 年，醉酒的王储迪彭德拉（Crown Prince Dipendra）大开杀戒，暗杀了他的父亲比兰德拉国王（King Birendra）和其他 8 名王室成员，然后把枪口对准了自己。虽然后来迪彭德拉的弟弟贾南德拉（Gyanendra）成为国王，但他的统治却是一场灾难。于是，2008 年 5 月，尼泊尔宣布成为联邦民主共和国。事实证明，在阿拉伯王国，国王比总统更擅长应对类似 2011 年年初的民主运动的挑战。

君主制实际上是可行的，至少对英国和欧洲其他地方的宪政形式来说是这样。在国家凝聚力方面，君主制其实有很多值得称道的地方，例如，它是真正凌驾于政治之上，而不是被某一党派所认同的制度。在第二次世界大战期间以及近年的危机时期也同样如此。如在恐怖袭击、自然灾害之后，或者在 2020 年新型冠状病毒大流行期间，英国女王伊丽莎白二世面向她的臣民们进行了一次广受赞誉的电视直播，有 2400 万人，即超过 1/3 的英国人收看了这个节目。

在和平时期，君主也在继续扮演着这种团结各方的角色。当各政党因政策而互相倾轧时，国王或女王可以掌控全局。在包括英国在内的许多国家，君主仍保留着本国的议会，因为他们是国家公正性的有效象征。更重要的是，君主代表着连续性。虽然总统每隔 4—5 年就会更换，但国王或女王是持久团结的象征，是整个国家的象征，在这些方面，君主优越于目光短浅的政客们。

支持君主制的力量之所以不断壮大，部分原因还在于一个难题：如何以最佳方式选出替代性国家元首并明确其职能。1999 年澳大利亚的全民公决证明了这一点。20 世纪六七十年代，在瑞典一场关于取消君主政治权力的辩论中，有人认为根本没有必要设立国家元首，会见和迎接外国总统的角色可以由议会议长来完成。事实上，以瑞士为例，它并没有国家元首，而是由 7 人组成的执政国民议会履行这一职能，但由于该国政治制度的特殊性，也没有总理职位。

除了瑞士，各国都觉得有一个人作为国家元首是必要的。但他（或她）应该由人民直接选举产生还是由议会间接选举产生？总统应该是一个执行者，还是仅仅作为首脑？以一个具有强大政治权力的总统（如法国或美国的总统）来取代国王和女王摄政，对于有着悠久议会民主传统的英国和欧洲其他君主制国家来说，是一次巨大的宪法变革。从定义上来说，他们也必定是存在争议的人物，因为他们同样是由部分国民选出的。而德国或意大利式傀儡总统的选择就没有什么吸引力了，他们通常是前政客，通过政党之间的讨价还价选出来的。在国内，他们很少会得到像君主那样的尊重；在国外，他们的地位也低得多。德国或意大利总统的国际威望，如何能与英国女王伊丽莎白二世相提并论呢？

以上备选方案的可行性不强，难怪君主立宪制对生活在其中的人来说似乎还是很有吸引力的。当然，这是一个负面的理由，但并不因此而缺乏说服力。此外，只要下一代君主像他们父辈一样巧妙地拿捏角色，与时俱进，找到新的方法来保持他们与不断变化的社会的深刻关联，这种吸引力似乎会持续下去。毕竟，如果某件事情是行之有效的，为什么要被取而代之呢？

1948 年，埃及国王法鲁克有句名言：“全世界都在呼吁废除君主制。很快，就将只剩下 5 个国王：英国国王和扑克牌里的黑桃国王、梅花国王、红桃国王和方块国王。”法鲁克也算猜中了一些，至少是关于他自己的那部分。在发表完以上这番言论 4 年之后，他被迫匆匆逃离了自己的国家，留下了所有的财产。然而 70 年后，欧洲其他君主仍安居宝座之上。不出意外的话，再过 70 年，他们中大多数的继任者，依然会在那里。

# 英文版致谢

鉴于这本书所涉及的范围较广，我参考了许多相关的书籍和其他各种语言的出版资料。作为研究的一部分，我有幸与来自不同王室的官员们交流，他们与我分享了宝贵的见解。其中，有一些人的名字从未在媒体上出现过。

还有很多朋友也为我提供了帮助，他们是：妮娜·伯格伦德、伊丽莎白·卡尔森、妮娜·艾尔德、卡尔-埃里克·格里姆斯塔德、希勒维·拉尔森、卡琳·伦莫、赫尔曼·林奎斯特、约翰·林德沃尔、杰斯珀·伦道夫、赫尔曼·马蒂耶斯、哈弗德·梅尔奈斯、安纳姆·莫斯特、凯西·波维尔斯、安妮·奎弗林、吉特·雷德、马格努斯·西蒙森、波尔·范·登·德里斯切以及米希尔·佐纳维勒等。

在此我要特别感谢挪威历史学家特朗德·诺伦·伊萨克森，他利用自己对欧洲王室百科全书式的了解，发现并纠正了初稿中的一些错误。我曾在牛津大学布雷齐诺斯学院（Brasenose College）的政治学科导师韦农·波格丹诺，如今在伦敦国王学院当代历史研究所任教授，他针对有关政治内容的章节提出了一些宝贵建议。如果书中出现了任何纰漏，都是由于我个人的疏忽造成的。还要感谢菲尔·罗宾逊，为本书设计了族谱。

我要感谢我的经纪人安德鲁·诺恩伯格，没有他就不会有本书法语版。最后，还要感谢阿尔玛图书公司的亚历山德罗·加伦齐和艾丽莎贝塔·米内维尼参与了本书英文版的出版工作，以及亚历克斯·米德尔顿细致的编辑和校对。

# 参考书目

## 文章（ARTICLES）

"Albert had duobaan met 'de patron'" ["Albert had a job share with 'the boss'"], *De Standaard*, 11th April 2009.

"Anti-monarchy Group Says British Royals Costs Taxpayer 5 Times Palace's Official Figure", Associated Press, 23rd June 2011.

"Being Queen Is Just What I Do", *Sunday Telegraph*, 5th January 2003.

"Belgian Royals Latest to Join Austerity Drive", *Guardian*, 9th January 2012.

"Bernhard zakenprins (1911–2004)" ["Bernhard, the Businessman Prince (1911–2004)"], *De Groene Amsterdammer*, 3rd December 2004.

"Britain's Prince Charles: The Apprentice King", *Time*, 27th June 1969.

"Cameron Gets on Board 'Inspirational' Royal Yacht Plan", *Financial Times*, 16th January 2012.

"Camilla Henemark fick skandalboken" ["Camilla Henemark Received Scandalous Book"], *Expressen*, 6th November 2010.

Clare, Horatio, "The Moral of the Queens Breakfast Tray", *Daily Telegraph*, 27th October 2009.

"Die Gesundbeterin" ["The Faith Healer"], *Der Spiegel*, 13th June 1956.

"Europe's Royals as Climate Activists", *Financial Times*, 27th March 2010.

"Family Reunion", *Time*, 13th September 1954.

"Fergie 'Sells' Andy for £ 500k", *News of the World*, 23rd May 2010.

"Globespotters; London: A Fashion Biography", *New York Times*, 18th April 2010.

"Holland's Queen", *New York Times*, 26th September 1897.

"How BBC Bosses Ordered Me to Downplay the Queen Mother's Death", *Daily Mail*, 24th January 2011.

"I Need More Public Cash to Repair Palaces, Says Queen", *Daily Telegraph*, 5th July 2011.

"IOC Won't Pressure Prince Politically", *Copenhagen Post*, 16th September 2009.

Isaacson, David, "SA 'Blondie' Laughs Last", *Sunday Times*

［South Africa］，24th June 2010.

"It's a Royal Cock-Up"，*Guardian*，5th March 2002.

"King's Place in My Art, The"，*Times*，17th April 2008.

"Koning Albert wil zelf meer transparantie"［"King Albert Wants to Increase Transparency"］，*Knack*，19th August 2009.

"Kronprinsens nye kjærlighet"［"The Crown Prince's New Love"］，*Fædrelandsvennen*，29th December 1999.

Ledgard，J. M.，"The Man Who Would Be Useful"，*Intelligent Life*，Autumn 2008.

"Le Vlaams Belang veut contrôler les dépenses royales et princières"［"Vlaams Belang Want to Control Royal and Princely Expenses"］，*Le Vif*，14th May 2008.

"Märtha Louise von Norwegen，Interview mit einem Engel"［"Märtha Louise of Norway，Interview with an Angel"］，*Bunte*，5th May 2010.

"Mystery over Prince Charles and his Boiled Eggs Deepens"，*Mail on Sunday*，24th September 2006.

"Netherlands，The Woman in the House"，*Time*，13th May 1946.

"Nick Clegg 'Propped Up' Gordon Brown to Seal Tory Deal：Insider Account Reveals Lib Dems Never Wanted Coalition with Labour"，*Mail on Sunday*，14th November 2010.

"Norwegian Crown Princess's Father Weds Former Stripper", *Associated Press*, 11th March 2005.

"Op zijn achttiende vroeg hij me wat 'een halve plus een halve' was. Hij wist dat gewoon niet" ["When he was eighteen, he asked me what 'a half plus a half' was. He really didn't know"], *Humo*, 24th December 2001.

"Papal Path", *Sun*, 28th July 2007.

"Prince Albert Finally Settles Down and Ends Monaco's 30-Year Wait for a Monarch's Wedding", *Daily Mail*, 24th June 2010.

"Prince Charles's Income up by £ 1m", *Guardian*, 28th June 2011.

"Prince Hans-Adam II: Liechtenstein's Future as a 'Clean Tax Haven'", *New York Times*, 31st August 2000.

"Prince Phillip's Secret Letters to the Showgirl", *Mail on Sunday*, 20th December 2008.

"Prince William: Let My Father Become King", *Sunday Telegraph*, 28th November 2010.

"Prins moet weg uit vastgoedproject" ["Prince Must Leave Real-Estate Project"], de Volkskrant, 5th October 2009.

"Queen Shares the Pain with Pay Freeze to 2015", *Sunday Times*, 4th December 2011.

"Queen Wilhelmina Wore the Pants", *Milwaukee Journal*, 8th

September 1955.

"Queen's Unhappy Life, A: Misery of the Late Marie-Henriette of Belgium Revealed in Letters", *New York Times*, 5th October 1902.

"Revealed: The Battered Table That Carries Tea, Toast, Jam (and Mismatched Crockery) for the Royal Breakfast in Bed", Daily Mail, 26th October 2009 Richards, Paul, "Secret Web of the Black Spider Prince", *Mail on Sunday*, 26th June 2010.

"Royal Teatime", *Time*, 24th January 1949.

"Royals Seek Lower Profile at Monaco Birthday Bash", *Reuters*, 2nd January 1997.

"Royalty: My Son, the Prince", *Time*, 28th December 1962.

"Swimmer Tells of Dream Date with Prince Charming", *Sunday Times* [South Africa], 1st July 2001.

"They Sealed It with Kisses and a Surprise Drive: William and Kate Marry", *Times*, 30th April 2011.

Tomlinson, Richard, "Trying to Be Useful", *Independent*, 19th June 1994.

"Unprivate Lives", *Time*, 23rd November 1936.

Weibull, Jörgen, "The Power of the Crown", in Gösta Vogel-Rödin, ed., Paul Britten Austin, trans., *The Bernadottes: Their Political and Cultural Achievements* (Lidköping: Läckö Castle Foundation,

1991）.

Whittam-Smith, Andreas, "Debate the Monarchy's Future, but It Will Change Nothing", *Independent*, 11th December 2000.

"Why Charles and Camilla Are Now Living Such Separate Lives", *Daily Mail*, 29th June 2010.

"Wie wichtig ist Ihnen die Wahrheit, Herr Prinz?" ["How Important to You Is the Truth, Mr Prince?"], *Der Spiegel*, 6th March 2009.

Wolodarski, Peter, "Kungen: Tredubblade insatser" ["The King: Tripled Efforts"], *Dagens Nyheter*, 31st May 2011.

"Your (Commuter) Carriage Awaits! Thrifty Queen Catches Ordinary Passenger Train on her Journey to Sandringham for Christmas", *Daily Mail*, 17th December 2009.

## 书籍（BOOKS）

Ascherson, Neal, *The King Incorporated: Léopold II in the Age of Trusts* (London: George Allen & Unwin, 1963).

Bagehot, Walter, *The English Constitution* (1867; New York: Oxford University Press, 2001).

Balfoort, Brigitte, Leyts, Barend, and Van Den Driessche, Pol, *Albert II*, 10 *jaar koning* [*Albert II: Ten Years as King*] (Leuven: Van Halewijck, 2003).

Belien, Paul, *A Throne in Brussels: Britain, the Saxe – Coburgs and the Belgianization of Europe* (Charlotteville, Virginia: Imprint Academic, 2005).

Bergamini, John D. , *The Spanish Bourbons: The History of a Tenacious Dynasty*, (New York: G. P. Putnam's Sons, 1974).

Bistrup, Annelise, *Margrethe* ( [Denmark]: Politiken Bøger, 2005).

Blain, Neil, and O'Donnell, Hugh, *Media, Monarchy and Power* (Bristol: Intellect, 2003).

Boël, Delphine, *Couper le cordon* [ *Cut the Cord* ] (Brussels: Wever & Bergh, 2008).

Bogdanor, Vernon, *The Monarchy and the Constitution* (Oxford: Clarendon Press, 1995).

Bomann – Larsen, Tor, *Folket: Haakon og Maud* [ *The People: Haakon and Maud* ] Vol. II (Oslo: Cappelen, 2004).

Botham, Noel, *Margaret: The Last Real Princess* (London: Blake Publishing Ltd, 2002).

Bradford, Sarah, *Elizabeth: A Biography of Her Majesty the Queen* (London: Heinemann, 1996).

Brandreth, Gyles, *Charles and Camilla: Portrait of a Love Affair*

（London: Century, 2005）．

Brandreth, Gyles, *Philip and Elizabeth: Portrait of a Marriage* （London: Century, 2004）．

Brown, Tina, *The Diana Chronicles* （London: Century, 2007）．

Crawford, Marion, *The Little Princesses* （London: Odhams Press, 1950）．

Danneels, Mario, *Paola: van la dolce vita tot koningin* [Paola: From la Dolce Vita to Queen] （Leuven: Uitgeverij Van Halewyck, 1999）.

Davies, Nicholas, *Elizabeth: Behind Palace Doors* （London: Mainstream Publishing, 2000）．

de Massy, Christian, and Higham, Charles, *Palace: My Life in the Royal Family of Monaco* （New York: Atheneum, 1986）．

de Monpezat, Henri, *Destin Oblige* （Paris: Plon, 1996）．

de Montfort, Valérie, *Les plus belles anecdotes historiques sur la famille royale* [*The Best Historical Anecdotes about the Royal Family*] （Brussels: Jourdan Editeur, 2007）．

Eyre, Pilar, *La soledad de la Reina* [*The Solitude of the Queen*] （Madrid: La Esfera de los Libros, 2012）．

Gilje, Anette, *Sven O. Høiby: Et portrett* [*Sven O. Høiby: A Portrait*] （Oslo: Glydendal, 2007）．

Guerrero, Gonzalo álvarez, and Ferrari, Soledad, *Máxima:*

*Una Historia Real* ［*Máxima*： *A True Story*］（Buenos Aires： Editorial Sudamericana, 2009）.

Hall, Phillip, *Royal Fortune*： *Tax*, *Money and the Monarchy* （London： Bloomsbury, 1992）.

Haslip, Joan, *Catherine the Great* （New York： G. P. Putnam's Sons, 1978）.

Hegge, Per Egil, *Harald V*： *En Biographi* ［*Harald V*： *A Biography*］（Oslo： N. W. Damm & Søn, 2006）.

Herman, Eleanor, *Sex with the Queen*： *900 Years of Vile Kings*, *Virile Lovers and Passionate Politics* （New York： William Morrow, 2006）.

Hervey, Lord John, *Some Materials towards Memoirs of the Reign of King George II*, Vol. 1 （London： Eyre & Spottiswoode, 1931）.

Hibbert, Christopher, *George IV*, *Prince of Wales* 1762 – 1811 （Newton Abbot： Readers Union, 1973）.

Hobhouse, Hermione, *Prince Albert*： *His Life and Work* （London： Hamish Hamilton, 1983）.

Hoffman, William, *Queen Juliana*： *The Story of the Richest Woman in the World* （New York： Harcourt Brace Jovanovich, 1979）.

James, Robert Rhodes, *Albert Prince Consort* （London： Hamish Hamilton, 1985）.

Joosten, Carla, *Het Koningshuis in een notendop* ［*The Royals in a*

*Nutshell*] （Amsterdam： Uitgeverij Bert Bakker， 2006）．

Lacey， Robert， *Royal： Her Majesty Queen Elizabeth II* （St Ives： Little， Brown， 2002）．

Lindskog， John， *Royale rejser – Bag Kulisserne Hos De Kongelige* [*Royal Travels—Behind the Scenes with the Royals*] （Copenhagen： Documentas， 2009）．

Loh， Norbert， Silvia von Schweden： Eine deutsche Königin [*Silvia of Sweden： A German Queen*] （Munich： Droemer， 2003）．

Mahmood， Mazher， *Confessions of a Fake Sheik* （London： HarperCollins），2008.

Matthijs， Herman， *Overheidsbegrotingen* [ *Public Spending* ] （Bruges： Die Keure， 2009）．

Melnæs， Håvard， *En helt vanlig dag på jobben* [*A Normal Day at Work*] （Oslo： Kagge， 2007）．

Møst， Annemor， 25 *lykkelige år： Kong Harald og dronning Sonja i hverdag og fest* [ *Twenty—Five Happy Years： King Harald and Queen Sonja in Their Daily Lives and Celebrations*] （Oslo： Schibsted， 1993）．

Noel， Gerard， *Ena： Spain's English Queen* （London： Constable， 1984）．

Paxman， Jeremy， *On Royalty* （St Ives： Penguin， 2006）．

Peñafiel， Jaime， *Juan Carlos y Sofía： Retrato de un matrimonio*

[*Juan Carlos and Sofía*：*Portrait of a Marriage*]（Madrid：La Esfera de los Libros，2008），quoted in "Code of Silence Broken as New Book Reveals Popular King as a Don Juan"，Times，12th January 2008.

Preston，Paul，*Juan Carlos*：*Steering Spain from Dictatorship to Democracy*（London：HarperCollins，2004）.

Quevedo，Federico，and Forcada，Daniel，*El negocio del poder. Así viven los políticos con nuestro dinero* [*The Business of Power. So Politicians Live with Our Money*]（Madrid：Altera，2009）.

Redder，Gitte，and Palshøj，Karin，*Frederik*：*Kronprins af Danmark* [*Frederik*：*Crown Prince of Denmark*]（Copenhagen：Høst & Søn，2008）.

Redder，Gitte，and Palshøj，Karin，*Mary, Kronprinsesse af Danmark* [*Mary*：*Crown Princess of Denmark*]（Copenhagen：Høst & Søn，2004）.

Sjöberg，Thomas，Rauscher，Deanne，and Meyer，Tove，*Carl XVI Gustaf*：*Den motvillige monarken* [*Carl XVI Gustaf*：*The Reluctant Monarch*]（Stockholm：Lind & Co. ，2010）.

Thatcher，Margaret，*The Downing Street Years*（London：HarperCollins，1993）.

Villemann，Trine，*1015 Copenhagen K*：*Mary's Dysfunctional In-Laws*（Burnham，UK：Andartes Press，2008）.

Warwick, Christopher, *Princess Margaret: A Life of Contrasts* (London: Carlton Publishing Group, 2002).

Weir, Alison, *King Henry VIII: King and Court* (London: Jonathan Cape, 2001).

Whittle, Peter, *Monarchy Matters* (London:The Social Affairs Unit).

Williams, Kate, *Becoming Queen* (London: Hutchinson, 2008).

*De stem van de koningin* [ *The Voice of the Queen* ], één, 6th June 2006 *En Kongelig Familie* [ *A Royal Family* ], Nordisk Film, 2004.